研究生教育管理系列专著

王战军 总主编

变革与创新：
数智时代研究生教育管理

Transformation and Innovation
Graduate Education Management in the
Digital Intelligence Era

王战军　张　微◎著

国家自然科学基金重点项目"'互联网+'时代研究生教育管理变革与创新研究"成果

科学出版社

北　京

内 容 简 介

本书是一部探索研究生教育管理决策问题的学术专著。全书共九章，聚焦数智时代宏观层面管理理论变革，从历史演变、空间结构、价值呈现三个维度，PC 时代、互联网时代、"互联网＋"时代、数智时代四个阶段，研究研究生教育管理特征特点、研究生教育演变规律。探索数智时代研究生教育管理理论创新、管理模式创新、管理组织变革、资源配置变革、治理体系变革、评估体系变革，等等。试图全面阐释研究生教育管理在数智时代背景下的变革与发展趋势，引领我国学位与研究生教育改革发展研究方向，促进我国研究生教育强国建设。

本书史料翔实，内容丰富，融合古代先贤的思想精华、汇聚多学科交叉的智慧资源，提出了一系列新思想、新理念、新观点，可以作为国内外教育科学领域研究人员的参考书，也可作为研究生的教学用书。同时，供广大学位与研究生教育管理干部阅读参考。

图书在版编目（CIP）数据

变革与创新：数智时代研究生教育管理 / 王战军，张微著. —北京：科学出版社，2024.6

（研究生教育管理系列专著 / 王战军总主编）

ISBN 978-7-03-077028-8

Ⅰ. ①变… Ⅱ. ①王… ②张… Ⅲ. ①研究生教育－教育管理－中国 Ⅳ. ①G643

中国国家版本馆 CIP 数据核字（2023）第 220919 号

责任编辑：王丹妮 / 责任校对：姜丽策
责任印制：张 伟 / 封面设计：有道设计

科学出版社 出版
北京东黄城根北街 16 号
邮政编码：100717
http://www.sciencep.com

北京盛通数码印刷有限公司印刷
科学出版社发行 各地新华书店经销

＊

2024 年 6 月第 一 版 开本：720×1000 1/16
2024 年 6 月第一次印刷 印张：20 1/4
字数：406 000

定价：246.00 元

（如有印装质量问题，我社负责调换）

Abstract

This book is an academic monograph exploring decision-making issues in graduate education management. The book consists of nine chapters, focusing on the macro level management theory reform of the digital intelligence era, and studying the characteristics of graduate education management and the evolution law of graduate education from three dimensions of historical evolution, spatial structure, and value presentation, and four stages of the PC era, the Internet era, the "Internet plus" era, and the digital intelligence era. Exploring the theoretical innovation, management mode innovation, management organization transformation, resource allocation transformation, governance system transformation, evaluation system transformation, and so on in the digital age of graduate education management. This book attempts to comprehensively explain the changes and development trends of graduate education management in the context of the digital age, leading the research direction of degree and graduate education reform and development in China, and promoting the construction of a strong graduate education country in China.

This book is full of historical data and rich in content. It combines the essence of ancient sages' thoughts, gathers interdisciplinary wisdom resources, and puts forward a series of new ideas, concepts, and viewpoints. It can be used as a reference book for researchers in the field of education and science at home and abroad, as well as a teaching book for graduate students.At the same time,it can provide reference for the vast number of degree and graduate education management cadres.

"研究生教育管理系列专著"编委会

编委会总主编：

王战军　北京理工大学研究生教育研究中心主任、教授

　　　　中国学位与研究生教育学会副会长

编委会成员：

张淑林　中国学位与研究生教育学会副会长

　　　　中国科学技术大学原党委常委、副校长

丁雪梅　中国学位与研究生教育学会副会长

　　　　哈尔滨工业大学原副校长

李　侃　北京理工大学计算机学院教授

常桐善　美国加利福尼亚大学校长办公室院校研究与学术规划主任

李　军　加拿大西安大略大学教育学院教授

王全玉　北京理工大学计算机学院副教授

周学军　教育部学位与研究生教育发展中心副研究员

韩锡斌　清华大学教育研究院教授

乔伟峰　清华大学教育研究院副研究员

关　磊　北京理工大学管理与经济学院副教授

李明磊　北京理工大学教育学院副研究员

张　微　北京理工大学教育学院助理研究员

Catherine Montgomery　英国巴斯大学教育学院教授

Susan Robertson　英国剑桥大学教育学院院长

"研究生教育管理系列专著"序

管理科学是数学、社会科学与经济学等学科相互渗透并在它们的边缘上发展起来的新学科，它既有理工学科的属性，也有社会学科的属性。管理作为一门正在蓬勃发展的学科，为各行各业带来了生机和推动力。从中华人民共和国成立伊始的百废待兴，到研究生规模位居世界前列，我国研究生教育走过了从小到大、从弱到强的不平凡历程，造就了一大批具有国际水平的战略科技人才、科技领军人才、青年科技人才和高层次人才，为实施创新驱动发展战略和建设世界重要人才中心与创新高地奠定了重要基石。

截至2022年，我国研究生教育在学规模已经达到365万多人，研究生培养单位达到820余个，学位授权点超过10 000个，成为名副其实的世界研究生教育大国。庞大的研究生教育体系，复杂的多层级、多部门、多样化管理需要现代管理科学的指导，还需要数字化、智能化信息技术的支撑。

随着我国实施学位制度、研究生教育规模逐渐扩大，研究生教育管理越来越成为管理科学研究的一个重要领域，研究生教育管理实践问题也越来越突出。例如，我国博士学位授权布局调整如何满足社会发展和人的发展需求？如何构建国家研究生教育管理组织机构体系？如何优化配置博士生招生指标？如何做好研究生教育发展预测与规划？如何重塑学位与研究生教育评估体系？等等。尤其是进入"互联网+"时代之后，不断更新迭代的信息技术驱动着研究生教育管理从经验驱动的传统决策模式，向数据驱动的科学决策模式转型，并塑造"互联网+"时代以人际互动、资源共享、知识跨界为特征的研究生教育管理的新形态。

我本人和团队长期关注、研究"学位与研究生教育管理与变革"，积累了系列研究成果，在此基础上申请了国家自然科学基金重点项目，获得国家自然科学基金委员会管理学部批准立项，项目名称为"'互联网+'时代研究生教育管理变革与创新研究"（项目编号：71834001）。

这个重点项目开展研究五年来，在"互联网+""大数据""人工智能"等新理论、新技术的驱动下，项目组组织了北京理工大学、清华大学、教育部学位与研究生教育发展中心、剑桥大学、加利福尼亚大学等高校和机构的教育学、管理学、计算机科学方向的国内外专家学者，针对研究生教育管理中存在的资源分配经验导向"一阵风"、绩效评价结果导向"一把尺"、调整方式行政导向"一刀切"等突出问题，聚焦"互联网+"时代"人-物-知识"融合的研究生教育资源形态、学校形态变革，研究生教育的课程、教学和评价等方式变革，以及研究生教育的管理创新等问题。通过创新研究生教育管理理论体系，建立数据驱动的研究生教育管理科学范式；基于研究生教育大数据，提出研究生教育资源配置的常态监测技术和动态调整方法，建立"能进能出""能增能减""能上能下"的资源配置与评价的科学模式；建立融合多源异构海量数据的研究生管理决策大数据分析平台，为我国"双一流"建设、研究生教育管理组织变革、博士学位授权审核、研究生教育发展预测与规划、研究生教育知识管理等管理问题提供理论依据、决策模式、评估范式。前期研究已经在《高等教育研究》《中国高等教育》《中国高教研究》《清华大学教育研究》《学位与研究生教育》等重要期刊上发表了80多篇高水平学术论文，其中7篇被《新华文摘》全文转载和摘编，申请国家发明专利2项，提交研究和政策咨询报告8份，其中一份得到了中央主要领导批示，研制的"'双一流'建设监测指标体系"被教育部采纳，等等。

在此基础上，围绕"研究生教育管理"，我组织项目组成员撰写"研究生教育管理系列专著"。系列专著聚焦"互联网+"的时代背景，突出数智赋能研究生教育管理，以管理科学、教育科学、信息科学为理论基础，撰写了《变革与创新：数智时代研究生教育管理》《研究生教育大数据采集与处理》《研究生教育资源配置理论与模型》《数智时代研究生教育发展预测》《数智时代学科监测评估理论与方法》等五部专著。

本系列专著的撰写是开创性的，填补了管理科学研究领域的空白，也是研究生教育管理学的第一套系列专著。因此，在撰写过程中，没有可借鉴的经验，在一大批跨学科领域专家指导下，项目组成员潜心研究、反复研讨，有时候争论得面红耳赤，不同学科知识碰撞，产生了一系列火花。感谢中国学位与研究生教育学会会长杨卫院士，教育部原副部长赵沁平院士，四川大学原校长谢和平院士，中国高等教育学会原会长瞿振元教授，西北工业大学原党委书记张炜研究员，清华大学长江学者石中英教授，中国人民大学长江学者周光礼教授，北京师范大学长江学者刘宝存教授、周海涛教授，中国学位与研究生教育学会张淑林副会长、丁雪梅副会长，北京大学陈洪捷教授，中国教育科学研究院原副院长马陆亭研究员，北京外国语大学秦惠民教授，中国高等教育学会原副秘书长王小梅研究员，特别感谢境外的英国巴斯大学的Catherine Montgomery教授、英国剑桥大学的Susan Robertson教授、加拿大西安大略大学的李军教授、美国加利福尼亚大学的常桐善教授等专家学者的指导，还要感谢国务院学位委员会办公室的有关领导，感谢国家自然科学基金委员会管理学部的资助、指导，感谢科学出版社经管分社社长马跃先生，他从策划到撰写、出版全程给予指导、帮助，感谢项目组全体成员，是你们的付出成就了这套系列专著，开创了管理科学研究的新领域，开创了研究生教育学的新领域。我要感谢的人太多了，一定是挂一漏万，希望得到你们和读者的批评指正。

期待这套系列专著能丰富我国管理科学理论，丰富研究生教育学理论，为我国建设研究生教育强国，支撑世界重要人才中心和创新高地做出贡献。

2023 年夏

Preface

Management science is a new discipline which grows through the interaction of mathematics, social science and economics. Therefore, it is of both science & technology attributes and social science attributes. As a booming discipline, management science has brought vitality and impetus to all walks of life. China graduate education started from scratch at the founding of the People's Republic of China, and now the student number ranked among the top in the world. It has gone through an extraordinary course from the small to the large, from the weak to the strong, and has produced a large number of strategic scientific and technological talents with international standards, scientific and technological leaders, young scientific and technological talents and high-level talents. It has laid an important cornerstone for implementing the strategy of innovation-driven development and building an important talent center and innovation highland in the world.

By 2022, China's graduate education has reached more than 3.65 million students. There are more than 820 graduate training institutes, and more than 10,000 degree awarding disciplines, which makes China a veritable major graduate education power in the world. The huge graduate education system, complex multi-level, multi-department, diversified management needs not only the guidance of modern management science, but also the support of digital and intelligent information technology.

With the implementation of the degree system in China, the scale of graduate education has gradually expanded, and it has become an important field of management science research. The practical issues of graduate education management are becoming more and more prominent. For example, how to adjust China's doctoral degree awarding institutes and disciplines layout to meet the needs of social development and human development? How to construct the national graduate education management organization system? How to optimize the allocation of doctoral enrollment? How to forecast and plan the development of postgraduate education? How to reshape the degree and graduate education evaluation system? And so forth. In particular, entering the "Internet +" era, the constantly updated and iterative information technology drives the transformation of graduate education management from the traditional decision mode-driven by experience, to the data-driven scientific decision mode, and meanwhile shapes the new form of graduate education management characterized by interpersonal interaction, resource sharing and cross-border knowledge.

My team and I have paid attention to and studied "Degree and Graduate Education Management and Transformation" for a long time, and accumulated a series of research results. On this basis, I applied for a key project of National Natural Science Foundation of China, and "Research on Graduate Education Management Transformation and Innovation in the 'Internet +' Era" (No.71834001) was approved by the Department of Management of the National Natural Science Foundation of China.

In the past five years, with new theories and technologies such as "Internet +", "big data" and "artificial intelligence", my team has organized experts and scholars of education, management and computer sciences from universities and institutions such as Beijing Institute of Technology, Tsinghua University, China Academic Degrees and Graduate Education Development Center, University of Cambridge and University of California. In view of the outstanding problems existing in the management of graduate education, such as the experience-based resource allocation, the result-based performance evaluation, and the administration-based adjustment mode, my team focuses on the graduate education resource form of "people-property-knowledge", university form transformation, the curriculum, teaching and evaluation transformation of graduate education, the management innovation of graduate education and so on in the era of "Internet+". By innovating graduate education management theory system, establishing data-driven graduate education management science paradigm, putting forward the normal monitoring technology and dynamic adjustment method of graduate education resource allocation based on the big data of graduate education, establishing the scientific model of resource allocation and evaluation in terms of "either enter or leave", "either increase or decrease", "either add or cancel", establishing a big data analysis platform for graduate management decision-making that integrates multi-source heterogeneous mass data, my team aims to provide theoretical basis, decision-making model and evaluation paradigm for China "double first-class" construction, graduate education management organization reform, doctoral degree awarding assessment, graduate education development prediction and planning, graduate education knowledge management and other management issues. The preliminary research has published more than 80 academic papers in important journals such as *Journal of Higher Education, China Higher Education, China Higher Education Research, Tsinghua Journal of Education, Academic Degrees & Graduate Education*, among which 7 papers have been reprinted and edited in full by *Xinhua Digest*, 2 national invention patents have been applied for, and 8 research and policy advisory reports have been submitted, one of which has been instructed by the central leadership, and "The 'Double First-Class' Construction Monitoring Indicator System" has been adopted by the Ministry of Education, and so on.

On this basis, focusing on "Graduate Education Management", I organized project members to write a series of monographs on graduate education management. These monographs focus on the "Internet +" era, highlight the education management of graduate students empowered by digital intelligence, and based on the theories of management science, education science and information science. We composed *Transformation and Innovation: Graduate Education Management in the Digital Intelligence Era, Big Data Acquisition and Processing in Graduate Education, Theory and Model of Resource Allocation in Graduate Education, Prediction of Graduate Education Development in the Digital Intelligence Era, The Theory and Method of Discipline Monitoring Evaluation in the Digital Intelligence Era* and other monographs.

The series of monographs is pioneering, filling the gap in the field of management science research, and is also the first series of monographs in graduate education management. Therefore, in the process of writing, there was no experience for reference. Under the guidance of many interdisciplinary experts, my team members devoted themselves to research and repeated discussions, and sometimes argued red-faced, and capitalized on the knowledge of different disciplines, generating a series of sparks. I am particularly grateful to Yang Wei, president of Association of Chinese Graduate Education and a member of the Chinese Academy of Sciences, Zhao Qinping, former Vice Minister of the Ministry of Education of the People's Republic of China and a member of the Chinese Academy of Engineering, Xie Heping, former president of Sichuan University and a member of the Chinese Academy of Engineering, Professor Qu Zhenyuan, former president of the China Association of Higher Education, Researcher Zhang Wei, former Party secretary of Northwestern Polytechnical University, Professor Shi Zhongying, a Changjiang Scholar at Tsinghua University, Professor Zhou Guangli, a Changjiang Scholar at Renmin University of China, Professor Liu Baocun, a Changjiang Scholar at Beijing Normal University, and Professor Zhou Haitao, vice president Zhang Shulin and vice president Ding Xuemei of

Association of Chinese Graduate Education, Professor Chen Hongjie of Peking University, Researcher Ma Luting, former vice president of China National Academy of Educational Sciences, Professor Qin Huimin of Beijing Foreign Studies University, and former deputy secretary general of the China Association of Higher Education, Wang Xiaomei. I also want to extend thanks to Professor Catherine Montgomery from the University of Bath, Professor Susan Robertson from the University of Cambridge, Professor Li Jun from the University of Western Ontario, Professor Chang Tongshan from the University of California and other experts and scholars abroad for their guidance. I would also like to thank the relevant leadership of the Office of Academic Degrees Committee of the State Council, the funding and guidance of the Department of Management of the National Natural Science Foundation of China, President Ma Yue of the sub-branch of Science Press for his guidance and help from planning to writing and publishing, and all the project team members, who have made this series of monographs a success and created a new field of management science research. It has created a new field of graduate education. There are so many people to thank that I may be missing some, and I hope to get readers' feedback or suggestions.

It is expected that this series of monographs can enrich China's Management Science Theory, enrich the Graduate Pedagogy Theory, and contribute to China's construction of a graduate education power, supporting the world's important talent center and innovation highland.

Summer 2023

前　　言

在新一轮信息革命背景下，万物互联、数据驱动、平台支撑、智能主导的发展特征日益凸显，数据已经成为这个时代的核心资源。特别是"互联网＋""大数据""人工智能"的发展上升为国家战略后，"教育何为、教育应该往何处去"也成为世界各国共同思考的战略命题。面向第二个百年奋斗目标，如何实现我国研究生教育由"大"到"强"的战略转型，构建大数据驱动的研究生教育管理决策特别是组织形式、资源配置与质量评价的新范式，对我国研究生教育强国建设具有重要意义，也对实现国家战略目标具有重要价值。

本书聚焦数智时代背景，以研究生教育管理决策为对象，以管理科学、教育科学、信息科学为理论基础，以大数据、云计算、人工智能思想为引领，深入进行跨学科研究，实现研究生教育管理理论创新、管理方法创新，切实解决研究生教育管理中突出的管理决策问题，提升"'互联网＋'时代研究生教育管理变革与创新研究"研究成果的理论和应用价值。

本书的撰写基于"站位要高、创新要强、分析要透、结论要准、观点要明"的指导思想，紧紧围绕党的二十大精神和习近平总书记关于教育工作的重要论述，立足第二个百年奋斗目标，充分把握国家教育、科技、文化发展战略大局，从我国学位与研究生教育改革发展历史出发，系统研究数智时代科技发展给我国研究生教育管理带来的新变化、新挑战、新机遇，促进我国研究生教育管理变革与创新。在撰写内容上，以数智时代"管理理论变革、管理组织变革、治理体系变革、资源配置变革、知识管理变革、评估体系变革"等方面为核心，从哲学层面充分认识数智时代下社会、经济以及人的思维模式产生的变化，通过对数智技术与组织结构、治理体系、资源配置、知识生产的解耦和重构，深入研究数智时代下研究生教育管理的变革与创新。在结构上，全书按照"理论建构"与"管理实务"分为上下两篇。上篇从"历史演变、空间结构、价值呈现"三个维度对研究生教育管理变革总论、组织、治理、资源、规划五个核心主题进行了概念界定、内涵阐述、体系构建、模式创新。下篇紧扣我国研究生教育的"知识管理、发展评估、教师教学监测评估、博士学位授权"四大主题进行了专题实证研究，探寻数智时代研究生教育管理变革与创新，构建数据驱动的研究生教育评估新范式；提出"面向知识的教师教学监测评估"新概念、新思想、新模式；建立了我国基于"结构-过程-效能"（structure-process-efficiency，SPE）的博士学位授权审核决策场景模型。

第一，创新数智时代研究生教育管理决策理论。本书溯源了数智赋能研究生教育管理的演进逻辑，审视信息技术变革赋能研究生教育管理的作用机理，进而明确研究生教育管理变革的实践向度，为我国研究生教育管理变革提供重要的理论指导。一方面，数智技术与研究生教育管理以"互联"促"互通"、以"数字"促"精准"、以"整合"促"多元"、以"平台"促"局部"的深度融合，突破时空限制、发挥模拟真实情境、开发创造性能力等独特优势，实现了研究生教育管理从单点的信息技术应用的数字化转换，向全面的数字化转型；另一方面，数智技术为研究生教育带来的不仅是教育教学手段和模式的变革，更是一场关于教育理念、管理思维和组织形态的颠覆性变革。数智技术将成为研究生教育变革的结构性力量，将从"赋理""赋权""赋效""赋信"四个方面再造研究生教育管理向度。

第二，精准识别数智时代研究生教育管理组织的功能之变化。管理内容在扩充的同时不断聚合，管理主体在不断壮大的同时协同度增大；资源垄断被打破，"流程桶"被压扁，"部门墙"被拆除，在技术的加持下，管理和决策方式与手段逐渐从垂直管理、线性管理、命令式、封闭管理向扁平化、平台化、协商式和开放式管理转变。进而，科层制的组织形态遭遇危机，研究生管理组织的权责范围、目标功能都发生着前所未有的变化，传统组织结构出现裂痕，组织形态面临重塑。跳出内容维度下构建研究生教育管理组织的路径依赖和思维禁锢，突破内容维度、层次维度和性质维度的组织架构。从学位、学科和研究生教育管理组织职能来看，研究生教育、学科建设和学位授予是不可分割的一个整体，不同类型的组织均对学位管理、学科管理和研究生管理形成了交叉式全覆盖。

第三，构建数智时代研究生教育治理体系。针对我国研究生教育治理中存在的科层控制、条块分割、碎片治理等问题，本书推动研究生教育治理的数智化转型，遵循数智生态与研究生教育治理理念融合，技术创新与研究生教育制度创新协同，工具理性与研究生教育价值理性平衡的内在逻辑。一方面，智能形态和系统性治理理念融合背景下的研究生教育治理将呈现出组织结构的"无边界化"，治理体系的"一体化"，以及规则制度的"平台化"；另一方面，推进研究生教育治理现代化进程中，效率优先的工具理性固然重要，国家意志、公平公正等价值理性也应予以重点关注。进而，数智平台是打破传统时空限制的重要载体，平台组织逻辑是消除数智发展与已有制度体系之间张力的基本遵循。在研究生教育治理数智化转型过程中，数智平台既是要素，助力研究生教育治理结构的重组；又是中介，助力研究生教育治理过程的优化；还是动能，助力研究生教育治理效能的提升。

第四，提出数智时代研究生教育资源配置的新模式。我国研究生教育资源配置主要存在着参与主体相对单一、市场参与度不够，供需错配、社会需求与资源供给不匹配，缺乏有效反馈、静态监测等问题。在数智背景下，研究生教育资源配置，一方面需要主动探索数智化新阶段资源配置的新理念、新模式。在配置理念上要聚合汇能，着眼于国家战略规划，在配置目标上要着眼于国家中长期发展目标，同时又考虑参与主体的积极性。另一方面也要因地制宜，同以往配置模式进行有机协同，以资源配置效益最优化为目标，持续引入新技术、孕育新思想、形成新机制，实现高等教育资源配置理念的真正转向。在配置模式上，着力数智技术对研究生教育资源配置工作的提质增效，通过人机协同的资源"慧配"、流程再造的资源"优配"、虚实融合的资源"互配"，合理有效配置研究生教育资源，为高质量研究生教育体系建设提供有力的支撑，进一步助力研究生教育强国建设。此外，建立常态监测机制对研究生教育资源配置过程中出现的偏差进行调节，以确保政策方针的有效实施。

第五，研究生教育发展规划编制方法变革与流程再造。信息技术驱动研究生教育发展规划编制理念与方法重塑，规划主体由单一化向多元化转变，编制手段由经验驱动向数据驱动转变，编制结构由科层化向扁平化转变。在智能化时代，各个与研究生教育相关的管理部门的信息孤岛将被打破，为研究生教育发展规划编制结构从科层化走向扁平化提供了数智支持。未来研究生教育发展规划的编制将实现从"六环节"向"四模块"的流程再造。随着数智化思想和技术的渗透，研究生教育发展规划的起始点不再是单一问题的现状分析与诊断，海量的研究生教育数据与实时分析将促进多个问题节点的即时决策和长期的发展预测。

第六，提出研究生教育知识管理新思想。研究生教育的特征是知识生产，知识管理是研究生教育管理的核心问题。知识管理已经扩散至研究生教育中的学科建设、导师行为、人才培养等多个维度，大数据背景下的知识管理侧重于从扩大的知识交互行为数据中寻找到可执行的知识实践路径。知识管理通过收集和分析研究生教育过程中的知识交流数据，发现研究中的合作模式、交流频率等信息，从而为学科建设提供参考依据。从组织环境复杂性角度来看，知识管理赋予了学科组织对其所处的系统环境复杂性的认识与应对能力，学科需要不断地发展与丰富。知识管理从内在方面驱动着学科门类及专业制度的调整，制度化的形式使其随着知识体系的分化、重组和整合而更加规范地组织管理知识，从而更好地促进知识的生产创新。进而，知识管理丰富了人才培养目标内涵。人才培养中的知识管理指研究生对显性知识和隐性知识的识别、获取、整合、应用和创新，是显性知识与隐性知识相互转化的动态循环过程，它强调知识整体转化的质量，因而将知识管理运用于人才培养模式的优化中，有助于发掘隐性知识，促进显性知识和隐性知识进行有效转化，从而提高人才培养质量。

第七，构建研究生教育评估新范式。研究生教育评估事关教育发展方向，是大学改革发展的指挥棒、风向标。随着数智时代的到来，传统的研究生教育评估范式、简单思维、排名思维等难以适应全面提高人才培养质量，着力造就拔尖创新人才的需要，也难以满足教育者、受教育者、教育管理者等多元社会利益相关者的诉求。在数智化发展浪潮中，积极推进研究生教育评估范式转变，塑造研究生教育质量提升新动能，进而推进研究生教育强国建设，是我国研究生教育改革与发展的时代使命。数智时代研究生教育评估需要完成三大转变：从"简单的价值判断"转向"全局的智能优化"，从"排名思维"转向"求真思维"，从"数据密集评估"转向"数智融合评估"。

第八，提出"面向知识"的研究生教育监测评估新模式。基于研究生教育管理创新，建构了以知识为中心的教师教学监测评估体系，即挖掘教师课堂教学状态大数据以发现新知识，进一步通过知识管理为教师赋能，促进教师重构教学认知，采取理性教学行为持续性改进教学，从而提高研究生人才培养质量的过程。从计算、手段、场域与服务四个方面革新教学评估一般方法。一方面，数智驱动促使教育评估方法从统计模型转为算法模型。传统评估方法是在统计分析范式下，主要运用数字特征、统计推断、假设检验与回归分析等模型进行评估，而数智驱动的监测评估核心技术是算法模型，即将数学模型与算法相结合。由于算法模型具有认知功能，因此算法模型能够对教学状态大数据进行整体性、探索性与自主性的挖掘与分析，以发现大量的教学知识。另一方面，教育评估数据从抽样数据转向全样本数据。数智驱动的监测评估面向全样本数据，由数字数组、混合数组以及流动性可变数组构成。相对于样本数据的有限维欧氏空间，数智驱动则必须思考高维的非欧空间，需要拓扑与流形分析等新的数据分析技术。

第九，构建了数智时代博士学位授权审核决策场景。博士学位授权审核是国家最高层次人才培养布局、质量监管的重要手段，是博士生教育治理领域的重要研究主题之一。自学位制度实施以来，我国博士学位授权审核经历了探索、建设、调整、完善等不同发展阶段。大数据、云计算、物联网、区块链、人工智能等技术的应用标志着数智时代的来临，在人类社会逐渐迈入数智时代背景下，我国博士学位授权审核决策的运行机制和模式均面临着巨大挑战。探索数智时代博士学位授权审核决策场景构建，对于提升博士生教育治理效能，大规模培养高端人才具有重要的理论意义和实践价值。

察往知来，砥砺创新。在数智时代，快速发展的现代信息技术将给人类文明、社会发展带来一系列"洪水"般的冲刷，思想的升华、技术的迭代使我们认识世界和改造世界的空间越来越大，唯有不断加强研究，才能不被"洪水"淹没，才能不断发现绚丽多彩的世界。

Foreword

In the context of a new round of information revolution, the interconnection of everything, data-driven, platform-supported and intelligence-led trend are increasingly prominent, and data has become the core resource of the era. In particular, with the development of "Internet +", "big data", "artificial intelligence" becoming the national strategies, "what is education and where should education go" has become a strategic proposition for countries around the world. Facing the national "Two Centenary Goal", how to realize the strategic transformation of China graduate education from "large" to "strong", and how to build a new paradigm of big data-driven graduate education management decision-making, especially organizational form, resource allocation and quality evaluation, is of great significance to the construction of a graduate education power, and also has great value to realize the national strategic goal.

This monograph focuses on the background of digital intelligence era, takes graduate education management decision-making as the object, management science, education science and information science as the theoretical basis, big data, cloud computing and artificial intelligence as the guidance, and conducts in-depth interdisciplinary research to realize theoretical innovation and management method innovation in graduate education management, so as to solve the prominent management decision-making problems in graduate education, and enhance the theoretical and applied value of the research results, *Research on the Transformation and Innovation of Graduate Education Management in the Internet + Era*.

This current monograph follows the concept of "grand vision, great innovation, thorough analysis, accurate conclusions and clear views", closely relates to the guideline of the 20th National Congress of the Communist Party of China and Xi Jinping's Educational Philosophy, held at the Two Centenary Goals, and fully grasps the national development strategy in education, science and culture. Starting from the history of the reform and development of degree and graduate education in China, this book systematically studies the new changes, challenges and opportunities brought about by the development of science and technology in the era of digital intelligence to graduate education management in China, and promotes the transformation and innovation of graduate education management in China. In terms of content, it focuses on the transformation of management theory, management organization, governance system, resource allocation, knowledge management and evaluation system in the age of digital intelligence, and fully understands the changes in society, economy and human thought mode in the age of digital intelligence from the philosophical level. Through the decoupling and reconstruction of log-intelligence technology and organizational structure, governance system, resource allocation and knowledge production, the transformation and innovation of graduate education management in the digital-intelligence era are deeply studied. In terms of structure, the book is divided into two parts according to "theoretical structure" and "management practice". The first part defines the concept, expounds the connotation, constructs the system and innovates the model of the five core themes of the general introduction to postgraduate education management reform, organization, governance, resources, planning from three dimensions of "historical evolution, spatial structure and value presentation". The other part focuses on the four themes of "knowledge management, development evaluation, teacher teaching monitoring and evaluation, and doctoral degree awarding institute and discipline assessment" of graduate education in China, explores the transformation and innovation of graduate education management in the era of digital intelligence, and builds a new paradigm of data-driven graduate education evaluation. The new concept, new thought and new model of "knowledge-oriented teacher teaching monitoring and evaluation" are put forward. A structure-process-efficiency (SPE) based doctoral degree awarding discipline assessment monitoring scenario is established.

First, innovating the graduate education management decision-making theory in the age of digital intelligence. This book traces the evolution logic of the graduate education management enabled by digital intelligence, examines the mechanism of the graduate education management enabled by information technology change, and then clarifies the practical direction of the graduate education management reform, which provides important theoretical guidance for the graduate education management transformation in our country. On the one hand, digital intelligence technology and graduate education management promote "interoperability" through "connectivity", "digital" to promote "precision", "integration" to promote "diversity", "platform" to promote "local" deep integration, break through the limitations of time and space, give play to the simulation of real situations, creative ability development and other unique advantages. It realizes the digital transformation of graduate education management from a single point of information technology application to a comprehensive digital transformation. On the other hand, digital intelligence technology brings not only a transformation in teaching methods and models, but also a subversive transformation in educational ideas, management thinking and organizational forms. Digital intelligence technology will become a structural force to reform and develop graduate education, and will rebuild the management dimension of graduate education from four aspects: theory-endowed, power-endowed, efficiency-endowed, information-endowed.

Second, identifying the function transformation of graduate education management organization in the age of digital intelligence. The content of management is expanding and the degree of collaboration is increasing. The resource monopoly has been broken, the "process bucket" has been flattened, and the "department wall" has been dismantled. With the blessing of technology, the ways and means of management and decision-making have gradually changed from vertical management, linear management, imperative and closed management to flat, platform-based, consultative and open management. Furthermore, the organizational form of the bureaucracy is in crisis, the scope of power and responsibility, the target function of the graduate management organization are undergoing unprecedented changes, the traditional organizational structure appears cracks, and the organizational form is facing reshaping. Break out of the path dependence and thinking constraint of constructing graduate education management organization under content dimension, break through the organizational structure of content dimension, level dimension and nature dimension. From the point of view of degree, discipline and graduate education management organization functions, graduate education, discipline construction and degree awarding are an inseparable whole, and different types of organizations have formed a cross-type full coverage of degree management, discipline management and graduate management.

Third, establishing the graduate education governance system in the era of digital intelligence. In view of the problems of hierarchical control, segmentation and fragmentation in the governance of graduate education in China, the book promotes the digitalization transformation of graduate education governance, and follows the internal logic of the integration of digitalization ecology and graduate education governance concept, the coordination of technological innovation and graduate education system innovation, and the balance between instrumental rationality and the value rationality of graduate education. On the one hand, the graduate education governance under the background of the integration of intelligent form and systematic governance concept will present the "non-boundary" of organizational structure, the "integration" of governance system, and the "platformization" of rules and institutions. On the other hand, in the process of promoting the modernization of graduate education governance, the instrumental rationality of efficiency priority is important, and the value rationality such as national will, fairness and justice should also be paid attention to. Furthermore, the digital intelligence platform is an important carrier to break the traditional time and space restrictions, and the platform organization logic is the basic compliance to eliminate the tension between the development of digital intelligence and the existing institutional system. In the process of digital intelligence transformation of graduate education governance, digital intelligence platform is the key factor to help the reorganization of graduate education governance structure; it is also an intermediary, which helps to optimize the process of postgraduate education governance; it is also a driving force to help improve the efficiency of graduate education governance.

Fourth, putting forward a new model of graduate education resource allocation in the age of digital intelligence. In the allocation of graduate education resources in China, the main participants are relatively single and the market participation is not enough. Mismatch of supply and demand, mismatch between social demand and resource supply; Lack of effective feedback, static monitoring and other problems. Under the background of digital intelligence, graduate education resource allocation, on the one hand, needs to actively explore the new concept and new model of resource allocation in the new stage of digital intelligence. In the configuration concept, it is necessary to aggregate the pool of energy, focus on the national strategic planning, and focus on the national medium and long-term development goals in the configuration goal, while considering the enthusiasm of the participants. On the other hand, it is necessary to adapt to local conditions, carry out organic coordination with the previous allocation mode, and continue to introduce new technologies, breed new ideas, and form new mechanisms with the goal of optimizing the efficiency of resource allocation, so as to realize the real transformation of the concept of higher education resource allocation. In terms of allocation mode, focus on digital intelligence technology to improve the quality and efficiency of graduate education resource allocation, through man-machine coordination of resources "smart allocation", process reengineering of resources "optimal allocation", virtual-real integration of resources "mutual allocation", reasonable and effective allocation of graduate education resources, to provide strong support for the construction of high-quality graduate education system, and further help the construction of strong graduate education. In addition, the establishment of a normal monitoring mechanism to adjust the deviation in the allocation of graduate education resources so as to ensure the effective implementation of policies.

Fifth, reshaping the graduate education development planning method and process. Information technology drives the reconstruction of the concept and method of the preparation of graduate education development planning, the main body of the planning changes from simple to diversified, the preparation method changes from experience-driven to data-driven, and the preparation structure changes from hierarchical to flat. In the era of intelligence, the information islands of various management departments related to graduate education will be broken, which provides data intelligence support for the development planning structure of graduate education from bureaucracy to flatness. In the future, the development planning of graduate education will realize the process reengineering from "six links" to "four modules". With the penetration of digital intelligence thought and technology, the starting point of graduate education development planning is no longer the status analysis and diagnosis of a single problem, and massive graduate education data and real-time analysis will promote the instant decision of multiple problem nodes and long-term development prediction.

Sixth, putting forward the new idea of knowledge management in graduate education. Graduate education is characterized by knowledge production, and knowledge management is the core issue of graduate education management. Knowledge management has spread to multiple dimensions such as discipline construction, tutor behavior and talent training in graduate education. Knowledge management under the background of big data focuses on how to find an executable knowledge practice path from the expanded knowledge interaction behavior data. By collecting and analyzing the knowledge exchange data in the process of graduate education, knowledge management can find the cooperation mode and communication frequency in the research, so as to provide reference for the discipline construction. From the perspective of organizational environment complexity, knowledge management gives discipline organizations the ability to recognize and cope with the complexity of their system environment, and the discipline needs to be continuously developed and enriched. Knowledge management drives the adjustment of discipline and professional system from the internal aspect, and the institutionalized form makes it organize and manage knowledge more standardized with the differentiation, reorganization and integration of knowledge system, so as to further promote the production and innovation of knowledge. Furthermore, knowledge management enriches the connotation of talent training objectives. Knowledge management in talent training refers to the recognition, acquisition, integration, application and innovation of graduate students' explicit knowledge and tacit knowledge. It is a dynamic cyclic process of mutual transformation of explicit knowledge and tacit knowledge. It emphasizes the quality of the overall transformation of knowledge. Therefore, applying knowledge management to the optimization of talent training model is helpful to explore tacit knowledge, promoting the effective transformation of explicit knowledge and tacit knowledge, so as to improve the quality of talent training.

Seventh, building a new paradigm of graduate education evaluation. Graduate education evaluation is related to the direction of education development and is the baton and vane of university reform and development. With the advent of the era of digital intelligence, the traditional graduate education evaluation paradigm, simple thinking, ranking thinking, etc., cannot meet the needs of comprehensively improving the quality of talent training, focusing on creating top-notch innovative talents, and it is also difficult to meet the demands of diverse social stakeholders such as educators, educatee, and education administrators. In the tide of the development of digital intelligence, it is the mission of our country's graduate education reform and development to actively promote the paradigm change of graduate education evaluation, shape the new momentum of graduate education quality improvement, and then promote the construction of strong graduate education. Graduate education evaluation in the age of digital intelligence needs to complete three major changes: from "simple value judgment" to "overall intelligent optimization"; From "ranking thinking" to "truth-seeking thinking"; From "data-intensive evaluation" to "data-intelligence fusion evaluation".

Eighth, putting forward a new model of "knowledge-oriented" graduate education monitoring and evaluation. Based on the innovation of graduate education management, a knowledge-centered teacher teaching monitoring and evaluation system is constructed, that is, the process of mining big data of teachers' classroom teaching status to discover new knowledge, further empowering teachers through knowledge management, promoting teachers to reconstruct teaching cognition, adopting rational teaching behaviors to continuously improve teaching, and thus improving the quality of graduate talents training. The general methods of teaching evaluation are reformed from four aspects: calculation, means, field and service. On the one hand, digital intelligence drives educational evaluation methods from statistical models to algorithmic models. The traditional evaluation method is based on the statistical analysis paradigm, which mainly uses digital characteristics, statistical inference, hypothesis testing and regression analysis to evaluate. The core technology of monitoring and evaluation driven by data intelligence is algorithm model, that is, the combination of mathematical model and algorithm. Since the algorithm model has cognitive function, it can excavate and analyze the big data of teaching status in a holistic, exploratory and independent way to discover a large amount of teaching knowledge. On the other hand, the educational evaluation data has changed from sample data to full sample data. The data intelligence-driven monitoring and evaluation is oriented to the full sample data and consists of a number array, a mixed array and a fluid variable array. Compared with the finite dimensional Euclidean space of sample data, the digital intelligence driver must consider the high-dimensional non-Euclidean space, which requires new data analysis techniques such as topology and manifold analysis.

Ninth, constructing the doctoral degree awarding institute and discipline assessment decision-making scenario model in the age of digital intelligence. Doctoral degree doctoral degree awarding institute and discipline assessment is an important means of national top-level talent training layout and quality supervision, and is one of the important research topics in the field of doctoral education governance. Since the implementation of the national degree system, China's doctoral degree awarding institute and discipline assessment has experienced different development stages such as exploration, construction, adjustment and improvement. The application of big data, cloud computing, Internet of Things, blockchain, artificial intelligence and other technologies marks the advent of the era of digital intelligence, in the context of the human society gradually entering the era of digital intelligence, the operating mechanism and mode of China's doctoral degree awarding institute and discipline assessment and decision are facing great challenges. Exploring the construction of decision-making scenarios for doctoral degree awarding institute and discipline assessment in the age of digital intelligence has important theoretical significance and practical value for improving the governance efficiency of doctoral education and cultivating high-end talents on a large scale.

Learning from the past helps looking afar and striving for innovation. In the age of digital intelligence, the rapid development of modern information technology will bring a series of flood-like erosion of human civilization and social development, the sublimation of thought and the iteration of technology make us understand the world and transform the world a larger space, only by constantly strengthening research, can we not be submerged by the "flood", and constantly discover the colorful world.

目　　录

上篇　理　论　建　构

下篇　管　理　实　务

Contents

Part 1: Theoretical Construction

Part 2：Management Practice

上篇　理　论　建　构

第一章 我国研究生教育的管理变革

管理是人类的各种组织活动中最普遍和最重要的一种活动。研究生教育管理是在政治、经济与文化环境的制约下，依据研究生教育目的，遵循研究生教育规律，科学配置研究生教育系统内外各种关系和资源，发挥既定研究生教育系统作用的过程。本书以数智时代社会变革与研究生教育发展为背景，依据管理学的相关理论基础，审视我国研究生教育管理变迁，研究数字化、智能化对研究生教育管理变革的驱动作用，创新数智时代研究生教育管理决策理论，为我国研究生教育管理提供理论指导。

第一节 研究生教育管理的发展历程与审视

中华人民共和国成立以来，我国研究生教育管理经历了"又红又专""坚持标准、严格要求""保证质量、稳步发展""坚持方向、稳定规模""立足国内、适度发展""按需建设、积极发展""科教结合、支持创新""服务需求、提高质量"的发展过程[①]，形成了运转有序、执行有效、推进有力的制度体系。

一、研究生教育管理的概念内涵

何为研究生教育？何为管理？何为研究生教育管理？业界学者从价值角度、方法角度、目的角度对其进行了定义。

（一）研究生教育管理的基本概念

本质是指事物内在的、固有的属性和本质特征，是事物存在和发展的基础和根本，是由事物本身所具有的特殊矛盾构成的。研究生教育管理的根本旨趣在于，通过预测与规划、组织与指导、监督与协调、激励与控制等手段，对研究生教育进行全面、系统的管理，包括对研究生教育的目标、内容、方法、评价等方面进行科学规划、合理布局和有效实施，以达到提升研究生培养质量和

---

①王战军, 张微. 70 年探索奋斗: 中国研究生教育发展规律与启示[J]. 学位与研究生教育, 2019, (9): 43-48.

水平的目的。因此，研究生教育管理的本质，就是回答"研究生教育怎么管，管什么"的问题。

首先，管理作为人类的一项最古老、最普遍的社会活动，是人类的一种最富有活力和创造性的行为，因而成为现代社会生产力要素中一种最重要的生产力。[①]研究生教育管理属于管理的下位概念，它带有管理的共同性，具有管理的一般特征。研究生教育管理是在一个国家或地区的政治形态、经济考量、文化传统等因素的制约下，基于研究生教育的发展规律和目标愿景，采用科学有效的方法，对研究生教育进行预测与规划、组织与指导、监督与协调、激励与控制，使有限资源得到有效的开发和合理的配置的过程，研究生教育管理概念如图 1.1 所示。

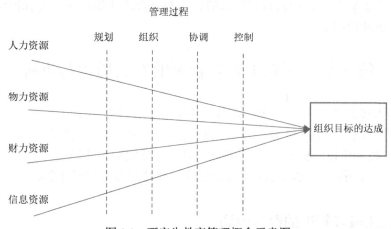

图 1.1　研究生教育管理概念示意图

因此，研究生教育管理活动是通过运用组织内部的各种资源，采用计划、组织、控制等管理功能，解决系统中存在的问题，实现研究生教育发展的目标。由此可见，研究生教育管理的终极之善应是通过协调人、财、物、信息等要素，使其能够做到"人尽其才、物尽其用、财尽其力，信息得到迅速的反馈与应用"，最终达到建设研究生教育强国的目的。

其次，研究生教育管理是为研究生教育的发展目标服务的，是一个有意识的、有目的的活动过程。研究生教育管理活动是一个系统性的过程，从宏观角度来看，研究生教育管理活动需要通过制定长远的发展规划和目标，整合资源，协调各方面的力量，促进研究生教育的全面发展。不同时期研究生教育的发展目标构成了研究生教育的管理依据，对于制定教育政策、招生计划、评价体系等方面具有重

①郑传坤. 现代管理学原理[M]. 北京: 法律出版社, 2002: 1.

要的指导意义。例如，"十三五"期间，研究生教育的发展强调应"以服务需求、提高质量为主线，把寓教于研、激励创新作为根本要求"。2020年9月22日，教育部、国家发展和改革委员会（简称国家发展改革委）、财政部联合发布了《关于加快新时代研究生教育改革发展的意见》。《关于加快新时代研究生教育改革发展的意见》是党中央、国务院着眼于全面建成小康社会和社会主义现代化国家新征程所做出的战略决策，是对我国未来发展阶段研究生教育强国建设的全面谋划和前瞻性部署。[①]《关于加快新时代研究生教育改革发展的意见》指出，"研究生教育肩负着高层次人才培养和创新创造的重要使命，是国家发展、社会进步的重要基石，是应对全球人才竞争的基础布局"。

因此，初步建成具有中国特色的研究生教育强国是当前研究生教育管理的依据。从微观角度来看，研究生教育管理活动需要针对具体的招生、培养、学位授予等环节进行管理，确保研究生教育政策的有效实施。这一方面需要领导层制定出符合实际情况的研究生教育发展规划，明确研究生培养目标和方向。另一方面，还需要加强与各个部门的沟通和协调，确保资源的充分利用和合理配置，提高教学水平和人才培养质量。简言之，研究生教育管理是在研究生教育发展目标的指导下，对研究生教育系统的战略规划、资源调配通过制度和机制进行协调的过程。

最后，研究生教育发展目标的实现过程本质上是一个系统与环境、系统内部矛盾关系不断得到协调和解决的过程。管理的这种"联系"和"纽带"的作用，是一种放大或高倍放大的作用（即 $1+1>2$）。[②]历史发展证实，研究生教育的发展与政治、经济、文化等因素密切相关，并为其服务。因此，国家生产力和科学技术的发展水平，社会制度、文化传统等因素都会对研究生教育管理产生影响。一方面，在宏观层面上，就一个国家和地区来说，把研究生教育放置于整个社会发展中，政府对研究生教育的协调是使研究生教育的规模、结构、水平、质量、效益协调发展，与社会的政治、经济、文化的发展相适应，如果不相适应，就必须进行协调。另一方面，就研究生教育的组织——学校而言，作为研究生教育系统中的子系统，学校组织的类型因地域、机制、管理者的不同而不同，存在的矛盾也各不相同。这些矛盾如果不加以解决，就会影响到研究生教育的发展，也会影响到研究生教育效益的最优化。研究生教育的协调任务与研究生教育的发展目标相一致，体现了研究生教育管理的基本矛盾和本质特征。研究生教育的本质就是协调研究生教育系统中的发展资源的投入与高效益地实现研究生教育发展目标的矛盾。

---

①王战军, 张微, 于妍. 实现战略转型加快研究生教育改革发展[J]. 研究生教育研究, 2021, (2): 1-6.

②康翠萍, 邓锐. 高等教育管理新论[M]. 北京: 科学出版社, 2020: 85.

（二）研究生教育管理的特殊性

研究生教育管理的特殊性是指研究生教育系统中各要素之间，要素与整体之间，整体与环境之间存在的相互联系、相互作用中表现出来的属性。[①]与其他层次的教育管理相比，研究生教育管理有着独特的管理目标、管理对象、管理内容、管理手段、管理机构和管理人员。研究生教育相对于其他社会系统有其独特的活动主体和活动目标，使得研究生教育管理同其他社会系统的管理区别开，表现出其独特性。

首先，研究生教育发展目标的特殊性决定了研究生教育管理目标的特殊性。研究生教育发展的主要目标是根据研究生教育的功能来确定的。研究生教育功能的发展目标是根据研究生教育的发展规律和国家发展战略、社会发展需求来制定的。19世纪末到20世纪60年代，管理以提高劳动生产率为中心。这一时期的管理是解决在闭合状态下，如何对人、财、物、技术、制度等进行合理配置的问题，以降低成本和提升规模效应为目标。19世纪末，世界科学技术中心从法国转移到德国[②]，而德国哲学博士学位的设置被认为是现代研究生教育的诞生标志，经过近百年发展，德国高等教育在全世界仍有很深的影响力。德国新型大学与传统大学的根本区别就是设立了研究所，这种研究所的建立，对于大学师生从事各种专业或特殊领域的研究有重要的作用，也促使了各种知识不断地分化整合。

因此，研究生教育系统的协调活动应以研究生教育发展规律为指导，不能简单直接地将院校管理的理论和经验迁移过来使用。就研究生教育的宏观管理而言，一方面，要根据研究生教育的发展规律，逐步提高研究生教育的培养质量，增强研究生培养的针对性和实效性。通过回顾我国研究生教育70多年的发展，我们将研究生教育的发展规律归纳为，"与国家共命运，与民族共呼吸；寓教于研，团队培养；知识传承与知识创造相结合"[③]。另一方面，要根据国家发展战略，适应国家经济社会发展的需要，培养高层次的人才，服务国家的现代化建设。就研究生教育的微观管理而言，是以培养拔尖创新人才，提高人才培养质量为目标的管理活动，无法简单地以追求最大经济效益为目标。总之，研究生教育的发展目标应该是全面、多元化的，既要考虑质量，又要考虑规模和结构，同时也要根据不同领域的需求进行相应的调整和优化。

其次，研究生教育管理通过最大限度地围绕研究生教育系统的发展目标，发

①薛天祥. 研究生教育管理学[M]. 桂林: 广西师范大学出版社, 2004: 31.
②张文彦. 科学技术史概要[M]. 北京: 科学技术文献出版社, 1989: 169
③王战军, 张微. 70年探索奋斗: 中国研究生教育发展规律与启示[J]. 学位与研究生教育, 2019, (9): 43-48.

挥各要素功能与作用，更好地实现其整体发展目标。研究生教育系统是由有关的教育行政机构和各类院校组成的系统，其结构与功能和其他社会系统有所不同。在早期的研究生教育管理中，学校管理者主要是从学校功能的角度出发，界定管理目标。20世纪三四十年代，我国一些崇尚民主与科学的教育理论的学者已经提出了教育行政管理民主化、科学化、专业化的理想模式。由于高等学校整体数目相对较少，规模较小，且文科类高校数量多，理工科类高校数量少，虽然有一支学术水平较高的教师队伍，包括一些留学归来的知识分子，但总体教师数量依然严重不足。培养有专门知识的研究人才是世界各国高等教育追求的培养目标。我国早期以效仿法、德、日的学术模式为主，设立研究生所，以培养教学科研型高层次人才为主要的教学目标。随着社会和教育事业的发展，无论是国家发展还是个人发展，对于研究生教育的需求不断增加，研究生教育的管理目标也随着教育目的的变化而变化。尤其是在美国的管理学家彼得·德鲁克提出"有效的管理"理论后，管理学界掀起了"有效热"，管理的效能问题成为热点。研究生教育存在的价值不仅是能够招到学生，培养"师资和科学研究人才"，更为重要的是充分发挥教育资源的效能，减少对人、财、物的消耗。

最后，研究生教育管理方式的特殊性。管理方式是为了达到管理的目标或实现管理的目的，管理者运用一定的方法、措施、方式在管理主体与管理对象之间进行协调与实施活动的模式。从宏观角度看，研究生教育管理需要兼顾国家战略和发展需求，同时要保证学术自由和独立性。从微观角度看，研究生教育管理需要注重培养研究生的创新能力和实践能力。因此，一方面，研究生教育管理应以国家的发展战略为导向，制定适当的政策、法规和标准，同时应该尊重学术自由，保护研究生的知识产权和研究成果；另一方面，研究生教育管理应该建立灵活多样的培养模式，注重实践教学，提高研究生的实际能力和创新能力。与此同时，应该加强导师队伍建设，提高导师的教学水平和指导能力，为研究生的成长提供更好的支持和指导。

（三）研究生教育管理的基本职能

"职能"在《现代汉语词典》（第七版）中被解释为"人、事物、机构应有的作用"。研究生教育管理职能指通过管理，在研究生教育活动中所产生的有效的作用。广义的管理，指在特定的环境下，管理主体受某种理念的支配，运用一定的资源配置、通过有效的管理手段，达到预设目的的过程。①通常而言，有效的手段就是决策、计划、组织、指挥、协调和控制。这些职能相互联系、相互影响，

---

①唐雄山，方军. 现代管理学原理[M]. 北京：中国铁道出版社，2015：5.

是密不可分的有机整体。如果没有管理职能，任何宏伟的管理目标只能被束之高阁，成为"宏伟的空想"，任何管理主体的存在都是"行尸走肉"而已。

1. 研究生教育管理的计划职能

"计划"在《现代汉语词典》（第七版）中被解释为"工作或行动以前预先拟定的具体内容和步骤"。《经济与管理大辞典》中将计划定义为"计划是对未来事件、工作的预计和筹划，是进行未来生产和工作的尺度、准则和目标"①。《管理学》一书中讲到"计划就是选择任务和目标，以及完成任务和目标的行动"。这说明计划制订的过程就是在具体的目标之下，在众多的实施路径中，选择相对合理、有效方案的过程。哈罗德·孔茨（Harold Koontz）指出，计划是多种多样的，目的或使命是一种计划，如大学的目的是教学、科研、服务社会；目标是一种计划，代表了计划的终点；策略是一种计划，资源配置是需达到的目标；政策也是一种计划，是为了确保目标的实现；程序是制订处理未来活动的一种必须方法的计划；规划常指综合性的计划；预算则是一份用数字来表示预期结果的报表②。因此，研究生教育管理中的计划是在收集、分析和评价有关研究生教育系统内外信息、环境、条件的基础上，设定的研究生教育发展目标、方向和重点，实时预测，做出决策，提出研究生教育发展的具体行动计划。一方面，通过制定研究生教育发展规划，合理规划研究生招生规模和专业设置，规范研究生教育的过程管理，确保学位授予的公正性和权威性；另一方面，通过制订研究生培养计划，明确研究生培养目标和要求，确定研究生课程设置和课程内容，提高研究生培养质量和效率。

2. 研究生教育管理的组织职能

组织职能是管理的基本职能之一，它是为实现组织的目标，确定组织内部各要素及其相互关系，对组织的资源进行有效配置的一系列活动的过程。任何组织为保证目标的实现，使组织的各级成员围绕组织目标和计划任务有效地开展工作，就需要把组织的各个环节和各种要素结合起来，合理地进行部门划分和管理层次划分。研究生教育管理的组织职能是把管理要素中的人、财、物按照目标的要求组合成一个协调的整体，既包括宏观层面的制定研究生教育的政策、法规、招生计划等政策规划和协调各相关部门的工作，也包括微观层面的在诸如加强研究生思想政治教育和职业生涯规划指导等具体的实践中组织职能的落实。组织职能是管理的重要组成部分，其主要作用在于确保组织的各项功能能够得到有效实施和保障，是组织计划顺利实施的基础性条件。因此，依据研究生教育的发展目

---

①马洪，孙尚清. 经济与管理大辞典[M]. 北京：中国发展出版社，1989，(12)：172.

②孔茨 H，韦里克 H. 管理学[M]. 10 版. 张晓君，等译. 北京：经济科学出版社，1998：70-87.

标，需要建立适当的机构、明确岗位职责、配备合适的人员，并合理配置人力、物力、财力等资源，以实现数量与质量的协调，从而取得最佳的经济和社会效益。

3. 研究生教育管理的协调职能

协调是管理过程中带有综合性、整体性的一种职能。协调职能包括垂直协调和平行协调、内部协调和外部协调。组织协调的必要性和重要性随着组织活动内容的复杂程度和参与人员的数量的增加而提高。从宏观角度看，研究生教育管理需要协调包括政府、大学、行业在内的各个层面的资源和利益。具体而言，政府通过制定合理的政策和规划，为大学提供必要的资金和政策支持；大学根据实际情况，合理分配资源，为研究生教育的高质量发展提供保障；行业和社会为研究生提供实习、培训和就业机会，促进研究生教育与社会需求的对接与融合。从微观角度看，研究生教育系统是以人为主体构成的社会系统，这个系统中的个人指在研究生教育活动中有意志、利益和行为的人。一方面，通过管理协调研究生教育系统中个人目标之间的矛盾；另一方面，通过管理协调研究生教育系统中个人目标和整体目标之间的矛盾。

4. 研究生教育管理的控制职能

控制职能是指对计划执行情况不断进行监督检查，发现问题后，及时采取纠正偏差的措施，以保证原定目标顺利地实现。研究生教育管理的控制在宏观层面，主要针对整个研究生教育系统的规划、组织、协调、监督和评估；在微观层面，主要针对研究生的培养过程和成果，以保障其个人成长和社会需要。其中，对研究生教育规模和质量的控制是最重要的控制之一。规模和质量的控制不仅反映了一个国家和地区的研究生教育的质量和效益，还反映了它与社会政治、经济发展协调的宏观问题。作为国民教育中最为重要的一环，研究生教育培养质量更是直接关系到我国研究生教育强国建设目标的实现。为此，需要加强研究生教育管理制度建设，完善教学管理、考核评价等方面的制度，提高教师教学水平和研究生综合素质，实现研究生教育的可持续发展，促进研究生教育的国际化和高水平化。

二、我国研究生教育管理的历史变迁

学位制度实施以来，我国研究生教育管理实现了体制创建、政策完善、组织健全等强制性制度变迁，形成了运转有序、执行有效、推进有力的制度体系，构建了法制化、科学化和规范化的研究生教育体系。在数智时代，研究生教育管理变革将有助于推动研究生教育的深化改革、高质量发展和内涵式发展，进一步加强研究生教育，提高其国际竞争力，从而推动研究生教育强国建设，使我国成为世界研究生教育领域的领军者。

（一）我国研究生教育管理体制的构建

中华人民共和国成立之初，《1951年暑期招收研究实习员、研究生办法》标志着研究生教育体制的确立。1963年，中华人民共和国教育部发布的《高等学校培养研究生工作暂行条例（草案）》指出，"高等学校招收和培养研究生的工作，由中央教育部统一规划和领导"。由此，作为高等院校的研究生培养单位宏观上既要受其主管部门的直接领导，同时也要接受教育部规划和管理。草案的颁布，基本上形成了我国研究生教育的中央主管部门、培养单位的二级管理体制。

改革开放之初，我国正处于社会主义计划经济体制时期，教育领域实行高度集中的管理体制，教育资源配置和决策权集中在中央政府手中。随着恢复研究生招生，我国研究生教育发展起步，并逐步建立起独立的研究生教育管理体系。1978年8月，全国研究生工作会议通过了《高等学校培养研究生工作暂行条例（修改草案）》，强调"高等学校招收和培养研究生的工作，由教育部统一规划和领导。高等学校主管部门，应加强领导，总结经验"。1982年8月，教育部增设研究生教育司，进一步加强和完善了研究生教育的中央层次的管理。以中央集中管理为基本特征，国家研究生教育部门作为研究生教育的主管部门，负责制定并完善研究生发展规划，制定并执行研究生招生计划，构建并优化研究生培养体系，调配并配置研究生教育资源，以推进研究生教育的质量提升和创新发展。研究生培养单位（含高等学校和科研院所）在国家统一管理下，作为基础执行单元，承担着重要的培养任务，其职责不仅包括对研究生进行专业知识的传授和研究能力的培养，还需要关注学生的职业发展规划和个性化需求，为其发展提供全方位的支持和服务。概言之，以中央政府宏观管理为核心的研究生教育两级管理体制最大限度地满足了研究生教育的基本制度要求，达到资源合理、高效配置的目的。

随着我国改革开放的深入推进和社会主义市场经济制度的逐步建立，政治、经济、社会、科技等诸多外部力量对研究生教育发展提出了多元化、多向度的变革需求，客观上要求研究生教育管理增加适应性、创新性和灵活性。20世纪80年代中期以后国家开启以省为主的高等教育的宏观体制改革，取得了实质性进展，进而延伸至研究生教育领域。1991年，随着中国学位与研究生教育的不断发展和政府机构改革的深入推进，为了更好地满足实际需求，各地相继成立了省级学位委员会。伴随省级研究生教育管理部门的逐步确立，省级政府研究生教育统筹协调权逐步扩大。2010年，《国家中长期教育改革和发展规划纲要（2010—2020年）》要求

"完善以省级政府为主管理高等教育的体制"。由此，省级政府成为中国特色研究生教育管理体制的关键层级。在中央政府、省级政府和培养单位的共同努力下，逐步形成了三级研究生教育管理体系。这一体系通过不断扩充内容和修改完善，为中国研究生教育提供了更加全面和系统化的管理和服务，也为培养更多高素质的人才和推动中国的科技创新与发展做出了重要贡献。

综上，我国研究生教育管理由两级管理体制走向三级管理体制，中央政府将行政管理权力有序让渡、分配至省级政府和培养单位。[①]中央政府和省级政府通过立法、财政、规划和评估等主要管理方式，对研究生教育进行宏观调控和监管，促进研究生教育的规范化和标准化发展；而培养单位则通过经费配置、质量监控、师资队伍建设等管理手段，对招生、培养、学位授权以及具体的教学、科研和实践环节进行组织和实施，以确保研究生培养质量和水平的提高。

（二）我国研究生教育管理政策演变

改革开放以来，总的来看，研究生教育政策工具可分为规范性文件和宏观调控两个方面。就规范性文件而言，位阶较高的法律文件非常之少，法规层面显现"断档"，多数为法律位阶较低、效力有限的政策文件。[②]就宏观调控而言，中央以及研究生教育主管部门通过不断扩展和优化研究生招生、培养等内容，逐步建立健全了研究生教育质量评估、学位授权与认证等制度，为研究生教育的高质量发展提供了更加有利的环境和条件。

1. 研究生教育规范性文件

中华人民共和国成立之后，新中国建设亟须高层次人才，非常重视研究生教育的开展。1950年，教育部颁布的《高等学校暂行规程》明确规定"大学及专门学院为培养及提高师资，加强研究工作，经中央教育部批准，得设研究部或研究所"。当年共招收874人，学习年限1～3年，是1949年招生数（242人）的3倍多。1953年，高等教育部发布的《高等学校培养研究生暂行办法（草案）》进一步对培养学校、生源要求和培养目标做出明确规定，研究生一般统称为"师资研究生"。要求凡是聘有苏联专家（或人民民主国家的专家）或师资条件较好的高等学校均应负担培养研究生的任务，其共同目的为培养高等学校师资和科学研究人才。[③]1963年，教育部颁布的《高等学校培养研究生工作暂行条例（草

①王战军. 中国学位与研究生教育40年（1978—2018）[M]. 北京：中国科学技术出版社, 2018: 59-60.

②李明磊, 王战军. 改革开放以来中国研究生教育管理：成就与挑战[J]. 清华大学教育研究, 2019, 40 (5): 105-111.

③中华人民共和国教育部办公厅编. 高等教育文献法令汇编：第一辑[M]. 高等教育部办公厅, 1954: 136-137.

案)》的培养目标中进一步提出，研究生教育要培养具有独立进行科学研究工作和相应的教学能力的人才。这一阶段，在党中央和国务院的领导下，在吸取老解放区其他层级办学经验的基础上，在国际关系和内部需求共同作用下，苏联的研究生教育模式成为新中国成立之初研究生教育的参考对象，国内各教育机构逐步革除旧的教育内容和体系，学习苏联的教育内容和体制，取得了比较明显的成绩。

改革开放以来，研究生教育管理领域制定了一系列全局的、长远的、里程碑式的政策文件。1980 年 2 月 12 日，第五届全国人民代表大会常务委员会第十三次会议审议通过了《中华人民共和国学位条例》，于 1981 年 1 月 1 日起施行。作为中华人民共和国成立以来的第一部教育法律，《中华人民共和国学位条例》的颁布标志着我国学位制度的正式建立，使得我国高等教育的发展有了可遵循的规章，更标志着高等教育进入了规范化、法制化、科学化发展的新阶段。①

《中华人民共和国学位条例》是中国研究生教育改革的重要标志，40 多年来，我国研究生教育管理领域出台了一系列文件，这些规章对增强我国高层次人才培养，促进各学科学术水平的提升，推动国际教育的交流与合作、增强我国综合国力和核心竞争力、推进学位管理和研究生教育高质量发展起到了不可替代的作用。有关的研究生教育管理文件确立了各时期研究生教育发展改革的方针、思想和思路，系统谋划了招生考试、人才培养、学位授权点建设、经费投入、评估监督等政策。

2. 研究生教育宏观调控

随着学位制度的建立，研究生教育管理体制日益完善。40 多年来，我国持续深化研究生教育综合改革，建立了中国特色的、完整的学科体系，培养了一大批可靠的社会主义事业建设接班人，建设了一支高素质、高水平的研究生导师队伍，为我国高层次人才自主培养提供有力支撑。

首先，形成了中国特色的学位授予与人才培养学科专业目录管理机制。研究生教育学科专业目录建立至今，历经五次修订和调整。学科的增设和名称变更，一方面，体现了国家和社会发展对专业性人才的需要；另一方面，体现了劳动力市场对人才结构的最新需求。1983 年，《高等学校和科研机构授予博士和硕士学位的学科、专业目录（试行草案）》公布实施。学科目录的创立明确了研究生培养的学科范围及授予学位的类别，为改革开放初期的高层次人才培养工作提供了政策依据。此后，我国学位授予和人才培养学科目录先后经过 1990 年、1997 年、

---

①王战军、张微、张泽慧. 中国学位制度实施 40 年：背景、作用与展望[J]. 中国人民大学教育学刊, 2021, (2): 14-22.

2011 年、2022 年 4 次调整。学科门类也由过去的 10 个增加为 14 个，一级学科由 63 个增加到 117 个。2018 年 4 月，更新后的《学位授予和人才培养学科目录》对工学下的一级学科、"工程"专业学位类别等作了调整。我国学科目录逐步建立了适应社会对高层次专门人才需求的动态管理机制以及周期性的调整机制。①为适应云计算、物联网、大数据、移动互联网等新一代信息技术发展，2018 年，增设"网络空间安全"一级学科。截至 2022 年，已有 102 所高等院校开设了网络空间安全专业，其中包含 33 所"双一流"建设高校。2021 年 1 月，我国学科体系再次实现了重大突破，"交叉学科"成为我国第 14 个学科门类，交叉学科的建设与发展走上了专业化、规范化和合法化的道路。

2022 年 9 月，教育部公布了《研究生教育学科专业目录（2022 年）》和《研究生教育学科专业目录管理办法》。②相对于 2011 年版的《学位授予和人才培养学科目录》，《研究生教育学科专业目录（2022 年）》在名称上做了调整：一是明确了学科专业目录是针对研究生教育的，范围界定得更加清晰；二是加上了"专业"，更加凸显了专业学位的重要性和特殊性。40 多年间，学科专业目录与国家社会发展双向推动，在满足社会发展和国家战略需求的道路上不断调整，同时发挥作用，服务于国家与社会发展，形成学科专业目录与国家社会双向促进、共同科学发展的良好局面。

其次，建立了独立自主的研究生培养体系，尤其是博士生培养体系，在学博士生成为我国科学研究的生力军。"高教六十条"的出台标志着新中国的研究生教育进入制度建设的新阶段。改革开放后，国家教育委员会③相继出台一系列政策法规，以加强和改进研究生教育与管理。1981 年至 1990 年，我国累计授予 6999 人博士学位，2011 年至 2020 年 10 年间全国博士学位授予规模达到 55.16 万人，增长了近 80 倍。这些中国博士学位获得者已经成为我国各行各业的中坚力量。

近十年来，规模持续扩大与结构优化调整并行，是党的十八大以来我国研究生教育发展的重要特征。2017 年 1 月，教育部、国务院学位委员会印发《学位与研究生教育发展"十三五"规划》，提出研究生教育应改革培养模式，全面加强研究生思想政治工作，提升创新和实践能力，深化研究生考试招生改革，完善研究生培养分流退出制度。2021 年，我国在读博士生达到 50 多万人，他们活跃在各个学科领域的教学科研第一线，是"双一流"建设高校、各科研院所必不可少的科研主力军，是完成国家重大重点项目、重大科研平台建设、重大工程项目的重要力

---

① 王战军, 张微. 70 年探索奋斗: 中国研究生教育发展规律与启示[J]. 学位与研究生教育, 2019, (9): 43-48.

② 国务院学位委员会, 教育部. 关于印发《研究生教育学科专业目录（2022 年）》《研究生教育学科专业目录管理办法》的通知[A/OL]. (2022-09-14) [2023-01-19]. http://www.moe.gov.cn/srcsite/A22/moe_833/202209/t20220914_660828.html.

③ 1998 年 3 月，国家教育委员会更名为教育部。

量。2021 年国家自然科学基金委员会批准资助的 2.1 万项青年科学基金项目，项目负责人 90%以上是近十年来我国自主培养的博士生。从第一完成人的学历来源与层次来看，2012 年至 2020 年，国家自然科学奖第一完成人在国内获得博士学位的比例不断提高，从 2012 年的 69.23%到 2020 年的 73.91%，如表 1.1 所示。同时，国家自然科学奖第一完成人中非博士学位人数整体呈下降趋势，表明我国自主培养的研究生已经成为我国科技创新的核心力量。

表 1.1　2012～2020 年国家自然科学奖第一完成人学历情况

年份	总人数	国内获得博士学位人数	占比/%	国外获得博士学位人数	占比/%	非博士学位人数	占比/%
2012	39	27	69.23	6	15.38	6	15.38
2013	52	34	65.38	16	30.77	2	3.85
2014	46	26	56.52	13	28.26	7	15.22
2015	42	28	66.67	13	30.95	1	2.38
2016	41	28	68.29	10	24.39	3	7.32
2017	35	30	85.71	4	11.43	1	2.86
2018	38	25	65.79	12	31.58	1	2.63
2019	46	36	78.26	10	21.74	0	0
2020	46	34	73.91	9	19.57	3	6.52

资料来源：①2012～2020 年数据来源于国家科学技术奖励工作办公室网站，https://www.nosta.gov.cn/pc/zh/index.shtml；②数据统计信息中不包括军事院校和相关单位获奖情况

注：表中数据之和不为 100%是四舍五入修约所致

　　最后，构建了中国特色的"五位一体"学位与研究生教育质量保障体系。改革开放以来，经过 40 多年的实践和理论探索，我国基本上建立起一个以政府、社会中介、学位授予单位为主体的多层次、全方位的具有中国特色的研究生教育质量保障体系，从制度和组织上为研究生教育质量的提高奠定了基础。[①]"十二五"之后，研究生教育"服务需求、提高质量"总体思想和研究生教育强国建设战略把顶层设计和系统构建研究生教育质量保障政策提上了议程。2010 年，《国家中长期教育改革和发展规划纲要（2010—2020 年）》提出，要把提高质量作为教育改革发展的核心任务，注重教育内涵发展，建立健全教育质量保障体系。2013 年，《教育部　国家发展改革委　财政部关于深化研究生教育改革的意见》中提出以统筹构建质量保障体系为着力点，从改革质量评价机制、强化培养单位质量保证的主

①王战军. 构建质量保障体系提高研究生教育质量[J]. 研究生教育研究, 2011, (1): 3-6, 82.

体作用、完善外部质量监督体系、建立质量信息平台等方面勾画了研究生教育质量保障体系的框架和轮廓。以 2014 年"全国研究生教育质量工作会议"为标志，国务院学位委员会、教育部颁布《关于加强学位与研究生教育质量保证和监督体系建设的意见》，下发了《学位授予单位研究生教育质量保证体系建设基本规范》，构建了学位授予单位、教育行政部门、学术组织、行业部门和社会机构共同参与的"五位一体"研究生教育质量保障体系（图 1.2）。

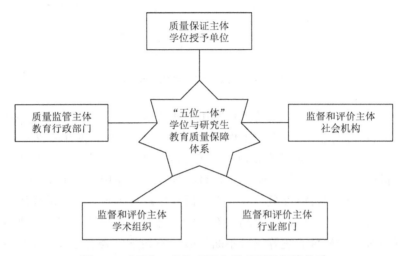

图 1.2 "五位一体"研究生教育质量保障体系

中国特色的"五位一体"研究生教育质量保障体系实施了学位与研究生教育的"准入条件""周期性合格评估""学位论文抽查""质量专项检查""研究生教学成果奖"等系列举措，高层次人才培养质量得到了保障和提升。

（三）研究生教育组织模式的变迁

学位管理体制具体指在学位授权、学位授予、学位监督检查等过程中相关主体的权限划分及相互关系的总称。自 1978 年恢复研究生招生至今，研究生教育管理机构日益完善，形成了"中央政府—省级地方政府—学位授予单位"三级学位管理体制。国务院设立国务院学位委员会，下设国务院学位委员会办公室、国务院学位委员会学科评议组等部门、组织，负责领导全国学位授予工作；省级学位委员会结合本地区情况统筹规划本地区的学位工作；校学位评定委员会是学位授予单位的学位管理机构，接受国家和省级学位委员会指导，培养单位学位委员会主席一般由校长（院长/所长）担任（图 1.3）。

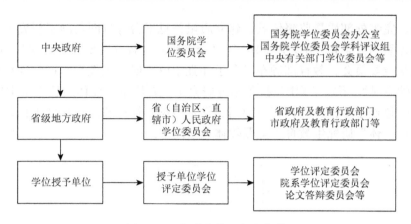

图 1.3　三级学位管理组织架构

国务院学位委员会在三级管理体制中处于主导地位，引导省级地方政府和学位授予单位科学规范地开展学位工作。为实现学位与研究生教育事业内涵式发展，2018 年 5 月 7 日，国务院学位委员会、教育部发布《关于进一步发挥国务院学位委员会学科评议组和专业学位研究生教育指导委员会作用的意见》，进一步强调了国务院学位委员会学科评议组和专业学位研究生教育指导委员会的作用。

为适应时代发展变化，应对高等教育管理体制改革需要，省级管理部门对本地区学位与研究生教育的统筹权被不断加强。省级学位委员会成为学位管理体制中的独立一级，近十年来，省级学位委员会拥有了更加自主的学位审核权、统筹调控权和学位管理权，形成了承上启下、相对独立、具有统筹调控权的省级学位管理体制。通过下放导师审批权和二级学科、一级学科自设权使各培养单位对学位授权点建设、导师队伍建设形成了有益的调整和补充。随着学位授权点动态调整机制的逐步完善，学位授予单位可以动态调整、自主审核学位授权点，增强了学科管理的灵活性。

三、我国研究生教育管理面临的挑战

研究生教育管理是在复杂多变的环境条件下展开的，其发展受到政治、经济、社会等多种因素的影响和制约。现阶段研究生教育管理存在行政主导"一刀切"、利益追求"一边倒"、审核标准"一把尺"等突出问题。不能适应研究生教育"立德树人、服务需求、提高质量、追求卓越"的发展需求。

（一）研究生教育管理建构现代治理体系

我国正在形成新时代研究生教育治理体系。从结构优化的角度来看，研究生教育应建立多中心治理网络。①在学位制度实施初期，国家实行严格的计划管理，培养单位很少有自主权。该模式无法调动地方政府与高校的积极性，高校之间也缺乏竞争力。研究生教育现代治理体系实质上是多权力中心的，各利益相关方行使不同性质的权力。②

国家研究生教育管理组织应进一步加强统揽和调控、监督和指导等职能，通过制定科学合理的规划和政策，指导各大学制订适应国家需求和市场需求的研究生培养方案，确保研究生培养质量和水平。省级研究生教育管理组织将扩大统筹和协调、区域规制、质量监测等职权，一方面，设立专门的监督机构，对各高校开展的研究生教育进行定期检查和评估；另一方面，加强对区域内各高校研究生教育的整体规划和协调，推动研究生教育的均衡发展。研究生培养单位应增强调节和统合内部资源、质量把控等能力，加强对研究生学习和生活的关注和指导，加强与企业、行业等的合作，提高研究生就业率和质量，为国家的创新发展贡献力量。

（二）研究生教育管理从法制走向法治

当前，我国研究生教育管理形成了法律、行政法规、政策文件等层次分明的制度体系，基本实现了法制化、规范化，但《中华人民共和国学位条例》毕竟制定于40多年前。一方面，完善的学位制度体系是高端人才培养标准以及健康学术生态的重要表现，良好的学位制度能够更好地促进学术发展与知识创新③；另一方面，面向新时代，研究生教育管理制度体系显露出刚性有余、弹性不足，立法滞后、缺乏前瞻性等问题，总体上难以适应研究生教育的快速发展。

教育制度是合理配置各种教育利益主体关系的保障，教育制度的创新需要教育法制的保障和促进。改革开放以来，面对研究生教育发展的重大战略、重点领域和重要环节，国家立法部门、国家和省级教育管理部门制定了不同法律位阶、不同法律效力的规范性文件。重视立法、依法治教是政府加强对研究生教育事业宏观管理的基本途径。④研究生教育管理首先应强化法治思维、加快立法，健全管理制度体系，其次为研究生教育管理从法制走向法治奠定制度化根基，保障管理合法、有效。一是要进一步加强相关法律法规和制度建设，确保研究生教育有法

①"中国学位与研究生教育现状"课题调研组. 中国学位与研究生教育发展报告 (2011) [M]. 北京: 清华大学出版社, 2012: 84.

②王战军. 中国学位与研究生教育40年 (1978—2018) [M]. 北京: 中国科学技术出版社, 2018: 61.

③周详, 杨斯喻. 学位的功能、结构与学位授予权的本质: 兼论《中华人民共和国学位条例》修订的基本问题[J]. 复旦教育论坛, 2019, 17 (1): 17-23.

④谢桂华. 20世纪的中国高等教育: 学位制度与研究生教育卷[M]. 北京: 高等教育出版社, 2003: 322.

可依；二是完善研究生教育的监督和问责制度，确保研究生教育违法必究。政府应建立和完善研究生教育监督制度。

（三）研究生教育管理迎接数智化变革

随着"互联网+"、大数据、云计算、人工智能、5G网络等新一代信息技术的广泛应用，研究生教育管理随之进入"互联网+"时代，面临着全方位、深层次的变革挑战。以"互联网+"为代表的现代信息技术将加速研究生教育领域的大数据的产生，这些数据规模更大、速度更快、类型更杂、价值隐含更深。基于这些数据，研究生教育相关的人与人、物与物、知识与知识之间将得到空前广泛的连接，并将进一步引发研究生教育组织管理决策、资源开放共享、知识生产与传播等方面的深刻变化。这种变化将成为我国研究生教育研究、管理、决策变革的重要推动力量。简言之，"互联网+"研究生教育管理是以互联网为基础和动力的研究生教育管理新形态。实践中，研究生教育管理存在着经验主义、结果导向等问题，亟待建立大数据驱动的研究生教育管理新范式、新方法，构建"互联网+"研究生教育管理决策新模式，进而为研究生教育重点建设过程监测、宏观政策调控提供科学依据和动态支撑。[①]

（四）加强研究生教育管理战略研究

改革开放以来，研究生教育成为我国高层次人才培养的基地、创新性科研的平台、高质量社会服务的载体，有力支撑了经济社会的高速发展，提升了我国综合影响力和国际竞争力。新时期，我国研究生教育面临着政治、经济、社会等新的发展战略挑战，涵盖"一带一路"、军民融合发展战略、区域发展战略（包括京津冀协同发展战略、长江经济带发展战略、粤港澳大湾区发展战略）等。研究生教育如何为发展战略提供服务，研究生教育管理如何满足新时代的社会经济发展需求，都迫切需要加强对研究生教育发展战略和相关政策的深入研究。

第二节 信息技术对研究生教育管理的影响

随着信息技术的运用，人人互联、万物互联、知识互联逐渐成为现实，组织活动与个体行为越来越多地被记录和映射为海量数据。从"信息互联"到"消费

---

①王战军. 中国学位与研究生教育40年 (1978—2018) [M]. 北京: 中国科学技术出版社, 2018: 61.

互联"，从"生产互联"到"智慧互联"，世界正在加速实现从万物互联到万物智能的迭代，这将改变人类认识世界和改造世界的传统模式。

一、信息技术驱动研究生教育管理范式的演进

相较于社会形态的更替，我国研究生教育发展时间不算长，但从我国研究生教育从无到有、从小到大、从大到强的发展脉络来看，信息技术迭代与研究生教育发展之间存在着密切关系。信息技术的联结整合和赋权参与使研究生教育历经前信息化管理、信息化管理、智能化管理三个阶段，如图 1.4 所示。可以说，信息技术赋能研究生教育管理理论与方法迭代和运用[①]，数智技术将成为推动研究生教育改革与发展的关键结构性因素，持久往复地为研究生教育强国建设提供能量。

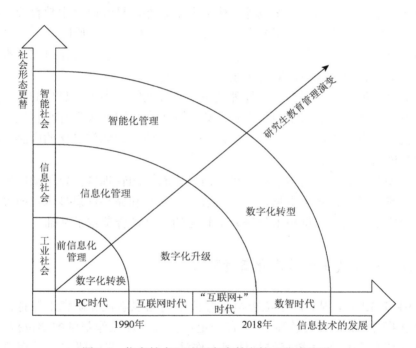

图1.4　信息技术驱动研究生教育管理范式演进

（一）基于经验决策的前信息化管理阶段

信息技术促进研究生教育管理变革是一个长期且复杂的系统性过程。技术哲学领域的重要学者弗里德里希·拉普（Friedrich Rapp）就认为，"技术是一种历史现象，

①钟秉林, 尚俊杰, 王建华, 等. ChatGPT 对教育的挑战（笔谈）[J]. 重庆高教研究, 2023, 11(3): 3-25.

只有在特定的历史背景下，才能使其概念化"①。因此，电子计算机的出现标志着人类计算能力的飞跃，它打破了传统的量化管理模式，实现了超越个体边界的数据存储和管理，为研究生教育的宏观管理提供了新的发展机遇。研究生教育在适应新的工具和技术的过程中，更好地满足了社会的需求。随着 PC 时代的到来，以行政管理为主体的业务信息化，主要还是以"自上而下"的形式进行学位授予权、资源配置、导师选拔、招生培养，信息技术直接应用于研究生教育的改革是极其有限的。

一方面，在计划经济时代，政府在我国研究生教育发展中承担着全能政府的权责，"前信息化管理"阶段只是研究生教育管理的一次必要的工具变革。政府是唯一的管理主体，在一定程度上保证了管理的严密性和权威性，但政府既充当"运动员"，又充当"裁判员"的行为，造成了责任机制的缺乏和效率的低下，而且信息传递的距离和烦琐的流程也会产生信息失真和信息截断，使原本全面和完整的信息在传输中泄露出去，变成碎片化的零散状态，导致研究生教育管理决策的偏差，这也是造成这一阶段研究生教育管理采取经验决策的原因。

另一方面，在 PC 时代，信息技术被视为一种"工具"，其在研究生教育管理中仅起到数字转换的作用，即将传统研究生教育管理中的纸质文件、手写记录等转换为数字化形式，以提高信息处理效率和管理效能。由于信息化的建设成本比较高以及一些教师对于新型教学方式的认同度不高，因此大学行政管理人员只是将计算机等信息化设施作为一种工具，并没有充分认识到信息化的内涵，达到信息互动和创新的目的。

即便如此，通过运用电子计算机，研究生教育的管理者得以更加准确、高效地收集、整理和分析各类数据，并且为进一步整合和完善信息技术在研究生教育管理中的应用，实现信息技术与研究生教育的深度融合奠定了基础。

（二）注重咨询决策的信息化管理阶段

1991 年 12 月，国务院学位委员会办公室为加强学位和研究生教育信息工作的管理和指导，在北京大学等 22 个有一定计算机管理工作基础的学位授予单位，试点建设学位和研究生教育信息处理工作站，标志着我国研究生教育"前信息管理阶段"的结束。相较于前信息管理阶段只是简单的数据信息汇总，却并未对数据进行深层次联系和利用价值的分析。高效收集有效信息并实现信息的多向流动和交互，达到促进信息的创新和共享的目的，是研究生教育"信息化管理阶段"的显著特点。同时，互联网的应用为解决我国研究生教育管理各个部门之间信息不流通、经验决策有失偏颇的问题奠定了技术基底，也为建立全国

①拉普 F. 技术哲学导论[M]. 刘武, 等译. 沈阳: 辽宁科学技术出版社, 1986: 21.

性、区域性管理平台提供了更为便捷的技术支撑。

一方面，关联化和深度化的思维方式逐渐在研究生教育管理中占据主流，管理者由经验决策转向科学决策，决策的能力和水平不断提高。从 20 世纪 90 年代初，对应用计算机网络技术实现学生管理和教学管理自动化的探索，到在《关于进一步加强教育管理信息化工作的通知》等政策文件中进一步明确信息化建设的目标、任务和重点。可以看出，在信息技术迭代驱动下，研究生教育将成为国家重要人才中心和创新高地的支撑力量。伴随着移动互联网技术的发展，信息技术在研究生教育管理中的作用不再限于数字化转换，开始通过自动化等技术手段实现数字化升级，提高了研究生教育管理的精细化、个性化水平，从而更好地满足了我国研究生教育的发展需求。

另一方面，随着技术赋能推动下研究生教育管理精细化、个性化和智能化水平的提升，管理者会倾向于使用更强的手段来保证研究生教育发展的有序和可控可持续。因此，大数据、区块链等新技术的兴起，不但从管理思维、管理行为上改变了管理者，而且重塑了管理者、各利益相关者之间的交往模式。20 世纪末，互联网技术刚刚开始普及，研究生教育管理中的互联网应用主要是以信息发布为主。例如，大学在网站上发布研究生招生、研究生课程、研究生科研等相关信息。这些信息的发布，方便了社会有关人员的查询和了解，提高了社会的参与度。随着互联网技术的发展，研究生教育管理中的互联网应用越来越多样化和多功能化，研究生教育管理主体也逐渐由一元主导转向多元共治。

（三）基于网络空间的智能化管理阶段

新兴技术的更新迭代，打破了以自然状态呈现出的物理空间构成的"社会＋物理"二元空间结构，催生了全新的网络空间。随着数智技术的联结整合与赋权参与，研究生教育的发展进入了基于数字化转型、注重发展预测的智能化管理阶段。

一方面，数智技术与研究生教育系统的汇聚融合，推动着我国研究生教育管理向数字化转型跃升。教育部在 2023 年工作要点中提出，要加快高等教育数字化转型，打造高等教育教学新形态。[①]基于智能化的研究生教育环境产生的大量高维数据，驱动着以数据为基本要素，以动态监测为主要范式、以发展预测为导向的研究生教育管理模式的变革。[②]大数据的可利用性不仅使研究生教育管理更加个性

---

①中华人民共和国教育部. 教育部高等教育司 2023 年工作要点[EB/OL]. (2023-03-29) [2023-05-23]. http://www.moe. gov.cn/s78/A08/tongzhi/202303/t20230329_1053339.html.

②王战军, 蔺跟荣. 动态监测: 大数据驱动的研究生教育管理新范式[J]. 研究生教育研究, 2022, (2): 1-8.

化，避免了个体遭遇集体"画像"的干扰，同时也为多角度了解研究生的研究能力和改善研究生体验提供了量身定制的反馈信息。

另一方面，在数智技术赋能的时代背景下，研究生教育管理主体借助大数据分析和预测预警功能，实现了研究生教育管理的科学化。在信息化管理阶段，数据的客观性可以使管理者提高管理效率。然而，受限于计算机能力的不足和传统思维模式的影响，样本数据的局部性和概括性使其更多反映一般性的问题，很难开展相关关系分析和因果分析，发现数据的"非线性"关系[①]。在数智化管理阶段，借助大数据以及人工智能的"非人类智能"优势对海量微信息和微事件进行收集、分析，发现事物的内在联系与发展规律，并对研究生教育的高质量发展进行科学预测，不断提升研究生教育管理的科学决策能力。

二、信息技术驱动研究生教育管理数字化的内在机理

数智技术不仅是社会变迁的赋能者，而且是组织变化的催化剂。在数智技术赋能研究生教育演进的过程中，数智技术体系与技术环境通过连接、数字、整合、平台等特性重塑了现代研究生教育管理的组织结构与运行逻辑[②]，为研究生教育的高质量发展提供了支撑与赋能，如图 1.5 所示。

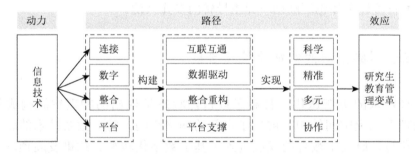

图 1.5　信息技术驱动研究生教育数字化的内在机理

（一）以"连接"促"科学"的互联互通机制

信息技术的发展，尤其是大数据分析、人工智能技术的不断成熟，提升了万

①迈尔-舍恩伯格 V, 库克耶 K. 大数据时代：生活、工作与思维方式的大变革[M]. 盛杨燕, 周涛, 译. 杭州：浙江人民出版社, 2013: 81.
②徐丹丹, 冯锐. 技术赋能高等教育制度发展的内在逻辑、现实困境及其路径选择[J]. 中国电化教育, 2023, (5): 34-42.

物之间的联系和渗透，碎片化、零散化的信息被有效地恢复和融合，缓解了研究生教育管理中因信息差带来的决策风险和偏差，为日益复杂的研究生教育管理的科学决策奠定了数据基础。因此，拥有较为成熟的智能教育技术且能够在应用过程中不断更新迭代，对助力研究生教育的改革发展而言相当关键。

首先，信息技术穿透地区与学校之间的资源"围墙"，使得不同层级、不同部门、不同区域的研究生教育之间相互关联，实现了研究生教育内部信息和数据等资源的共享。在信息技术还不发达的前信息化管理阶段，信息传递的距离和流程会产生信息失真和信息截断，从而导致研究生教育管理决策的偏差。即使决策者尽可能地使其所拥有的信息是准确的、完备的，但事实上，在实际管理决策中，作为决策者所能获取的知识、信息、经验总是有限的，决策者很难获得绝对的最优决策方案，只能找到相对满意的决策方案。

其次，大数据和区块链的整合、优化技术有效破除了"信息孤岛"，实现了数字化升级，提升了研究生教育相关政策的执行效益。利用区块链的"分布式账本"技术，加强了底层数据库之间的相互联结[①]，降低了不同部门之间信息协调的成本，进一步将微观个体服务精准化，显著提高了研究生教育服务的水平和层级，推动了研究生教育管理朝着科学化的方向发展，为构建研究生教育强国打下了信息资源基础。

（二）以"数字"促"精准"的数据驱动机制

数据已经成为继土地、资本、技术、劳动力之后的又一重要生产要素。社会中一切的现象、活动、行为都可以用数据来表示，且都需要数据作为驱动、支撑甚至保障，数据更成为提升研究生教育资源开发效率、配置效率、利用效率的重要途径以及提高研究生教育系统开放性、公平性、透明性和效益性的有效手段。[②]研究生教育的数据驱动，就是借用网络化的数据载体，以获取和传递数据中所蕴含的信息为基本目标，从而解决以经验驱动的研究生教育资源配置中极易形成的研究生教育管理过程中"上项目""争资源"问题，实现研究生教育管理与决策的数字化、规范化、科学化。

数据已经成为研究生教育管理中组织建构、资源配置的重要决策依据。一方面，信息技术的加速迭代，为研究生教育数据采集和处理提供了有力的支撑，特别是信息技术在个人和组织评估领域应用的新趋向，充分发挥了大数据在个性化地学、差异化地教、科学化地评等各方面的独特优势。同时，信息技术对

数据的极速分析和科学建模的强大功能也使研究生教育管理中决策者面对问题时有更广的视野和更全面的判断[①]，有效地促进了研究生教育管理的精准决策。另一方面，通过数据驱动的传导机制，研究生教育决策者实现了精准化的变革。决策者利用信息技术对研究生教育管理中的各个环节进行跟踪、监测，并实时地发现、解决问题，既提高了研究生教育管理的效率，使得管理更加科学、规范，又增强了管理的透明度和公开性，方便了学生和教师的信息查询和交流。此外，数字背后隐含"清晰"与"控制"的双重特性[②]，带动了资金流、人才流、知识流的加速流动和融通，为科学、精准地预测研究生教育未来发展趋势提供了重要保障。

（三）以"整合"促"多元"的整合重构机制

技术赋能令研究生教育形态从传统的二元空间走向了数字教育的三元空间，并对研究生教育管理职能的边界进行延伸和拓展。从"信息互联"到"消费互联"，从"生产互联"到"智慧互联"，信息技术以知识的、控制的、文化的形式赋能研究生教育管理的各个层面，将原先独立的信息管理利用现代信息技术整合了起来。

一方面，政府、市场、高校通过"技术统治"对研究生教育管理现代化形成了多方共同参与的局势，影响和驱动了研究生教育的演化和发展。"大学-政府-社会"的外部关系协调是研究生教育管理现代化重要内容，但随着信息技术的深入应用，高校、企业和社会等主体通过多种途径获取数据，成为数据的供给者。因此，政府必须认同"多中心"的理念和模式。

另一方面，技术赋能推进着研究生教育内部组织的变革。在开放式教育教学越来越成为一种主流的情形下，传统的基于研究生教育过程管理生成的微观的研究生教育管理组织暴露出越来越多的结构性弊端。数智技术与研究生教育的完美契合，解决了传统管理过程中由"绝对权力"产生的"暗箱"问题，组织的边界变得模糊且不再牢不可破，组织内成员关系变得越来越多元，个体的主观能动性不断地被鼓励和被激发。研究生教育管理组织的扁平化缩减了管理的层级，减少了信息传输中的失真，有利于管理者及时接受信息，并快速做出管理决策。这种基于信息传递的组织重构不仅满足了大学内部管理的新需求，也满足了多元利益主体的政治需要。

① 丁菱. 科层制政府的数字化转型与科层制危机的纾解[J].南京大学学报(哲学·人文科学·社会科学), 2020, (6): 112-120.
② 刘文杰. 高校科研量化评价何以盛行: 基于"数字"作为治理媒介的视角[J]. 大学教育科学, 2022, (4): 102-109.

（四）以"平台"促"协作"的平台支撑机制

数字技术赋能研究生教育管理要通过对海量数据进行数据挖掘、统计分析和机器学习等技术处理，对不同研究生教育管理场景的行政职责、影响因素、发展趋势以及改进措施做出解释和预测。数字化平台的建立不仅提高了管理的精度和效率，也提升了管理的协作性和创新性，为研究生教育管理变革提供了有力的支持和保障。

数据云平台的建立加强了对研究生教育数据的收集与整理，加强了多部门、多层次、多渠道协作，提高了数据的利用率，同时利用深度学习等分析技术充分探寻研究生教育的发展规律、降低了教育管理成本。在信息化管理的初级阶段，虽然云平台尚未建立，但"八五"期间的学位工作信息化建设仍取得了较大成绩，基本覆盖博士、硕士、学士三个层次的管理信息系统、决策支持系统、条例法规系统和办公自动化系统，已初步实现学位管理工作从计算机的单项管理向综合性管理的转变。传统的研究生教育管理存在着碎片化的普遍问题。信息技术的快速发展，尤其是基于云计算和大数据的数据决策平台的应用，为研究生教育管理变革提供了新的模式。以华南理工大学广州国际校区智慧校园中央管理平台为例，学校利用数字孪生技术，对校园物理场景进行三维建模，将建筑、设备等映射到智慧校园中，实现了信息交互的主体由人到物的延伸，使得人与校园内的"物"有机地集成，实现了"物"的智能化。[①]数字平台的搭建将数据、服务、技术和人员结合在一起，推动不同部门间的信息交流和共享，解决了信息资源分散、信息不对称等问题，缩小了处于不利的地区和群体之间的数字鸿沟和教育差距，为更好地应对具体问题并制订更有效的管理方案提供了多维度支撑。

三、科学审视信息技术对研究生教育管理的影响

随着中国研究生教育一元管理机制的建立和实施，从 PC 时代到互联网时代的开启，我国研究生教育经历了一个历史性的飞跃，管理体系也已经基本建立。在这一过程中，多种因素的影响使得管理体制存在一定程度的缺陷。自改革开放以来，中国对研究生教育管理机制的改革思路是打破政府高度集权的一元化管理模式，引入社会力量参与研究生教育管理，逐步构建政府主导、多元主体共存的研究生教育管理体系。随着信息化技术的发展以及高等教育大众化进程的加快，

[①]陆以勤. 华南理工大学: 推动数字教育高质量发展[EB/OL]. (2023-02-13) [2023-05-10]. https://www.sohu.com/a/678147168_100189681.

在国家政策推动下，以"双一流"建设为代表的一系列重大举措不断出台，对原有体制提出挑战。随着信息技术在教育领域的不断应用，以计算机、网络技术为主的信息化管理手段被广泛应用于各高校，极大地推动着高等教育领域的发展，使研究生教育管理模式发生根本性变革。尽管信息时代的研究生教育管理已经实现了数字化和数据化的管理，但由于科层制和管理主义模式的路径依赖，再加上现代管理理念和现代管理制度等配套措施的不足，该领域仍未摆脱传统治理模式的碎片化束缚。

（一）职责划分不明确，主体权责分离

在我国的高等教育机构中，研究生教育的治理方式采用的是"校院两级"的管理模式。针对研究生集中管理机制缺乏灵活性等问题，部分高校将管理职能从校级向二级学院下放，以充分发挥二级学院在培养研究生管理方面的主体作用，并提高研究生管理整体水平。目前，国内许多高等院校都实行了校院两级制管理模式，但也有一些院校尚未实现这一模式。在高校的办学工作中，校院两级是指学校进行统一指挥、计划和协调，而学院则肩负着具体的教学和科研任务。它包括校长负责制、院长任期目标责任制和校院系三级管理制三个方面。在此制度下，代表学校的党政群团和行政部门具有实质性的控制权和决策权，而各级教学单位如学院则严格管理校务并具体实施细则。

一方面，校内权力与责任的分配存在不平衡的情况。随着社会发展及高等教育改革不断深化，这种体制已难以适应新形势需要。学校在决策过程中扮演着至关重要的角色，而辅导员则是权力逐渐萎缩、责任压力逐渐传递至基层的重要角色。学校掌握着权力，而学院则承担着任务，这导致了"底部沉重，有些任务难以顺利完成"的窘境。通常情况下，二级学院会主动派遣教师前往各地进行招生咨询，而在调剂阶段，所有的调剂工作都由研究生院招生科承担，二级学院并不受管理权限的限制，即使第一志愿与招生计划不符，二级学院也不具备调剂生源的选择权。

另一方面，随着信息技术的发展，研究生教育的"技术环境"[①]也在变化。随着数字平台和系统监管的逐步普及，大学内部的技术性管理操作，如资金经费和人员安排等，已被纳入政府监管的范畴，逐渐取代了人工监管。目前我国高校研究生招生规模大，培养模式多，层次高，专业门类齐全。随着监管的日益精细化和专业化，自治权的不断上收，大学在承担更多责任方面也必须不断加强治理能

---

①Meyer J W, Rowan B. Institutionalized organizations: formal structure as myth and ceremony[J]. American Journal of Sociology, 1977, 83 (2): 340-363.

力。随着社会经济发展和高等教育规模扩大，高校自主权不断扩大，部分学校通过自主办学或与其他院校联合办学等形式进行扩张，由此导致一些地方政府在行使行政权力过程中出现越位现象。

（二）信息技术融合不足，管理决策效率不高

随着新一代信息技术的广泛应用，研究生教育管理正处于"互联网+"时代，面临着全方位、深层次的变革挑战。在此背景下，高校内部组织架构发生重大调整。通过深度融合互联网创新成果与经济社会各领域，形成了一种以互联网为基础设施和创新要素促进经济社会发展的全新模式，即"互联网+"。"互联网+"教育管理就是利用信息化手段加强高校内部管理体制改革，优化资源配置，提升管理效率的一种全新管理模式。[①]"互联网+"研究生教育管理是一种基于互联网的全新管理模式，它为研究生教育管理的发展提供了强有力的支撑。

首先，在研究生教育管理中，存在着一种价值观念上的不协调和矛盾。随着高等教育信息化的深入推进，数字化管理成为现代大学管理变革与创新的重要方向之一。数字技术在传统科层制模式下的应用，虽然为研究生教育管理带来了规范化和精确化，但加剧了管理理念上的矛盾和冲突。数字技术将"效率"视为一种发展逻辑和量化手段，导致研究生教育管理变得冰冷无情，研究生教育管理也因此失去了它原有的人文关怀。在信息时代的数字技术应用中，所有与研究生教育相关的个体已被数字化，学生的学号和员工的用工号均以数字形式呈现。这样，数字技术与研究生教育管理的结合就出现了新形式——数字化管理。数字时代的研究生教育管理呈现以教师为中心、以学校为主导和以社会需求为主线三种不同形态。研究生教育管理工具理念上的"依数据的管理"模式，实际上是一种重塑，然而在数字时代，研究生教育管理却被数字技术的运用所异化，背离了数字化管理的初衷。

其次，研究生教育信息管理机制的裂化。自第三次工业革命以来，信息资源已成为人类社会中不可或缺的生产要素，为其提供了重要的支撑和保障。随着信息技术的飞速发展，人们已经进入了大数据时代。在一定程度上说，现代治理以信息为对象，呈现出一种以信息为中心的特征。信息作为一种重要的战略资源已经渗透到我们生活的各个方面。在数字化的时代，高等教育机构内部的各个部门和个人每日都面对着大量的信息洪流，如何对这些信息进行有效的整合、管理并

---

①国务院. 国务院关于积极推进"互联网+"行动的指导意见[EB/OL]. (2015-07-04) [2018-08-16]. http://www.gov.cn/zhengce/content/2015/07/04/content_10002.htm.

加以利用？为了收集、处理和分析这些包罗万象、错综复杂、容易失真的信息，每个部门和个体都必须建立起一套固定的流程模式，这就要求我们必须建立一套完整而又相对独立的信息管理体制。

此外，在 PC 时代之前的信息化管理阶段，处理研究生教育管理事务并不复杂，只需处理一些例行性的事务即可。随着互联网技术和信息技术的发展，研究生教育管理工作也面临着诸多挑战。此外，随着信息时代的到来，研究生教育管理事务的变化速度惊人，甚至可能演变成重大的网络舆情危机事件。面对这些突发事件，传统的行政干预模式已不再奏效。随着网络舆情危机的爆发，治理方式也呈现出了一种"运动式"的优越性。对运动式管理的过度依赖会弱化制度的公平正义，很容易使组织陷入"塔西佗陷阱"。①特别是在面对科层的压力时，运动式管理机制仍然屡禁不止，导致当前政府治理和大学治理都以"运动"为常态。这种现象不仅造成了行政权力与学术权力之间严重失衡，还加剧了高校行政效率低下问题。

（三）研究生教育管理空间结构的分化

研究生教育管理的二元空间结构，由社会空间领域和自然状态下的校园物理空间共同构成，这种现象不仅造成了行政权力与学术权力之间的严重失衡，还加剧了高校行政效率低下问题，这也导致了研究生教育管理空间结构的分化。它所处的现实环境与物理、社会空间所呈现的情形截然不同。虚拟空间结构中，网络是一种不可或缺的元素。网络具有开放性、交互性、匿名性等特征，它的边界不受时间和空间的限制，所能容纳的对象几乎没有任何限制。网络具有开放性，能够在世界范围内自由地传播信息，因此，网络空间不可能完全封闭起来。尽管网络空间是一种虚拟的存在，但其所包含的现实方面却是不可忽视的。网络空间对传统的高校研究生教育管理模式提出了新挑战，由于网络空间的错综复杂性，研究生教育管理正面临着前所未有的碎片化挑战。

在网络空间中，由于"人人会发声"的存在，研究生教育所处的舆论环境呈现出碎片化、分散化的趋势。为了应对这种现状，我们必须建立一个全新的研究生教育管理模式——网络研究生教育管理模式。在网络空间中，每个人都有权就具体的社会议题表达自己的观点和看法，并进行线上和线下的互动。因此，网络空间成为一个具有强大生命力的话语场域。网络的出现打破了研究生教育管理的壁垒，使得每个人都可以轻松地参与到研究生教育管理中。在此背景下，高校应

---

①梁瑞英，张立新. 制度虚置状态下运动式管理的弊端与出路[J]. 领导科学, 2018, (12): 24-26.

当主动借助网络平台，积极培育并提升研究生群体的公共意识，以实现对研究生群体的有效治理。因此，加强对研究生群体的网络舆论引导工作是一项重要而紧迫的任务。高校若不能及时疏导、回应、处理突发热点事件，可能引发网络舆情危机，对研究生教育的形象造成不可逆转的损害。

第三节　数智技术赋能研究生教育管理

"互联网+"时代，大数据、人工智能、虚拟现实等现代信息技术与研究生教育深度融合，以数字化技术和手段驱动教育转型升级正在成为世界性议题，数智技术赋能成为新时代研究生教育管理变革的重要动力。

一、数智时代的内涵和特征

数智时代，大数据、互联网、人工智能以及云计算等新一代智能信息技术全方位对社会各个领域深度融入，人类社会正在经历着一场立体的、多要素、全景式的数智化变迁，社会呈现出浓郁的数智化特征。

（一）数据成为数智时代的关键和核心生产要素

生产要素是指生产物质产品和服务产品必须具备的条件或因素，主要包括劳动者和生产资料两个要素。任何社会要进行生产，必须把这两个要素结合起来。在现代化的大生产中，生产要素还包括科学技术、信息、经营管理等要素。

根据劳动者和生产资料结合方式的差异，社会也被分成了不同的经济结构和发展阶段。在社会经济发展的历史进程中，生产要素的内涵不断丰富。在农业社会，劳动和土地是最重要的生产要素。工商业社会，劳动、土地二要素论则逐渐让位于劳动、土地、资本三要素论。当经济增长速度远远快于要素投入增长速度时，科学技术作为一种要素渐渐浮出水面。科技是第一生产力成为人们的共识。当然，正如经济学家安格斯·麦迪逊所说，技术进步不应该局限于机器制造上的进步，而应该包括管理、组织和农业耕作方面的创新。随着大数据、互联网、人工智能、云计算等数字技术的发展，数据作为一种生产要素不仅从其他要素中独立出来成为关键和核心要素，而且提供了其他要素的价值。

我们已经进入了一个"数据不是一切，但一切都将变成数据"的数据时代。数据成为数字化和数智化的驱动要素。2020年，在《关于构建更加完善的要素市场化配置体制机制的意见》中，数据作为一种新型生产要素写入其中。在充分认识数据生产要素本质的基础上，2023 年 2 月，中共中央、国务院印发了《数字中国建设整体布局规划》，提出要推进数字技术与经济、政治、文化、社会、生态文明建设"五位一体"深度融合，数据要素价值有效释放，构筑国家竞争新优势。

（二）万物互联成为数智时代特有的关系特征

信息化、数据化、数字化和数智化的迭代发展，颠覆了人类有史以来的时空观念和生活方式，人们的思维模式、生活方式和行为方式，组织的结构样态和管理方式不断进行着数字化、智能化重塑和重构。一方面，数智化时代，万物可以数字化，一切可以在线化，万物联系普遍化。数字化是将许多复杂多变的信息转变为可以度量的数字、数据，从而建立数字化模型，实现内容"在线化"。数智化是数字化的更高追求，是以大数据为基础，结合云计算、人工智能、物联网、区块链等数字技术，将人的智慧与大数据相结合。在这一空前的数字化、网络化、智能化的发展过程中，人不再仅仅是自然人和社会人，更表现出数字人和信息体的特征。在这种互联互通下，社会成了一个四通八达的网络体，每一个人、每一个组织都成为其中的一个节点，每一个人、每一个组织都作为一个独立个体既承担着功能角色，又承担着链接角色。另一方面，万物互联、虚实互通打破了社会、组织和人三者之间的界限，不仅实现了知识的共享，而且促进了管理的精细化、决策的迅捷化和科学化。空间上，"屏对屏"方式打破了之前"面对面"方式下的"物理围墙"；时间上，大数据和数字技术的应用，不仅实现了历史回溯，还能够基于数据分析为未来的规划和决策提供有力支持。

（三）扁平化成为数智时代组织结构模式的共同特征

数智时代是一个技术"挂帅"的时代，是一个用技术重塑社会、经济、科技、教育所有元素的时代，是一个不断重塑社会、经济、科技、教育组织形态的时代，更是一个社会、经济、政治、教育数字化管理体制机制改革不断深入的时代。传统的组织模式和运行机制正在遭遇前所未有的挑战。科层制下组织层级和组织部门越来越臃肿，"部门墙""流程桶"弊端越来越明显；权力导向的组织运行机制越来越僵化；组织越来越封闭，组织效能和动能越来越弱。数智时代，大连接技术下的组织边界变得模糊且不再牢不可破，组织内成员关系变得越来越多元，个体的主观能动性不断地被鼓励和被激发。在速度、灵活、整合和创新理念推动下，组织内外边界不断被打破和不断被重构，组织也变得越来越扁平。

二、数智赋能研究生管理范式的职能创新

数智化及相关技术不仅将提高效率，还可能创造出新的研究生教育管理范式，进而颠覆现有的研究生教育管理流程，带来研究生教育管理模式的创新。在数智时代，将传统的"社会＋物理"的二元空间拓展到"社会＋物理＋信息"三元空间，对研究生教育管理职能的边界进行延伸和拓展。

（一）管理的决策职能：由数字决策向智能决策转变

在技术赋能背景下，教育治理主体借助数据分析和预测预警功能，实现教育管理的科学化。例如，大数据驱动的教师教学监测评估是以算法智能体为主导，使教师教学监测评估回归教学本身，由教学管理者、同行专家、学生以及评估智能体相结合，挖掘教学状态大数据以发现新知识，并通过知识管理判断教师教学的优势与不足，进而循证为教师提供教学改进的知识、方法、技能、措施与资源等。

（二）管理的计划职能：由精准决策向超前预测转变

精准化管理是衡量教育管理现代化的重要标志。一方面，精准化可以破解诸多研究生教育发展过程中存在的问题。目前，研究生教育发展不均衡是我国研究生教育发展过程中的突出问题之一①。通过互联网信息技术，分析我国不同区域、不同省份之间研究生教育发展不充分不平衡的现状，找到制约其发展的问题所在，从而精准施策，助推学科高质量发展。另一方面，精准化管理有助于实现研究生教育从人才培养场所到服务学生自由全面发展的综合体的蜕变。在大数据的支持下，大学通过对每个研究生的学习需求、学习特点、学习风格等进行全过程和全方位的记录、追踪、画像、掌握、预测，实现为研究生设计灵活的学习路径、制订精细化的培养方案并提供个性化的教学实践，真正做到因"才"施教。总之，互联网技术为我国研究生教育精准化管理提供了支撑，为推动研究生教育"创新、协调、绿色、开放、共享"发展提供了现实有利条件。

---

① 中国新闻网.《2020 研究前沿》全球发布: 中国四领域领先 稳居世界第二[EB/OL]. (2020-11-13) [2022-10-27]. http://www.chinanews.com/gn/2020/11-13/9338017.shtml.

（三）管理的协调职能：由"整体"管理向"协同"管理转变

信息时代的研究生教育利用数字技术优化了研究生教育的业务流程，但利益相关者之间还未完全实现协调与互动。一方面，对政府赋能以提升政府治理能力，进而形成"技术赋能论"，让技术在组织结构、治理效能和理念价值等方面发挥正向推动作用[①]；另一方面，吸纳多元主体参与研究生教育的管理过程。改变集权制政府一元管理模式，让多元主体通过数字化平台参与到研究生教育治理中，研究生教育管理也开始接纳公民参与，政府、市场和社会的关系得以重构。

三、数智技术赋能研究生教育管理的实现路径

数智技术赋能研究生教育管理是一种对传统管理模式的整体性超越，是基于数智赋能研究生教育管理体系和管理能力现代化的转型。数智技术为研究生教育带来的不仅是教育教学手段和模式的变革，还是一场关于教育理念、管理思维和组织形态的颠覆性变革。数字和智能技术嵌入研究生教育管理中，将从"赋理""赋权""赋信""赋效"四个方面再造研究生教育管理向度。

（一）数智化理念先行，为研究生教育管理变革"赋理"

数智化对研究生教育的冲击正在重塑研究生教育生态，处在高质量发展的研究生教育，需要从单点的信息技术应用，走向全面的数字化、网络化和智能化，令数智技术与研究生教育的深度融合重塑发展新理念。"赋理"意在将数智化理念贯穿于研究生教育管理变革的全过程，通过运用数字技术和数据分析，为研究生教育管理提供更加科学、精准、高效的支持和服务，以提高研究生教育的质量和水平。

树立数智化理念和数智化转型思维，强化数智化转型理论和新形态研究，合理有效的政策制度能够为研究生教育管理提供有力支撑。深度探究数字化转型的原理和规律，明晰数字化转型方向。围绕研究生教育的发展规律、育人规律和教学特点，打破时空界限，实现研究生教育全流程、全链条、全生命周期的数据无感式、伴随式收集和互联互通[②]。高校教师需要有人工智能技术素养，探索数智时

---

①陈那波，张程，李昊霖. 把层级带回技术治理：基于"精密智控"实践的数字治理与行政层级差异研究[J]. 南京大学学报(哲学·人文科学·社会科学), 2021, 58 (5): 45-53, 158.

②唐亮. 数字化为基础教育高质量发展赋能[N]. 中国教育报, 2022-05-24 (2).

代研究生教育的新模式和新形态，建立创新性的教学模式和课程体系，加强与社会、行业、企业的合作，在教育理念、组织形态、大学制度、学习方式等领域探索机制创新，鼓励引导高校通过购买服务方式提升数字化应用的实效和可持续性。

（二）数智化组织变革，为研究生教育管理变革"赋权"

在理念的革新、顶层设计的形成基础上，构建数智化科研组织模式和机制，在管理实践中实现参与主体和参与模式的革新，促进多元主体的参与和协同。要有效激励多方主体赋权推动研究生教育智能发展，需要政府加强顶层设计、整体布局和持续投入，营造多方主体积极协同参与的格局。[①]"赋权"是将权力分散给更多的人员和团队，让他们在研究生教育强国建设中发挥更大的作用和影响力。

随着数字技术与研究生教育的深度融合，研究生教育管理组织中的部分职能不断被切割和分离。研究生教育管理组织部分职能在被移出研究生教育管理组织的同时，研究生教育管理组织又被赋予了新的职能。"数智"所引发的研究生教育管理组织变革是从单纯的研究生教学流程管理向组织职能转变，是在迭代组织传统功能和现代功能基础上，对研究生教育管理组织形态的重新塑造。因此，要采取政府主导和多方利益相关者共同参与的方式，形成全社会共同关心、广泛参与的局面，推动研究生教育数智化的整体变革，数字教育发展理念也为多方合力共同推动研究生教育强国建设、构建智能教育体系提供价值导向。

（三）打造数字化平台，为研究生教育管理变革"赋信"

健全和完善共享机制，实现教育信息数据在多元主体之间的共享和流通。数字化平台为研究生教育管理变革"赋信"，一方面，意味着数字化平台可以提供全面、准确、实时的数据支持，为决策者提供更加科学、精准、有力的依据，将研究生教育管理过程可视化、颗粒化与透明化，从而增强教育预测、诊断与决策能力[②]；另一方面，数字化平台可以提供更加开放、高效、便捷的信息共享和交流平台，促进各方面资源的整合和协同，增强管理的协作性和创新性，提高管理的适应性和灵活性。

数智时代，信息技术在研究生教育管理中的应用绝不仅仅是响应国家号召，

---

①唐玉溪, 何伟光. 世界一流大学智能教育何以可能: 基于美国五所高校的案例分析[J]. 现代大学教育, 2023, 39(3): 45-54, 113.

②查道林. 数字化转型: 推进高校治理现代化的新路径[N]. 光明日报, 2022-10-11 (15) .

建设信息数据平台，更是主动适应研究生教育管理变革，发挥数据信息在研究生教育建设中的诊断预测等重要作用，它对于研究生教育强国建设和培养高质量人才不仅"重要"，更是"必需"。以课程建设为例，传统的研究生课程和本科课程各成体系，两者互不干扰。但是，课程平台的建设使得研究生课程建设不仅超越了研究生教育管理范围，而且超越了学校，甚至超越了领域。因此，在加强国家、区域和高校等各级智慧教育资源平台建设，优化平台交互功能，实现优质资源个性化推送的基础上，要创新体制机制，推动平台贯通，实现资源融通，提升数字化教育资源的共享程度和应用效果。

数字化平台推进研究生教育管理现代化的关键在于，持续迭代升级数字化平台的数据链网络，畅通"数据赋能"和"技术善治"的研究生教育管理数字化转型路径。[①]一是要做好整体的统筹规划，明确数据平台建设的责任单位，明确各相关单位的角色定位、工作职能和具体分工，为数据信息平台的互联互通做好准备，避免"信息孤岛""数据烟囱""碎片化"现象。二是要广泛开展与外部参与主体的合作共建，畅通政府、企业、其他高校、研究机构等参与共建的渠道，促进优质教育资源面向全球开放共享，研究国际在线教育的新形态、新趋势，抢占教育范式变革和创新的先机，扩大我国研究生教育的国际影响力。此外，高校应从实际应用的角度出发，重新审视"为什么建设平台""如何整合平台"，重点关注"平台为谁所用"以及"如何使用平台"的问题，避免盲目建设数据平台，造成资源浪费。

（四）立足整体数据，为研究生教育管理变革"赋效"

研究生教育领域的管理具有整体性、关联性和系统性，导致数智赋能研究生教育具有复杂性。信息技术为研究生教育管理变革"赋效"，不仅包括人才培养的质量提升，还包括学科建设、教育教学改革、科学研究等方面的成果。因此，研究生教育管理变革需要全面考虑各个方面的因素，采用科学、有效的策略和方法来促进变革的实施，以达到赋效的目的。

首先，立足整体数据，破解数据依赖困境。研究生教育数据管理强调数据在各部门、各治理主体间的交互性和共享性，充分实现数据资源的利用价值。同时，通过数据的开放共享实现技术平权、数据资源平权、信息权利均等的价值诉求，立足全局，正确把握信息数据治理中的功能与效用，突破技术至上的数据依赖心理。[②]

---

①周海涛, 李葆萍. 推进数字化的国家智慧教育平台逻辑与路向[J]. 中国电化教育, 2023, (1): 62-67, 132.

②袁利平, 林琳. 大数据赋能高等教育治理的逻辑理路、现实境遇及行动选择[J]. 高校教育管理, 2022, 16 (3): 32-45.

其次，通过建立数据交换通道，做好研究生教育实时动态监测、报告和合格评估工作，推动教育数据共享，避免重复建设和利用率低的问题。一是通过推进以数字技术为支撑的研究生教育教学方法创新，研发以云计算、大数据为主要依托的研究生智能教学系统，通过数智技术，实时监测学习者的学习进度与状态，进而为师生提供良好的教学服务，满足学生个性化的学习需求。二是推进研究生教育评价与反馈数字化，实现院系管理科学化。通过推广数字化教学模式，构建数字化课程的质量评估体系，建立质量评估标准和指标，并通过数据分析、智能评估等手段，逐步构建完整的研究生教育数字化评价体系。

第二章　研究生教育管理组织创新

组织无处不在。作为人类合作的集合体，组织不仅是社会的细胞，更是社会的基础。现代组织在不到两个世纪里为人类带来了巨大的进步。组织不是一成不变的，变革是组织成长的活力之源。只有变革，组织才能完成升级和蜕变，才能延续旺盛的生命力。数智时代，面对以大数据、互联网、人工智能等为核心的技术革命的冲击，组织的使命愿景、结构样态、运行机制等都发生了深刻的变化。组织处在了一个变革的关键卡口。变抑或不变，因何变，以何变，种种问题不仅考验着领导者的智慧，同时还决定了组织的成败存亡。研究生教育管理组织作为社会组织大系统的重要组成部分，数智技术对其的影响直接而强烈，其固有的组织形态不断被动摇和被颠覆。顺应时代潮流，与时代同行。在数智化浪潮中，以主动的姿态，重塑研究生教育管理组织新形态，成为研究生教育应对数智时代挑战，推进研究生教育强国建设的重要途径。

第一节　研究生教育管理组织的发展历程与审视

研究生教育的改革和发展，离不开一个高效的管理组织，它是保障研究生教育质量的重要保障。研究生教育管理组织体制是影响和制约研究生教育管理活动有效开展的关键因素。自我国研究生教育制度建立以来，研究生教育管理体制机制改革的重要组成部分便是研究生教育管理组织的变革，这一改革过程不断推动着研究生教育管理组织的变革。正是一次次与时俱进、因时应势的研究生教育管理组织变革，保障了我国研究生教育的发展壮大和研究生教育质量的稳步提升。

一、组织：管理组织与组织管理的统一

组织和管理是管理学中相互依存、彼此成就的两个重要概念。任何一个组织都表现为管理组织和组织管理双重内涵的统一。组织是管理的载体，是管理的"代言人"和"执行人"；管理是组织的机能和价值体现，是组织存在和发展的必要因素。"组织即是管理""无组织不管理"是组织和管理二者关系的真实写照。

（一）何为组织？

组织一词由"组"和"织"组成。组织，即组而织之。语义学中的"组"和"织"均有动词和名词两种含义。《说文解字注》云，织，作布帛之总名也。布者麻缕所成。帛者丝所成。作之皆谓之织。又曰，经与纬相成曰织。组与织含义相近。组与织连用除了语义学上"组"和"织"的含义之外，还引申出了管理学上的"组织"含义，即多个个体按照一定规则集聚在一起的行为以及集聚而成的状态。

组织是一个发展的概念。随着组织实践的丰富和组织理论研究的深入，人们对组织的认识越来越立体和深刻。结构性组织理论、组织行为理论、系统组织理论、文化组织理论、群体生态理论和资源依赖理论等组织理论的相继推出，使得组织理论体系不断丰富和完善。虽然不同组织理论的研究视角和研究逻辑有异，但对组织的基本属性和基本特征的认识相当一致，所有组织理论都是建立在对组织内涵共识性认识基础上的拓展和深入。

（二）组织二重性：管理组织和组织管理

组织具有静态和动态两种属性。静态属性的组织指人或事物按照一定方式结合而成的静态结构；动态属性的组织则指使人或事物具有一定的系统性或整体性的动态活动过程。组织表现为静态结构和动态运行的统一。为了突出组织和管理的关系，我们把静态组织和动态组织分别称之为管理组织和组织管理。

管理组织是组织存在的样态，组织结构则是组织样态最直观的呈现。组织结构是指组织系统的"框架"，是一个组织各构成部分之间所确立的关系形式。传统的管理组织一般包括管理幅度、管理层次、部门化、职权划分等基础要素。组织结构受到组织战略、组织目标、组织文化、组织规模、管理理念等内部因素的影响，同时也受到宏观政策的变迁、知识生产模式转型、科学技术变革等外部环境变化的影响。当组织内外环境发生变化时，组织结构也会做出相应改变。

组织管理主要指组织活动过程，即为了实现组织目标所进行的组织设计、组织决策、资源配置、组织协调以及组织变革的过程。从事务管理到战术管理，再到战略管理，组织管理的层次不断提高。优秀的组织管理目的就是让正确的人在正确的岗位上正确地做正确的事。其中，"正确的事"指组织的战略目标，确定"正确的事"属于战略管理范畴。"正确的事"反映出组织对未来发展的卓见和把控。"正确的人"和"正确的岗位"既体现出战术管理的高明，同时也证明组织结构的合理。保证"正确地做事"属于事务性管理层次，只有"正确地做事"，才能保证"正确的事""正确的人""正确的岗位"的正确性得到充分体现。

二、我国研究生教育管理组织现状

研究生教育管理活动的丰富性和复杂性决定了研究生教育管理组织的多维度，不同维度下表现出不同的结构方式。如图 2.1 所示，我国研究生教育管理组织可以从层次、内容、性质三个维度进行划分。

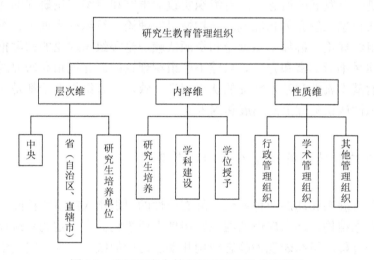

图 2.1　我国研究生教育管理组织的维度划分

在层次维，可以划分为中央、省（自治区、直辖市）和研究生培养单位三个层级；在内容维上，可划分为研究生培养、学科建设和学位授予三种类型；根据组织性质的不同，在性质维又可以分为行政管理组织、学术管理组织以及其他管理组织等。

不同性质的研究生教育管理组织在层次维和内容维上的表现并不一致。具有行政管理性质的研究生教育管理组织表现为层次维和内容维的统一，即在层次维和内容维的每一个交叉点上，都有一个明确的研究生教育管理组织存在。研究生教育行政管理组织呈现出"九宫格"的结构（图 2.2）。与研究生教育行政管理组织的"九宫格"结构不同，学术组织和其他组织在层次和内容上的划分并不十分清晰。

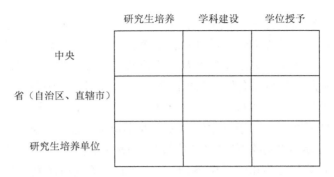

图 2.2　我国研究生教育行政管理组织的"九宫格"模式

（一）层次维下的学位授予管理组织

我国学位授予管理组织分为三个层级，即中央、省（自治区、直辖市）和研究生培养单位。1980 年 12 月，依据《中华人民共和国学位条例》，国务院学位委员会正式成立，作为中央一级学位授予管理最高组织，职责是负责领导全国学位授予工作。其下设立国务院学位委员会学科评议组、专业学位研究生教育指导委员会，同时设立国务院学位委员会办公室，负责国务院学位委员会的日常工作（图 2.3）。

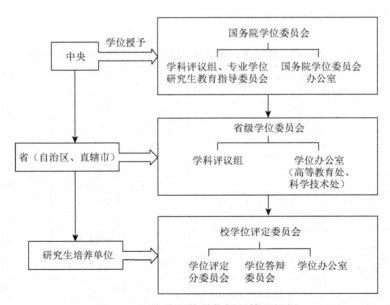

图 2.3　层次维下的学位授予管理组织

改革开放 40 多年来，我国研究生教育改革成效显著，形成了多元化组织参与模式，中央、地方和研究生培养单位的研究生三级管理体制不断完善。国务院学位委员会学科评议组是国务院学位委员会领导下的学术性工作组织，依照授予学位的学科门类设立，按学科或相近学科设立若干个评议组进行工作。专业学位研究生教育指导委员会则是按照国务院学位委员会批准设置的学位类别，经国务院学位委员会、教育部、人力资源和社会保障部批准设立的专业组织。国务院学位委员会学科评议组、专业学位研究生教育指导委员会承担着我国学位与研究生教育研究咨询、审核评估、规划标准制定、指导本学科和专业学位类别建设及人才培养等任务。

国务院学位委员会办公室与"学位管理与研究生教育司"合署办公，主要负责组织实施《中华人民共和国学位条例》；拟定全国学位与研究生教育工作的改革与发展规划；指导与管理研究生培养工作；指导学科建设与管理工作；承担"世界一流大学和一流学科建设"等项目的实施和协调工作。

省级学位授予管理组织主要为省级学位委员会。从 1991 年江苏省学位委员会成立，到 2002 年西藏自治区学位委员会成立，我国 31 个省（自治区、直辖市）均设立了省级学位委员会。部分省级学位委员会下设学科评议组和专业学位研究生教育指导委员会，未设立学科评议组和专业学位研究生教育指导委员会的省（自治区、直辖市）则成立学术委员会或专家委员会，其职责与学科评议组和专业学位研究生教育指导委员会相当。所有省份都在教育委员会（厅）下设立研究生教育管理机构，如表 2.1 所示，不同省（自治区、直辖市）的研究生教育管理机构在机构名称和合署机构上并不相同。

表 2.1　不同省（自治区、直辖市）研究生教育管理机构设置情况

省（自治区、直辖市）	研究生教育管理机构名称	合署机构
北京、天津	科学技术与研究生工作处	学位办
四川、吉林	科学技术与研究生教育处	学位办
安徽	科学研究与研究生教育处	学位办
广东	科研处	研究生处、学位办
云南、甘肃	科学技术处	学位办
江西	研究生教育与科学技术处	学位办
上海、西藏、青海、浙江、福建、贵州、宁夏	高等教育处	学位办
海南	高等教育处	学生工作处、学位办
河北	学位管理与研究生处	学位办
山西、内蒙古、辽宁、山东、湖北、广西、重庆、陕西、新疆、黑龙江、湖南、河南	学位管理与研究生教育处	学位办
江苏	研究生教育处	学位办

注：根据各省（自治区、直辖市）教育管理部门网站整理

研究生培养单位设立学位评定委员会负责本单位学位授予相关工作，设立学位办公室负责日常工作。学位办公室或独立设置，或隶属于研究生院（处、部）。

以清华大学为例，其研究生院下设学位办公室，除了负责校学位评定委员会日常事务，还负责学位审核与授予信息管理与学位认证、学位授权点建设与评估、研究生导师队伍建设与管理、在职人员以同等学力申请学位、学位论文学术规范检查、外单位委托评审等。

（二）内容维下的研究生培养管理组织

研究生培养工作是指在研究生招生、培养、毕业就业等环节所开展的工作。在中央一级，国务院学位委员会与教育部为研究生培养工作的主要组织，此外，国家发展改革委、财政部、人力资源和社会保障部、公安部、国务院国有资产监督管理委员会（简称国务院国资委）以及与专业学位类别密切相关的部委等都负有一定的研究生培养管理之责。

教育部学位与研究生教育发展中心（简称教育部学位中心）为教育部所属事业单位，在教育部、国务院教育督导委员会及国务院学位委员会的领导下开展工作，具有独立法人资质。其前身为 1998 年 11 月国务院学位委员会、教育部批准成立的"学位与研究生教育发展中心"，当时挂靠于清华大学。1999 年 3 月，其更名为"全国学位与研究生教育发展中心"。2003 年 12 月，教育部批准成为教育部直属事业单位，其更名为"教育部学位与研究生教育发展中心"。随着教育部学位中心性质的不断变更以及所属关系的变化，其职能也在不断变化。

研究生培养单位是研究生教育管理组织系统中"最基本、最活跃的因素"[①]。在研究生培养单位一层，都设有研究生院（处、部）负责研究生的培养工作。研究生院在我国研究生教育发展过程中具有独特的地位和独特的内涵。1977 年，经国务院批准在中国科学技术大学筹建研究生院。1984 年，国务院批准北京大学等 22 所高等院校正式试办研究生院。根据 1995 年颁布的《研究生院设置暂行规定》，研究生院设置由国家教育委员会负责规划和审批。研究生院主要承担组织学校研究生教育的改革，参与有关学校发展问题的决策，开展研究生教育研究工作等多项职责。

2014 年，随着我国撤销研究生院设置审批，许多高校纷纷改研究生处（部）为研究生院，由此促进了研究生院组织模式的多样化。部分研究生培养单位采取一级管理模式，其研究生院负责全校学位与研究生教育管理工作；部分研究生培养单位采取二级管理模式，研究生院主要对研究生管理工作进行监督、协调、宏观管理，就原则性、普遍性的事项制定宏观政策，院系一级则承担具体的管理工作。院系有权根据本学科、专业的特点制定适合本院系的研究生管理规定。[②]

---

①谢维和，王孙禺. 学位与研究生教育：战略与规划[M]. 北京：教育科学出版社，2011：229.
②陈·巴特尔，马彦光. 我国高校研究生教育组织模式改革与创新探析[J]. 高等理科教育，2010，(2)：98-101.

（三）层次维下的学科建设管理组织

学科建设是一项综合性强、涉及面广的系统工程。我国学科建设的被重视和被强调始于重点学科建设和"211 工程"建设。随着创新型国家战略、教育强国战略、科技强国战略、人才强国战略的实施和"双一流"建设的推进，学科建设的重要地位不断被强化，学科建设管理体制机制也在不断地改革。

在中央一级，国务院学位委员会和教育部为主要的学科管理组织，其他诸如财政部、国家发展改革委、科技部、国家自然科学基金委员会、全国哲学社会科学工作领导小组以及其日常办事机构全国哲学社会科学工作办公室等部门均承担着一定的学科管理职责。国务院学位委员会办公室下设培养质量处与学科建设处，指导学科建设与管理工作，承担"世界一流大学和一流学科建设"等项目的实施和协调工作。其他如教育部政策法规司、发展规划司、高等教育司、社会科学司、科学技术与信息化司等都是学科建设管理组织的重要组成。省级层面的学科管理组织结构与中央一级相对应，其职责主要是贯彻实施国家政策、规划，指导统筹本省域的学科建设工作。

学科建设作为大学建设的核心和龙头，学科建设的水平高低彰显着大学研究生教育水平、科研创新能力和服务社会能力的高低，决定着大学发展的潜力和发展的高度。随着"双一流"建设、有组织科研和创新型交叉学科人才培养的持续推进，学科建设已经成为一项综合性和系统性的工作。由此，学科建设的管理组织也早已超越单一组织而成为集多个组织如研究生院（处、部等）、（学科）规划办、科技处、高教所等协同合作的组织系统。

（四）其他研究生教育管理组织形式

中国学位与研究生教育学会、高等学校与科研院所学位与研究生教育评估所（简称评估所）在其他研究生教育管理组织系统中最有影响力。中国学位与研究生教育学会成立于 1994 年 7 月，是由依法从事学位与研究生教育工作的企事业单位、社会组织和个人组成的全国性、学术性、非营利性的社会组织。中国学位与研究生教育学会是学位与研究生教育管理组织中唯一的"国字头"社会组织，接受业务主管单位教育部、社团登记管理机关民政部的业务指导和监督管理，学会秘书处挂靠清华大学。学会以服务为主要定位，坚持服务会员、服务政府、服务社会、服务师生。职能聚焦于研究生教育理论研究、学术交流、研讨交流平台建设与资源分享、咨询建议与高端智库建设等方面。随着中国学位与研究生教育学会的成立，各省（自治区、直辖市）也陆续成立了省级研究生教育学会（协会、研究会等），其工作内容主要包括面向全国、立足本地区开展研究生教育研究、交流，对本地区学位与研究生教育开展调研评估，为政府决策提供咨询。

1994年7月29日，我国第一家专门从事学位与研究生教育评估的事业机构"高等学校与科研院所学位与研究生教育评估所"在北京成立。评估所的成立成为我国研究生教育发展史上浓墨重彩的一笔，在我国研究生教育发展史上具有开创性的意义。

其一，开创了我国教育"第三方"评估的先河，扮演着"第三方"研究生教育评估组织"掌门人"的角色。

20世纪80年代中期，我国学位与研究生教育迅速发展。在研究生教育规模不断扩大，研究生"量"的需求不断被满足的同时，保障和提高研究生教育质量成为社会十分关注的问题。在此背景下，开展学位与研究生教育评估已是水到渠成。

1985年，国务院学位委员会第六次会议决定逐步建立各级学位授予质量的检查和评估制度。1986年，国家教育委员会《关于改进和加强研究生工作的通知》中也指出，"要加强研究生、学位授予质量和管理工作的检查与评价"，学位与研究生教育评估活动由此展开。1994年之前，我国共组织了十余次学位与研究生教育评估，在这些评估活动中，国务院学位委员会、国家教育委员会等都是以评估工作的组织者和实施者的身份出现的，体现出政府极强的主导作用。

1994年4月，国务院学位委员会发函，委托北京理工大学建立"学位与研究生教育评估咨询机构"。7月29日，"高等学校与科研院所学位与研究生教育评估所"成立，评估所成为我国第一家专门从事学位与研究生教育评估的社会中介机构。在评估所的示范和辐射下，各省级评估机构纷纷成立，如1996年成立的上海高等教育评估事务所，是我国第一个具有"第三方"性质的省级社会评估中介机构。随后，江苏、辽宁、广东等地也相继成立了类似性质的省级教育评估机构。与此同时，一些高校和民间组织也开始加入评估队伍。随着"第三方"评估组织队伍的不断壮大，站在最高层次的评估所成为当之无愧的"掌门人"。

其二，完善了研究生教育管理组织体系，发挥了研究生教育社会组织"领头羊"的作用。

在我国，民间组织、第三部门、非营利组织与非政府组织统称为社会组织。评估所是受国务院学位办、国家教委研究生工作办公室委托，承担开展学位与研究生教育及有关咨询服务的事业性质的非营利机构。[①]从这个官方地位可以看出，评估所虽受政府委托建立，但并非政府组织；虽具有事业性质，但并非事业单位。评估所的非政府性、非企事业单位性、非营利性等特征使得评估所与中国学位与

---

①徐建辉. 2002. 中国科学院研究生院副院长吕晓澎谈研究生教育质量评估问题[N/OL]. https://www.cas.cn/rc/gzdt/200204/t20020401_1693968.shtml[2024-06-04].

研究生教育学会并肩成为我国学位与研究生教育社会组织的两大"巨头"。

与其他社会组织相比，评估所在表现出社会组织一般特征的同时，还拥有了其他社会组织所没有，或者说不甚鲜明的特征。一是具有半官方背景。评估所虽然定位于社会组织，但是与政府有着千丝万缕的联系：评估所由政府委托成立、评估所在业务上受政府指导、评估所主要服务于政府所需等。二是权威性和独立性并存。相比其他任何一个社会组织机构开展的评估，评估所具有毋庸置疑的权威性。一方面，这种权威性源自其半官方背景，由于其主要从事政府委托业务，其评估结果接受政府审定，评估结果在政府决策、资源配置过程中发挥着强有力的参考作用。另一方面，这种权威性也源自评估的独立性。评估所虽然在业务上接受政府委托，但在评估运行过程中，政府并不介入其中，评估完全按照评估的要求进行，学术性成为评估所区别于其他类别社会组织的核心特征。也正因为此，评估结果得到官方、高校和社会的广泛认可。

其三，搭建了连接政府、社会和研究生培养单位的桥梁，充当着研究生教育管理体制改革的"助推器"。

1993年颁布的《中国教育改革和发展纲要》明确指出，改革办学体制与转变政府职能。改变政府包揽办学的格局，逐步建立以政府办学为主体、社会各界共同办学的体制。政府由对学校的直接行政管理，转变为运用立法、拨款、规划、信息服务、政策指导和必要的行政手段，进行宏观管理。建立有教育和社会各界专家参加的咨询、审议、评估等机构，对高等教育方针政策、发展战略和规划等提出咨询建议，形成民主的、科学的决策程序。

评估所是我国学位与研究生教育改革的产物，反过来，又助推着我国学位与研究生教育改革不断走向深入。评估所作为"接受国务院学位委员会和国家教委委托，承担开展学位与研究生教育评估及有关咨询服务工作的事业性质的非营利机构"，评估所的成立和运行，极大地加大了政府职能转变的步伐和力度。随着国务院学位委员会和国家教育委员会关于学位与研究生教育工作的一些微观的、具体的、事务性的工作转移至评估所，政府的直接行政管理职能逐渐转变为宏观调控。

其四，开展了不同形式的学位与研究生教育评估，肩负起学位与研究生教育质量"守门员"的重任。

在政府职能转变和权力不断下放，研究生培养单位办学自主权逐渐扩大的情况下，学位与研究生教育评估就成为避免"一统就死、一放就乱"局面和保证学位与研究生教育质量的有效手段。评估所成立后，开展了系列的、具有深远影响的学位与研究生教育评估的实践探索，主要包括：全国普通高等学校研究生院评估，增列博士、硕士学位授权点评估，一级学科选优评估，一级学科水平评估，博士、硕士学位授权点基本条件合格评估，在职人员以研究生毕业同等学力申请硕士学位工作检查评估，清华大学博士学位论文质量评估，全国优秀博士学位论文评选等。

从这些评估活动可以看出，评估范围涵盖了学位授予单位评估、学科评估、单项评估等，包括了选优评估、鉴定（合格）评估等类型。随着评估活动的不断深入，我国学位与研究生教育"管评"逐渐走向分离。通过系列评估，加强了政府对学位与研究生教育的宏观管理，促进了政府职能的转变，推进了研究生教育体制改革进程，为之后学位与研究生教育"管办评"分离积累了经验。通过评估，增强了研究生培养单位的竞争意识和质量意识，激发了研究生培养单位的压力、动力和活力，增强了研究生培养单位自我监督和自我约束意识，真正实现了"以评促建"，对学位与研究生教育质量形成了强大的保障。与此同时，学位与研究生教育评估也迈出了我国教育专业化评估的第一步。在评估实践活动中，通过不断探索符合中国学位与研究生教育实际、符合国家经济社会需要、符合学位与研究生教育特点的评估理论、评估技术、评估方法，形成了具有中国特色的学位与研究生教育评估理论。

三、我国研究生教育管理组织的历史变迁

改革是我国研究生教育发展的主旋律，是我国研究生教育取得重大成就的制胜法宝。我国学位制度实施和研究生教育 40 多年的发展史，也是我国研究生教育管理的一部改革史。研究生教育管理组织的变革既是研究生教育管理改革的重要内容，也是研究生教育管理改革的重要途径和抓手。从恢复研究生招生至今，40 多年来，我国研究生教育管理组织形态和运行机制不断实现着历史性和阶段性的创新与变革。从 1978 年至今，我国研究生教育管理组织大致经历了四个发展阶段。

（一）第一阶段（1978～1990 年）：我国研究生教育管理组织的奠基期

1978 年，党的十一届三中全会召开，我国进入了一个拨乱反正、洗削更革的阶段。1984 年 10 月，党的十二届三中全会通过了《中共中央关于经济体制改革的决定》，明确提出社会主义经济是"公有制基础上的有计划的商品经济"，我国经济体制改革随即全面展开。1978 年，"全国科学大会"召开，"科学技术是生产力"的观点被重申，科学技术现代化在中国式现代化建设中的关键地位被确立。1985 年，中共中央发布《关于科学技术体制改革的决定》，全面启动了科技体制改革。1985 年，《中共中央关于教育体制改革的决定》出台，极大地推动了我国教育体制改革的进程。在政治、经济、科技和教育体制全方位改革的推动和牵引下，我国研究生教育管理组织建设进入奠基期。

1. 制度因素成为我国研究生教育管理组织生成的主要动力

组织和制度同生共存，密不可分。一方面，组织依托制度建立、生存和运行，制度的变革会影响组织形态的改变；另一方面，组织是制度发挥作用的基本单元和载体，制度通过组织来体现，制度因为组织才有了意义和价值。在我国研究生教育恢复时期，制度因素成为研究生教育管理组织生成的主要动力源。围绕研究生招生、培养、研究生院、重点建设、学位授权等形成了以研究生培养、学位授予和学科建设为主要内容的三种研究生教育管理组织类型。为保证叙述清晰，我们将这三种类型的组织分别称之为研究生培养管理组织、学位管理组织和学科管理组织。其中，研究生培养管理涉及研究生招生、培养、毕业等全过程的管理。

第一，研究生培养管理组织生成的"自然性"。1978 年 1 月，教育部发出《关于高等学校 1978 年研究生招生工作安排意见》，宣告了我国研究生招生制度的正式恢复。当年即有 208 所高等学校、162 个研究机构共录取 10 708 名研究生。同年，教育部召开研究生培养工作会议，修订了《高等学校研究生培养工作暂行条例（草案）》，研究生培养的制度化建设正式开启。

研究生招生制度与研究生培养制度的一体化进程推进了我国研究生培养管理组织的自然生成。研究生教育恢复之初，我国学位制度还未建立，教育部与省教育厅就成为从研究生招生、培养到毕业、就业全过程当中的行政管理主体。此时，大多数省教育厅下并没有设立独立的研究生教育管理机构，研究生管理职责多由高等教育管理机构（如高教处）承担。在研究生培养单位一级，研究生管理机构或呈"单人模式"，或呈"单办"模式，该人或该办公室附设于科研、教务等机构之内。当然也不乏独立于如教务、科研之外的研究生管理机构模式存在，尤其是在试办研究生院制度实施后，研究生培养单位普遍设立了独立的管理机构。

试办研究生院在我国研究生教育管理组织体系建设过程中发挥了重大作用。试办研究生院是"里程碑"。研究生院制度的建立，不仅扩大了研究生培养单位研究生教育的自主权，其规格之高也标志了研究生教育管理机构分层的开始。在试办研究生院的示范下，非研究生院高校的研究生教育管理机构开始有意识地脱离依附状态而获得独立建制。

第二，学位管理组织建立的"依法性"。1981 年，《中华人民共和国学位条例》的颁布实施，标志着我国学位制度的建立。学位制度的建立为我国研究生教育的发展发挥了保驾护航、开道引路的重要作用。[1]《中华人民共和国学位条

---

[1] 王战军. 中国学位制度实施四十年[M]. 北京: 中国科学技术出版社, 2021: 10.

例》的实施，不仅极大推进了我国研究生教育的制度化和规范化建设进程，更是为学位管理组织的建立提供了法律依据和法律保障。《中华人民共和国学位条例》与《学位条例暂行实施办法》对中央和学位授予单位学位管理组织的设立、职责、组织模式和运行模式都做出了详细的规定：国务院设立学位委员会，负责领导全国学位授予工作；学位授予单位设立学位评定委员会负责本单位的相关学位工作；学位委员会可根据需要，配备必要的专职或兼职的工作人员，处理日常工作等。

第三，学科管理组织的"非主流性"。严格来讲，我国先有重点学科建设，然后才有学科建设。在20世纪80年代中期以前，虽然研究生招生制度开始恢复，但此时对学科建设重要性的认识并不深刻，学科建设在大学建设中的重要地位也尚未确立。经文献研究发现，该阶段的学科建设主要体现于学位授权点建设。在研究生院制度实施之前，以学科之名设立的管理机构非常鲜见。国家重点学科建设、"211工程"建设提升了高校对学科建设重要性的认识，重点学科建设办公室、"211工程"建设办公室等负有学科管理职能的机构的建立刺激和催生了学科建设专门管理组织的产生。

制度因素虽然是该阶段研究生教育管理组织建设的主要影响因素，但并不是唯一因素。现代信息技术的发展不仅为研究生教育管理带来了管理手段的变化，同时也促进了新的研究生教育管理组织形式的生成。1987年，为了推动高等学校学位与研究生管理现代化，一些高等学校设立了研究生教育与学位工作计算机管理研究协作组及研究生数据库信息标准制度，并开展校间工作交流。

2. 研究生教育管理组织架构的基本特征

一是学位管理组织系统和研究生培养管理组织系统并行发展。由于学科管理组织的设立滞后于学位管理组织和研究生培养管理组织，因此在相当长的一段时期内，学位管理组织和研究生培养管理组织几乎构成了研究生教育管理组织的全部。

学位管理组织和研究生培养管理组织是并行存在、独立发展的。学位制度建立之前，只有研究生教育的管理，教育部成为中央一级研究生教育管理组织。1986年国务院学位委员会发布的《关于改进和加强研究生工作的通知》明确规定，"国家教委统一领导全国研究生的招生、培养和毕业分配工作"，这是从正向的"赋权"角度规定了教育部的职责，从反向"未赋权"的角度来看，则揭示了此时学位管理并不属于教育部的管理职责范围。另外，虽然教育部在学位授权工作中也多有参与，但其角色和参与研究生教育管理的其他部委角色并无二致。

同样，从国务院学位委员会及其下设学术组织国务院学位委员会学科评议组，以及其办事机构国务院学位委员会办公室的职责来看，学科评议组主要围绕学位授权、学位审核和学位授予开展工作，也就是说，学位管理组织并没有介入研究生招生、培养等研究生培养流程中的管理。

与中央一级研究生教育管理组织特征相一致，学位授予单位学位管理组织和研究生培养管理组织也表现出鲜明的独立性。不过此时的省级研究生培养管理组织的独立性特征并不明显，其原因是此时的省级学位管理组织基本处于缺位状态，而且省一级研究生教育培养组织尚未从高等教育管理组织中独立出来。

二是不同类型组织体系的完备程度与其设立依据的效力呈正相关。虽然学位制度和研究生教育制度有着极强的关联性甚至是一体性，但是依法而建的学位制度之于研究生教育制度而言高调、正统且强势，学位管理组织的体系化建设明显强于研究生培养管理组织的体系化建设。

前已述及，我国研究生教育制度在很大程度上是随着研究生招生工作的恢复而自然地建立起来的。在组织建设上缺乏足够有远见的顶层设计，就导致了相关研究生培养管理组织设置的滞后和不稳定。以中央一级研究生培养管理机构为例（表 2.2）。

表 2.2 中央一级研究生教育管理机构的变迁

时间	机构名称		管理内容	备注
1982 年	研究生司		全国研究生教育管理工作	1989 年取消
1989 年	高等教育司	研究生教育一处	培养	
		研究生教育二处	招生	
	国家教委学位办公室		负责教委系统有关学位工作	与国务院学位委员会办公室联合办公
1991 年	研究生工作办公室		负责全国研究生教育工作的规划、管理、指导、检查等	1. 与国务院学位委员会办公室合署办公 2. 招生工作划归高校学生司管理
2004 年	学位管理与研究生教育司		研究生教育行政管理工作	与国务院学位委员会办公室联合办公

1982 年 8 月，国务院正式批准教育部设研究生司负责全国研究生教育的管理工作。1989 年，新成立的高等教育司承担了研究生教育的行政管理职责。高等教育司的研究生教育一处、二处均纳入了研究生教育招生培养管理工作的范畴。在同一年，经过国家教育委员会的批准，成立了国家教委学位办公室，其主要职责是负责教委系统学位的相关工作，该机构并未另行设立，而是与国务院学位委员会办公室共享办公空间。1991 年，成立研究生工作办公室，与国务院学位委员会办公室合署办公。研究生工作办公室负责全国研究生教育工作的规划、管理、指导、检查等。此时的招生工作划归高校学生司管理。

就学位管理组织而言，法规名义下设立的学位管理组织从学位制度建立之初就走上了体系化、规范化的建设道路。在中央一级，国务院学位委员会负责领导全国学位授予工作。其下设立国务院学位委员会学科评议组和国务院学位委员会办公室。其中，学科评议组是国务院学位委员会领导下的学术性工作组织，学位委员会办公室是国务院学位委员会的日常办事机构。发展至今，虽然国务院学位委员会、国务院学位委员会学科评议组以及国务院学位委员会办公室的职能发生了巨大的变化，但其组织基本架构一直未变。

三是省级研究生教育管理组织缺位。我国研究生教育管理组织尤其是学位管理组织表现出明显的"两头实、中间空"的组织形态，其直接原因是在中央一级和学位授予单位一级的学位管理组织依法而设，而此时省一级的学位管理组织的设立并未被明确授权。1981 年，国务院学位委员会第一次（扩大）会议提出，国务院各有关部委和省（自治区、直辖市）人民政府应加强对建立学位制度工作的领导，要由一位负责同志亲自抓，并指定相应机构具体负责学位条例实施的日常工作。主管高等学校和科研机构较多、学位授予工作任务较重的部委和省（自治区、直辖市），可以成立学位领导小组或学位委员会。在这里，"应加强""可以"等词表明了部委和省级学位管理组织设立的非强制性。由于政策的明示性不足以及中央集权下省级政府权力的稀缺，直到 1991 年我国第一个省级学位委员会——江苏省学位委员会才得以批准设立。因此，由国务院学位委员会学科评议组与学位授予单位学位评定委员会构成的两级管理组织架构成为这一时期研究生教育管理组织体系的典型特征。

与省级学位委员会的缺失不同，大部分部委级单位如农业部（现为农业农村部）、林业部（现为国家林业和草原局）、卫生部（现为卫健委）、文化部（现为文化和旅游部）、国家民族事务委员会、中国科学院、中国社会科学院、中国人民解放军等，或成立了学位委员会，或成立了学术委员会及相应的学位管理组织。据此，有文献认为，该阶段我国实行的是三级学位管理体制[①]。当然，此"三级"非彼"三级"。在此，与当前由中央、省级、学位授予单位组成的三级管理体制相对应，我们将由中央、部委、学位授予单位所呈现出的三级管理体制命名为三级管理体制"1.0 版"。另外，部分部委除了对所属高校和科研院所的研究生教育进行归口管理外，也与国家教育委员会共同承担着研究生教育相关管理工作，如研究生招生计划由国家教育委员会同国家计划委员会（现为国家发展改革委）、人事部（现为人力资源和社会保障部）提出编制招生计划的原则和方法，国家招生计划由国家教育委员会同国家计划委员会、人事部审批下达[②]，从该文件就可以看出，国家教育委员会、国家计划委员会、人事部等在研究生招生工作中负有共同管理之责。

---

①吴振柔，陆叔云，汪太辅. 中华人民共和国研究生教育和学位制度史[M]. 北京：北京理工大学出版社，2001：91.

②《国家教育委员会、国家计划委员会、财政部、人事部关于进一步改进研究生招生工作的几点意见》（88）教研字 010 号.

　　四是在学位授予单位一级，研究生教育管理组织多处于混沌状态。研究生培养单位的研究生培养管理组织发展颇多曲折，在从依附到独立，从混沌到分化的变革中，管理机构也在从科到处（部）再到院的发展过程中实现着组织机构的独立和组织层级的跃迁。以上海交通大学为例，学校恢复研究生招生后，首先成立研究生科，负责研究生管理工作。研究生科最初隶属于科研处，后划归教务处，后又从教务处独立出来，成立了研究生部①，1984 年开始试办研究生院。

　　研究生院的设立奠定了研究生教育管理组织的独立和重要地位。1984 年 8 月，经国务院正式批准，22 所高校试办研究生院。研究生院是"在校（院）长领导下具有相对独立职能的研究生教学和行政管理机构，应有单独的人员编制和经费预算"。在当时以及后来很长的一段时间内，研究生院在我国成为一个具有特定内涵和特定地位的组织。能否被国家批准试办研究生院，已成为衡量和反映一所高等学府在教学水平、师资状况、科研基础、培养能力、管理经验等方面的整体办学水平、办学条件和办学层次的重要指标。

　　试办研究生院高校对研究生教育管理组织建设发挥了重大作用，对于非试办高校而言也有着重要的示范和带动意义。与试办研究生院高校相仿，非试办高校的研究生教育管理组织也大都经历了从隶属于科研或教务等处室的研究生科到独立的研究生处（部）的发展过程。部分高校研究生处（部）的工作职责囊括了研究生招生、课程学习、论文工作、毕业和学位授予工作中的教学行政和教学研究的管理。部分高校研究生处（部）下分设招生、培养和学位管理机构。研究生的毕业分配则由人事处学生科负责。也有高校实行系、部两重管理体制，就是"研究生管理工作的基础在系一级"的管理办法。研究生部只管招生、计划、学籍等，其他都由系里管理。②

3. 研究生教育管理呈现出集权化特征

　　我国研究生教育恢复于计划经济体制时期，当时整个社会高度政治化，行政权力高度集中，几乎渗透到了经济和生活的一切领域，当然研究生教育也不例外。

　　中央一级研究生教育管理组织统筹研究生教育管理。中央政府采取以行政命令为主的高度集中的研究生教育管理体制，行使了从举办到办学、管理的一系列权力。③处于最高层级的国家教育委员会几乎包揽了从研究生招生计划的编制、招生考试和录取，到研究生培养方案和教学大纲的制定，再到研究生毕业分配等研究生教育全流程、全方位的管理工作。

---

　　①上海交通大学研究生部. 健全管理体制明确职责分工全校培养研究生[J]. 学位与研究生教育, 1984, (3): 52-55.

　　②马小峰. 学校内部的管理体制必须适应研究生教育事业的需要[J]. 学位与研究生教育, 1986, (8): 51-53

　　③岳爱武, 邱新法. 我国研究生教育制度变迁与组织演变特征[J]. 高校教育管理, 2011, 5(3): 67-72.

学位管理更是如此。从学位授权、学位审核到学位授予，从学位授权点评估到学位授予质量保障，从导师遴选到学位课程设置，从学位论文标准制定到答辩委员会设立等。可以说，事无大小，所有权力均由国务院学位委员会及其下辖的国务院学位委员会学科评议组和国务院学位委员会办公室集中统管。

学科管理组织也是如此。重点学科建设开启了改革开放以来我国高等教育重点建设的新篇章。重点学科建设把学科建设推向了大学建设发展的前台，加深了学科建设与人才培养、科学研究关系的认识和理解，提高了省级政府和研究生培养单位学科建设和研究生培养的积极性。但是，重点学科建设是作为一种国家行为出现的，体现的是国家在人才培养和科学研究发展上的政策意图。也因此，国家在重点学科的遴选、审批、监督、评估中拥有着绝对的控制权。

省级研究生教育管理组织扮演着上传下达的"通道"角色。该阶段，我国研究生教育三级管理体制虽从政策上、文件上予以了肯定，但是在政策执行上总是被有意无意地忽视或忽略，导致了运行过程中省级政府研究生教育管理权的微乎其微。1986年国务院发布的《高等教育管理职责暂行规定》，在阐述国家教育委员会的职能时，对研究生教育与高等教育分别进行说明；但在阐述省级政府职能时，仅提及了高等教育管理职能，并没有关于研究生教育的只言片语。中央一级与省一级研究生教育管理权的分野可见一斑。

研究生培养单位权责失衡，自主权限空间狭小。培养单位作为国家计划的执行单位，严格按照国家指令进行研究生教育工作，自主权限被无限压缩。不仅如此，在中央集权的管理体制下，研究生培养单位的研究生管理组织也由国家设计。1978年11月颁布的《全国重点高等学校暂行工作条例（试行草案）》和1963年的《高等学校培养研究生工作暂行条例（草案）》中将研究生管理组织机构分为四个层级：招收研究生的高等学校，应该由校长或一位副校长主管研究生工作，并设立相应的机构管理有关的日常工作；招收研究生的系，应该由系主任或一位副主任领导研究生培养工作；教学研究室主任；研究生指导教师。这些规定虽然保证了研究生培养单位组织建设的规范化，但是也缩小了其自主发展的空间。

该阶段，研究生教育管理组织的设计和运行上暴露出很强的集权性和封闭性；组织结构上表现出组织层级少、组织跨度大的特征，不仅中央一级如此，研究生培养单位也是如此。大部分研究生管理部门呈混沌状态，下不设立分机构；管理组织独立性较差，许多研究生培养单位的研究生管理部门设于教务、科研等机构之内，仅作为其下一个分支机构存在；管理组织不完善，省级管理组织缺位；学科管理组织几乎空白。

当然，虽然此时的研究生教育管理组织结构还存在诸多不合理之处，组织运行过程中也存在着诸多的不顺畅，但是其在我国研究生教育管理组织发展过程中的奠基意义无可替代。在其之后的三十余年中，我国研究生教育管理组织无论如何变革，都建立在最初所形成的基本形态上，组织结构和组织职能的变化过程呈现出渐变和"修补"的特征。

（二）第二阶段（1991～2005 年）：我国研究生教育管理组织的发展期

以 1991 年江苏省学位委员会的成立为突破口，学位与研究生教育管理开始了从高度集中到分级调控的转变。①1992 年，随着我国社会主义市场经济体制建立，为了适应经济发展和经济体制改革的要求，研究生教育管理体制改革成为研究生教育改革的重点任务。1993 年，中共中央印发《中国教育改革和发展纲要》，指出"政府要转变职能，由对学校的直接行政管理，转变为运用立法、拨款、规划、信息服务、政策指导和必要的行政手段，进行宏观管理"，并明确提出了"第三方评估"的职能与要求。自此，我国研究生教育管理组织体系建设越来越繁荣和活跃，形成了多层次、多职能、多属性的研究生教育管理组织架构。

1. 层次维：中央、地方、研究生培养单位三级管理体制实质化形成

省级学位委员会的设立稳固了研究生教育三级管理组织架构。1991 年之前，省级研究生教育管理组织或者虚化，或者混同于其他机构。1991 年，江苏省学位委员会的设立，迈出了省级学位管理组织实体化的第一步。之后，各省（自治区、直辖市）纷纷设立学位委员会。到 21 世纪初，我国省级学位委员会基本健全，形成了中央、地方、研究生培养单位三级管理体制。

与此同时，学位授予单位的自主权不断扩大。例如，在第九次学位授权审核工作当中，国家给予所有具有研究生院的学位授予单位自主设置硕士学位授权点的授予权；在第十次学位授权审核工作中，国务院学位委员会开始在北京大学、清华大学这两所高校开展博士学位授权一级学科自行审批试点工作，进一步将博士学位授予自主权下放给少数高校。而且，从 1995 年起，国务院学位委员会不再单独审批博士生指导教师，逐步实行由博士学位授予单位自行遴选。到 1999 年，博士生指导教师的审批权下放给全部博士学位授予单位。

中央政府、省级政府和学位授予单位之间的权力关系的平衡和适位保证了三级管理组织的运行通畅。在中央一级，伴随着研究生教育管理职能的转变，研究生教育管理权逐步下放。与上一阶段中央政府在学位授权审核中的强制、权威以及大包大揽不同，该阶段政府开始审慎地、有条件地下放学位授权点审核权。1995 年启动

---

①翟亚军, 王战军. 省级政府学位与研究生教育管理职能的历史演进及未来走向[J]. 学位与研究生教育, 2012, (4): 64-67.

的第六批次学位授权点审核，江苏、上海、陕西、四川、湖北、广东等率先成立省级学位委员会的省市获得自行审批硕士学位授权学科专业的权利，打破了中央一级管理组织在学位授权审核中的单一主体形态，揭开了中央和地方共同管理的幕布。从此，学位授权审核权的逐渐下放几乎成了每一批次学位授权审核的必备动作。

2. 内容维：学科建设全面展开，形成研究生教育管理内容"三足鼎立"架构

虽然早期的学科管理组织建设具有一定的滞后性，但是重点学科建设的推进明显提升和夯实了学科建设的重要地位。在重点学科、"211 工程""985 工程"等重点建设政策的带动下，不仅学科建设的重要性越来越显著、学科建设与研究生教育的联系越来越紧密，而且学科管理组织越来越专门化，同时学位管理组织与研究生培养管理组织也承担着越来越重要的学科建设职能。学科管理、学位管理、研究生培养管理三足鼎立，不断丰富着研究生教育管理的内容。

由于重点建设涉及资源配置、科学研究、队伍建设、人才培养等多方面工作，"多头共管"便成为学科管理组织运行的最大特点。我国高校的重点学科评选启动于 1986 年。1986 年上半年，国家教育委员会成立了由研究生司、科技司、计财局、高等教育一司、高等教育二司有关领导参加的重点学科规划工作小组。"211 工程"管理组织的设立要早于工程的正式建设。1995 年，经国务院批准，国家计划委员会、国家教育委员会和财政部联合下发了《"211 工程"总体建设规划》，"211 工程"正式启动。事实上，早在 1993 年 3 月，随着《中国教育改革和发展纲要》的颁布，国家教育委员会就成立了国家教育委员会"211 工程"办公室。在 1993 年 7 月公布的《关于重点建设一批高等学校和重点学科点的若干意见》中，提出国家成立"211 工程"协调小组，负责工程的宏观决策和指导。国家教育委员会成立"211 工程"领导小组，下设"211 工程"办公室，具体负责工程的规划实施以及有关事项的协调和管理工作。有关主管部门和学校根据需要，可以确定相应的管理机构，负责项目的执行和管理。

重点学科建设不仅极大地推动了高等学校学科建设的积极性，同时也极大地推动了高等学校的学科组织建设。学科建设办公室成为大多数研究生培养单位的标配。其中，部分高校在研究生院（处、部）之下设立学科建设处（办公室）等，部分高校则设立学科建设处（办公室）作为学校一个独立的二级管理机构，与招生处、教务处、人事处等机构平行运行。也有部分研究生教育规模较小，学位授权点数量不多的高校，学科建设办公室与学位办公室合署办公。

3. 职能维：社会组织登台亮相，成为研究生教育管理组织的重要一员

该阶段，研究生教育社会组织日益活跃。其中，最具标志性的是"高等学校与科研院所学位与研究生教育评估所"和"中国学位与研究生教育学会"的成

立。随着我国研究生教育规模大幅增长，在研究生教育规模扩大的同时，研究生教育质量问题开始受到关注。作为保障研究生教育质量的重要手段，研究生教育评估逐渐开展。与最初研究生教育集中管理体制相契合，我国最早的学位与研究生教育评估中政府发挥着主导的作用，评估活动具有明显的政府行为色彩。[①]随着政府职能的转变，学位与研究生教育评估主体开始变得多元。1994 年，我国第一家专门从事教育评估的社会中介机构，"高等学校与科研院所学位与研究生教育评估所"成立。1998 年，国务院学位委员会和国家教育委员会在"高等学校与科研院所学位与研究生教育评估所"的基础上，整合资源，成立"全国学位与研究生教育发展中心"。2003 年，转型为"教育部学位与研究生教育发展中心"，此时的教育部学位中心职能在评估的基础上大大拓展，机构的官方背景越来越浓厚。

　　"中国学位与研究生教育学会"与"高等学校与科研院所学位与研究生教育评估所"同年成立。"学会"是全国性、学术性、非营利性的研究生教育管理组织，其下设立"中国学位与研究生教育学会评估工作委员会"和"专家咨询委员会"。发展至今，"学会"与"教育部学位中心"成为最具影响力的两大研究生教育社会组织。在其示范引领下，社会组织如雨后春笋般蓬勃而出。省级学位与研究生教育学会（表 2.3）、省级研究生教育评估机构、高校研究生教育研究组织以及一些民间评估机构快速发展起来。社会组织在研究生教育发展中的作用越来越瞩目。

表 2.3　省级学位与研究生教育学会统计

机构名称	成立时间	机构名称	成立时间
天津市学位与研究生教育学会	1987 年	陕西省学位与研究生教育学会	2002 年
山东学位与研究生教育学会	1992 年	甘肃省学位与研究生教育学会	2002 年
上海市研究生教育学会	1993 年	黑龙江省学位与研究生教育学会	2005 年
辽宁省学位与研究生教育学会	1995 年	江西省学位与研究生教育学会	2007 年
四川省学位与研究生教育学会	1995 年	广东省学位与研究生教育学会	2009 年
浙江省研究生教育学会	1999 年	江苏省学位与研究生教育学会	2013 年
重庆市学位与研究生教育学会	1999 年	云南省学位与研究生教育学会	2014 年
湖南学位与研究生教育学会	2000 年		

资料来源：https://xxgs.chinanpo.mca.gov.cn/gsxt/newList

　　随着研究生教育管理体制改革的深入，该阶段的研究生教育管理组织结构和运行机制都发生了巨大变化。一是管理组织体系日渐丰富和完善。例如，省

---

①吴振柔, 陆叔云, 汪太辅. 中华人民共和国研究生教育和学位制度史[M]. 北京: 北京理工大学出版社, 2001: 423.

级学位委员会成立、试办研究生院、社会组织产生等。二是管理内容不断丰富。"211 工程"、重点学科和学位授权点建设提高了人们对学科建设重要性的认识，学科管理与学位管理和研究生培养管理一并成为研究生教育管理的主要内容；专业学位研究生教育开始成为研究生教育的重要组成部分；评估成为研究生教育管理组织的重要活动。三是政府职能转变，管理重心下移，培养单位研究生管理机构从混沌状态走向裂变状态。政府出台的系列政策极大地推动了研究生教育管理体制改革的不断深入，中央权力逐渐下放，省级政府统筹权不断加大，省级政府学位与研究生教育管理的主体地位不断加强。试办研究生院扩大了培养单位研究生教育的自主权。不过，在集中管理体制下，权力的下放并不彻底。部分权力如导师遴选彻底下放，部分权力如学位授权审核权则渐进下放。试办研究生院的示范作用和研究生教育规模的增长促进了研究生教育管理组织从混沌状态走向裂变状态。研究生培养单位的研究生管理机构开始独立设置。四是管理职能外溢。社会力量开始成为研究生教育管理组织的一部分。在研究生培养单位，部分研究生管理工作开始由研究生教育管理组织，向其他组织如科研处、规划处等渗透。

（三）第三阶段（2006～2019 年）：我国研究生教育管理组织的转型期

21 世纪，世界进入大发展、大变革、大调整时期。面对激烈的国际竞争和汹涌澎湃的新科技革命浪潮，党中央、国务院相继提出并深入推进人才强国战略和创新驱动发展战略。人才强国战略和创新驱动发展战略密不可分。在国家创新体系的诸多要素中，人才是最根本、最活跃的要素。培养大批优秀的、高层次的创新人才，直接关系到国家经济、教育、科技各项事业的前途，直接关系到国家和民族的未来。研究生教育作为高等教育的最高层次，是创新性科学研究和高层次人才的主阵地，在推动科教兴国战略、人才强国战略、创新驱动发展战略实施过程中发挥着越来越重要的作用。

1. 从规模为重到质量为要：我国研究生教育进入转型期

研究生教育管理组织的转型是研究生教育转型的结果与保障，研究生教育管理组织转型，必须从研究生教育发展的转型入手。随着创新驱动发展战略的实施，我国社会进入了一个全面、深入的改革时期，政治、经济、科技、思想等方面呈现出整体和全面的发展与变迁。伴随着这场具有战略性的、影响社会全局的社会大变革，研究生教育也进入了一个发展的转型期。[①]

从 20 世纪末到 21 世纪初，我国研究生教育实现了跨越式增长，但研究生教

---

①王战军. 转型期的中国研究生教育[J]. 学位与研究生教育，2010, (11): 1-5.

育质量的提升与研究生教育规模的扩张在速度上并没有完全同步，随着研究生教育规模的扩张，提升研究生教育质量成为研究生教育的关键和核心任务。随着2007年研究生教育质量工程的启动，提高质量不仅成了研究生教育政策文件中的高频词，更是成为研究生教育发展的核心任务和显著特征。相关数据显示，2010年至2021年的学位授予年均增长率比之前的30年回落10个百分点以上。①在研究生教育规模发展向质量提升转型的同时，研究生教育也实现着从外延发展向内涵发展的转型，其中最为明显的就是研究生教育类型结构的调整与优化。2009年专业学位研究生教育改革加速，伴随专业学位研究生数量的突破，研究生教育结构不均衡现象得以改观。研究生教育转型的成功，不仅在一定程度上显示出我国研究生培养机制、研究生质量保障机制、研究生教育管理体制等改革的成效，同时也极大地促进了我国研究生教育管理组织的转型。

2. 从"设"到"建"：学科建设理念转型下的研究生教育管理组织的重构

从1981年10月国务院学位委员会第三次会议通过各部委和各省（自治区、直辖市）首批博士和硕士学位授予单位及其学科、专业名单开始，到2006年1月，国务院学位委员会第二十二次会议批准第十批博士学位授权学科、专业名单止，以"审批"为特征的我国学位授权审核制度告一段落。之后，"立项建设""动态调整"等新的学位授权审核模式诞生。2014年，《国务院关于取消和下放一批行政审批项目的决定》公布，国家重点学科审批被取消。学位授权制度改革和国家重点学科审批的取消，冲击和重塑学科建设的理念和学科管理组织的职能。学科建设从重"设"轻"建"开始转向"建""设"一体、重在建设的理念。在新的学科建设理念指引下，相当一部分研究生培养单位的学科管理组织或由学科办公室改弦易辙为规划办公室，或与已有的规划办公室合并，而专业学位的大发展，又将在1999年随着"共建、合作、调整、合并"方针下几近剥离出研究生教育管理的各部门重新聚拢起来并再次成为研究生教育管理组织的重要一员。与之相配，研究生教育培养机制改革下对产教融合、科教融合的强调以及企业科技创新和高层次人才培养功能凸显，行业和企业也承担着越来越多的研究生管理职能。

3. 从各自为政到交织耦合：研究生教育管理组织关系的转型

研究生教育管理与学位管理最早分属于两个泾渭分明的管理系统。随着学位授权制度的改革，二者在不断被拉近的过程中实现着交叉与融合。不论是"学位

---

①中华人民共和国教育部. 教育部回应"研究生扩招"：不盲目扩大规模，有针对性差别化扩招[EB/OL]. (2022-06-14) [2023-10-22].http://www.moe.gov.cn/fbh/live/2022/54521/mtbd/202206/t20220615_637709.html.

与研究生教育"作为一个专有名词的存在，还是国务院学位委员会与教育部越来越多联合出台的政策，以及"学位管理与研究生教育司（国务院学位委员会办公室）"的一体两用，都证明了学位管理与研究生教育管理的不可分割。"学位与学科建设办公室"的曾经存在显示出学科建设与学位管理与生俱来的你中有我、我中有你的关系。"双一流"建设更是把学科建设、研究生培养融于一体，一流学科与一流学位授权点、一流研究生教育的互证和互促，有力地保障了研究生教育的质量。

4. 从管理走向治理：研究生教育管理职能的转型

"放管服"改革和"管办评"分离成为这一时期研究生教育管理组织变革的主要推动力。在"放管服"改革和"管办评"分离的推动下，省级政府研究生教育统筹权和研究生培养单位办学自主权得到实质扩大。政府"管"的内容和方式开始转变，管理重心不断下移，省级政府统筹权不断加大，研究生培养单位"办学"的积极性和自主性在加强；随着撤销研究生院审批，研究生院建制在许多研究生培养单位推行开来。与"管""办"主体越来越清晰相比，"评"的主体的多元化特征越来越明显，评价成为社会力量参与研究生教育的主要途径。"放管服"改革和"管办评"分离加速了不同层级和类型研究生教育管理组织在职能、责任和手段上的有效分离，明晰了中央、省级政府、研究生培养单位、行业企业以及社会组织等各方研究生教育管理的定位、权能和责任，政府、大学和社会三方协同联动机制初步形成，保障和推进了研究生教育管理向研究生教育治理的转型。

（四）第四阶段（2020年至今）：我国研究生教育管理组织变革期

2020年，全国研究生教育会议首次召开，标志着研究生教育进入了一个新的发展改革阶段。教育强国战略的实施、国家治理体系和治理能力现代化建设、高等教育普及化的到来、以"双一流"建设为抓手高质量推进研究生教育发展、以大数据、互联网和人工智能等为特征的技术革命对研究生教育的渗透和融入，种种因素叠加，极大地冲击着研究生教育的传统管理理念、管理思维、管理目标、管理模式和决策模式，多样化、个性化、现代化成为研究生教育发展客观而普遍的需求。伴随着研究生教育改革和发展，研究生教育管理组织进入了一个新的变革周期。

四、我国研究生教育管理组织的审视

改革开放四十多年来，我国研究生教育改革成效显著。规模上，成为名副其实的研究生教育大国；结构上，形成了多层次、多类型的研究生培养体系；质量上，开始从研究生教育大国向研究生教育强国迈进；管理上，形成了多元化组织参与模式，中央、地方和研究生培养单位的研究生三级管理体制不断完善。但是，与强国建设和创新型国家建设中研究生教育肩负的使命相比，与研究生教育治理体系现代化要求相比，与经济社会快速发展的要求相比，与大数据、互联网、人工智能等数字技术带来的时代变迁相比，与规模日渐宏大的研究生教育相比，与研究生培养的个性化和多样化相比，我国研究生教育管理组织还有许多局限和弊端。

（一）组织结构被动调整，缺少前瞻性

我国研究生教育管理组织变革的过程是一个研究生教育管理组织结构随着研究生教育改革不断调整和优化的过程，但这种调整和优化一般都建立在管理内容的扩充和管理政策的改变上，组织调整多是机械地跟随，如随着研究生培养单位的学位办、学科办学位授权改革和学科建设政策的调整呈现出从依附到独立，再到转型的变迁。以学科管理组织为例，最早的学科管理并无明确组织来进行管理，当然此时的研究生管理机构也大多依附于其他机构之下。随着研究生管理组织独立建制，与招生办、培养办、学位办等研究生教育流程性管理组织纷纷设立的繁荣景象相比，此时独立设置学科办的寥寥无几，其或与学位办联合办公，或是由学位办直接承担学科管理的职能。随着学位授权点申报工作和学科建设的重视，大多数研究生培养单位都单独设立学位办。此时的学位办的学科规划职能多针对学位授权点申报和重点学科建设。随着学位授权改革和重点建设取消，各高校学位办又或被新成立的规划办取代，或与之前存在的规划办合并。

（二）组织运行多经验决策，忽略技术的应用

经验决策在人类社会历史上曾经有过非常高光的时刻，一些英明的决策至今还为人们所津津乐道。但是随着科学技术的发展，也随着人类社会实践活动的复杂程度的加深，传统的经验决策已经显得越来越力不从心。从运筹学开始，科学决策越来越发挥着重要作用。但是，研究生教育管理组织的决策过程中的技术含量似乎并不高。于是，一方面是大数据下越来越复杂的研究生管理工作，另一方面则是人们认识的局限以及偏好导致的头痛治头、脚痛治脚的"修补性"决策屡见不鲜。

（三）纵向层次多职能调整，忽略了职能的增删

我国研究生教育体制改革的重要内容就是政府管理职能的转型以及中央政府权力的下放。经过不断的改革，政府职能从集权式管理逐渐过渡到立法、拨款、评价、服务职能，省级政府研究生教育统筹权加大，研究生培养单位自主权和积极性都得到同步提高。但是，在这个改革过程中，多是在中央、地方和研究生培养单位之间对原有权力的调整，而随着社会的发展和技术的进步，研究生教育管理内容已经远远超出以往。比如，面对大数据带来的信息的搜集、信息的使用、信息的安全等问题，传统的管理模式和手段已经不再适用。谁来管、管什么、如何管都成为目前研究生教育管理组织需要面对和解决的关键问题。

（四）组织主体多各自为政，少有效协同

研究生教育管理组织变革的过程是一个组织不断扩张的过程，也是一个研究生教育管理主体不断多元化的过程。随着研究生管理职能的扩张，研究生教育管理组织多元化特征日益明显。中央、地方和研究生培养单位三级管理组织内不断分化和扩容，准政府组织、学会、协会等社会团体，以及营利和非营利的各种评估组织、企事业单位都对研究生教育有着一定的话语权。但是，这些主体多各自为政，组织边界清晰且牢固。以研究生教育评估为例，研究生教育评估作为研究生教育质量的基础保障，不仅成为政府和研究生培养单位进行管理的重要手段，也成为外界参与研究生教育管理的主要手段。但是由于组织之间缺乏有效协同，信息共享程度不高，不仅加剧了被评估单位工作的负担，而且信息不可靠、不透明下导致的评估结果的不合理，也造成了被评估单位的无所适从，干扰了被评估单位的正常教育教学秩序。

第二节　数智时代对研究生教育管理组织的影响

互联网、大数据、人工智能等新一代信息技术加速创新，数字经济蓬勃发展，人类社会开始迈入数智时代。在人类漫长的历史变迁中，技术革命和社会变革耦合在一起，相互作用、相互影响，协同推进着社会的进步。每一次对社会生产方式产生重大影响的技术变革，同时也会对社会管理组织形态和管理方式产生直接的影响。数智时代，新一轮科技革命和产业变革带来前所未有的发展机遇，数字技术所蕴含的巨大潜力正充分释放，以数字智慧化和智慧数字化为显要特征的技术变革不仅推动着世界经济的数字化转型，同时也推动着政治、经济、教育、文

化甚至整个人类社会形态的变革。研究生教育作为最高层次的教育，既是运用新技术的先行者，也是推动和引领技术变革的重要担当。

一、我国研究生教育因势而变

在互联网、大数据、人工智能等与教育的深度融合下，一场新的教育革命正在到来。随着数智时代的开启，大数据、互联网、人工智能、云计算等新兴技术的新理念、新思维、新方法逐渐渗入和影响着社会各个领域，极大地促进了社会、经济、教育、文化、科技等领域的认识论和方法论的变革。数智时代如何赋能研究生教育、如何将数智技术的潜能转化为研究生教育发展的动力和势能，如何深度理解和准确研判数智时代研究生教育的使命、责任和目标，就成为数智时代研究生教育改革发展的核心和关键问题。

（一）研究生教育肩负着强国建设和创新型国家建设的历史使命

研究生教育发展已经成为党和国家发展战略的重要组成部分，在党和国家事业全局中具有重要地位，是国家发展、社会进步的重要基石。研究生教育恢复之初，我国研究生教育与经济社会创新发展并没有直接的联系。随着知识经济社会的到来，研究生教育发展与外部经济社会发展的互动越来越多，研究生教育成为培养科技创新人才生力军的主阵地和科技发展与科技产业创新的前沿。中国特色社会主义进入新时代，研究生教育在培养创新人才、提高创新能力、服务经济社会发展、推进国家治理体系和治理能力现代化方面发挥着越来越重要的作用。《关于加快新时代研究生教育改革发展的意见》指出，研究生教育肩负着高层次人才培养和创新创造的重要使命，是国家发展、社会进步的重要基石，是应对全球人才竞争的基础布局。"面向世界科技竞争最前沿，面向经济社会发展主战场，面向人民群众新需求，面向国家治理大战略"发展研究生教育成为新时代研究生教育的使命担当。

（二）高质量发展成为研究生教育发展的主题

全国研究生教育会议的召开，标志着我国研究生教育进入了高质量发展阶段。党的十九大报告提出"中国特色社会主义进入新时代，我国社会主要矛盾已经转化为人民日益增长的美好生活需要和不平衡不充分的发展之间的矛盾"[①]。高质量发展成为社会的主旋律。经济社会的高质量发展离不开研究生教育的高质量发展。

---

①人民政协网. 习近平：决胜全面建成小康社会 夺取新时代中国特色社会主义伟大胜利——在中国共产党第十九次全国代表大会上的报告[EB/OL]. (2017-10-27) [2024-04-26].https://www.rmzxb.com.cn/c/2017-10-27/1851777.shtml.

研究生教育的高质量发展既是经济社会高质量发展的重要内容，也是经济社会高质量发展的条件和支撑。高质量发展成为新时代我国研究生教育的突出表征和核心主题。

高质量发展研究生教育首先要解决何为高质量，高质量的内涵、标准是什么的问题。对于研究生教育而言，高质量是一个内涵丰富的概念，高质量的研究生教育体系、高质量的研究生教育管理、高质量的研究生培养等都是高质量发展研究生教育的应有之义。数智时代，数字技术成为我国研究生教育发展的新引擎。随着数字技术对研究生教育的嵌入和渗透，研究生的数智素养、数智思维、数智技能成为衡量研究生教育质量的重要标准。

（三）数字中国建设成为研究生教育发展的重要动力

实施教育领域的数字化转型战略计划已经成为世界趋势。为应对数字变革带来的全新挑战，世界各国顺应数智时代潮流，纷纷谋划高等教育数字化战略，积极推进教育数字化战略行动。2021 年 11 月，联合国教育、科学及文化组织（简称联合国教科文组织）发布了《共同重新构想我们的未来：一种新的教育社会契约》，明确指出"数字技术蕴含巨大的变革潜能，要找到将技术潜力化为教育变革动力的现实路径"。在欧洲，欧盟发布《数字教育行动计划（2021—2027 年）》。德国推出"数字型知识社会"的教育战略和人工智能战略，并于 2021 年启动国家教育平台建设。2021 年，俄罗斯推出"科学与高等教育数字化转型战略"。英国陆续推出"英国数字战略""国家人工智能战略""国家网络安全战略"等。法国则将"数字化大学战略"纳入了《高等教育与研究法》。亚洲的日本、韩国、印度、新加坡、越南等国家，非洲的南非、埃及、尼日利亚等国家，北美洲、南美洲、大洋洲等都积极谋划并推进高等教育数字化战略行动。

研究生教育数字化是数字中国战略的重要部分。数字中国建设的实施为创新研究生教育路径、重塑研究生教育组织形态、推动研究生教育高质量发展提供了新的重大机遇。在数字中国建设实施的过程中，不仅研究生教育的课堂教学手段、导师指导角色、学生学习角色发生着变化，研究生教育培养方式、评价方式、管理方式也在发生着变化，研究生教育目标、愿景更是提升到了一个新的高度。

（四）研究生教育规模扩张是建设研究生教育强国的基础性需要

1978 年我国恢复研究生招生，当年招生 10 708 人；到 1998 年，招生规模增长到 7 万余人，20 年间年均增长 3000 余人；1999 年我国研究生招生规模开始加大，1999 年招收研究生 9.2 万人，2019 年为 91.65 万人，20 年间年均增长

4万余人；2020年，全国研究生教育会议召开，研究生教育规模尤其是专业学位研究生教育规模更是实现了突破性增长。根据《2021年全国教育事业发展统计公报》，2021年我国研究生招生突破百万，达到117.65万人，比2020年增加7万人，增长6.32%；其中，博士生12.58万人，硕士生105.07万人。2019年，我国高等教育进入普及化阶段，高等教育的普及化将迎来新一轮研究生教育的发展浪潮。

我国虽已进入高等教育普及化阶段，但与同处于高等教育普及化阶段的国家，我国研究生教育在相对规模、结构、支撑条件、国际化程度等方面与发达国家仍存在巨大差距。2023年，整体上我国每千人中的注册研究生数约为2.2人，美国等发达国家则在9人左右。因此，在今后较长的一段时间内我国研究生教育仍然有不断发展的空间和需求，扩大研究生教育规模依然是研究生教育发展进程中的路径选择。

二、我国研究生教育因"数"而变

数智技术和研究生教育深度融合，成为我国高质量发展研究生教育的新引擎。大数据和数字技术深度融入研究生教育领域，引发了研究生教育目标和人才培养目标、研究生教育理念和教育思维、研究生教育管理体制和机制的变革，重塑研究生教育生态和研究生教育组织形态。

（一）研究生教育因"数"之变

第一，数字化素养成为研究生培养目标的基本组成。研究生教育培养目标具有"因时而动、因势而动"的特征。我国研究生教育恢复初期，主要为高等院校和科研院校培养教学科研型人才，培养目标为掌握本门学科的基础理论和专门知识、具有从事科学研究工作的能力的高校教师或科研人员。随着研究生教育与社会联系得越来越紧密，研究生培养目标越来越多元。知识迁移能力、岗位胜任能力、学习能力和发展能力，创新能力和创造能力以及辩证思维、系统思维、创新思维、批判性思维等都成为一个合格研究生必备的素质和能力。随着数字技术与社会的嵌入和融合，数字能力成为人们立足社会通用的能力。因此，数字素养就成为研究生素养的必备组成，成为一个合格的"数智人"是研究生立足社会的基础要求。2018年，牛津大学马丁学院与培生公司和雀巢创新基地合作编写了一份报告，报告从数字和人工智能可能创造的岗位要求总结了未来公司可能需要的一些素质：判断力和决策力、思想流畅度、学习主动性、系统评估能力、独创性、学习方法、演绎推理能力、解决难题的能力，以及系统分析监测的能力。[①]分析这

①塞尔登A，阿比多耶O. 第四次教育革命：人工智能如何改变教育[M]. 吕晓志，译. 北京：机械工业出版社，2019：184.

些素质能力就会发现，数智素养、数智技能贯穿其中，既是这些素质的内在构成，也是这些素质养成的外在保障。

第二，规模化下的个性化需求。教育从以世俗化为主要内容的大众化教育时代进入到了以人工智能、增强现实和虚拟现实等为主要内容的普及化和个性化教育互融的时代，极大地提高了"因材施教、因才育人"的教育理念的实现程度。因材施教理念贯穿了我国两千多年的教育史。研究生教育的个体化培养是早期研究生教育有别于其他教育的最明显的特征。宏大的研究生教育规模、传统的教育条件，使得个性化培养和因材施教只能作为一种理念和理想而存在。数智时代，大数据汇聚了海量的教学资源和科研资源，大连接实现了"开放"和"共享"，虚拟现实等为研究生提供了无限的可选择空间和泛化学习空间，数据共享、设备协同、知识互联、群智融合，研究生教育的主导地位让位于研究生，研究生从知识的吸收者变成主动的学习参与者，拥有了不弱于学校和教师的学习主导权。技术的加持下，教育的同质化被打破，学生的个性化得到最大程度的尊重，因材施教真正成为可能。

第三，将多元化的培养模式融入导师制之中。随着科学技术的进步与创新，研究生教育也从单一学科转向多学科知识交叉融合的复合人才培养模式。在全球经济、社会和历史发展进程中，研究生培养模式的转型是一项制度性成果，它代表了各个时期的变革和进步。随着信息技术革命及"互联网＋"时代到来，数字化学习方式成为一种新趋势，也为创新人才培养提供了契机。有些学者总结了国际上研究生培养的模式，这些模式经历了学徒式、专业式和协作式三个发展阶段，形成了一套完整的培养体系。我国自改革开放以来一直致力于推进"双一流"建设工作，研究生教育改革也随之成为国家重点关注内容之一。在研究生教育领域，数字技术、数字装置、数字应用、数智理念、数智思维和数智逻辑的不断渗透和扩展，为研究生培养模式的多元化提供了有力的推动。新冠疫情暴发，给全球教育教学活动及科研活动提出了前所未有的挑战，迫使全球研究生教育教学及研究系列活动从线下向线上线下相结合转变，数字技术打破了固有的时空限制，线上线下融合，虚实场景融合，混合式教与学、沉浸式教与学等新的教学模式和培养模式不断出现，导师制的内涵被重新定义，研究生培养模式也在不断地丰富。

（二）研究生教育管理因"数"之变

大连接下研究生多元管理主体的协作。当研究生教育还处于"象牙塔"之顶时，研究生教育的主体限于研究生培养单位，或者说研究生培养单位内的研究生管理机构和导师。随着中国科学院和中国科学技术大学共同培养博士生，这种单一主体培养研究生的格局被打破。应用型硕士生的培养开始将企业纳入研究生管理主体的队伍内，但此时非研究生培养单位的研究生管理的主体角色并不明显。从 1992 年开始的产学研联合培养、政产学研联合培养，到后来的产教融合、科教融合，研究生教育管理主体不仅日益多元化，而且管理主体的主动意识和主动行为不断加强。研究生教育的宏观管理组织也早已超出以往，在国家一级，新型研究生教育管理主体不断涌现，除了国务院学位委员会、教育部之外，国家发展改革委、财政部、国务院国资委、科技部等几乎所有部委都在研究生教育管理体系中占有一席之地。数字化时代，如何利用数字技术，打造多元主体共同参与的信息集成平台，疏通多主体共同参与决策的有效路径，实现多主体的高效协同，成为应对数智时代研究生教育管理之变的关键所在。

大数据下研究生教育管理内容在改变。研究生教育的数智化转型是研究生教育全要素、全业务、全领域和全流程的转型。在一切皆可数据的时代，数据成为研究生教育管理的首要内容，如数据的收集、存储、处理、使用和开放；数据平台的搭建和管理；数据风险的防范，数据质量建设、数据文化建设、数据伦理建设和数据法律体系建设等。

智能化下研究生教育管理模式创新。当数字技术和人工智能融合于研究生教育管理时，研究生教育决策和管理的智能化、精准化、科学化水平也在不断提升，传统的研究生管理模式、质量评价体系和质量保障体制机制被改造和创新。流程化的线性管理范式逐渐向以数据为中心的扁平化范式转变，管理决策也突破了经验驱动，开始向数据驱动转变，单向的命令式管理开始向协商式管理转变，"各扫门前雪"式的管理也逐步转变为协同管理，事务性管理向评价、预测、预警管理转变等。

（三）研究生教育管理组织因"数"之变

1. 研究生教育管理组织形态被重塑

在数智化改革升级和转型浪潮的冲击下，研究生教育管理实现着整体性变革。管理内容在扩充的同时不断聚合，管理主体在不断壮大的同时协同度极大增强，资源垄断被打破，"流程桶"被压扁，"部门墙"被拆除，科层制的组织形态遭遇危机，研究生管理组织的权责范围、目标功能都发生着前所未有的变化，传统组织结构出现裂痕，研究生管理组织形态面临着重塑。

2. 研究生管理组织间关系被重建

数字技术突破了时空界限，刺穿了研究生教育系统与政治、经济、文化、科技等社会各子系统的边界，研究生教育与社会不断融合。人际网络、知识网络和资源网络的搭建推动着研究生教育管理多主体、多元素、多链条的交互共生和协同创新，多元研究生教育管理组织在研究生教育发展中的参与度和协同度加大，协同创新、交互共生成为研究生教育组织间新的生态模式。

3. 研究生管理组织权责不断调整

大数据和大连接带来了资源和资源供给模式的变革，数据管理成为研究生教育管理组织的重要职能。数据供给主体和享用主体从政府、学校走向政府、学校、企业、行业、个体等多元化主体的供给和享用；供给内容从以政府为主体的完整的、系统的资源供给转向碎片化的供给；从统一垂直式的供给走向以个人需求为导向的精准化选择；数据形态从实体的形式走向交互式、智能化、虚拟化。资源形态的变化和供给方式的变化对于组织管理提出了新的要求，数据的使用权和所有权、数据的质量和风险管理、数据伦理建设等都影响了组织管理权责的变化。

第三节　数智时代研究生教育管理组织创新

数字技术赋能研究生教育高质量发展成为研究生教育改革发展中的重点、热点、难点，也成为未来研究生教育创新发展的必然趋势。研究生教育改革发展不仅是研究生教育发展的转型升级和研究生培养模式的创新，更是研究生教育管理组织的重塑。

一、研究生教育管理组织的功能和特征

组织是为了达到某些特定目标经由分工与合作即不同层次的权力和责任制度，而构成的人的集合。数智时代，组织目标、权责分配、人与人协同方式都发生了根本性的变化。数字驱动下组织的目标超越了传统对效率的单一追求，组织的作用不再是保证组织的常规化和常态化发展，而是以增强组织动能为第一目标，保证组织敏锐地感知环境变化，及时做出变革，确保组织保持旺盛的活力和持久的生命力。数字技术颠覆了研究生教育中传统的人与人以及人与组织的关系，组织变革将不可避免。数智时代，研究生教育管理组织的功能有的被改写，有的被强调，研究生教育管理组织也呈现出新的时代特征。

（一）研究生教育管理组织的三大功能

（1）管理功能。数智时代，世界呈现出易变性（volatility）、不确定性

（uncertainty）、复杂性（complexity）、模糊性（ambiguity）的特征。大数据驱动技术的快速发展和广泛使用为管理改革注入了新活力①。数字技术赋予了研究生教育管理组织新的功能内涵，数据资源的加入、学习方式和教育方式的改变，师与生关系的重塑，人和机器的融合，人和技术的融合，培养目标和评价标准的改变，多方参与、多方协调等强调着管理内容的转变，战略管理、数据管理、创新管理、生态管理等则凸显出研究生教育管理内涵的转变。

（2）统筹功能。大数据技术的发展使得研究生管理的触角延伸出研究生教育。研究生教育管理组织不仅要统筹高校、行业企业、社会、政府之间的关系，还要统筹人才培养、学科建设、科学研究、师资队伍建设，统筹学科专业结构、人才培养结构、研究生教育布局结构，统筹研究生招生、培养、毕业全过程，统筹研究生教育与国家战略需求的匹配度、与经济社会发展的适应性、与个性化需求的满足度等。

（3）协同功能。研究生教育高质量发展是一个涉及政府、高校、导师、研究生、社会等多元主体管理，一个包括办学、投资、就业等多项内容、彼此互联的复杂性、系统性工程。数字化既提出了协同的需求，也提供了协同的支撑。利用数字技术，建立一座连接高校、行业企业、社会和政府的桥梁，构建一个信息集成平台和决策参与路径，以实现多元主体的共同参与，从而充分表达各主体的利益诉求。研究生教育的高质量发展经历了从单纯移植技术原生态到数字技术驱动人机协同、创新开放新生态的演进过程。

（二）研究生教育管理组织的三大特征

（1）泛连性。研究生教育是一个社会各子系统与研究生教育利益相关者共建共享的生态系统。数字技术赋能极大地突破了时空界限，万物连接创新了人的沟通方式和组织运行机制。随着多元数据的融合与共享，研究生教育的多元主体之间信息交流与协同模式发生了改变，传统的金字塔式组织模式将被扁平化的组织形态所取代，这将导致研究生教育发展的参与方更加多元化，形成一个开放节点包络式的多重螺旋结构，以适应虚拟网络环境的需求。

（2）并行性。数智时代并不是对工业时代的完全取代，而是农业文明、工业文明和智能文明的迭代。互联网时代，一切组织的思维模式、管理模式都是在传统管理思维和管理模式的基础上，以互联网时代的特征为出发点所进行的思维突破和模式创新，新旧模式将共存于未来很长时期。并行思维打破了单点思维、线

---

①陈国青, 吴刚, 顾远东, 等. 管理决策情境下大数据驱动的研究和应用挑战: 范式转变与研究方向[J]. 管理科学学报, 2018, 21(7): 1-10.

性思维的局限，打破了发展必须要有牺牲的思维窠臼，更好地兼顾个人的发展与社会的进步，更好地兼顾效率与公平，更好地兼顾规模和质量。

（3）开放性。开放是研究生教育管理组织顺应时代变化的一种主动的战略选择。开放是打破权威，从线性控制、流程管理、角色清晰向扁平化、网络化转变，意味着平等、灵活和创新。开放又是打破边界，是实现人与人的交融、人与组织的交融、人与机器的交融、组织与组织的交融，意味着从垄断、竞争转向共享、协同，打造你中有我、我中有你、共生共享、共建共荣的研究生教育全新生态。

二、战略创新能力是组织的活力之源

战略变革能力是指组织改变组织能力的能力。一个有活力的、长盛不衰的组织必须敏锐洞察组织内外界环境变化，主动变革，以变革求生存。"在动荡的时代里最大的危险不是变化不定，而是继续按照昨天的逻辑采取行动。"大数据、互联网、人工智能等技术变革对社会各种组织产生着越来越大的影响。新冠疫情、全球化趋势和国际竞争态势加速了各国研究生教育拥抱数智化的步伐。数智化的外部诱因和高质量发展研究生教育的内生需求推动着研究生教育更深层次的改革。

（一）数字化战略：研究生教育管理组织创新的外部诱因

为尽快尽早享用数字化和智能化为社会发展带来的技术红利，获得数智化竞争的绝对优势，各国纷纷开始实施数字化和智能化转型战略。在高等教育领域，世界各国为抢占先机，纷纷出台文件推进教育数字化战略行动，充分诠释了教育数字化转型的重要性和紧迫性（表 2.4）。

表 2.4　不同国家教育数字化战略或文件

地区	国家	教育数字化战略或文件
亚洲	日本	2020 年修订《科学技术基本法》
	韩国	人工智能国家战略 《2022 年教育信息化实施计划》
	印度	"数字印度"战略 《SWAYAM 平台在线学习课程学分框架》 《国家教育政策 2020》
	新加坡	《数字化就绪蓝图》 教育技术计划
	越南	《至 2025 年国家数字化转型计划及 2030 年发展方向》

地区	国家	教育数字化战略或文件
亚洲	马来西亚	《马来西亚智慧学校：一个巨大的飞跃》 《马来西亚智慧学校：概念蓝图》 《马来西亚智慧学校实施计划》 《智慧学校发展路线图（2005—2020）》 《慕课学分转换指南》 《马来西亚教育信息通信技术政策》 《马来西亚教育蓝图（2015—2025）》 《马来西亚第十一个五年计划（2016—2020 年）》 《马来西亚高等教育的灵活学习途径：平衡人力资源开发和公平政策》
	沙特阿拉伯	2030 愿景 《国家转型计划（2016—2020）》
	阿联酋	《阿联酋愿景 2021 国家议程》 《阿联酋教育部战略规划（2017—2021）》
非洲	南非	《信息通信技术在教育中的战略》 《数字教育白皮书》 《远程高等教育质量保障框架》 《战略计划（2020—2025）》 《南非国家数字及未来技术战略》 《加快数字与云技术发展议案》
	尼日利亚	《国家教育信息通信技术政策》
	埃及	"数字埃及建设者"计划 《埃及可持续发展目标 2030 愿景下的数字化》
	安哥拉	《国家信息化社会计划（2013—2017）》
	肯尼亚	《2030 年远景计划》 《国家信息通信技术政策》
	坦桑尼亚	2022 年 8 月通过《国家创新框架（草案）》
欧洲	德国	"数字型知识社会"的教育战略 2018 年推出国家人工智能战略 2021 年提出数字教育倡议新举措 2021 年启动国家教育数字化平台建设
	俄罗斯	建设现代数字教育环境 现代数字教育环境建设项目（2016—2025） 《俄罗斯教育部活动领域相关的教育数字化战略转型方向》 《科学与高等教育部数字化转型战略》 "教育数字化转型"战略
	英国	《英国数字战略》 《教育技术战略：释放技术在教育中的潜力》 《认识科技在教育方面的潜力：为教育提供者和技术产业制定的战略》 《实现技术在教育中的潜力：教育提供者和技术产业战略》 《国家人工智能战略》 2022 年推出《国家网络安全战略》
	法国	将数字化大学战略纳入《高等教育与研究法》 《疫情背景下教育数据使用的伦理问题》

续表

地区	国家	教育数字化战略或文件
欧洲	意大利	《远程学习课程认证的标准和程序》 《国家数字教育方案》 《国家数字能力战略行动方案》 《公共管理数字化服务三年计划（2020—2022）》配套行动方案
	葡萄牙	《葡萄牙教育技术规划》 《葡萄牙国家战略规划》 《葡萄牙2030国家数字技能倡议》
	荷兰	《教育创新与信息通信技术加速计划》 《人工智能战略行动计划》 《加速计划：利用信息通信技术进行教育创新》
	匈牙利	《数字教育战略》
	芬兰	国家人工智能战略
北美洲	美国	美国教育部先后推出五轮国家教育技术计划，提出"数字化学习" 《学校领导者数字学习指南》 "创新教育运动"计划 《重塑技术在教育中的角色：为未来做准备的学习》 《为所有学习者提供公平机会：领航数字变革2019》
	加拿大	《数字加拿大计划150》 《加拿大数字宪章计划》 《数字化运营战略计划（2021—2024）》 《数字素养教育框架》
南美洲	巴西	《数字转型战略》 《国家网络安全战略》 修订《基础教育共同课程基准》
大洋洲	澳大利亚	《教学、学习与计算机：全国咨询委员会关于学校计算机的报告》 《教育与技术融合：关于教育技术基础设施和信息通信技术对教育工作者、培训人员专业发展与支持的调查》 《网络世界中的学习：信息经济下的学校教育行动计划》 《数字教育革命》 《数字教育革命中期审查报告：评估进展及潜在的未来方向》 《数字敏捷度框架》 《面向未来的基础技能》 《数字经济战略2030》
	新西兰	《数字化转型总体规划》 《互动教育：学校的信息和交流科技策略》 《信息通信技术专业发展计划》 《数字视角：通过信息通信技术学习》 《使21世纪学习者有能力：一项针对学校的网上学习行动计划（2006—2010）》 《学生公平数字接入计划》 《新西兰数字化战略》 《数字技能和人才计划》

2017 年，党的十九大报告提出建设"数字中国"①，"数字中国"首次被写入党和国家的纲领性文件。2022 年，党的二十大报告指出，要"加快建设制造强国、质量强国、航天强国、交通强国、网络强国、数字中国"②。《中华人民共和国国民经济和社会发展第十四个五年规划和 2035 年远景目标纲要》专篇部署"加快数字化发展 建设数字中国"，提出"加快建设数字经济、数字社会、数字政府，以数字化转型整体驱动生产方式、生活方式和治理方式变革"，"十四五"规划在高等教育数字化方面进行了重要部署，"推动社会化高质量在线课程资源纳入公共教学体系""发展场景式、体验式学习和智能化教育管理评价"。教育部发布系列文件、采取系列措施积极推进教育数字化行动。

2021 年 7 月，教育部等六部门联合发布《关于推进教育新型基础设施建设 构建高质量教育支撑体系的指导意见》，明确提出"以教育新基建壮大新动能、创造新供给、服务新需求，促进线上线下教育融合发展，推动教育数字转型、智能升级、融合创新，支撑教育高质量发展"。2022 年，教育部高等教育司工作要点提出，主动适应全面推进高等教育教学数字化。主动适应高等教育普及化阶段质量多样化、学习终身化、培养个性化、治理现代化的需求，加快建设以数字化为特征的高等教育新形态。2023 年 2 月，中共中央、国务院印发《数字中国建设整体布局规划》。

变则兴，僵则亡。从国家和教育部数字化建设政策和行动中可以看出，数字化和智能化转型逐渐成为我国教育事业改革和研究生教育高质量发展的重点任务。在数字技术的推动下，研究生教育管理组织的结构惯性被撬动。

（二）提高管理效益：研究生教育管理组织创新的内在动力

构建高品质的教育体系，是我们踏上新征程、推动经济社会发展、实现教育自身跨越式发展以及以人为本的迫切需求。高等教育是国民素质提升和人才培养的主要途径之一，而研究生教育则是高等教育中最为关键的环节。作为中国教育体系的最高阶层，研究生教育肩负着培养高端人才和推动创新创造的重要使命，同时也是国家发展和社会进步的重要基石，因此，提升研究生整体教育质量已成为中国新时期研究生教育的核心使命。从国际视野来看，研究生教育不仅关系到我国在科技、经济等领域的竞争力，更关乎民族振兴和世界和平与发展大局。因此，在服务国家区域发展战略和应对全球国力竞争的过程中，加速推进研究生教育的高质量发展进

---

①人民政协网. 习近平：决胜全面建成小康社会 夺取新时代中国特色社会主义伟大胜利——在中国共产党第十九次全国代表大会上的报告[EB/OL]. (2017-10-27) [2024-04-26].https://www.rmzxb.com.cn/c/2017-10-27/1851777.shtml.

②求是网. 习近平：高举中国特色社会主义伟大旗帜 为全面建设社会主义现代化国家而团结奋斗——在中国共产党第二十次全国代表大会上的报告[EB/OL]. (2022-10-25) [2024-04-26]. http://www.qstheory.cn/yaowen/2022-10/25/c_1129079926.htm.

程，对于推动教育强国建设和实现中华民族伟大复兴具有至关重要的意义。从这个层面看，我们有必要重新审视"十三五"期间研究生教育所面临的重大机遇与挑战。无论如何评估，研究生教育对于一个国家当前和未来的意义都不容小觑。

效益性原则是管理的基本原则。效益的核心是价值，高质量的研究生教育管理组织是一个高效益的管理组织。数智化进程的加速为研究生教育管理组织变革提供了有效的技术手段，技术的变革不仅对管理效益的提升提出了更高的要求，同时也提供了更大的可能。通过数智化赋能，提升管理决策的科学性，实现组织效益的最大化就成为数智时代研究生教育管理变革的动力和追求。

三、研究生教育管理组织创新的逻辑

数智化转型意指社会经济结构、文化形态、价值观念等发生转变，它既是一种行动，也是一个过程。研究生教育的数智化转型是一个涉及研究生教育全过程、全链条、全景式的改革。对于研究生教育管理组织来说，其数智化转型不仅是对研究生教育管理组织的赋能，更是对研究生教育管理组织形态的重塑。研究生教育管理组织的重塑并不是对研究生教育管理组织的修修补补，而是推翻研究生教育管理组织的固有形态，跳出传统的思维框架，研判时代变革下研究生教育管理组织发生的变化，寻找变革的源头要素，从应然的视角重新想象研究生教育管理组织形态。

（一）研究生教育管理组织的五大变化

数字技术革命不仅是一种技术表达和技术变革，更是一种认知与思维的革命。在数字技术革命的冲击下，研究生教育管理组织的变化可以说是全方位的。一是思维方式的转变，即从"我要"到"我应"思维方式的转变。"我要"思维模式下，"我"是高高在上的命令发布者，表现出权力上扬和责任下移的责权分离；而"我应"思维模式下，"我"不再是站在其上和其外，而是融入其中，变"我要"为"他要"下的"我应"。二是管理目标的转变，从单一地追求"效率"到"效率""效益""效能"的统一。实践表明，单纯的组织效率提升并不一定带来组织效能的提高，甚至在一定程度上造成组织价值的扭曲，为组织的长远发展埋下祸根。三是管理手段的转变。研究生教育的数智化管理是研究生教育数智化转型的必然结果。技术的加持下，管理与决策方式和手段逐渐从垂直管理、线性管理、命令式、封闭管理向扁平化、平台化、协商式和开放式管理转变。四是管理内容的转变。围绕数据治理、平台搭建、网络连接、资源共享、标准与规范、法律与伦理、环境与生态等，研究生教育管理实现着从元素化、碎片化到整合化、整体化的转变。五是从"竞争"到"竞合"组织间关系模式的转变，竞争是保持组织活力的基础，没有竞争，就没有动力；没有合作，就没有活力。竞争、合作是手段，共赢才是目的。竞争性下的合作与合作性下的竞争刷新组织间的关系模式。

（二）研究生教育管理组织创新的驱动要素

人是组织最核心的构成要素，人在组织的构成要素中永远占中心地位，人才培养是研究生教育的核心职能。工业革命"流水线"式的培养方式为更多人创造了求学的机会，但这种机会并不普及也不公平，而且规模化的培养下标准化、统一化不断被加剧，人的自由、个性被压抑。数智时代是一个人和物共促的时代，是一个以人的发展为目的，以是否促进了人的发展为衡量标准的时代。[①]数智时代的管理是基于人性的管理，是基于激发人的最大价值的管理，以人为本，人的全面、自由、个性化发展被进一步强调，差异化教学、个性化培养和精细化管理获得了技术上的支持。但是数智化也不代表完全取代人，教学过程中的教师不能完全被取代，管理过程中的管理人员也不能完全被取代。其中，能够紧跟技术进步的专业化的管理人才更是组织核心中的核心。

从"以机器代替人力"到"以知识代替人力"，是数智时代的技术与工业时代的技术最本质的不同。人类组织的每一次变革都建立在人类认知和技术进步的基础上。技术变革推动组织变革，组织形态的创新与运行模式的变革往往都是由技术革命带来的。当知识被运用于工具创新时，人将从繁重的体力劳动中得到解放。数智时代，数据成为核心的生产要素，数字化、互联网、人工智能等技术与研究生教育深度融合，动摇了研究生教育资源垄断的堡垒，提升了研究生教育资源的开发效率、配置效率和利用效率，动摇了工业时代形成的研究生教育管理组织的稳固性，研究生教育管理组织变革也从被动地接受技术革命转变为对技术革命的主动应对。

资源跨界、万物互联打破了研究生教育管理组织封闭的环境，开放成为数智时代研究生教育管理组织生存和发展的必然要素。在互鉴、互通、互认，共商、共建、共享，数据化、数字化、数智化等所塑造出的新的研究生教育生态环境下，研究生教育管理也在发生着全景式的变革，如制度重塑、模式重建、组织重构、资源整合、协同治理、智慧管理等。随着研究生教育封闭的环境不断被打破，传统的非研究生教育管理组织、非研究生教育管理内容不断涌入，研究生教育管理组织与其他组织的联系不断加强，研究生教育环境变得越来越开放。能否适应环境变化，利用环境优势，构筑起研究生教育管理组织的全新生态，关乎研究生教育在时代大潮中能否破浪前行。

①袁振国. 教育数字化转型：转什么，怎么转[J]. 华东师范大学学报(教育科学版), 2023, 41(3): 1-11.

（三）研究生教育管理组织创新的四大维度

一是战略维度。教育数字化战略是数字时代研究生教育管理组织变革的第一维度。组织变革是以达成组织战略为目标，围绕组织战略进行的变革。战略不仅指明组织发展的方向，也指明了组织变革的方向。战略指向在哪里，组织就朝着哪个方向变革。同时，"结构跟随战略"。战略具有先导性，战略变化先于组织结构的变化。组织结构与战略互相影响，战略与组织结构的协调一致是战略实施和组织目标实现的基本保障。

二是质量维度。数智时代是一个高质量发展的时代。研究生教育质量的提升是组织价值的最好体现。围绕研究生培养质量提升进行变革是组织变革的基本出发点。数字技术赋能研究生教育高质量发展，既顺应了新时代国际国内复杂环境的变化，也是大数据、互联网、人工智能等技术不断更新迭代下研究生教育的必然趋势。数智技术不仅赋能研究生教育自身的高质量发展，同时也是赋能研究生教育服务国家战略和经济社会发展需求的推力。

三是效能维度。组织效能是指组织实现预订目标的实际效果。一个组织要保持活力就必须保持组织效能的不断提升。组织变革的实质就是通过组织创新提升组织活力，提高组织效能。以数字化和智能化为特征的技术革命颠覆了传统的组织价值观和管理思维与逻辑，以控权和赋权为特征的组织管理思维和机械式的组织结构逐渐成为数智时代研究生教育管理组织效能提升的障碍。在"战略生态化、组织有机化"的背景下，组织效能高低成为评判组织变革成功与否的主要标准。

四是技术维度。回顾人类教育发展史，每一次技术革命都给教育带来了颠覆性的变化，造纸术、印刷术等每一项新技术的出现，给教育带来的不只是教学手段的改变，还是教育理念和管理理念的深刻变化。以数字化为主线的技术革命，对教育的冲击远远超出了技术的范围。在研究生教育领域，数字技术不仅表现为一场强悍的教育模式的变革，更表现为一场深刻的管理革命，成为研究生教育发展的新引擎。对于研究生管理组织而言，数字技术改变了研究生教育管理组织与其他组织之间的连接、沟通、互动方式，改变了组织的决策方式，重塑着研究生教育组织形态，构筑了研究生教育管理生态。

四、从科层制到平台化：我国研究生教育管理组织的重塑

数字化教育正在成为教育发展的新引擎。研究生教育是数字技术的主要创造者和先行实践者，数字技术为研究生教育带来的不仅是教育教学手段和培养模式的变革，更是一场关于教育理念、管理思维和组织形态的颠覆性变革。在这场全要素、

全方位、全链条的变革中，组织变革或者说组织形态的重塑发挥着开路先锋的作用。

（一）研究生教育管理组织的科层制结构正在被瓦解

不论是我国宏观研究生教育管理组织的"九宫格"结构，还是微观的研究生培养单位内部的金字塔组织结构，都表现出鲜明的科层制结构特点。科层制结构的形成源于研究生管理内容的条块分割和流程式管理，而日渐牢固的科层制结构又加剧了研究生教育管理的条块分割和线性的管理模式。其结果就是研究生管理组织层级和部门越来越臃肿，运行机制越来越僵化，组织效能越来越被削弱。数智时代，共享、互融、协同成为组织生存的本质特征和价值所在。组织的边界变得模糊且不再牢不可破，组织内成员关系变得越来越多元，打破"流程桶"，拆除"部门墙"的呼声愈发高涨，科层制下的研究生教育组织结构不断被动摇和瓦解。

我国目前研究生教育管理组织系统包括学位管理系统、学科管理系统和研究生教育管理系统。实践表明，学位、学科和研究生教育之间早已成为不可分割的整体。"学位与研究生教育"在我国作为一个专有名词的存在，有力地证明了学位与研究生教育的一体化实质。学科建设在很长时间内被误认为等同于学位授权点建设，这固然有着对学科建设的误解，但也从侧面说明了学位授权点建设与学科建设的孪生性，又比如曾经的重点学科、进行中的"双一流"建设中的优势学科建设等都是依托博士学位授权点开展的。从目前的学位、学科和研究生教育管理组织职能来看，不同类型的组织均对学位管理、学科管理和研究生教育管理形成了交叉式全覆盖。

（二）平台化思维：数智时代研究生教育管理组织重塑的思维利器

数智时代，基于研究生教育管理内容和教育流程生成的科层制的研究生教育管理组织结构暴露出越来越多的弊端，我国研究生教育管理组织面临着全方位、深层次的变革挑战。一方面，随着研究生教育的快速发展，我国研究生教育管理内容和管理组织体系日益膨胀，部门越来越细化；另一方面，我国研究生教育管理组织的发展过程更多地表现为一种自然的、被动的改变，缺乏一种宏观的、系统的、前瞻的设计，不同研究生教育管理组织的职能越来越重叠和交叉，你中有我、我中有你的现象越来越明显，碎片化管理、多头管理和管理空白共存，管理决策或自说自话，或顾此失彼。三级管理严格遵守上层决策、中层传达、下层执行的运行模式，管理体系越来越僵化，信息流速率越来越缓慢。

平台思维下，传统研究生教育管理组织形态被颠覆，研究生教育管理实现了从条块分割式管理向开放式管理转变，从科层制向扁平化组织模式转变，从碎片化管理向系统性管理转变。平台思维不是一种孤立的思维，它是一种互联互通互动的网状思维，是开放创新的思维，是供给侧与需求侧无缝联通的思维，是集开放思维、创新思维、系统思维、数据思维、格局思维为一体的集成式思维。"互联网＋"、大数据、云计算、人工智能、5G 网络等新一代信息技术的广泛应用，不断改变着我国研究生教育中的各种关系，撬动着传统管理模式下的管理理念、管理思维和管理方式，动摇着研究生教育管理组织科层制结构模式。为迎接数智时代给研究生教育管理思想、理念、模式、方法带来的新挑战，将平台组织逻辑嵌入研究生教育管理组织体系和运行体系，在倡导开放、系统、创新的平台化思维下推进研究生教育管理组织变革，就成为打破科层制下"各扫门前雪"的思维模式和各自为政的运行模式的思维和技术利器。

（三）平台型组织：数智时代研究生教育管理组织的新形态

平台是数字化的实体，不仅表现为一种技术实现，更是新的组织形态的高度凝练。随着数字技术的广泛应用和深入推进，数字技术在催生平台型企业的同时，广泛贯通多元价值的"平台"社会呼之欲出。对于研究生教育而言，重塑平台型研究生教育管理组织形态是研究生教育通过组织形态演变自觉适应数字技术革新的应对行动，也是其主动引领数字化变革的自我进化。

数字平台是研究生教育管理组织平台的基础底座。在万物皆可数据的时代，研究生教育数据资源丰富而多样，搭建研究生教育数据平台就成为应对数字化技术挑战，加快研究生教育数字化转型步伐的重要路径。

数智时代，数据是研究生教育的核心资产，是研究生教育数字化转型的核心引擎，数据治理则成为释放数据要素价值、赋能研究生教育高质量发展的重要基础，数据平台的搭建是研究生教育数字化转型的标志和先导。2022 年，国家智慧教育平台上线研究生教育板块，板块包括在线开放课程、案例教学、学术研究、导师发展、产学研服务五个模块。在线开放课程模块包括除军事学外的所有学科专业门类的研究生课程，共建共享优质研究生公共基础课、学科基础课和专业核心课，案例教学模块提供了目前规模最大、数量最多、覆盖类别最全的"中国专业学位案例中心"；在产学研服务方面，融通中国科学技术协会"科创中国"平台。同时，各研究生培养单位利用数字化手段，积极将智慧建设理念应用到研究生教育管理之中，研究生管理平台、研究生信息平台等几乎成为各研究生培养单位的"标配"。

搭建"平台型"研究生教育管理组织是数智时代研究生教育管理组织变革的大势所趋。数据平台的搭建成为研究生教育管理组织平台化的开端，但是，承担数据管理或者说数据治理功能的数据平台并不是平台思维下研究生教育管理组织的全部。"平台型"研究生教育管理组织表现为一个由数据平台、协同平台、监测平台等多种平台型组织共同构成的组织生态和系统。

协同平台是有效解决"信息孤岛""应用孤岛""资源孤岛"的手段。研究生教育管理协同平台推翻了科层制下流程式的组织形态，通过对研究生教育管理内容、功能的拆解，从流程化建构逻辑向模块化建构逻辑转变，构建多元主体的协同决策平台，打通了不同部门之间的信息壁垒和多元主体决策参与路径，使各主体利益诉求得到充分表达。同时，推动了研究生教育管理模式由传统的"经验决策"向"数据决策"模式转型，提升决策的科学性、适用性和执行力。

数智时代，越来越多元的主体通过监测和评价参与研究生教育的管理，监测和评估作为研究生教育质量保障的作用也越来越突出。研究生教育监测平台的建立可以实现政府、社会对研究生教育高质量发展全过程、全方面、全天候的监测，及时发现和诊断研究生教育高质量发展过程中存在的问题，并通过过程性评价、增量评价、成效评价等评价方式，反馈研究生教育高质量发展的状态、结果和成效，加快研究生教育高质量发展数字化转型的步伐。

研究生教育管理组织的重塑是一件牵一发而动全身，需要慎而又慎的事。同时，研究生教育的数字化转型作为数字中国建设的一部分，必然带来研究生教育管理组织的重塑，以更高的站位、更大的格局、更广的视野实现研究生教育管理组织形态的"破旧立新"。

第三章　数智时代研究生教育治理体系构建

进入 21 世纪，基于大数据、云计算、物联网、区块链、人工智能的人类社会呈现出高度立体式和全景式数智形态。数智治理成为推进中国式现代化的重要引擎和构筑国家竞争新优势的有力支撑。研究生教育代表着国家最高教育水平，在建设教育强国中发挥着战略性作用。研究生教育数字化是建设教育强国和数字中国之核心内容，是国家治理现代化的重要表征。国家治理现代化是继工业现代化、农业现代化、国防现代化和科学技术现代化等"四个现代化"之后的"第五个现代化"，属于上层建筑范畴的现代化。因此，如何重构数智时代研究生教育治理体系和重塑研究生教育治理形态具有重要的理论价值和实践意义。

第一节　研究生教育治理体系和治理模式演变

研究生教育治理体系的核心是组织架构和制度安排，也是研究生教育治理模式的重要载体。治理能力现代化是制度执行能力和组织运行能力现代化的集中体现。研究生教育治理模式演变过程可以划分为管理模式、治理模式和慧治模式，与之相对应的分别是信息技术应用于研究生教育治理环节的 PC 时代，强调信息技术推动研究生教育治理转型的互联网时代、"互联网+"时代，以及人工智能深度融入研究生教育治理的数智时代（图 3.1）。

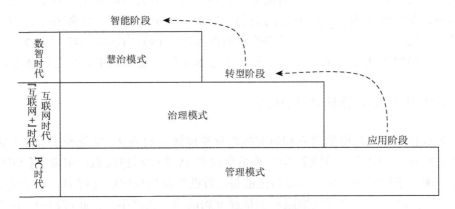

图 3.1　研究生教育治理模式演变过程

一、研究生教育管理体系确立和模式形成

学位制度的建立和研究生教育管理部门的成立标志着我国研究生教育管理体系的确立和管理模式的初步形成。此后，管理体系经历了由"中央—培养单位"两级体系到"中央—地方—研究生培养单位"的三级体系，而管理模式则一直处于政府权力主导，培养单位执行的二元模式。

（一）研究生教育管理体系确立

《中华人民共和国学位条例》的颁布是我国研究生教育管理体系正式确立的标志。中华人民共和国成立前，研究生教育处于探索状态，时招时停。由于缺乏政府宏观层面的管理，培养单位在招生、培养等方面随意性很大，无体系可言。中华人民共和国成立后，我国开始恢复研究生教育。但是，在意识形态、国内外形势、苏联模式等诸多因素的影响下，国家在研究生教育管理过程中遵循了"全能主义"，事必躬亲。彼时研究生教育主要为了满足国家在高等教育和科学技术发展方面的师资需求，研究生总体规模较小，由中央教育行政部门直接管控，不仅统管方针政策，而且直接负责招生、培养、分配等具体工作。政策制度方面也呈现出不稳定性，曾经短暂试行过"副博士学位"研究生培养。可以说，"全能主义"模式下的研究生教育管理是不成体系的，既无刚性制度的保障，亦无稳定的组织架构。

1980 年 2 月，第五届全国人民代表大会常务委员会第十三次会议通过《中华人民共和国学位条例》，我国学位与研究生教育管理正式进入了有法可依的时代。20 世纪 80 年代初，教育部研究生教育司和国务院学位委员会相继成立，学位与研究生教育管理的顶层组织架构确立，初步形成了中央与研究生培养单位两级管理体系。制度保障为研究生教育的蓬勃发展奠定了坚实基础。伴随着学位与研究生教育发展的实际需求和政府机构改革的深入，自 1991 年起，省级学位委员会陆续成立，最终形成了中央、地方、研究生培养单位三级研究生教育管理体系。

（二）研究生教育管理模式形成

随着我国学位制度的建立和研究生教育管理体系的确立，学位授予单位审定工作随之展开。1981 年，国务院学位委员会成立 44 个学科评议组，审定了我国首批博士和硕士学位授予单位。需要指出的是，首批学位授权审定过程中没有学位授予单位申请的环节，学科评议组成员也是通过聘请的形式产生。在此过程中，培养单位是否具有研究生培养经验和是否拥有学术权威发挥了极为关键的作用。因此，我

国研究生教育管理体系建立之初,研究生教育管理模式还是以政府权力为主导,同时也离不开培养单位及其学术权威的参与,从学位授予单位审定到学位授予单位内部研究生培养过程中的主导力量中可见一斑,属于典型的二元管理模式(图3.2)。

我国研究生教育管理体系形成的这一时期,也是信息技术快速发展时期。20世纪90年代,在电子计算机和互联网的支持下,我国研究生教育规模不断扩大,结构和类别不断多样化,研究生教育管理效率得到了稳步提升。1995年,国家教育委员会和国务院学位委员会办公室组织编制了《高等学校和科研机构研究生管理基本信息集》,有力地推动了我国研究生教育信息化建设进程。这一时期,研究生教育管理也实现了由PC时代向互联网时代的转型。譬如,研

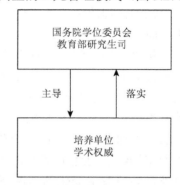

图3.2 研究生教育管理的二元模式

究生培养单位的信息化建设经历了由单机信息处理阶段到局域网信息处理阶段,部分"985工程"头部高校率先探索并构建了研究生教育信息化系统,包含研究生招生系统、研究生迎新系统、研究生培养管理系统等。

20世纪90年代中期,随着省级学位委员会的陆续成立,培养单位在研究生教育组织和管理中的功能作用进一步凸显。省级学位委员会接受国务院学位委员会的领导,主要负责落实和监督培养单位开展研究生教育工作,其预期的统筹作用并未得到有效发挥,研究生教育管理本质上还是二元模式下中央对于培养单位研究生教育工作的主导,可以称为"二元+"模式。

二、研究生教育治理体系和模式演变

进入21世纪,治理理念开始在国内学术界逐渐兴起。党的十八届三中全会后,推进国家治理体系和治理能力现代化的思想理念正式确立,并逐渐深入经济社会各领域的治理实践当中。

(一)研究生教育治理体系变革

理念是行动的先导。进入21世纪,学界开始基于治理理论探索研究生教育管理体系中的政府职能[①]、研究生教育结构调整[②]等问题。治理行动是人类社会现代

---

①潘武玲, 谢安邦. 从治理理论的视角看我国研究生教育评估中政府职能的转变[J]. 教育发展研究, 2004, (Z1): 78-80.

②袁本涛, 孙健. 治理视域下我国研究生教育结构调整问题研究[J]. 高等教育研究, 2011, 32(11): 38-42.

化进程中的"主动求变"。"现代化"的概念肇始于 1585 年①，是人类社会摆脱落后状态的持续过程。但是，作为理论话语体系的"现代化"形成时间并不久远，兴起于 20 世纪五六十年代的欧美国家。②党的十八届三中全会以来，随着治理理念在治国理政中的逐步确立，研究生教育治理围绕治理体系和治理能力现代化全面铺开。

从"管理"到"治理"是人类社会扁平化趋势背景下治理主体应对知识生产和社会分工专业化、精细化的必然选择。管理是自上而下单向度的组织运行机制，而治理是自上而下和自下而上双向互动的组织运行机制。如果说"管理"是人类应对外部复杂环境的"被动探索"，那么"治理"就是人类在现代化进程中的"主动求索"。我国研究生教育管理体系是在计划经济的背景下形成的，伴随着市场经济的逐步完善和不断深入，特别是 21 世纪我国研究生教育体系在内外部环境发生变化的情况下，其固有的局限性日益突出。譬如，在中央—地方—研究生培养单位三级体系中，中央的主导作用突出，地方政府的统筹权有限，培养单位的自主权不足，社会和市场参与程度与参与积极性较低。传统研究生教育管理体系亟须调整，以适应和满足急剧扩大的研究生教育规模和社会主义市场经济的新要求。

2015 年 5 月 12 日，国务院召开全国推进简政放权、放管结合、职能转变工作的电视电话会议上，首次提出"放管服"的概念。2017 年，国务院学位委员会出台的《博士硕士学位授权审核办法》就突出了简政放权、放管结合、优化服务的改革思想。2018 年，国务院学位委员会发布的《关于高等学校开展学位授权自主审核工作的意见》落实了"放管服"的改革理念。可以说，政府和大学共治局面雏形初现。同时，教育部学位与研究生教育发展中心以第三方的方式组织专业学位水平评估、学科评估等工作，彰显了研究生教育系统对于社会组织参与治理的期待。此外，近年来研究生教育学科专业结构调整、产教融合机制的深入推进等实践都反映出了研究生教育系统"市场导向"的改革思路，研究生教育治理体系趋向多样化，内涵逐渐丰富。

（二）研究生教育治理模式演变

研究生教育治理体系的变革必然推动治理模式的转型。《关于高等学校开展学位授权自主审核工作的意见》和《博士、硕士学位授权学科和专业学位授权类别动态调整办法》的出台和落实标志着治理体系的完善，大学成为研究生教育治理

①程美东. 中国现代化思想史（1840—1949）[M]. 北京：高等教育出版社，2006: 1.
②程美东. 现代化之路：20 世纪后 20 年中国现代化历程的全面解读[M]. 北京：首都师范大学出版社，2003: 8.

的重要主体之一。同时，社会组织参与研究生教育治理的背景也已成熟，市场需求也成为研究生教育系统变革的重要导向。可以说，新时代研究生教育在政府和大学共治的基础上，面向社会和市场的路径基本达成，未来推动研究生教育治理体系和治理能力现代化不仅要继续夯实政府、大学、市场和社会之间的架构，而且要进一步缩短政府、大学、市场、社会之间的距离。

美国学者伯顿·克拉克（Burton Clark）在总结高等教育发展影响因素时提出了政府-市场-学术的"三角协调模式"，认为每个角代表一种形式的极端和其他两种形式的最低限度，三角形内部的位置代表三个因素不同程度的结合。①本书借用克拉克的"三角协调模式"绘制了新时代我国研究生教育治理的"三角模式"（图3.3）。

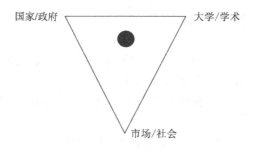

图 3.3　新时代我国研究生教育治理的"三角模式"

面向未来，研究生教育治理体系现代化需要继续从制度安排和组织运行两个方面着手。截至目前，《中华人民共和国学位条例》已经运行四十多年，从法规的完备性和法律责任的明确性看，需要结合当前和未来研究生教育发展状况进行进一步修订和完善，《中华人民共和国学位法》的出台变得极为迫切。考虑到我国研究生教育内部和外部的客观实际，政府作为治理主体的核心地位是必要的，而且中央—地方—研究生培养单位三级管理体系也是极具中国特色的组织架构，因此，现代化研究生教育治理体系需要借助《中华人民共和国学位法》的制度安排，进一步丰富治理主体，调整权源结构，优化组织运行机制。同时，在保障中国特色三级管理体系的基础上，如何借用现代信息技术进一步优化治理机制，实现"政府一大学一市场/社会"三角的有机高效互动，提升治理效能是当前和未来学位与研究生教育工作的痛点和难点。一言以蔽之，以数字化和智能化为特征的信息化浪潮将成为当前和未来研究生教育治理转型的核心变量，是我国研究生教育治理能力现代化的重要推动力。

①克拉克 B. 高等教育系统：学术组织的跨国研究[M]. 王承绪，等译. 杭州：杭州大学出版社, 1994: 159.

第二节　数智时代研究生教育治理理念

"现代化"是一个极具动态意义的概念。现代性是指与现代社会紧密联系的精神、思想以及行为方式。①数字化智能转型注定不是一曲"科技狂想"，而是一场"科技革命"，更是一场"治理革命"。从 PC 时代的桌面互联网（Web 1.0），到移动互联网（Web 2.0），再到产业互联网（Web 3.0），信息采集处理和传递传播推动组织管理运行发生了整体性、全过程性变革，"互联网 +"不仅部分替代和扩展了人类的体力，而且正在尝试替代和扩展人类的智力。可以说，数字化智能技术催生行业新形态及其治理模式的颠覆性变革是目及所至的现代化表征。

一、价值维度："协同慧治"

治理是人类社会所特有的活动，价值追问是研究人类活动无法回避的一个重要维度。创新能力是国际竞争新优势的集中体现，也是区域、个体等不同层面竞争之核心所在。因此，如何利用现代信息技术激发创新能力是治理现代化的首要价值目标。

"增量"导向的"规模化""标准化""集中化""统一化"是工业时代国家和社会治理的基本特征。在研究生教育治理领域，随着经济社会高速发展对高层次人才的需求剧增，世界主要国家研究生培养模式由"作坊式"培养转向"规模化"培养，研究生规模呈现出了几何级增长。一时间，规模即质量。步入后工业时代，国家和社会核心竞争力不再立于资源整合，而是依托创新能力培育，也就是如何激活"存量"的问题。有鉴于此，后工业时代治理需要依靠多元主体群策群力，属于典型的"协同治理"模式，该模式的特点是充分考虑和兼顾诸多子系统的多样性、动态性和复杂性，与工业化的"千人一面""千篇一律"有本质区别。

治理的"智慧模式"是通过数字智能技术使得机器具备人类的感知和认知能力，对随机性外部环境做出决策并付诸行动，蕴含着极强的"个性化"特征。同时，"智慧治理"在现代信息技术的助力下具有"数据支持，算法决策"和"敏捷治理"的含义。如果说 PC 时代 Web 1.0 的功能属性主要停留在工具理性，那么，Web 2.0 和 Web 3.0 时代的信息技术则兼具工具理性和价值理性。"协同慧治"不仅蕴含着"数字化"技术诉求，而且有着极强的"智慧化"价值期待。"协同慧治"是数智时代实施国家和社会治理的新理念，是利用数字化技术推动不同

①储宏启. 教育现代化的路径: 现代教育导论[M]. 2 版. 北京: 教育科学出版社, 2013: 46.

治理主体高效协调、精准发力、智慧治理的新赛道。

一直以来，国家社会公共管理体系采用"条块管理模式"，既遵照职能进行管理，又按照属地进行管理。虽然"条块管理模式"是中国"府际关系"的重要内容，但是"条条"和"块块"之间的"自利行为"也导致了协同性不足的问题，特别是管理过程中上下左右信息不对称现象极为普遍。计算机的出现为信息储存带来了便利，但并未带来管理理念的变革。可以说，PC时代的到来并未从根本上改变国家和社会管理理念，信息不对称和管理能力不足仍然是限制公共管理有效性的主要因素。进入移动互联网时代，移动终端的出现使得公共管理部门之间的沟通更加便捷，但是"自上而下"的管理和服务流程并未发生实质性改变。而且，囿于管理边界的束缚，同一层面的不同部门之间间隙仍然较为明显，形成了"数据孤岛"。面对大量结构性和非结构性数据，管理部门未能针对所掌握数据进行有效分析，无力将其转化为管理能力，仅充当数据信息的"看门人"。

第四次工业革命推动大数据成为新的生产力。"数字治理"成为国际竞争的新赛道，数字化智能驱动将成为未来经济社会发展的新动能。"数智"背景下的治理精准化、决策科学化和服务高效化必将为推进公共治理现代化带来重要转机。同时，数字化智能推动治理主体由"条块分割"职能分工转向"集成平台"整体性协同，不同主体之间的边界和壁垒被打破，协同更加便捷，沟通更加畅通，治理的有效性具备了根本性保证。

数字化、互动性和智能化是平台治理的核心属性。[1]数据信息集成是"协同慧治"的前提和基础。基于大数据和人工智能的平台治理是一种全新的治理模式。"信息集成慧治"是对传统物理世界和人类社会二元空间的突破[2]，是建立在"网络-物理-社会"（cyber-physical-social）交互融合基础之上的三维立体空间。[3]"元宇宙"就是在此基础之上提出的"新概念"，但是其本质上依然属于"信息集成慧治"。物理空间、信息空间和社会空间融合的三元世界是未来互联网发展的重要特征和主要趋势[4]，而大数据则成为维系三元世界联结的重要载体。一方面，物理空间和社会空间构成了大数据的主要来源和应用场景。通过网络，将物理空间和社会空间的数据传递到信息空间，在经过模型计算和分析后，反作用于物理空间和社会空间中的决策行为，进而形成大数据的双向流动。另一方面，不同空间围绕

①陈水生. 数字时代平台治理的运作逻辑: 以上海"一网统管"为例[J]. 电子政务, 2021, (8): 2-14.

②Guan X P, Yang B, Chen C L, et al. A comprehensive overview of cyber-physical systems: from perspective of feedback system[J]. IEEE/CAA Journal of Automatica Sinica, 2016, 3 (1): 1-14.

③Fortino G, Galzarano S, Gravina R, et al. A framework for collaborative computing and multi-sensor data fusion in body sensor networks[J]. Information Fusion, 2015, 22: 50-70.

④Wang F Y. The emergence of intelligent enterprises: from CPS to CPSS[J]. IEEE Intelligent Systems, 2010, 25 (4): 85-88.

同一事件的数据描述存在异构性。[①]通过运用大数据集成中的跨模态、跨时空融合算法，识别出不同空间中事件的共性，从而形成"数据-特征-决策"的大数据融合和治理模式。

在数智时代，各级各类信息不断向数字化智能平台汇聚。"数智集成平台"是集数字技术、网络装置、应用算法于一体的"权威"，因此成为集政治、经济、社会各类数据信息于一体的巨能"他者"（the other）。某种意义上讲，数字化智能平台由此具备了形塑环境、行为，乃至社会关系和社会结构的能量，因此出现了"信息茧房"（information cocoon）、"数字画像"（digital portrait）等"数智权力"。在研究生教育运行、发展、治理的过程中，由三元世界产生的多源、异构和多模态海量数据通过大数据集成后进行智能化的协同感知、关联表达和优化萃取，才能实现全面认知和科学解决研究生教育治理问题。

二、时序维度："流程再造"

恩格斯说，"一切存在的基本形式是空间和时间"。[②]从 PC 时代过渡到数智时代，外部环境迭代的突出特点就是突破了时空的限制。"流程再造"是美国著名管理学者迈克尔·哈默（Michael Hammer）和詹姆斯·钱匹（James Champy）提出的一种管理思想。从词义看，"流程"内含"时序"的概念，"流程再造"因此有着极强的突破"时序"的理念指向。"流程再造"的核心思想就是要构建面向市场满意度的流程，打破按照职能设置部门的管理方式，追求全局最优，而非个体或者局部最优。

在传统信息系统中，信息不对称是极为普遍的现象。研究生教育管理系统也不例外，究其原因，一方面是人类的精力所限，另一方面是由"数据独占"造成的。数字化是战略转型的问题，涉及流程再造，全员参与，因此被形象地誉为"一把手工程"。"流程再造"是数智时代实施国家和社会治理的必然路径，是利用数字化技术推动治理体系"去中心化"和"科层优化"管理的新领域。管理体系是管理流程的重要载体。一直以来，我国政府管理模式是自上而下的单一向度流程，其中各级政府是权威中心，各级政府之间又是逐级委托代理的关系。虽然政府在管理过程中创造性地实施了权力清单化、行政政治化、管理项目化和基层网格化等有效手段，但是自上而下的"政府管制"的流程并未得到根本性改变。虽然电子计算机的出现提升了不同管理部门之间的沟通效率，但是从整体管理过程来看，

①Xu H, Yu Z W, Yang J Y, et al. Talent circle detection in job transition networks[C]// Krishnapuram B, Shah M. Proceedings of the 22nd ACM SIGKDD International Conference on Knowledge Discovery and Data Mining. New York: ACM Press, 2016: 655-664.

②中共中央马克思恩格斯列宁斯大林著作编译局. 马克思恩格斯选集(第 3 卷) [M]. 北京: 人民出版社, 2012: 91.

PC 时代的管理思维有余，而回应社会、反馈市场和关照个体不足。

政府治理是特定环境下的政府行为，深受时代的影响，甚至由时代决定。[1]互联网的出现对于业已形成的国家社会治理体系形成了全新的挑战，也带来了变革的契机。可以说，互联网不仅是物理空间的技术工具，而且成为极为关键的政治因素和社会因素。但是，在互联网与产业界尚未形成合力的背景下，治理流程及其赖以存在的治理体系仍然沿用 PC 时代的模式。科层制管理模式、单一化管理主义思维仍然是国家和社会在治理实践过程中的首选。PC 时代的到来并未从根本上改变传统型政府管理的纵向结构（图 3.4），科层制结构决定了运行机制和决策机制，管理流程和决策模式与层级结构和职责权限对应。在实际管理过程中，受层级结构和职责权限的影响，政令不通和相互推诿的现象屡有发生，造成了政府管理的低效率。

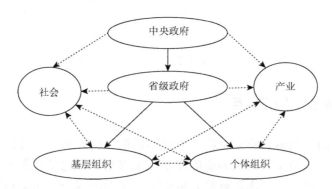

图 3.4　科层制管理体系和流程

数智时代的到来加速了传统管理体系和管理流程的瓦解，政府治理面临着重大挑战。2015 年国务院发布的《促进大数据发展行动纲要》中对于"大数据"的类型多、容量大、存取速度快和应用价值高等特点进行了概括。有学者提出了"数据治国"[2]的构想，同时，学界针对大数据时代治理运行机制和决策模式进行了广泛讨论。整体来看，数智时代的治理结构和协作机制将发生重大变革，研究生教育治理运行机制和决策机制将完全突破并超越已有模式。进入"互联网 +"时代，治理主体内部的数据共享改善了"信息孤岛"困境，从而改变了横向合作和纵向管理的原有结构，治理结构的扁平化趋势更加明显，特别是智能化的飞速发展进一步催生了全新的治理流程。人工智能的可塑和延展功能可以集成到不同的系统之中，在互联网、云计算、区块链、物联网等技术的支持下，人工智能可以突破

①黄其松. 结构重塑与流程再造: 大数据时代政府治理体系转型[J]. 贵州社会科学, 2018, (1): 32-37.
②涂子沛. 数据之巅: 大数据革命, 历史、现实与未来[M]. 北京: 中信出版社, 2014.

物理空间的限制，连接"人-物-环境"。在此意义之上，人工智能使人类社会得以联通、整合和重塑。[①]治理结构是治理体系运行流程的重要载体。因此，数字化和智能时代的治理流程在大数据集成平台的支持下将完全颠覆传统条块结构基础上的线性治理流程，演变成为高度扁平化的治理结构（图 3.5），进而推动治理流程的再造。

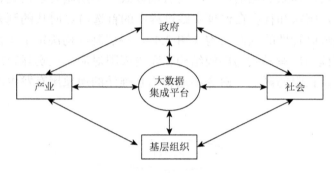

图 3.5　数智时代治理结构和流程

三、空间维度："人机交互"

　　数智时代的空间概念将呈现出多维化和模糊化的趋势。传统社会空间和物理空间之外，数字虚拟空间将成为新的变量。未来空间概念是一个"三维交互"的空间概念，而三维交互的本质就是人机交互，从而形成未来国家和社会治理的重要场景。

　　现代性和后现代性并存是我国国家治理面临的挑战。[②]有学者撰文指出，中国式现代化与西方式现代化最显著的区别在于其"并联式"逻辑。[③]"并联式"现代化是一种非线性发展逻辑，是一种高度压缩的、高度叠加的和多重协调的现代化进程。社会治理是国家治理的一个方面，更是一个缩影。当社会治理还没有经受住现代化带来的市场化、城镇化、工业化等要素的冲击时，后现代化已经不期而至，随之而来的网络化、数字化、智能化已经开始改变社会的组织、生产、分配和消费等不同方面。"人机交互"是利用数字化技术推动治理主体之间，以及治理主客体之间的"人脑"与"人工智能"连接。在 PC 时代，人和机器处于共存状态，机器仅作为辅助工具，人占据了完全的主体地位。进入互联网时代，移动终

①Baker T, Smith L, Anissa N, et al. Educ-AI-tion rebooted? Exploring the future of artificial intelligence in schools and colleges[J]. Retrieved May, 2019, (2): 56.

②燕继荣. 国家治理体系现代化的变革逻辑与中国经验[J]. 国家治理, 2019, (31): 3-8.

③唐爱军. 中国式现代化的"并联式"逻辑[N]. 中国社会科学报, 2022-04-26 (1).

端的出现削弱了人的主体地位，机器在管理过程中的参与性和主导性逐渐增强，但是尚未触碰管理理念、管理体系，以及管理机制。进入"互联网＋"时代和数智时代，人和机器共存交互，亦彼亦此。人工智能是人的物化，本质上是人类能力的放大和延伸。从技术的角度看，当前计算机科学领域围绕"人工智能"实施的研究主要聚焦通用型人工智能（generalized artificial intelligence）和类脑型人工智能（brain-like artificial intelligence）两个方面。治理过程中的决策是一个复杂系统，不仅需要复杂的算法和高效的算力，以保证决策行为的科学性和精准性，同时还需要决策智慧，以保证决策预期目标的达成。因此，"人"和"机"合作决策才可以应对复杂的内外部环境，"人"和"机"交互时，"机"的"思考"方式是人类思维能力的现实增强。

　　"人机交互"是哲学研究的技术范畴（图 3.6），将重塑人类社会生态，主客体结构、社会价值等将进一步被解构和重构，从而形成新的理论框架。

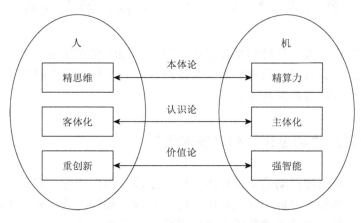

图 3.6　人机协同的哲学基础

　　从本体论的角度看，"人"和"机"各自具有其存在的特质。"人"更加精于创造性思维，这是人类区别于其他事物的本质特征，而作为人工智能载体的"机"则以数据和算法为基础和支撑，可以突破人类身体的极限。在当前人工智能性能较弱、人机交互程度较浅的环境下，人工智能已经凭借有限的认知处理能力帮助人类从一些简单、烦琐的身体劳动当中解放出来，随着人工智能性能的不断增强，以及人机交互程度的纵深推进，人类可以更加专注于高阶的创造性思维活动。从认识论的角度看，主体与客体是治理行动中的对应存在，"人"当然是主体，"物"永远是客体。在数智时代，作为客体的"机"在得到人类思维和智慧的"嫁接"后，二者协同形成了"人机主体"，原本是客体的"机"成为新的主体，实现了客体主体化。作为主体的人类，在参与治理的过程中，必然会产生大量与个体相关的痕迹。

拥有"思维"和"智慧"的无处不在的"机"可以轻松捕获治理过程中的所有个体留痕，并通过数字化和智能化加以处理，形成新的治理依据，主体客体化成为"人机协同"的重要特征。

从价值论的角度看，"人"和"机"可以无限融合共创，但是二者永远无法取代对方，人类与人工智能体将在研究生教育治理领域相互补充，相互支撑。因为人类所特有的"创新思维"和机器所特有的"无限算力"无法通过技术手段赋能对方，唯有通过人机协同才能实现新的价值，"人机共生"的价值理念不断获得认可。但是，机器"思维"和"智慧"是人类赋予的，不是自发产生的，因此，人类智慧与机器智能的协同是将人类所擅长的推理能力、创造能力与机器所擅长的无限动能、人工智能进行结合，不仅有利于强化人工智能认知能力，还可以进一步提升人类思考复杂问题的能力。

第三节　数智时代研究生教育治理要素

研究生教育的数字化转型是建设研究生教育强国和实现研究生教育治理现代化的必然要求。数智时代治理要素及其治理逻辑必须代入我国研究生教育治理的实践当中才有更加重要的现实意义。

一、治理目标："动态化"和"多维化"

治理目标是治理行动的"指挥棒"。研究生教育治理的方位和走向是推进研究生教育治理体系和治理能力现代化的基础性问题。数智时代，研究生教育治理目标在借助数字和智能技术的基础上将变得更加动态和多维。

（一）静态治理转向动态治理

数智时代研究生教育逐渐走向动态治理。一直以来，教育管理偏居国家公共事业管理一隅，与国家其他行业领域管理并无二致。因此，我国研究生教育管理遵循着政府主导下的静态管理模式。静态的意义寓于结构之中，遵循结构主义逻辑，看重结果及常数；动态的意义则落于功能之上，坚持功能主义理念，强调过程及变数。静态管理属于基础性管理，强调管理基本功能的实现，应对外部需求变化和持续竞争优势能力不强。

在 PC 时代和互联网时代，我国研究生教育治理目标规划和实施基本遵循了静态管理思维。学位授权审核是国家实施研究生教育管理的重要抓手。中华人民共和国成立之初，研究生教育规模较小，主要集中在北京、上海等主要城市，由相关部委直属高校和科研机构具体负责，实行归口管理。整体来看，这一时期研究生招生和培养缺乏系统的管理制度，管理模式亦不成熟。①我国实施学位制度以后，学位授权点数量和研究生培养规模快速增长，到 20 世纪 80 年代末，全国共批准硕士点和博士点 9000 多个，在校研究生总人数已经超过 10 万人。规模的扩张使得中央已经无力再对学位授予单位实施直接管理，省级学位委员会应运而生，研究生教育管理体系中传统科层制组织结构及运行机制得以进一步深化。总体来看，科层制组织结构和治理机制逐渐暴露出核心刚性、组织惰性和路径依赖等缺点和不足。

计算机和互联网的参与使得科层制纵向管理效率有了较大程度的提升，但是未能从根本上改善科层制所固有的局限。治理的本质是动态性的，以保证持续的治理优势。动态治理旨在提高绩效，是"帕累托改进"的过程。从我国研究生教育管理的历史演进看，静态管理下的资源配置等大都属于"存量＋增量"或者"零和调整"，而帕累托改进更多强调的是在不触碰一方利益的前提下，通过资源配置等方式提升其他方的利益。移动互联网是数字化智能的重要物质基础。在此基础上，研究生教育治理开始逐渐转向关注过程，以研究生招生、学位授权审核和"双一流"建设为例，政府不再仅强调研究生招生、学位授权、"双一流"资源配置等治理实践结果的达成，而是更加关注研究生招生、学位授权、"双一流"资源配置改进过程，而实现对于过程的动态监测则离不开"互联网＋"思维、数字化智能技术等工具。

传统静态管理思维下的学位授权点发展状态评价主要依靠周期性的数据统计，学位授权管理部门和学位授予单位在此基础上进行决策，不仅与社会发展和市场需求脱节，而且评价滞后往往伴随盲目的人力、物力和财力投入，甚至扩大投入规模，无法及时止损，进而造成资源浪费。动态治理则在数据、算力和算法对于学位授权点及其与社会、市场互动实时状态的监测基础上，进行预警和预测，进而为"信息流"提供动态决策支持，最终推动学位授权点治理智能化的实现。同样，传统国家和地方研究生招生指标分配采取的是"存量＋增量"的配置模式，而培养单位的分配模式则各显神通，部分单位为了完成招生指标任务，全然不顾学科专业结构的巨大差异，导致出现部分学科专业培养能力不足，就业困难等现实问题。

数智时代研究生招生名额分配借助大数据技术实时对接经济社会需求，做到差异化配置。此外，"双一流"建设项目本质上也是国家在研究生教育领域的规划布局，因此"双一流"建设成效饱受关注，在证实和写实"双一流"建设成效方面，传统评价依靠被评对象提供的材料施行评价行为，对于所涉高校和学科形成

---

① 王战军, 张微. 70 年探索奋斗: 中国研究生教育发展规律与启示[J]. 学位与研究生教育, 2019, (9): 43-48.

较大干扰。因此，传统评价只能阶段性开展，无法面向社会及时呈现高校和学科的发展动态。在数智时代，信息技术赋能的成效评价更具动态性和实时性，可以从整体发展水平、成长提升程度、可持续发展等不同视角评价高校和学科的建设成效。

（二）单维治理升级多维治理

纵向管理是我国研究生教育管理体系和机制的典型特征。从治理目标达成的角度看，横向思维和纵向思维是互补的，更加有助于治理目标的覆盖面和多维性。数智时代研究生教育多维治理需要纵向思维，也需要横向思维。纵向思维下的研究生教育管理局限于研究生教育系统内部的调整、优化和提升；横向思维遵循"跳出研究生教育看研究生教育"的理念，从横向经济社会相关领域的事实中获取启示和思路。由此，治理的核心理念进一步拓展为整合和协同。

克拉克的"三角协调"模式在国内外高等教育治理领域被奉为圭臬。研究生教育因其突出的专业性和研究性更加依赖政府、市场和学术三者之间的互动关系。但是，囿于各国国家政治体制和文化传统的差异，政府主导、市场主导、学术主导等不同模式均表现出了不同的活力和生命力。在中央集权政治体制和儒家文化传统的影响下，我国研究生教育管理是在政府的主导下，在研究生教育系统内部纵向实施的，横向维度上关联市场维度和学术维度不足。进入 21 世纪 20 年代，我国高等教育普及化不仅会继续带动国内研究生教育规模的持续扩张，而且会进一步推动研究生教育全球化流动。有鉴于此，研究生教育将进一步参与到上至国家进步，下至公民个体发展的方方面面，研究生教育治理的目标也不再仅局限于满足某一方面的社会需求，而是关涉到人类文明、国际竞争、国家安全、经济社会发展、人的自由全面发展等方面，事无巨细。

PC 时代和互联网时代的信息数据统计模式已然无法满足多元利益相关方的多样化和个性化需求，也无法立足整体和全局做出最优化的配置，PC 时代的治理虽然有了电子计算机的辅助，但主要还是采取"人治"的方式，受到治理主体能力和治理工具低效的限制，治理目标的覆盖范围极其有限，更多时候属于一种碎片化治理，不同层面之间的治理缺乏必要的协作性和系统性。进入互联网时代，移动终端在辅助治理过程中的作用更加凸显，治理过程中不同主体之间，以及同一主体的不同部门之间的沟通更加便捷，从而释放了治理主体较大部分的精力，一定程度上提升了治理的效率。

数字化和智能化从根本上改变了传统的治理理念，原来处于辅助地位的"机"承担了原本属于"人"的治理实践操作，发挥其善于"搜索、计算、存储、传输"等功能，将"人"从烦琐的治理事务中解放出来，使其更多专注于"归纳、决策"等"人脑"优势。人类感知世界的传统方式是通过感官获取到生物信号，并经由大脑对世界进行主观诠释，但计算机单机和互联网辅助不能从根本上改变人类感知和认知世界的方式。进入数智时代，在"脑机接口"的帮助下，人机交互使得人类可以达成立足三维感知、位姿感知、三维重建的混合现实智能化，真正实现"我想看到的我就能看到，我看到的就是我想看到的"。因此，数智时代的研究生教育将逐渐走向"互联网＋"大数据平台，以及智能时代的"三维空间"，实现多元治理目标的全覆盖。

构建"政府宏观调节、高校自主调节、市场调整调节"纵横交错的现代化研究生教育治理体系是实现数智时代研究生教育治理目标全面化之关键所在，充分利用数字化和智能化技术协调好中央与地方的关系、政府与大学的关系、大学与市场的关系，调动中央、地方、大学、研究生与导师的积极性。数字孪生、虚拟原生和虚实共生的三维治理理念为数智时代研究生教育治理目标的全覆盖提供了可能路径。唯有此，中国式研究生教育现代化才能独树一帜，引领世界研究生教育的潮流。

二、治理主体："一核"与"多元"

治理主体是实现治理目标的推动者。治理目标的多维化和动态化决定了治理主体的多样化。进入数智时代，我国研究生教育的规模和目标任务均发生了翻天覆地的变化，未来研究生教育治理主体必将发生相应的变化。"由谁治理"是研究生教育治理目标能否达成的重要因素，也是推进研究生教育治理体系和治理能力现代化的核心问题之一。

（一）政府的核心地位

坚持政府的主体地位是数智时代研究生教育治理实施的基本原则。与英、美"社会市场中心主义"现代化路径不同的是，中国采取的是"政党中心主义"路径。[①]对于发展中国家而言，政党的组织力量并非妨碍现代化的约束性障碍，而恰恰是弥合后发劣势的关键性利器。

众所周知，英、美等发达国家早早完成了现代化，社会和市场发挥了重要作用。作为国家和社会体系的重要组成部分，其研究生教育体系也是以"社会市场中心主义"的模式，在国际研究生教育市场上具备了相对优势，长期占据了领导地位。在此背景下，后发国家研究生教育要在国际市场上形成竞争力，必然依靠

---

①卢春龙. 谁之现代化？何种现代路？兼论中国式现代化的特征[J]. 理论学刊, 2023, (1): 14-22.

有组织的发展模式，集中优势开辟新领域新赛道，塑造新动能新优势。数字化转型与"去中心化"在治理领域经常被用来相互支撑，因此，数智时代研究生教育治理体系构建极易面临技术和组织互为因果的困境。

　　有鉴于此，坚持政府主体地位可以有效协调技术与组织之间的结合，高效推进研究生教育治理体系和治理能力现代化。坚持政府主体地位可以保证政府通过组织吸纳的方式将信息技术嵌入研究生教育治理体系内，进而实现组织架构、运行机制、价值理念等方面的变革，推动对研究生教育治理体系进行整体或局部的重塑（图 3.7）。同时，在信息技术应用和变革过程中政府会逐步推动组织系统自身的调节，甚至塑造出新的组织特点。

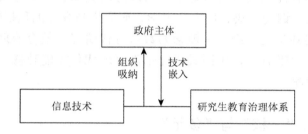

图 3.7　数智时代研究生教育治理中政府主体地位

　　在人类历史进程中的绝大部分时间中，政府的支配和统治地位从未动摇，进入信息时代，虽然政府不再是管理中的唯一有效主体，但是其在治理过程中的核心地位仍然不容置疑。纵观历史，集权型政治文化是我国行政管理体制机制的生存和发展的土壤。我国恢复研究生教育以后，研究生教育主要是补充国家亟需的高等教育师资和科技队伍，是国家意志的体现。研究生教育管理遵循了严格的自上而下管理模式，在此背景下，研究生教育管理主体和客体属于二元分割的状态，政府继续充当着研究生教育管理的唯一主体。从我国学位授权审核、研究生招生、"985 工程""211 工程"建设等实践活动看，政府具有绝对的决策权威，是研究生教育管理领域的唯一有效管理主体。

　　计算机和互联网的出现极大地提升了政府在实施研究生教育管理过程中的效能，信息技术赋能管理很大程度上迎合了传统科层组织对于效率的偏好。但是，信息技术的参与并未形成对于科层组织结构的影响，也未能打通和消除政府一元主体管理过程中的堵点和痛点。虽然借助了电子计算机和互联网等现代化信息技术，研究生教育管理模式仍然严格遵循着科层管理模式，"大政府、小社会"的管理理念具有根深蒂固的影响，信息技术的介入很难从根本上改变我国传统固有的管理情境。究其原因，一方面是科层制基础上国家力量的强主导；另一方面是治理技术限制使然，简单的计算机和互联网的应用难以发挥更大的作用，从而造成管理过程中的"心有余而力不足"。

党的二十大报告中强调了我国要进一步健全新型举国体制[①]。实质上是继续强调政府的核心地位,但同时又凸显了社会和市场力量的参与,与数智时代的治理理念具有一致性。发端于西方的治理思想理念,深受新自由主义思潮的影响,强调市场机制和社会自治。[②]研究生教育治理越来越表现出国家行为失范、应对变局能力不足等弊端,进而造成治理效能低下,无法实现"善治"的目标。在国家大力推行教育数字化的背景下,"共商、共建、共享"的中国式治理理念雏形已现,新型举国体制的治理新路径在数字化和智能化技术的支持下更具可行性。

新型举国体制强调行政和自治并举,政府和市场协力,是一种需要凝聚和集成国家战略力量和社会优势资源的组织模式和运行机制。不难看出,发端于西方政治、文化土壤中的治理理念与新型举国体制思想本质上不具兼容性。如何高效地落实新型举国体制是与数字化转型所处的生态环境密切相关的。可以说,新型举国体制是党和国家面向数智时代的组织创新、制度和机制创新。新型举国体制下的研究生教育统筹机制、组织机制、资源配置机制、评价激励机制以及监督问责机制,不仅需要依靠政府的主体核心地位实施,而且需要借助数字化和智能化手段保证其科学化和精准化。

众所周知,治理不同于管理之处在于"多中心化"和"社会导向"[③],但是,多元参与不等于共同负责[④],过于强调"多元主体共治"容易造成对于不同主体在治理能力方面的差异性认识不足,加之长期的单一治理主体造成不同主体的良性互动面临着一定的现实困境,如市场敏感度低、自治能力弱、自律意识差、权责归属不清晰等。我国研究生教育治理的多元主体包括政府、市场、培养单位、社会组织、导师、研究生及家长等。政府的优势在于其强大的动员能力和权威性;市场,包括企业和产业,是研究生教育的重要出发点和落脚点,也是检验研究生教育质量和效益的重要主体;培养单位的优势是其办学自主权;社会组织的优势是其中立性和专业性;研究生是治理成效的载体,是最具发言权的主体之一。

总之,在多元行为主体治理的背景下,政府仍然是我国研究生教育治理的核心主体。不同的是,传统型政府的治理逻辑是在发展中解决问题,在增量中寻求方案。与传统"扩张型政府"相比,数智时代政府应该趋向平衡型。人工智能体

①求是网. 习近平: 高举中国特色社会主义伟大旗帜 为全面建设社会主义现代化国家而团结奋斗——在中国共产党第二十次全国代表大会上的报告[EB/OL]. (2022-10-25) [2024-04-26]. http://www.qstheory.cn/yaowen/2022-10/25/c_1129079926.htm.

②董辉, 杜洁云. 对教育治理及其体系与能力建设的认识与构想[J]. 教育发展研究, 2015, (8): 39-43.

③罗西瑙 J. 没有政府的治理: 世界政治中的秩序与变革[M]. 张胜军, 刘小林, 等译. 南昌: 江西人民出版社, 2001: 4-5.

④褚宏启. 教育治理: 以共治求善治[J]. 教育研究, 2014, (10): 4-11.

主导的智能社会结构、政府结构和治理方式必将发生颠覆性变革，使得"平衡型政府"成为可能。[①]

（二）多元主体的参与

数智时代研究生教育追求更加多元的发展目标，多元主体的参与将成为必然。研究生教育区别于其他教育阶段的突出特征就是其服务国家战略、推动社会进步、应对市场需求、满足个体发展的直接性和密切性，因此，形成"国家-社会-市场-个体"的研究生教育治理合力具有重要意义。

治理主体的泛在化是数字化和智能化时代研究生教育治理区别于传统治理要素的典型特征。一方面，随着数智时代治理目标范畴的无限扩大，治理主体更加多元；另一方面，不同治理主体在物理空间、社会空间和虚拟空间三维时空内的数字孪生、虚拟原生和虚实共生将更加丰富治理主体。同时，在数字化和智能化的推动下，治理主体的"客体化"和治理客体的"主体化"使得未来研究生教育治理呈现出了前所未有的复杂性。

互联网的出现使得信息量急剧膨胀，人类也由最初"信息爆炸"带来的"惶恐""焦虑""重负"逐渐转变成为对于信息化和数字化的"归化"和"适应"，成为不折不扣的"数字化人类"[②]。在数字化背景下，数据平台、网络社群日益成为非国家行为体，它们具有数据和算法技术，其强大的影响力、控制力和支配力逐渐发挥出重要的作用，分散了传统单一的社会权威，使得权力体系趋向扁平化。研究生教育是国家创新驱动发展的重要支撑，建设区域创新高地离不开研究生教育的智力支持，而我国传统条块管理模式使得区域发展面临着严峻挑战，在此背景下，数据平台成为重要的治理主体、执行和推动主体。

标准化是工业时代社会生产效率提升最为鲜明的特征，也就是将全体用户需求设定为统一的规格。在此背景下，治理主体主要是由生产方和监管方组成。后工业化时代，创新驱动发展成为内生动力，社会生产和再生产的效率提升需要不断满足个性化需求。有鉴于此，工业化时代的治理主体和客体将面临着重塑。研究生教育是未来创新的主力军，每一位研究生都是潜在的创新力量。在网络信息技术的迭代升级基础上，全样本分析和高密度解析成为可能。工业化时代的作为治理客体的"研究生个体"必将参与到治理活动中去，成为现代化治理体系中的"新贵"。数字化和智能化时代的每个研究生个体需求均能够实现测准、找准和抓准，治理过程中的定制化、个性化和柔性化使得研究生个体的创新潜力得到充分释放，进而推动

---

① 王锋. 智慧社会中的政府规模探究[J]. 南通大学学报(社会科学版), 2019, (3): 50-56.
② 林奇 M. 失控的真相[M]. 赵亚男, 译. 北京: 中信出版集团, 2017: 10-11.

整体社会创新能力的提升。可以说，未来数字化和智能化时代研究生教育治理主体将会是无处不在、无时不有，泛在化成为治理主体最为突出的特征。

"以人民为中心"同样也是中国式治理现代化的鲜明底色。未来研究生个体全面参与研究生教育治理彰显了"以人民为中心"的理念。同时，利用数字化和智能化时代信息技术的认证和协同机制，传统治理过程中的中间环节和治理结构中的非必要层级可以得到有效去除，从而使研究生教育的全部利益相关者都能够切实参与到治理活动中来。

如何满足个体在知识创造方面的愿景？数智时代的个体画像可以满足"招生—申请—录取—研究—就业"研究生生活周期全过程监测，掌握不同阶段研究生个体面临的痛点，以及可能激发的创新点，从而实现研究生教育阶段的整体改进，利用数字化和智能化技术最大限度地保障研究生创新创造生态。

三、治理工具："平台化"和"智能化"

治理工具数字化是推动治理体系现代化的关键途径，决定着治理的行动模式。进入数智时代，随着人类认知方式和能力的改变，人类改造客观世界的方式也必然发生变革。在经历了"观察—抽象—简单数学""假设—实验—归纳""样本数据—机理模型"等认知方式后，基于"大数据—科学模型分析"的认知方式将推动平台化、数字化智能成为重要治理工具。

（一）制度工具：平台化

平台化是数字时代重要的治理制度。数字化改革是一场重塑性的制度革命，是从技术理性走向制度理性的跨越，本质是改革，根本要求则是制度重塑。平台是数字化的实体，平台思维是互联、互通、互动的网状思维，是开放创新的思维，是供给侧与需求侧无缝联通的思维。数字革命催生的新型治理模式正在逐步改变着我国研究生教育中的各种关系，也在逐渐撬动传统管理模式下的组织理念和管理方式。未来研究生教育将面临如下挑战：智能化管理工作，日益模糊的管理主客体关系，日趋复杂的研究生教育系统组织，以及追求个性化的研究生个体。在此背景下，管理理念、组织架构、协作方式都要升级、变革。进入数智时代，"控制型"政府向"服务型"政府转型，以及研究生教育供给侧和需求侧的新样态更加凸显了平台思维的重要作用。

习近平总书记强调，"以数据集中和共享为途径，建设全国一体化的国家大数据中心""要强化互联网思维，利用互联网扁平化、交互式、快捷性优势，推进政府决策科学化、社会治理精准化、公共服务高效化"。[①]跨层级和跨部门的"信息孤岛""数据孤岛"等现象使得公众对于基于 PC 和互联网的网络政务和电子政务的使用效率和满意程度一直处于较低水平。

在研究生教育管理领域，由于架构层面的技术融合度不足，不同研究生培养单位，不同省（自治区、直辖市）学位与研究生管理部门的管理平台基本处于一种分离的碎片化状态。因此，建设全国一体化的研究生教育服务平台极为迫切。平台化理念就是应数字变革之需，个体和组织需要共同升维（认知）和微粒化（手段）的一种新型管理理念，其宗旨是实现关系多样化、能力数字化、绩效颗粒化、机构柔性化和文化利他化。

（二）技术工具：智能化

技术工具是治理形态的重要维度，是构成治理整体性图景不可或缺的部分。技术工具的更迭使得人们在历史维度上对治理现代化的内涵不断产生认知变化。

面向未来，数字化的快速推进或将为研究生教育带来如下重要变化：一是数据治理规则越来越成为研究生教育领域决策环节运行的基础规则；二是各级研究生教育组织机构的动态化，政府平台化、去结构化；三是研究生教育治理主体的多类型存在，技术和算法成为重要的治理主体；四是研究生教育治理过程的高度系统性、复杂性，敏捷治理或成为数字时代研究生教育治理的重要形态；五是研究生教育治理内容从需求回应逐渐转型为需求预测、引领和精准回应；六是研究生教育治理范式向多维主义演进，层次化、多维性成为新特征。

作为数智时代治理的制度工具，数字化具有数据、算法和算力共同驱动的技术属性。数字化技术有其内在的发展逻辑，即区别于其他时代技术的独特性，同时也具有技术治理的逻辑，即数字化技术应用可以带来一种结构性影响。数字化是管理过程中机器替代人类行为的重要前提。智能化的基础是数字化，唯有全社会的数字化才能促使人工智能体具备拟人的智慧能力，进而全面嵌入社会的各个环节，形成新的社会形态。传统管理者与被管理者之间的关系逐渐转向"人机交互"或者"机机交互"。数字化还是基于传统机器学习技术，遵循"数据输入—特征提取—特征选择—逻辑推理—算法运用—发展预测"的逻辑。有鉴于此，唯有数字化制度可以有效应对未来研究生教育面临的决策机制、组织运行、治理主体、治理过程、治理内容、治理范式等方面的挑战。

智能化是依靠深度学习技术的驱动，利用人工智能体直接从事物原始特征出

① 群众网. 中共中央政治局进行第三十六次集体学习[EB/OL]. (2016-10-10) [2023-09-08]. http://www.qunzh.com/zxzxx/zzjjtxx/202010/t20201030_71938.html.

发，自动学习和生成高级的认知结果。进入治理技术智能化阶段，技术的工具性色彩逐渐减弱，人与技术之间的关系从传统分离的状态走向融合，治理实践更多集智能化、智慧化和精细化于一体。计算机单机和互联网的出现很大程度上增强了机器的感知能力，但是并未从根本上影响到人类的权力运转状态。当机器的认知能力逐渐提升，智能算法展现出"自主性"发展潜力时，超智能体——一种与人类并行的权力主体必将出现。智能算法通过数据辅助学生生成决策，在应用中反客为主，甚至成为"算法权威"并指导人类治理实践和决定信息真实性。[①]

治理工具的选择直接关系到研究生教育的治理绩效。计算机和互联网的出现极大地方便了研究生教育管理机构在文档处理、数据存储、信息传输等方面的事务性工作，极大地提升了沟通的效率，增强了管理能力。从组织结构和运行机制的角度看，计算机和互联网的出现并没有改变传统研究生教育管理层级的分立式结构。但是，通过计算机和互联网打造"少纸化"或者"无纸化"的工作环境，可以提高研究生教育组织机构内部和不同组织之间在信息存储、信息流转方面的效率。

"PC 时代—互联网时代—数智时代"的迭代进阶过程中，算法是一个极其关键的变量。纵观人类文明史，算法都是被用来解决复杂的天文学问题或者密码学问题等。到互联网时代，数学家约翰·冯·诺伊曼的"归并排序算法"为当前乃至未来时期内的数据挖掘、人工智能奠定了重要基础。数智时代的算法将更加复杂、复合和多能。图灵奖获得者巴特勒·兰普森（Butler Lampson）曾说，"一切皆可计算"，数据崇拜者奉为圭臬。但是，毋庸置疑的是，算法正在深刻地，并且长远地影响着人类社会的走向。

数据即生产力必将成为研究生教育数字化和智能化的最主要特征。从研究生教育治理的角度看，当数据成为主要治理工具的时候，组织、制度等传统的治理工具将逐一被数据、算法和算力取代，并且逐渐走向虚拟化。进入数字化和智能化时代，在虚拟现实和脑机连接技术的支持下，研究生教育相关领域的"感知无所不在"和"连接无所不在"的状况将会高密度、大范围地出现，在此背景下，所有参与研究生教育的治理主体、感知装备、智能终端都将源源不断地产出数据资源，数据将无所不在。

四、治理效能："透明化"和"精准化"

研究生教育治理效能是治理目标、治理主体和治理工具共同作用的呈现。计算机、互联网、"互联网＋"的迭代使得数据采集、保存和传输更为便捷，极大地提

---

①Lusting C, Nardi B. Algorithmic authority: the case of bitcoin[C]//2015 48th Hawaii International Conference on System Sciences. Washington: IEEE Computer Society, 2015: 748-752.

升了管理效率，但是科层制体系所固有的积弊并未随着信息技术的升级得到有效解决，数字化治理背景下也存在着"穿新鞋走老路"的暗流。[①]数字化智能技术需要从治理过程透明化和治理决策精准化两方面提升未来研究生教育治理效能。

（一）治理过程透明化

透明化是保证公平性和公正性的重要表征。无论是从公共行政的角度看，抑或从教育的视角出发，不能偏废或者放弃对于公开、公平和公正价值的追求，要心存敬畏。但是，仅依靠技术去实现绝对的公平是极具难度的。数智时代技术融合可以推动决策的公平化，人工智能体是建立在纯粹逻辑的基础上，而不会受制于有意识或者无意识的偏见。

开放协作、包容共享是人工智能技术开发和利用的重要原则。数智时代政府的公共行政将会是一种高度数据化和算法化的治理。治理过程是治理效能的重要表征。治理过程的透明化是保障治理效能公平化的重要基础。我国传统研究生教育管理一方面依托经验判断，另一方面辅以低阶的信息技术，形成的治理方案和最终的决策往往被诟病为"暗箱操作"。究其原因，主要是作为治理主体的政府对于研究生培养单位、学科单元，以及社会、市场等治理客体"事实"的低把握度。从某种意义上讲，治理的有效性可以被理解为对社会事实信息的清晰化展现程度，对于社会事实的清晰化展现程度越高，治理的有效性就越强。[②]在实施研究生教育治理和决策，若无法从整体和全局的角度出发，无法顾及部分群体，特别是边缘化或者小众利益相关方，那么最终的决策就会被淹没在统筹"一盘棋"的整体策略之中。长此以往，治理效能或随着治理主体公信力的流失而弱化，抑或促使部分利益相关方转向"机会主义"，助长研究生教育被管理方的投机行为。

（二）治理决策精准化

精准化是数字化智能治理背景下新的决策价值趋向。在人的主导性和有限性双重逻辑基础上，传统决策更多地被束缚于"一盘棋""一刀切"的思维当中。数智时代研究生教育治理由"PC-互联网"时代"人"运作数据转变为算法的"去人化"，以及精算法和强算力，精准化决策将成为最为鲜明的特征之一。

数智时代的研究生教育治理效能的敏捷性主要通过数字化、数据化和智能化三个步骤实现。诚如前述，数字化不仅是一种治理工具，更是一种治理思维。因

---

①于君博. 地方政府智慧治理应避免"穿新鞋走老路"[J]. 国家治理, 2021, (9): 25-28.

②王张华, 颜佳华. 人工智能驱动政府治理变革: 技术逻辑、价值准则和目标指向[J]. 天津行政学院学报, 2020, 22(6): 3-11.

此，研究生教育治理数字化首先要进行治理结构和治理流程的数字化改造，以提升数据采集能力和优化存储能力，从而降低人力成本，提升治理能力，提升研究生教育整体治理的敏捷度。

未来研究生教育数据采集的主要途径将包括来自研究生教育治理集成平台的系统数据，研究生教育主客体在线访问行为日志（过程记录），研究生教育物联网所有智能终端数据，以及研究生教育相关的多参数传感器数据等。数据化是建立在数字化的基础之上，通过发挥算法的作用，对数字化阶段采集的信息进行充分挖掘、分析和应用，利用治理客体分层、画像等手段提升治理过程中诊断、预测和改进功能，从而实现数据驱动的治理决策快速化、科学化和精准化。智能化是数据化的"质变"进阶，数据化阶段主要依靠"人"来运作数据，而智能化阶段的突破则主要在于"去人化"，更多依赖人工智能来实现研究生教育整体和局部治理过程中的语音图像识别、自然语言处理（natural language processing）、算法优化和智能决策，以及针对多元治理主客体的机器人流程自动化（robotic process automation）和个性化服务。智能化从根本上克服了"人"在体力、精力、注意力方面与生俱来的短板，融合了"人"和"机"各自的优势，借助外在的"脑机接口"、虚拟现实设备等可穿戴设备提升研究生教育治理效能的敏捷性和精确性。此外，利用"脑机接口"，实时感知和认知复杂的研究生教育实践问题，进而进行科学预测，做出合理决策。决策由单向转向协同，由被动转向主动。数据集成，可视可算。

数智时代的研究生教育治理效能不再受制于传统治理结构和治理流程的束缚，通过数字化、数据化和智能化等不同的进阶，从整体上提升治理效能的敏捷性。数智时代本质上是数字化和智能化的集合体。数字化是智能化的基本条件和重要前提，智能化是数字化的最终走向。其中，加速研究生教育治理体系的数字化进程是提升治理效能的基础性工程。众所周知，多源异构是信息处于任何一个时代的整体特征，前 PC 时代的信息采集能力、存储能力、分析能力主要依靠人力，人为错误和传递失真的问题根本无法避免，不仅效率低下而且存储的空间性和便捷性极其不足，分析能力更是无从谈起。到了 PC 时代，计算机的出现极大地提升了信息存储能力，但是数据采集依然停留在"人力时代"，虽然具备了一定的数据分析能力，但是主要集中在数据的简单描述统计层面。

第四节　数智时代研究生教育治理体系

治理体系是研究生教育治理的核心，是研究生教育体制机制改进中建立的办学、管学和治学组织及其结构关系。"治理现代化"是相对于"传统管理"而言的。传统研究生教育管理是在科层体系中围绕一定组织目标实施的人、财、物资源协调优化，其生发过程依赖的是物理世界中传统的组织机构及其结构关系。数智治理体系是治理能力现代化的重要内涵和表征。现代化研究生教育治理体系需在新的空间和结构维度上，进一步借助数智技术推动治理效能的突破。

一、空间上：三维空间交互的研究生教育治理场域

数智时代是物理世界、数字世界和混合现实三维空间交互的时代。物理世界通过数字化手段映射至数字世界，形成与数字世界的沟通；数字世界中的孪生仿真则可以有效改善物理世界。二者之间的有效互动最终促成混合现实的智能化（图3.8），这将为数智时代研究生教育提供全新的治理场景、组织架构和流程。

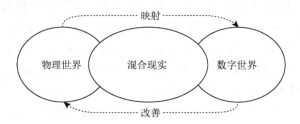

图 3.8　物理世界、数字世界和混合现实三维空间交互关系

（一）物理世界数字化：研究生教育场景的数字孪生

数智时代，万物交互。在各种传感器的支持下，研究生教育组织及其关系都将变得可量化和数字化。研究生课程是研究生教育的关键环节，智能课程教学将是一个非常典型的研究生教育场景：数字教室、数字导师、数字研究生、智能教室、虚拟课堂、产教智能空间、数字孪生科教平台等，通过各类传感器，对 PC 时代的线下物理场景进行采集和数字化，同步到云端实施。

研究生个体是未来国家创新之灵魂所在。数智时代可利用量化和数字化针对研究生个体实施精准画像。比如，研究生在课程学习、科学研究、实践活动过程中均会产生大量数据，甚至睡眠、运动、身体、心理等方面的海量数据均会源源不断地被采集，研究生个体可通过智能数据分析进而优化处于"物理世界"中的"自我"，最大可能地激发创新潜力。

此外，基于三维空间交互模型的过程孪生是物理世界数字化的手段之一。跨学科研究生教育是未来创新的增长点，同时，党的十八大以来，以城市群为主体形态的协同式、联动式、整体式区域治理是国家治理的新方向，国家先后出台了《京津冀协同发展规划纲要》《粤港澳大湾区发展规划纲要》《长江三角洲区域一体化发展规划纲要》等系列重大区域战略部署。跨区域研究生教育也将成为国家打造科技中心和创新高地的重要基础。然而，跨学科融合和跨区域合作是研究生教

育在现实物理世界中的痛点和难点。数智时代的三维空间交互模型是推动跨学科和跨区域研究生教育发展过程孕生的重要手段，不仅大大降低了试错成本，而且极有利于挖掘潜在创新点，完成在物理世界棘手的跨学科研究生教育融合尝试和跨区域研究生教育合作探索。

（二）数字世界物理化：研究生教育治理的数据决策

互联网加速了研究生教育领域数据规模的扩张，形成了庞大的数据体系。从公共网页数据到各种专业索引数据库，再到研究生教育行政管理部门和研究生培养单位的内部数据库，置身研究生教育的数字世界，如何感知、应对和反馈数字化研究生教育是数智时代研究生教育治理体系的重要内容。

数字化智能思维是数智时代研究生教育治理体系的重要表征，也是数字世界物理化的现实观照。经过 PC 时代研究生教育的初始信息化和互联网时代的多点信息传递，我国研究生教育体系具备了成熟的数字化基础，但是研究生教育利益相关方，特别是作为传统研究生教育管理主体的政府在感知、利用研究生教育数据方面略显不足。以学位授权审核、研究生招生等研究生教育决策行为为例，即使身处信息化时代，政府更多遵循"经验主义判断"，依靠数据决策极为少见。在"互联网＋"浪潮的推动下，研究生教育数据将越发丰富，数智时代研究生教育治理体系必将呈现出高度数字化，同时，大数据、数字孪生、云计算等技术手段亦将非常成熟。由"经验决策"全面转向"数据决策"的智能化研究生教育治理体系将成为数智时代研究生教育数字世界物理化的写实。

治理体系是组织及其结构关系的总称。因此，组织及其结构关系在治理中的主要功能作用是围绕决策行为展开的。PC 时代是教育信息化初始阶段，互联网的出现进一步对教育信息化进行了纵深推进，研究生教育作为教育体系的顶端，肩负着国家战略人才储备的重任。在高等教育大众化尚未铺开的阶段，单体计算机和互联网技术并不能改变政府在研究生教育治理过程中的"传统路径依赖"，即经验决断。彼时，单体计算机和互联网技术更多地发挥和释放了数据采集和传输的功能作用，其在数据过滤、分析、组织等方面认知功能的缺失亦无法满足变革"经验决策"的需求。

伴随着"互联网＋"技术在金融、消费等领域的应用和普及，相关行业的业态发生了颠覆性变革，该技术由此开始向其他产业领域蔓延，并呈现出"排山倒海"之势。在此浪潮下，研究生教育外部治理和内部治理体系随之悄然出现变革，组织决策行为开始转向"简单数据分析基础之上的经验决断"。以院校研究生招生名额分配为例，一部分"双一流"建设高校开始尝试利用数据决策，针对博士和硕士不同层次结合国家战略、学科差异、市场需求等多维因素开发了招生指标测算模型，形成了博士、硕士招生指标动态调整办法，一改"存量＋增量"的传统资源配置模式，使得研究生教育资源得到科学、合理、有效配置，进而推动研究生教育的高质量发展和"双一流"建设。

进入数智时代，信息技术的迭代升级促使机器认知能力不断提升，数据智能化成为现实。研究生教育治理体系中"人为"因素将悉数退出，完全"经验决策"将不复存在。一方面，大数据技术将为研究生教育进行更为全面、客观的画像；另一方面，云计算技术将为研究生教育数据智能化保驾护航。在此基础上，"数据决策"将成为现代化研究生教育治理体系的主要特色。从外部治理中的区域创新协同、学位授权审核、招生指标分配，到内部治理中的学科交叉融合、培养过程优化、质量监测评价都将完全依靠"智能数据"进行决策。

（三）混合现实智能化：研究生教育组织的立体架构

有史以来，物理空间和社会空间是人类赖以生存的二元空间，同时也成为人类挑战极限、追求突破的参照。教育作为一种复杂的人类社会活动，也始终无法突破此二元空间。数智时代信息技术的颠覆性变革突破了由来已久的空间束缚，数字化基础上的数字世界最终得以实现，并与传统物理世界和人类社会形成密切互动。

PC 时代研究生教育治理体系中组织架构及其关系主要是依靠"人"来运行和维系，而以"人"为中心的组织则离不开实体架构和人际关系。可以说，传统研究生教育管理组织及其关系结构必须依靠物理世界和人类社会二元空间运行。数智时代数字世界的出现打破了传统二元空间的限制，三维空间交互必然倒逼研究生教育治理体系中组织架构及其关系的改变。沟通物理世界与数字世界的混合现实将成为治理体系中的一个新事物。伴随着信息技术的进步，混合现实的具象也在不断改变，从"数据平台"到"智能平台"，再到"增强现实""元宇宙"，代入感逐渐增强，在三维感知、位姿感知、三维重建、三维理解达成的前提下，混合现实智能化最终成为可能。纵横交错的研究生教育治理组织将突破传统科层结构，呈现出多维、多元，但有序的结构和关系，满足数智治理背景下多元主体积极参与治理的个性需求。此外，生于互联网时代、长于互联网时代的人们渴望突破物理距离寻求更加广泛多维的合作的想法更为强烈，在此背景下，跨国度、跨区域、跨院校、跨学科的治理组织将更加活跃。

数智时代研究生教育治理体系中组织架构由线下转至线上后，组织的运行机制在数字化和智能化的推动下更加开放，线性结构转化为区块结构，节省了不同层级之间的沟通交流环节。传统流程导向的研究生教育治理将全面转变为业务导向。数智时代混合现实智能化不仅可以提升研究生教育治理的精准性，而且极大地提升了治理的敏捷性。从外部治理看，研究生教育的区域布局、学科布局不再遵循自上而下的管理思维，而是遵循分布式治理思维，在各方共同监管的背景下促成研究生教育"供应链"和"需求链"无缝衔接。从内部治理看，"学校-院系-学科"模式不再是主导，业务管理导向和知识创新导向推动更多跨院系、跨学科"虚拟组织""虚拟场景"的出现，有效解决了物理世界中的制度困境，打破了学科"武装割据"的藩篱，从根本上促成了学科交叉融合，培育了良好的组织创新和知识创新生态。

二、结构上：虚实互构的研究生教育治理智能平台

PC 时代，人是组织架构和运行的唯一主体要素。互联网的出现仅在一定程度上实现了组织架构的优化与组织运行效率的提升。数字化智能技术打通了物理世界与数字世界，由此促成组织架构与运行机制的整体性变革。研究生教育治理组织结构在"物理-数字"双重世界下也发生了根本性变革，"智能平台"成为数智时代组织结构及其关系变革的主要聚焦点。

（一）一体化智能平台

一体化智能平台是数智时代治理体系中的实体平台，与基于区块链技术的虚拟平台交相辉映，相互支撑。"政府即平台"（government as a platform）[1]是国内外学术界形成共识的主要观点，最早由美国和英国等国家提出，旨在通过建设通用标准和体系框架，提升集中共享能力，减少重复建设。数字政府治理的本质是协调政府的"有形之手"、市场的"无形之手"和社会的"自治之手"之间的三重逻辑关系，由"管制型政府"转向"服务型政府"，提升政府治理效能、质量和公信力。强支撑、强赋能、强服务是数智时代研究生教育一体化智能平台的主要特点。强支撑夯实研究生教育数字化平台基底，强赋能助力研究生教育的整体智治，强服务提升研究生教育创新能力。一网通办、一网统管是数智时代一体化智能平台的常见形式。

随着我国教育数字化步伐的加快，研究生教育一体化智能平台的开发和应用取得了不俗的成绩。国家智慧教育平台二期于 2022 年 7 月正式上线，研究生教育成为新增云资源板块。该板块立足研究生教育新阶段的目标任务，综合考虑了研究生、导师、培养单位、企业等多元主体的需求，以在线开放课程、案例教学、学术研究、导师发展、产学研服务等模块为载体，极大地推动了研究生教育治理体系的数字化进程。同时，伴随着国家智慧教育平台数据分析功能的不断增强，线上线下结合的新时代研究生教育治理模式雏形已现。

---

[1] O'Reilly T. Government as a platform[J]. Innovations: Technology, Governance, Globalization, 2011, 6 (1): 13-40.

以非全日制研究生教育为例，工业化时代的非全日制研究生必须面对工作、学习和生活之间的割裂，而进入后工业化的数智时代，非全日制研究生个体可以实现更加柔性化的工作、学习和生活的状态，这可以保障个体的潜能得到最大程度的释放。同时，未来"以平台为中心"的"分布式"研究生就业形式将更加灵活和便捷，并且在数字经济背景下的研究生就业和创业门槛将更低，正如弗里德曼（Friedman）在《世界是平的：21 世纪简史》（*The World is Flat: A Brief History of the Twenty-first Century*）中指出的，如果说全球化 1.0 版是由国家来驱动，全球化 2.0 版是由跨国公司驱动，那么全球化 3.0 版的主要动力则是个体在全球范围内的竞争和合作能力。不难看出，弗里德曼的"全球化理念"对于人类有史以来赖以存在的二元空间提出了挑战，同时，个体参与和融入全球竞争与合作也成为组织学研究领域的重要命题。研究生作为高层次创新人才，是一个国家创新能力的重要载体，如何推动研究生个体突破物理空间和社会空间的限制，深入参与和融入全球竞争与合作，将是数智时代研究生教育治理的重中之重。

（二）区块链智能平台

区块链智能平台是数智时代治理体系中的虚拟平台，是基于区块链技术的智能化应用和服务平台。传统研究生教育管理分工模式属于科层制，各层级各司其职，自上而下逐层节制。前工业化时代的研究生教育不仅规模有限，而且主要面向学术领域培养高层次人才。知识经济时代的研究生教育目标发生巨大改变，满足市场需求和个体的个性化需求被提上日程。在此背景下，既有的科层组织模式难以满足知识经济时代需求和数字化分工的跨时空供需协同，以及多样化和个性化的需求，基于平等协作、价值共创、利益共享的区块链智能平台组织将成为数智时代研究生教育治理组织的新模式。

《数字化转型 参考架构》（团体标准 T/AIITRE 10001—2020）中将数字化转型划分为初始级、单元级、流程级、网络级和生态级五个阶段。数智时代研究生教育治理体系的数字化转型已由传统单元级、流程级转向网络级、生态级。德国著名理论物理学家哈肯（Haken）认为，自组织和他组织是组织进化的两种主要形式。当系统的自组织属性越强，该系统的创新能力就越强。[①]在国家传统公共管理背景下，我国研究生教育管理一直沿用传统自上而下科层框架下的线性流程管理模式。数智时代的研究生教育治理模式是在数字化的基础上，以智能数据平台为中心组织研究生教育的多元利益相关者，通过数据算法和算力治理的方式强化研究生教育的自组织性。

---

①童菲, 张克磊, 王守文. 国家重点实验室自主创新能力系统的自组织演化机理[J]. 科技与经济, 2013, 26(4): 21-25.

学位授权点是研究生培养主要单元，也是研究生教育治理的重要抓手。学位授权点的区域结构、学科结构、规模结构都构成研究生教育治理决策中的重大议题。传统科层体系中"人"的因素参与较多，因此饱受争议。经过 PC 时代和互联网时代的信息技术发展，数据采集和传送得到了长足进步，由人主导的"经验决策"过程中"人为"因素逐渐减少，基于客观数据的实证所占比重逐渐增大。但是，当面对极度紧缺的博士学位授权点资源时，基于科层制的"经验决策"仍然无法做到科学、精准、实时、高效。数智时代学位授权点的区域、学科、规模布局采用"区块链智能平台"（图 3.9），政府、产业、社会、高校、科研机构、个体等研究生教育多元利益相关方都被嵌入分布式"区块链智能平台"。

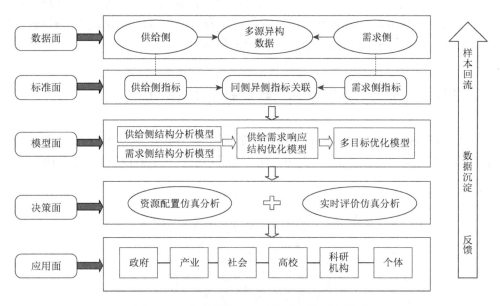

图 3.9　研究生教育治理区块链智能平台模型

在此智能平台中，供给侧和需求侧的人、财、物被统一为数据，成为智能平台中的数据元素，接受各种算法（数理模型）的规训，数据因此被赋予了现实人格，具备了智能的属性，数据平台最终华丽转身成为智能平台。随着智能平台与生产市场、社会生活的不断深度融合，各种新业态、新模式不断出现，取代旧业态和旧模式。传统组织模式被颠覆，数据、机器等成为新的组织主体。人与数据、机器的支配与被支配关系演变成为分工协作关系，虚实互构的智能平台最终成为研究生教育治理决策中的真正主体。

数据决策模型的构建是落实数据要素作为决策主体的关键环节。本书在结合博士学位授权审核决策特征的基础上，构建了"互联网＋"背景下学位授权审核数据决策模型（图 3.9），以期在理念引领层面进一步推动我国研究生教育治理的数字化转型。

　　该模型构建以"数据面-标准面-模型面-决策面-应用面"为逻辑，并且进一步厘清了"应用面"样本回流、数据沉淀、反馈后形成的新数据面，由此构成数据决策的"闭环模式"。首先，"数据面"的数据来源主要是我国研究生教育的供给侧（学位授予单位）和需求侧（国家、社会、市场、个体等），通过多源异构方式将结构化、非结构化、分散性数据按照既定的指标体系进行整合。其次，利用"标准面"同侧异侧的指标关联对供给侧和需求侧的数据进行标准化处理并作进一步分类。"模型面"是利用"标准面"的指标体系建构数理分析模型，在"决策面"结合标准化数据进行测算和拟合估计，通过计算的方式将博士学位授权审核决策数据化，利用数据科学方法将"数据转化为知识"，为"应用面"的政府、产业、社会、高校、科研机构、个体提供知识和判断。

三、功能上：服务导向的研究生教育治理自组织化

　　数智时代研究生教育治理的理想目标是实现智慧治理。智慧治理在现代信息技术的助力下具有"泛在智能""去中心化""协同治理"的内涵机理（图 3.10）。

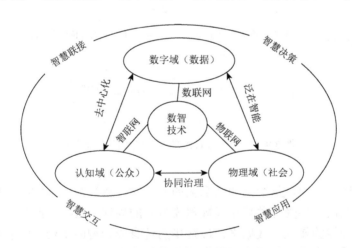

图 3.10　数智时代智慧治理的机理

　　传统研究生教育治理体系中，处于权力科层末梢的院系、学科等组织属于治理客体的范畴。数智时代研究生教育治理过程中处于科层末梢的组织在数字化和智能化技术的支持下反客为主，而位于传统治理体系头部的政府则需要完成职能转变，由"管制方"转变为"服务方"。"功能适当"是现代宪法理论关于权力配

置的重要原则，主张将不同的治理职能赋予在组织、程序和人员方面具有优势，从而可能做出最优行动的主体。[①]

（一）一核多元：服务型治理

"一核多元"是数智背景下充分释放研究生教育治理效能的组织结构。一个国家选择什么样的治理体系，是由这个国家的历史传承、文化传统、经济社会发展水平决定的，是由这个国家的人民决定的。[②]技术的进步可以改进治理体系中的组织与权力结构，但是不会动摇治理体系赖以存在的根基。在中国的政治和文化背景下，党和政府一定是中国公共治理事务之核心。同时，数智技术会带来构权、行权和控权的变化，促进多元主体更加深入的、实质性的治理参与（图3.11）。

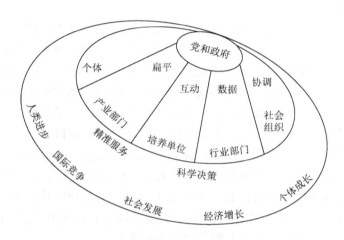

图3.11　数智时代研究生教育治理的"一核多元"

智能平台必将成为数智时代研究生教育治理体系中的关键环节。在此背景下，政府在研究生教育治理体系中的职能角色面临着较大挑战。电子政务是 PC 时代和互联网时代利用简单信息技术提升部分和个人信息处理能力，网络驱动用户参与政府行政过程。数字政府是电子政务发展到一定阶段的延伸和重塑，也是信息技术进入"互联网+"时代和数智时代的产物，更是政府实现线上治理和智能治理的必然要求，具有以用户为中心、数据驱动、整体协作和泛在智能等主要特点。从当前数字政府治理实践看，有自上而下统筹建设，机构改革先行；有由点到面全面铺开，流程再造先行；也有打造包容创新环境，产业发展先行。

---

①张翔. 国家权力配置的功能适当原则：以德国法为中心[J]. 比较法研究, 2018, (3): 143-154.
②本报评论部. 坚定"四个自信"的基本依据[N]. 人民日报, 2019-11-07 (9).

在我国现行的研究生教育制度设计下，研究生教育治理是嵌套在行政管理体系之中的天然附属品。传统研究生教育管理强调纵向任务分解之后的有效执行，通常的做法就是打造竞争性的利益结构以激发不同区域、多元主体的热情和动力。在此背景下，不同区域和多元主体为了确保在竞争中胜出，其管理和决策往往是封闭的、内向的和个体的，这与数字化的本质是相对的。

我国研究生教育治理体系是镶嵌在我国国家治理体制和机制之内的，而政府在我国国家治理体系中的地位和作用又非同一般，因此，推进研究生教育治理体系现代化不能简单地以"去政府"为目标，而是要努力转换政府的"角色"，充分发挥其在规范、激励和监管方面的作用，由传统"管制型政府"转向"服务型政府"，在此背景下，充分利用数字化和智能技术，进一步发挥治理体系末梢的自组织功能，在开放性、非均衡态、非线性作用、随机涨落和反馈作用等方面超越传统研究生治理体系。

传统政府主导转向"多元互动协同治理"，其中，整体性政府模式转向智能体政府，为"多元主体互动协调"创造外部环境。我国研究生教育管理在历经了"放管服"改革后，虽然也大刀阔斧地提出了横向和纵向协同治理的理念，但是，受到了治理技术因素的限制，以及传统管理思维的限制，协同治理也是仅局限于政府系统内部的部门之间。众所周知，较之于学前教育、基础教育、中等教育，研究生教育是国民教育体系中与社会融合最为密切的教育阶段。然而，在研究生教育治理过程中，产业、个体等社会层面的需求没有得到充分的表达，缺乏面向产业、个体等社会层面需求的精准化供给能力。没有从根本上实现"多元协同"，政府、产业、个体的"互动合作式"供给尚未达成。资源数字化、平台一体化和运行智能化将为人人时时处处参与治理提供技术保障，改变传统"自上而下"的"两端一线"管理方式，形成全新的"治理链条"。

（二）智能合约：分布式治理

治理效能是治理结构和过程共同作用之结果。借助研究生教育数据共享平台和虚拟算法平台，通过数智应用研究生教育治理场景的多维化，促进研究生教育治理效能提升是数智驱动研究生教育治理的系统设计。

"智能合约"是数智驱动研究生教育治理效能释放的"制度中台"。"智能合约"属于"合约管理"的升级迭代，旨在营造多方互信的治理制度环境。数智时代研究生教育治理结构中新增的数据共享平台和虚拟算法平台，以及治理过程中的多维化数智应用场景需要构建"一体化智能合约框架"（图 3.12）进行整合。

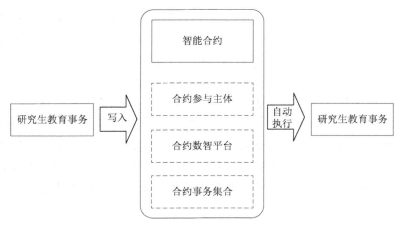

图 3.12 数智时代驱动研究生教育治理"一体化智能合约框架"

在该框架中，研究生教育治理的多元主体，不同类型的虚实数智平台，以及众多的研究生教育治理事务均被写入智能合约，研究生教育治理走向开放化和透明化，共同构成数智驱动研究生教育治理的新生态，有效打破研究生教育治理体系中多元主体之间的信任壁垒，保证不同平台之间，平台与研究生教育治理主体之间，研究生教育治理组织之间在信息交互过程中数据的真实性和可靠性。智能合约是实施分布式治理的重要载体。

利用"智能合约"实施分布式治理是应对研究生教育规模巨大背景下的高度不确定性和实现不同"节点"协同的必然选择，是提升大国研究生教育治理效能的"新赛道"。我国是一个人口大国，覆盖区域众多，研究生教育规模也位居世界前列，地区之间差异较大。传统研究生教育治理过程中，中央主导作用突出、地方政府统筹能力有限、培养单位自主性不足的问题已经影响到新时代研究生教育的高质量发展。随着研究生教育逐渐深度融入区域经济社会的发展，"一刀切"的集权式研究生教育治理模式已经无法满足不同区域特色发展对于高层次人才的需求。同时，完全自主自治模式又与我国国家学位形态存在根本性冲突。分布式治理一方面强调国家权力对于研究生教育的高度影响，另一方面又充分借鉴了研究生培养单位自组织治理优势，吸纳社会多元主体参与治理，完美地融合了"权力-技术-主体"多重治理要素。

基于"智能合约"的分布式治理也是探索自组织治理的新路径，是"后科层制"背景下提升研究生教育治理效能的"新动能"。置身"两个大局"，作为"创新母机"的研究生教育面临着来自信息技术、经济社会发展、国际竞争等多重不确定性。我国传统研究生教育管理战略的实现机制和目标的达成机制是他组织的机制，即通过外部设定目标、指令进行组织。面对经济社会发展对于创新的巨大需求，以及国内外环境的多重不确定性，仅依靠"数字化机制赋能"无法应对，针对机制的重塑性变革才是治理体系现代化的核心要义。从"中心化"他组织到"去中心化"自组织是数字化智能时代推动研究生教育治理机制重塑性变革的"点睛之笔"。伴随着我国研究生教育规模的不断扩大，研究生教育组织系统逐渐变得庞大。传统"中心化"他组织模式面临着效率性不高、精准性不足、过程性滞后、周期性漫长等缺陷，造成高层次人才培养不能满足国家战略、经济社会发展，以及公民个体需求等现状。"去中心化"自组织模式极具灵活性，试错成本低，同时在"智能合约"支持下又始终被置于监督之中，极易促成边缘性创新突破，这类分布式治理模式可以最大限度地整合组织内外部的优势资源并加以利用，从而使得研究生教育治理体系中的众多组织具备开放、流动和弹性的特征。

第四章 数智时代研究生教育资源配置的新模式

资源是自然界、人类和科学技术相互结合的产物，是人类社会发展的基础和支撑，它依赖于人类的智慧和行为来适应人类的需要和能力的扩大或缩小。因此，资源是一个可变的历史范畴，随着人类社会发展和科学技术进步而不断变化。近年来，数字技术创新和迭代速度明显加快，在提高社会生产力、优化资源配置等方面的作用日益凸显。作为社会经济活动中的一种，教育活动和其他活动一样需要占有和使用资源。研究生教育资源面临激烈竞争和人工智能算法的冲击，本章对因资源配置变革引起的人类经济社会变革和相关学科研究内容可能出现的变化做一些前瞻性思考，以期引起大家对相关问题的关注和研究。

第一节 研究生教育资源配置的发展历程与审视

资源是组织所需的生命动力元素，也是维系人类生存和发展的基础。研究生教育资源是研究生教育事业得以生存与发展的基础和土壤。本节通过了解我国研究生教育资源配置的发展历史，考察中华人民共和国成立后不同历史阶段我国研究生教育资源总量与增量的变化特点与趋势，比较分析新中国成立以来信息技术对我国研究生教育资源变化的影响，讨论研究生教育资源配置特点、审视其中存在的问题。

一、研究生教育资源配置的内涵特征

资源是一个历史的、可变的经济范畴。研究生教育资源是建设世界创新中心和人才高地战略布局中的基础性关键环节，因此研究生教育资源配置也日益成为大学学科建设、导师队伍建设、高层次人才培养中的关键问题。

（一）研究生教育资源的分类

经济学中所说的资源是指在生产或经济活动中有价值并具有有效用途的要素，资源是相对于需求的要素，凡能满足人们需求的要素都可以称为资源[①]。马

---

①李含琳. 资源经济学[M]. 兰州: 甘肃人民出版社, 2003: 40-45.

克思认为劳动并不是它所生产的使用价值即物质财富的唯一源泉，自然资源和劳动力资源是创造社会财富的源泉。恩格斯也明确指出，"劳动和自然界在一起才是一切财富的源泉。自然界为劳动提供材料，劳动把材料变为财富"。[①]可见，资源既体现了人与自然界之间的物质变换关系，也反映了社会生产力诸要素之间的相互作用关系。从这种意义上说，大部分资源都是人类通过不断地积累技术、知识和经验，在漫长的社会发展过程中获得并加以利用的智慧的结晶。从这种意义上说，资源是自然界、人类（劳动力）和文化（科学技术）相互结合的产物。[②]可以说，先有自然界后有人类，为了满足生存和发展的需求，人类与自然界进行斗争，并创造出了丰富多样的人类文化，其中包括科学和技术。借助于文化，人类"创造"了资源。

"配置"一词是围棋中的术语，暗含棋子相互配合布阵的含义。宋代棋圣刘仲甫在《棋诀》一书中讲道，"远不可太疏，疏则易断；近不可太促，促则势赢"。根据《经济大辞海》中关于资源配置的定义，资源配置是指资源在不同用途和使用者之间的分配和布置[③]。我国著名经济学家厉以宁教授这样定义资源配置，"资源配置是指经济中的各种资源（包括人力、物力、财力）在各种不同使用方向之间的分配"[④]。资源的"有限性"决定了其配置是需要经过"深思熟虑"的，将有限的资源分配在最适宜的位置，使其以最小的消耗产出最佳的收益，即为资源的合理配置[⑤]。一般情况下，资源的合理配置通常会有两种情况，一种是在资源有限的情况下求最优解，另一种则是在目标既定的情况下实现资源的有效利用。

研究生教育资源是研究生培养过程中所必需的，是包括各种物质形态、运动形态和思维形态在内的社会存在。研究生教育资源也可以称为研究生教育要素，是指研究生培养单位为完成研究生教育相关活动所需投入的各种资源。这些资源包括但不限于教学设施、实验室设备、图书馆资源、科研经费、导师指导和学术交流平台等。研究生教育的资源分为狭义和广义两种，其中狭义的研究生教育资源指的是为培养高端专业人才而投入的人力、物力和财力，广义的研究生教育资源包括所创造的教育知识、经验、技能、资产、费用、制度、品牌、人格、理念、设施以及教育领域内外人际关系的总和。这些资源的充实和完善，对于提高研究生教育的质量和水平，培养高水平研究人才具有重要意义。

研究生教育是一个由复杂要素构成的巨系统。目前国内外学者对高等教育资源概念进行界定得较多，如表 4.1 所示。

①中共中央马克思恩格斯列宁斯大林著作编译局. 马克思恩格斯文集 (第 9 卷)[M]. 北京: 人民出版社, 2009: 550.

②马克思. 政治经济学批判大纲[M]. 刘潇然, 译. 北京: 人民出版社, 1975: 17.

③张跃庆, 张念宏. 经济大辞海[M]. 北京: 海洋出版社, 1992: 77.

④厉以宁. 非均衡的中国经济[M]. 北京: 经济日报出版社, 1990: 2.

⑤陈庆德. 资源配置与制度变迁: 人类学视野中的多民族经济共生形态[M]. 昆明: 云南大学出版社, 2001: 35.

表 4.1　研究生教育资源的相关概念表

概念	学者	内涵				
		人力	财力	物力	政策	其他资源
高等教育资源	许剑等[1]	√	√	√		
	蒋南平和陈瑾[2]	√	√	√		时间资源等
	康宁[3]	√	√			信息资源等
	傅毓维和郑佳[4]	√	√	√		
	Ng 和 Li [5]	√	√			
	Abbott 和 Doucouliagos[6]	√	√	√		
	Flegg 等[7]	√	√	√	√	
	Martin[8]	√	√	√		
	Kao 和 Hung[9]	√	√	√		
	Agasisti 和 Pérez-Esparrells[10]	√	√	√		
研究生教育资源	彭安臣[11]	√	√	√		
	赵琳等[12]	√	√	√	√	
	彭莉君[13]	√	√		√	

①许剑, 李友玉, 沈百福. 高等教育改革热点问题研究[M]. 北京: 北京师范大学出版社, 1997.

②蒋南平, 陈瑾. 论市场经济条件下高等教育资源合理配置问题[J]. 高等教育研究, 1999, 15 (4): 26-30.

③康宁. 中国经济转型中高等教育资源配置的制度创新[M]. 北京: 教育科学出版社, 2005.

④傅毓维, 郑佳. 我国高等教育资源配置存在的问题及优化对策[J]. 科学学与科学技术管理, 2005, 26 (2): 71-74.

⑤Ng Y C, Li S K. Measuring the research performance of Chinese higher education institutions: an application of data envelopment analysis[J]. Education Economics, 2000, 8 (2): 139-156.

⑥Abbott M, Doucouliagos C. The efficiency of Australian universities: a data envelopment analysis[J]. Economics of Education Review, 2003, 22 (1): 89-97.

⑦Flegg A T, Allen D O, Field K, et al. Measuring the eficiency of British universities: a multi-period data envelopment analysis[J]. Education Economics, 2004, 12 (3): 231-249.

⑧Martin E. Efficiency and quality in the curent higher education context in Europe: an application of the data envelopment analysis methodology to performance assessment of departments within the University of Zaragoza[J]. Quality in Higher Education, 2006, 12 (1): 57-79.

⑨Kao C A, Hung H T. Efficiency analysis of university departments: an empirical study[J]. Omega, 2008, 36(4): 653-664.

⑩Agasisti T, Pérez-Esparrells C. Comparing efficiency in a cross-country perspective: the case of Italian and Spanish state universities[J]. Higher Education, 2010, 59 (1): 85-103.

⑪彭安臣. 高校研究生教育资源配置效率的实证分析[D]. 武汉: 华中科技大学, 2006 .

⑫赵琳, 刘惠琴, 袁本涛. 我国研究生教育省际发展状况及其特征研究[J]. 学位与研究生教育, 2009, (5): 26-31.

⑬彭莉君. 我国高校研究生教育资源配置现状研究[D]. 合肥: 中国科学技术大学, 2012.

　　根据研究生教育的职能，研究生教育资源被定义为大学为开展研究生教育所需的人力、物力、财力和政策资源的综合体，其中人力资源包括指导研究生学习的教师团队，物力资源则涵盖了所有培养研究生所需的设施和设备，而财力资源则是高等学校为培养研究生所需的经费，而政策资源则为高等学校开展研究生教育提供了必要的基础。[①]

　　研究生教育，作为一种稀缺的社会资源，具有不可替代的价值和意义。随着社会化大生产的推进、工业革命的兴起以及现代科学技术在生产领域的广泛应用，对于那些接受过研究生教育并掌握现代科学技术的高级专门人才的社会需求，始终面临着区别于当前社会状况的挑战；尤其是随着社会生活水平的不断提升，人们对于个人的生存品质和社会文明的进步都提出了更为苛刻的要求，这也使得研究生教育面临着更为严峻的挑战。在成熟的市场环境下，研究生教育资源的需求往往以市场价格的形式呈现，这反映了市场上的供需状况。[②]

　　首先，研究生教育的政策资源是指研究生教育系统内部解决人与人之间交易关系的行为规则、规范或稳定的习俗与意识形态。"教育政策是公共政策的一部分，它是由政府及其机构和官员制定的、调整教育领域社会问题和社会关系的公共政策"[③]。政策制度以某种结构、方式或框架表现出来，便是一种制度安排。约瑟夫·熊彼特在《经济发展理论》中提出，"所谓创新就是将一种关于生产要素和生产条件的'新组合'引入生产体系"。综观研究生教育的政策资源，主要包括研究生教育系统内部各种资源要素配置的结构形式、组织方式、教育产权方面的配置方式、组合规则或相互间的制约机制和研究生教育法治方面的政策制度。由于研究生教育的政策资源具有多方面性、多层面性，每个方面或层面又有多种选择，如招生政策、学位授权、评估模式等。招生计划分配是实现高等教育资源合理分配的重要手段，招生政策、高校需求和主观因素等的复杂性加大了招生计划分配的难度。[④]教育为经济发展提供重要的智力支持和技术革新源泉，适当扩大研究生教育规模有利于经济发展。[⑤]博士、硕士学位授权审核是指国务院学位委员会依据法定职权对能够授予学位的高等学校和科学研究机构及其可以授予学位的学科（含专业学位类别）进行核准。学位授予单位是我国进行学位制度实施的前提条件和依托载体，其发展情况反映了我国高层次人才培养的宏观布局。学位授予单位授权点的发展情况反映了其学科建设发展脉络和办学实力。

①白丽新, 彭莉君. 我国研究生教育资源配置公平性评测研究[J]. 研究生教育研究, 2015, (3): 7-14.
②康宁. 我国高等教育资源配置方式转换与制度环境[J]. 北京大学教育评论, 2004, (4): 23-28, 33.
③刘复兴. 教育政策的价值分析[M]. 北京: 教育科学出版社, 2003: 38 .
④魏针, 李登峰, 余高锋. 基于破产模型的高等教育资源 Shapley 值分配研究: 以高考招生计划分配为例[J]. 河海大学学报(哲学社会科学版), 2020, 22 (2): 72-78, 107-108.
⑤王任模, 屠中华. 研究生教育资源配置与经济发展实证研究[J]. 研究生教育研究, 2017, (4): 8-12.

其次，人力资源通常指能够进行劳动并为社会或他人提供劳务或服务，并做出一定的贡献的那部分人。高等教育的主角和学生成长、成才的领航者，是研究生教育资源系统中从事高等教育工作的教师和高等教育管理者所拥有的人才。教育者的人力资源结构主要体现在职称结构和学历结构两个方面。职称结构指高校内各个级别的教学人员的比例。教师的职称结构直接反映了教师团队的质量情况。高校的性质和类型决定了教师职称结构的合理性，因此必须根据高校科研和教学任务的水平对职称结构进行调整。学历结构则指不同学历、学位的教师数量的构成情况。通常来说人力资源要素中高学历人员的比例越高越好。在研究生教育资源中，人力资源所占的比重比其他任何生产部门都高，而且研究生教育的人力资源的技术和智力含量之高也是其他任何生产部门不可与之相比的，比如，高校著名学者在教育或科技中的创造性贡献并不是其他人所能代替的[1]，而且导师是研究生教育立教之本、兴教之源，导师是研究生培养的第一责任人，常被视为教育的"第一资源"。导师的学术水平和指导方式，是影响研究生教育质量的一项极为重要的因素。因此，研究生教育的人力资源在研究生教育内的具体表现，就是组织内所有人员的知识、能力、技术、态度和激励。

再次，《中国百科大辞典》中财力资源的释义为"一般指社会产品的货币表现，即国家在社会总产品和国民收入的分配和再分配过程中形成的各种货币资金，有时也指财政可以支配和动员的资金"[2]。研究生教育资源系统中，各来源的教育经费总量组成财力资源要素。在高等教育发展过程中，教育经费占整个教育支出的比重越来越大，就国际和国内教育经费的支出来源而言，可以大致分为两类：一类是由国家财政拨款，另一类则是由个人自行提供的资金。其中，国家财政用于高等教育的经费占绝对主导地位。税收是国家财政拨款的主要来源，而学生学费则是个人资金的主要筹措方式。从世界范围看，各国对高等教育经费的分配和使用一般都采用政府与学校共同分担的方式。当然，除此之外，还有来自社会的慷慨捐赠、高等教育机构的经营所得、教育领域的债券发行以及借贷等多种形式的资金支持。从各国情况来看，由于经济发展水平和政治制度的差异，教育经费的来源又有所不同。一个国家或地区的教育经费来源结构，可以反映出该国教育投资体制的现状和发展趋势，因此可以通过对各个时期教育经费来源构成的分析来了解其变化过程和规律。教育投资体制的差异以及不同教育部门的政府财政努力程度和经费来源渠道的不同，可以在不同层次的教育经费来源结构中得到体现。

最后，研究生教育资源系统的物力资源由满足高等教育良性运行所需的土

---

①谭光兴，屈文建. 基于Pareto遗传算法的高等教育资源优化配置[J]. 科技管理研究, 2010, 30 (11): 70-74.
②中国百科大辞典编委会. 中国百科大辞典[M]. 北京: 华夏出版社, 1990: 234.

地、建筑物、教学设备、教学仪器、书籍和资料这些物质性的要素构成。研究生教育的可持续发展离不开充足的物力资源，这些资源不仅是学校办学条件的体现，更是保障教学所必需的要素，对于研究生教育的有效实施具有至关重要的意义。物力资源数量的保证，是研究生教育资源系统中物力资源构筑的基础。充足数量的物力资源，是学校开展教学、科研等各类活动的基础。例如，"双一流"建设高校内的重点实验室，先进的实验仪器数量都有效地提高了资源配比。然而，仅依靠数量上的保障不足以满足所需的物力资源，还必须达到一定的品质标准。在高等教育领域内，要使研究生得到全面发展，必须重视物力资源配置的合理性和科学性，提高物力资源使用效率，以实现高校内部各要素之间的合理分工与协调运作。唯有具备卓越品质的物质资源，方能确保研究生教育环境的优良。

（二）研究生教育资源的特征

在现代经济社会中，研究生教育资源自身具有的特殊性，使其与社会其他资源区分开来。

第一，稀缺性。资源的稀缺性是一种普遍存在的特征，因为人类的需求是无限的，一旦满足了某种特定的需求，就会引发新的需求。无论是自然资源如水、土地、能源，还是人力资源、物力资源等，都存在一定的稀缺性。在新一轮科技革命和产业变革的背景下，我国社会的主要矛盾已经发生变化。在当今时代，研究生教育发展的主要矛盾是什么？中国科学院院士杨卫指出"研究生教育发展的主要矛盾应该是莘莘学子要求享受优质研究生教育的美好愿望与我国研究生教育资源尚不够充分、质量尚不够优秀、体系尚不够协调之间的矛盾"[①]。研究生教育资源的稀缺性导致了经济学中的核心问题，即资源的有效利用和分配。如何通过合理的规划和管理，最大限度地利用有限的资源，满足人们的需求，实现经济和社会的可持续发展是需要重点关注的问题。

第二，外部性。据法国高等教育学家艾雪所述，高等教育所带来的正面外部效应主要体现在其通过知识的积累和应用，推动经济增长，提高劳动力市场的灵活性，塑造审美和文化价值，以及促进更为有效的政治参与[②]。在西方发达国家，高等教育对经济社会发展的促进作用已经被越来越多的国家证实。尽管美国教育经济学家科恩所提出的高等教育对外部产生积极影响的假设似乎具有合理性，但

---

①杨卫. 立足新时代 履行新使命 以优质学术研究服务研究生教育强国建设[J]. 研究生教育研究, 2019, (3): 1-2, 105.

②Eicher J C, Chevaillier T. Rethinking the financing of post-compulsory education[J]. Europe Journal of Education, 1987, (27): 4-7.

其未得到实证验证①。研究生教育是培养拔尖创新人才的活动，是支撑国家核心竞争力的基石，是引领人类文明进步的动能。把握高质量发展阶段，我国经济社会发展的战略性要求，抓准战略重点，深刻认识研究生教育在经济社会发展与教育强国战略中的重要性与必要性，对实现优化教育类型和区域发展布局，加快推进研究生教育强国建设，实现人才强国战略具有重要的现实意义。

第三，专业性。高等教育活动的根基在于研究生教育资源，而研究生教育的多样性则决定了研究生教育资源的多样性。马丁·特罗指出，"大众型的高等教育系统是多样的，因此它的社会功能、标准等也是多样性的"。在当今时代，科技发展、经济增长以及人们生活方式变化对人才规格提出了新要求，高校培养的研究生已不能完全适应经济社会发展需要，必须进行改革以满足多样化的社会需要。高等教育在满足社会和市场多元化需求的过程中，必须具备独特而多样化的特质。我国的研究生教育还存在着诸多问题，与社会需求不相匹配。随着社会和市场需求的多元化，研究生教育体系的多样性和独特性已成为刻不容缓的需求。自我国改革开放以来，随着经济社会的飞速发展，研究生规模不断扩大，培养质量不断提高，为国家建设做出了突出贡献。当前，随着知识经济的迅猛发展，各行各业对于具备创新能力的高端人才的需求变得更加迫切，这也对高质量的研究生教育提出了全新的挑战。在国民教育体系中，研究生教育扮演着至关重要的角色，其使命在于培养高水平的创新人才，以推动经济和创新、探索知识前沿、解决实践问题等方面的发展。因此，研究生教育的资源并非具有普适性，而是与特定的学术领域相互交织而成，不同专业领域所需资源的内容也存在差异，每个学术领域的教育资源都有其独特的专业性。

（三）研究生教育资源配置的特点

资源配置的层次可分为两个，其中较高层次的资源配置指的是资源在不同部门、地区和生产单位之间的分配方式，其合理性体现在如何高效地将各类资源配置到最适宜的使用范围内。在规定的资源分配条件下，生产单位、地区、部门如何合理安排和利用资源，以实现资源的高效利用和最大化发挥其作用，这就是较低层次的资源配置。从这一意义上讲，资源配置效率就是资源配置是否合理和能否充分发挥其作用的程度。②在现代经济社会中，研究生教育因其独特的资源配置方式，呈现出与其他领域截然不同的特点。

第一，整体性。研究生教育所需的人力、财力、物力和政策资源的有机融合，

---

① Cohn E. Economics of Education[M]. New York: The Penguin Press, 1992: 87.
② 刘晖. 论高等教育资源的合理配置[J]. 教育研究, 1994, (12): 39-42.

构成了研究生教育资源配置的整体性，其所发挥的作用比单纯的人力资源累加更加显著。研究生教育资源的整体性配置不是简单地将各要素的功能机械地组合在一起，而是应该以配置主体的基本结构为整体功能的基础。在研究生教育资源整体性配置过程中，要处理好各种关系。研究生教育资源的整体配置呈现出社会、学校和政府等多个要素之间相互协调、相互促进、相互推动的趋势，从而推动整个系统不断完善和发展，以实现研究生教育资源配置效率的提升。

"历史的最终结果总是从许多单个的意志的相互冲突中产生出来的"①。因此，研究生教育资源配置的整体性从根本上保证了研究生教育资源配置系统能充分调动各类资源配置主体的主动性、创造性、积极性，从而保证形成促进我国研究生教育发展所需要的统一意志。

第二，结构性。所谓结构，指研究生教育资源配置过程中，各要素处于整体稳定时的相互联系、相互作用的顺序和方式。研究生教育资源配置结构就是社会有机整体的各个方面及与环境交换物质能量的教学、科研、服务社会的活动过程中质的组合与量的比例。研究生教育资源的合理配置和有效利用，是提高研究生培养效益的关键所在。只有通过不断优化教育资源的配置结构和使用结构，才能够满足研究生学习和研究的需求，培养出具有创新能力和高素质的研究人才。因此，不断优化研究生教育资源的投入结构，并进一步完善资源配置机制，提高资源使用效率，是当前和未来研究生教育发展的重要任务。

第三，层次性。由于研究生教育资源配置的层次性，其组成可以被划分为多个子系统，每个子系统又可以进一步细分为多个更小的子系统，从而呈现出不同等级和功能的特征。从系统论角度来看，这种分布不均匀性会影响到研究生教育资源系统总体效能的发挥，因而必须对研究生教育资源进行合理优化配置，以充分发挥研究生教育资源的整体优势。研究生教育资源的配置呈现出层次性，每个配置要素都具有独特的功能，其中系统功能不仅与个别资源的功能相关，还与组合协同后的功能密切相关。因此，在考虑研究生教育资源配置时必须从不同层次对各类研究生教育资源分别加以考察。如果将某一类资源与研究生教育资源系统隔离开来，那么不仅会限制这类资源自身功能的发挥，还会限制其他资源功能的发挥，从而制约整个资源系统的功能。也就是说，在研究生教育资源系统中，只有通过适当的联结方式有机地结合每一类资源，才能使其与其他资源发挥最优效应。因此，研究如何合理配置、使用和管理好研究生教育资源是十分重要且必要的。研究生教育资源的优化配置，是将研究生教育所需的各种要素有机地融合在一起，以达到最佳的资源配置效果②。

---

①顾锦屏. 继承和学习恩格斯的伟大哲学遗产: 纪念恩格斯逝世 100 周年[J]. 求是, 1995, (15): 11-14.

②Kershaw J A, Mood A M. Resource allocation in higher education[J]. The American Economic Review, Papers and Proceeding of the Eighty-second Annual Meeting of the American Economic Association, 1970, 60 (2): 341-346.

二、研究生教育资源配置的历史变迁

自恢复正式招生以来，我国研究生教育积累了大量优质稀缺资源，透过资源配置体系的初创、建立、完善与变革的历史演变不难发现，我国研究生教育资源的规模、结构都有了较大的飞跃，资源配置布局不断优化，成为研究生教育高质量发展的强大推动力。

（一）奠定基础期（1949~1977 年）

中国要走社会主义道路，建社会主义国家，研究生教育需要与国家建设和社会需求相适应，原有的借鉴欧美式的教育体系也不再适用。新的研究生教育招生强调研究生要与国家建设密切联系，要求思想进步、学业优良、善于研究。中央人民政府教育部颁布《高等学校暂行规程》主要依据《中国人民政治协商会议共同纲领》，而《中国人民政治协商会议共同纲领》强调反法西斯意识，向外赢得国际社会对国内教育的支持。

新中国成立初期，高度集权的计划管理体制发挥了巨大的作用，促进了原有资源的转化和整合。这一体制展现了新体制初建时的活力和高效率，同时也体现了对于追求发展目标和人民群众对于美好生活的向往的坚定信念。研究生管理方面，研究生一般由教研室管理，但管理基础薄弱，且多依赖于苏联专家的指导，其政治思想教育与基础教育同样地处于起步阶段，其原有的培养目标和学习目的在新的政治环境下显得不相适应，被认为是严重脱离实际。为稳固党的领导和新中国的政治局面，政府通过对私立学校的接办、改造，对教会学校的取缔和院系、学科调整等重大措施，加强对研究生教育的管理。确立两级政府办学体制，一为中央政府资源的集中调配，二为中央行业部门与地方行业部门的有机结合。学校在研究部下面设立了研究生处，进行统一规划与检查，这可以说是后来研究生院的雏形，为日后研究生院的正式成立积累了经验，并奠定了一定的组织基础。

（二）恢复调整期（1978~1991 年）

《中华人民共和国学位条例》作为中华人民共和国成立以来的第一部教育类法律，以立法形式构建了中国特色的学位制度，为国家教育法治化和现代化建设、高等教育事业可持续发展、高层次人才培养和国际教育交流与合作做出了积极贡献。

首先，中央对资源配置的权力不断让渡。随着经济体制改革的深入推进，中央政府逐渐意识到将研究生教育资源配置的部分权力交由地方政府可以更好地促进研究生教育的发展。因此，市场经济的建立是地方权力不断增长的过程，同时也是中央政府对研究生教育资源配置权力不断让渡给地方的过程。中央对行业部委的调整以及财政供给与需求的巨大差距，使这种让渡成为必然与可能，表现在对资源所有权、管理权、配置权等方面的有限让渡和责任分担，体现为提议权、决策权、决定权、否决权等的地方化与分散化。为有力支撑我国后续快速发展人才保障，自 1985 年 5 月起，随着《中共中央关于教育体制改革的决定》的颁布，高等学府肩负着培养高端专业人才和推动科技文化发展的重要使命，我国研究生教育也进入深化改革的历史阶段，研究生教育资源配置体系进一步建立。例如，1981 年第一批学位授权审核和 1983 年第二批学位授权审核是中国特色学位授权审核探索的早期阶段，两次学位授权审核对审核主体及审核程序作了探索。从历史经验看，我国开展学位授权审核有其特殊的历史背景和现实需要。国务院学位委员会是审核的主体，审核过程包括单位申报、相关主管部委行政初审、学科评议组评审和国务院学位委员会审批四个主要环节。1981 年 11 月，首批学位授予从学术力量、教学工作质量、科学研究基础、管理工作水平等方面，综合考察，严格审核，最后确定博士学位授予单位 151 个，学科、专业点 812 个，博士研究生指导教师 1155 人；硕士学位授予单位 358 个，学科、专业点 3185 个[①]。1984 年 1 月，第二批学位授予新增博士学位授予单位 45 个、学科、专业点 316 个；博士研究生指导教师 601 人；新增硕士学位授予单位 67 个，学科、专业点 1052 个[②]。前两次审核中的学位授予单位，博士、硕士学位授权点，博士生导师的评审均由国家统一组织评审，国家主导特点突出。为了简化手续，1985 年 12 月 4 日经国务院正式批准，今后国务院学位委员会学科评议组复审通过的博士和硕士学位授予单位不再上报国务院批准，改为由国务院学位委员会批准并公布，其学位授权审核管理的权限下放，开启了扩大学位授予单位学位授予自主权的先河。1986 年 7 月，第三批学位授予工作后，相应地，体现在行政管理权限下放的学位管理体制改革也随之开展。

其次，研究生教育资源的增量从体制边缘逐渐生长起来。随着改革的深入，市场机制和体制外的力量开始渗透到体制内，进一步扩展了原有的研究生教育资源，这种变化不仅体现在研究生招生规模的增加，还包括研究生培养的多样化和国际化发展。自恢复招生以来，研究生入学人数持续攀升，研究生教育得以蓬勃发展。1978 年 1 月，《关于高等学校 1978 年研究生招生工作安排的意见》决定合

---

①木子. 我国学位和研究生教育大事记(1977—1983)[J]. 学位与研究生教育, 1984, (1): 92-98.

②左庆润. 我国学位和研究生教育大事记(续) [J]. 学位与研究生教育, 1985, (1): 101-103.

并 1977 年和 1978 年两年的研究生招收工作，当年 208 所高等学校和 162 所研究机构共录取 10 708 名研究生，统称为 1978 年研究生。随后，教育部又多次召开研究生招生工作座谈会，部署研究生招生工作（图 4.1）。

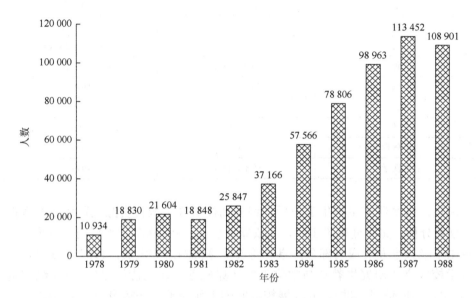

图 4.1　1978～1988 年全国在校研究生总人数

　　如图 4.1 所示，自 1978 年研究生恢复招生的十年间，我国在校研究生总人数已由最初的 10 934 增长至 1988 年的 108 901，特别是在 1983 年至 1985 年期间，高等教育经历了三年的迅猛发展，被形象地描述为"每隔三天便创办一所高等学府"。十年间庞大的增长数字代表着我国研究生教育事业的蓬勃发展，也显示着我国社会主义现代化建设的重大成效。虽然，这一阶段研究生招生资源配置仍具有"统包统配"的特点，但研究生教育资源的扩展也带来了更多的学科专业和研究方向选择，以及更加灵活的培养模式和教学方法。为了培养具备创新思维和多元化视角的人才，以更好地适应时代发展的需求，需要对研究生进行全面的教育和培养，研究生培养目标逐渐开始突破单一的纯学术型，首先开启了应用型人才培养的尝试。最早提出的是"校所联合培养"的应用型研究生培养模式。此后，我国以培养科研人才为目标的学术型学位的单一培养局面被打破，各研究生专业学位试点如雨后春笋般出现，加快了我国专业学位设置进程步伐。这些变化为研究生教育的质量提升和人才培养的多元化发展提供了有力支撑。体制外增量资源不断与体制内扩展的资源融合，最终使得研究生教育资源总量增加（表 4.2）。

表 4.2　部分专业学位建立时间表

专业类别	培养层次	设置时间
工商管理	硕士	1990 年
建筑学	学士、硕士	1992 年
法律	硕士	1995 年
教育	硕士、博士	1996 年、2008 年
工程	硕士、博士	1997 年、2011 年
临床医学	硕士、博士	1998 年
兽医	硕士、博士	1999 年
农业	硕士	1999 年
公共管理	硕士	1999 年
口腔医学	硕士、博士	1999 年

最后，恢复研究生招生工作后，许多高校研究生教育资源配置环节的数据录入、报表分析、文字处理等工作，从依靠单机起步到1987年小型局域网形成，信息也由不能共享发展成为部分共享。随着计算机网络的发展，1987 年 5 月，部分高等学校成立"研究生教育与学位工作计算机管理研究协作组"，协作组制定了《研究生数据库信息标准》，并开展校际间的工作交流。1989 年 3 月，历次学位审核工作中第一次进行计算机软盘报送学位授权申报情况的尝试，不仅减轻了申报统计工作量，加快了工作进度，数据的准确性和可靠性也得到了保障，有效地保证了学位申报工作的顺利进行，标志着学位工作向现代化管理的新阶段迈进了一步。20 世纪 90 年代起，各学位授予单位均使用"全国学位授予信息数据库"报盘软件报送博士、硕士和学士学位的授予情况，这是实现利用计算机对学位工作进行科学管理的一项重要措施。

（三）繁荣发展期（1992～2012 年）

随着改革开放的逐步深入，社会需求日益多元化，高层次人才需求也随之变化。国家不仅要解决眼前问题，也要着眼于未来建设，增加高层次人才储备量。1993 年到 2012 年中央连续下达的系列关于研究生教育的重要文件和决定，成为我国高校深化整改革新的行动指南。这一时期，受社会主义市场经济体制建立的影响，我国研究生教育资源配置的主要特点是高等教育资源配置主体多样化。

首先，研究生培养单位办学自主权逐步提高，培养单位拥有了更多对研究生教育资源进行配置的权力。一方面，经过实施扩大试点、严格遴选条件、分批过渡的措施后，博士研究生指导教师的审批权下放给所有具有博士学位授权的单位。

学位制度实施之初，博士研究生指导教师遴选工作一直都由国务院学位委员会统一领导实施，1993 年 2 月至 3 月，关于下放增列博士生指导教师审批权试点工作会议召开，同年 9 月，《关于批准开展自行审批增列博士生指导教师试点工作的通知》提出扩大试点范围，对 17 个博士学位授予单位下放自行增列博士生指导教师的审批权，同年 12 月，《关于进一步改革学位授权审核办法的意见》指出，博士研究生导师作为培养博士的重要岗位，逐步由学位授予单位按照国务院学位委员会制定的基本标准和条件自行确定，取消每个博士点每次新增一位博士研究生导师的限制。与此同时，国务院学位委员会分两批确定了 34 所自行审批增列博士研究生导师试点单位。1995 年 5 月，《关于改革博士生指导教师审核办法的通知》，决定从 1995 年起，国务院学位委员会不再单独审批博士研究生导师，逐步由博士学位授权单位在审定所属各博士点招收培养博士研究生计划的同时，遴选确定博士研究生导师。1999 年，国务院学位委员会发布了《关于进一步下放博士生指导教师审批权的通知》。根据这一文件精神，各高校可自行制定相应规定，对博士研究生实施有针对性的指导与管理。在批准其博士学位授权学科及专业点招收培养博士生计划的同时，博士学位授予单位还会挑选合适的导师来指导博士生的培养工作。

另一方面，自 2006 年起，新增专业学位研究生培养单位申报工作调整为每两年申报一次。在 2011 年 8 月的"服务国家特殊需要人才培养项目"试点建设中，现有的硕士和博士学位授予单位面临着难以满足培养需求的问题，为了满足国家有关行业领域高层次专门人才的特殊要求，因此选择了一批办学水平较高、具有独特特色、能够服务于国家战略发展需要的高等学府来招收和培养研究生，并在一段时间内颁发相应的学位。在同年 10 月份，北京电子科技学院与其他 51 所学府共同获得了开展硕士专业学位研究生培养试点工作的批准。试行时间为 5 年，即 2012 年 7 月至 2017 年 7 月，实行动态管理。高等院校通过评审后，被纳入学士学位授予单位的硕士专业学位研究生培养试点名单，此后相关专业学位研究生的招生培养和学位授予工作开始展开。

其次，研究生教育经费来源渠道呈现多样化。在 1992 年之前，我们国家实行大学办学由政府包办单一拨款的经费政策。我国新型经济体制确立之后，国家开始倡导学校多元化筹资方式。其中，学生学费作为学校资金来源的一个渠道被提出并推行，以补充学校的经费需求。此外，积极发挥财政资金的引导与撬动效应。"211 工程""985 工程"等重点项目均对建设经费的重点配置内容与方向加以明确，并鼓励社会资本与境外资金的引入。2003 年 8 月，《"211 工程"建设实施管理办法》通知提出，"211 工程"所需建设资金，采取中央、有关主管部委、地方政府和高等学校共同筹集的方式解决，同时鼓励引入社会和境外资金进行建设。2004 年 6 月，《关于继续实施"985 工程"建设项目的意见》提出，积极鼓励有条件的部门、地方和企业筹集资金共建有关"985 工程"学校。

最后，1996 年《高等学府和科研机构研究生管理基本信息集》的发布极大地促进了研究生教育的数字化建设。随后，国内大多数高等院校开始建立起自己的研究生信息管理系统，并实现了部分功能。在校园网络的支持下，越来越多的高校开始采用基于网络的研究生教育管理信息系统。该系统可将信息储存于一个统一的大型数据库中，各类用户可根据所获得的权限，通过浏览器访问应用服务器及其后端连接的数据库，对数据进行修改和维护，并实时查询其他部门。2007 年10 月，"全国学位与研究生教育数据中心"建立，汇总和管理各省级和军队学位委员会办公室报送的各类信息，为及时、有效地收集、分析和利用信息提供了技术支持。2010 年 4 月，《高等学校信息公开办法》公布后，各层次、类型学历教育招生考试与录取规定，学籍管理、学位评定办法，重点学科建设情况，学生奖学金、助学金，教师数量、专业技术职务等级和岗位设置管理与聘用办法等信息均列入高校应当主动公开的数据清单。

（四）跨越突破期（2013 年至今）

2013 年，教育部、国家发展改革委、财政部联合印发《关于深化研究生教育改革的意见》，研究生教育综合改革全面启动。自此，提高质量成为这一阶段我国研究生教育改革的首要任务，"服务需求、提高质量"成为我国研究生教育事业发展的主线。

首先，研究生教育资源配置与高质量发展相协同。一方面，与研究生教育规模、结构、布局和经济社会发展相适应的动态调整机制逐步建立。2013 年 3 月，在深化研究生招生计划管理改革中，全日制和非全日制研究生招生计划实行统一管理，取消国家计划和自筹经费"双轨制"，通过增量安排和存量调控，积极支持优势学科、基础学科、科技前沿学科和服务国家重大需求的学科发展。[①]2014 年 1 月，上海市、江苏省、安徽省和广东省成为博士、硕士学位授权学科和专业学位授权类别动态调整的试点地区。自 2016 年起，全国积极推进博士、硕士学位授权学科和专业学位授权类别的动态调整，以促进学位授权的多元化和专业化。2017 年 3 月，《博士硕士学位授权审核办法》明确，学位授权点动态调整与新增学位授权审核一起成为学位授权审核的两种方式。新增学位授权审核由国务院学位委员会统一部署，每三年开展一次，学位授权点动态调整工作每年开展一次。另一方面，稳步推进学位授权自主审核。2018 年 4 月，国务院学位委员会发布了《关于高等学校开展学位授权自主审核工作的意见》，提出学位授权自主审核工作分为新增《学位授予

---

①中华人民共和国教育部. 教育部 国家发展改革委 财政部关于深化研究生教育改革的意见[EB/OL]. (2013-04-19) [2023-05-19]. http://www.moe.gov.cn/srcsite/A22/s7065/201304/t20130419_154118.html.

和人才培养学科目录》(以下简称《学科目录》)内的一级学科和专业学位类别,新增《学科目录》外的交叉学科,以及对现有学位授权点的调整。高等学校应加强对新增学位授权点的质量管理。确定年度建设资金和研究生招生规模,其中博士生招生人数每年应不少于10人。可以开展学位授权自主审核工作的单位如表4.3所示。

表4.3　开展学位授权自主审核工作的单位

时间	单位	数量合计
2018年4月	北京大学、中国人民大学、清华大学、北京航空航天大学、中国农业大学、北京师范大学、南开大学、天津大学、吉林大学、哈尔滨工业大学、复旦大学、同济大学、上海交通大学、南京大学、浙江大学、中国科学技术大学、厦门大学、武汉大学、西安交通大学、中国科学院大学	20
2019年5月	北京理工大学、华东师范大学、东南大学、山东大学、华中科技大学、中南大学、中山大学、四川大学、重庆大学、西北工业大学和兰州大学	11

其次,多管齐下,提高研究生教育资源配置效能。一方面,健全以政府投入为主的多渠道投入机制。政府投入为主、受教育者合理分担培养成本、研究生培养机构多渠道筹集经费的研究生教育投入机制正式形成。2013年2月,《关于完善研究生教育投入机制的意见》对我国研究生教育投入进行改革。建立健全包括生均综合定额拨款、绩效拨款、奖助经费在内的中央部门所属普通高等学校研究生教育财政拨款体系。各地要建立健全地方所属普通高等学校研究生教育拨款制度,加大财政投入力度。另一方面,集成研究生教育优势资源,创新交叉融合资助模式,创新研究生教育支持方式,强化精准支持。2017年1月,《国家教育事业发展"十三五"规划》提出,统筹推进世界一流大学和一流学科建设,综合考虑建设高校基础、学科类别及发展水平等,通过不同途径给予相应经费支持。在"双一流"战略下,地方高校要加强顶层设计,明确定位,优化布局,强化服务,提升能力,努力成为我国高层次人才培养基地、科学研究中心和社会服务提供者。在国家实施创新驱动发展战略背景下,加强区域协同育人机制研究是促进我国高等教育内涵式发展的重要内容之一。2020年9月,《关于加快新时代研究生教育改革发展的意见》对新时代研究生教育改革与发展做出部署,针对重要研究方向和系统性研究需求,探索实施项目群资助方式,加强研究交流和成果集成。

最后,利用信息化手段,开展研究生教育大数据分析,实现对研究生教育资源配置效能的监测与调整。2017年1月,《学位与研究生教育发展"十三五"规划》提出,要丰富信息化教育资源和手段,加速信息化环境下科学研究与拔尖创新人才培养的融合。整合建设覆盖所有培养单位的研究生教育管理信息体系,实现国家与地方资源数据库之间系统互联与数据互通,建设纵向贯通、横向关联的教育管理信息化系统,开展研究生教育大数据分析,加强质量监测与调控。2020年

9 月，《关于加快新时代研究生教育改革发展的意见》提出将学位论文作假行为作为信用记录，纳入全国信用信息共享平台，对无法保证质量的学科或专业学位类别，撤销学位授权。对问题严重的培养单位，视情况限制申请新增学位授权。2022 年 7 月，国家智慧教育平台研究生教育板块用数字化手段服务研究生教育教学，以智慧教育引领教育信息化水平进入新高度。

三、我国研究生教育资源配置的审视

研究生教育恢复的 40 余年来，我国研究生教育实现了由外延式增长向内涵式增长的历史性跨越，面临着由研究生教育大国走向研究生教育强国的重要使命。审视资源配置发展历程可知，我国研究生教育资源主要存在着参与主体相对单一、市场参与度不够；供需错配、社会需求与资源供给不匹配；缺乏有效反馈、静态监测等问题。研究生教育发展的内外部环境更加复杂，教育决策的复杂性更大，资源配置的合理性和有效性也面临着挑战。

（一）利益的博弈造成主体单一

在我国，大学自始至终都是一种非营利性的组织，没有任何一个个人与群体可以对大学行使独立的控制权，大学的发展是各利益相关者共同治理的结果[①]。研究生教育资源配置是一个典型的利益相关者组织。从构成要素来看，研究生教育资源配置的运行需要来自政府财政、管理者人力、培养单位以及各方社会力量的共同支持。研究生教育资源配置中各利益相关者相互作用，影响着资源配置的有效性。政府、用人单位、高等学府和学生是研究生教育资源配置的主体，他们在不同的经济体制下扮演着各自独特的角色。当前各主体之间的关系并未完全符合社会主义市场经济体制的要求，主要体现在三个方面：首先，政府对学校的管理过于严格和细致，监督和监管制度不够完善；其次，高等学府的内部治理呈现出行政化倾向，缺乏自我约束和社会监督机制；最后，高校与行业之间缺少沟通机制和联系渠道。教育、产业、企业和社会之间缺乏相互协作和互动的机制安排。

第一，在社会经济活动中，政府、用人单位、高等学府以及学生都扮演着同等重要的角色，是同等重要的主体。随着市场经济发展和高等教育体制改革的不断深入，这些主体之间的相互关系也发生了相应变化。考虑到我国宏观经济体制和研究生教育资源准公共产品属性的影响，政府通常采用思想教育、行政强制、经济调控

---

①杨科正, 王富平. 论大学外部治理体系的构建[J]. 教育评论, 2018, (4): 56-60.

和法律规范等多种手段来配置研究生教育资源。在高度集中的计划管理体制下，研究生教育组织结构单一，办学规模较小、资源极为紧缺。研究生教育资源的"计划"配置，最大限度地实现了对原有研究生教育资源的改造和整合，也是我国历史进程中的必然选择。过去的"计划配置"模式中政府是绝对的主体，其他多元主体（单位、导师）作用的发挥极其有限。然而，政府作为决策者，在研究生教育资源配置的相关决策过程中，"信息有限"和处理信息的"有限"能力都会在一定程度上阻碍最佳资源配置决策方案的形成，而这种"信息有限"和处理信息的"有限"能力很大程度上取决于政府资源配置决策对于市场需求信息的缺乏与处理市场信息技术能力的不足，长此以往会造成政府在研究生教育资源配置过程中的力不从心。因此，市场在资源配置中的作用的发挥是研究生教育管理改革的重要理论突破，与经济体制改革相辅相成，对解决当前制约我国经济发展的深层次矛盾至关重要。

第二，研究生教育资源配置目标存在"指标化"现象。研究生教育资源的配置要遵循特定的原则，通过某种方式把有限的教育资源在不同的区域、不同培养单位之间进行合理配置，以实现资源的最佳利用。一方面，行政机构和官员是研究生教育资源配置的重要主体，拥有配置权，招生单位、受教育者以及社会机构等利益相关者则是招生资源配置的重要参与者和影响者。教育行政机构和官员的价值取向在很大程度上影响着教育资源配置的价值取向。另一方面，为确保可以顺利完成上级政治任务或考核要求，培养单位时常将事关研究生教育资源配置价值取向的政策目标，简化为可用数字进行量化的工作目标。将对于培养单位的考核转化为一些通过量化可以计算的指标值，这种方式"契合了政府追求最大政绩的偏好"①。如今，我国政治稳定、经济持续高速发展，研究生教育作为国家发展、社会进步的重要基石，与市场、社区、经济发展的联系日渐紧密，各种新旧力量不断交替，参与主体的地位与权责边界模糊、职责不明。

（二）规模效益有待提高

在符合国家宏观调控政策的前提下，我国的研究生教育规模不断扩大，以满足社会和个人对研究生教育的需求。随着经济的快速发展和人民生活水平的日益提高，社会对高层次人才的需要越来越迫切，这使得研究生教育成为我国高等教育事业中最为重要的组成部分之一。中国的基本国情之一在于其人口众多的事实。因此，研究生数量与质量之间存在着一定程度上的矛盾。从教育经济学的角度来看，衡量中国研究生教育发展效益的主要尺度在于研究生教育所带来的回报率。因此，如何评价和分析我国研究生教育的经济效益问题就显得尤为重要。从教育

---

①黄巨臣. 农村教育扶贫"项目制"：运作逻辑、执行困境及应对策略[J]. 宁夏社会科学, 2018, (2): 108-114.

管理的角度来看，将研究生教育划分为学科领域的研究和发展支出，将教育机构的支出占 GDP 的比重，以及研究生教育的研究和发展、校均规模和生师比作为衡量研究生教育系统内部效率的有效指标，都是对研究生教育质量和效率的全面评估。在我国现行研究生教育体制中存在的诸多问题，导致了研究生培养成本过高并难以形成合理的收益水平，从而影响了研究生教育的可持续发展。在社会主义市场经济体制改革条件下，由于缺乏有效的竞争机制和流动渠道，受教育程度较高的劳动力无法通过劳动收入充分体现其劳动价值，这也导致了人力资本理论中关于教育推动劳动生产率提高从而提高劳动者收入的理论未能得到充分体现。

研究生教育资源形成了明显的高集聚效应。一方面，丰富的教育资源为我国研究生教育的发展提供了根本性支撑与保障。研究生教育资源的规模、质量、结构不断丰富与扩大，与我国经济社会发展的协调性不断提高，资源的相对充分供给为研究生高质量教育活动开展提供了重要保障。1978 年以来，研究生在校生数增长了 300 多倍。2023 年，研究生招生考试报考人数更是达到 474 万，研究生教育发展开始进入"新赛道"。另一方面，研究生教育重点建设导向鲜明，资源也在研究生教育发展过程中高度聚集。国家的教育资源有限，为满足不同层次群体接受高等教育的需要，国家通过在政策上进行调节，以集中精力进行重点建设，从而带动高等教育的整体发展。

（三）静态监测，缺乏有效反馈

从配置主体的认知和配置的主要依据来看，目前研究生教育资源的配置仍然是基于经验驱动，传统的计划配置的方式具有很强的"惯性"，容易将目光集中在具体的"数字"本身。数字通常是可以作为事实判断的"辅助材料"，但却不能作为科学研究目标中价值判断的"驱动力"。将过往的"数字"作为价值判断的依据，采用静态监测的手段，缺乏实时的配置成效反馈，使研究生教育资源配置出现对外部环境的变化不敏感的现象，造成调整的周期长、难度大的局面。

首先，当前研究生教育资源配置管理多处于条块分割的行政职能控制之下，资源配置决策过程以经验驱动为主，以数据为中心依据进行决策和行动，即数据驱动较少。目前，研究生教育的资源配置过程是行政主导型，主要采取"单位提交材料—领域专家评审—主管部门审核确定"的管理决策方式，管理决策过程主观性较强，单位的文字材料、评审专家的主观判断以及主管部门的经验管理，对研究生教育资源的最终投向起着决定性的影响。[①]这种资源配置方式从历史上沿用至今，尽管已经积累了较多成功经验，但由于过于刚性，缺少灵活性等特点，也

①王战军, 蔺跟荣. 动态监测: 大数据驱动的研究生教育管理新范式[J]. 研究生教育研究, 2022, (2): 1-8.

容易忽视研究生培养单位细节特点，难以与宏观发展环境相匹配和协调。另外，经验驱动的决策过程还会造成主观性强，科学性不足，动态监测与调整实施阻力大等问题。研究生教育资源配置的经验驱动已经远落后于数字校园、智慧校园等教育信息化发展，由此产生的资源闲置、浪费以及效益低下均不能很好地适应研究生教育的改革发展与建设研究生教育强国的客观需求。

其次，在政府、学校、社会等不同主体对研究生教育资源配置的信息反馈需求日益增加的前提下，研究生教育资源配置的成效信息反馈对于博士研究生教育的管理与变革具有一定的必要性。但当前政府主导的形式，控制并规定了研究生教育资源配置中的参与主体、参与方式以及参与的程度，有时候出于维护社会稳定或某一方利益的考量，以政府权力为背景的研究生教育资源配置方式更倾向于采用保守的行政手段达到"资源配置的象征性平衡"。随着高等教育普及化的到来，国际化、市场化步伐的加快，研究生教育系统和招生单位时刻处于变化之中，时代瞬息万变，面对变幻莫测的未来，要想化解危机、抓住机遇，就需要迅速、科学的决策。这既需要决策者有系统思维和战略眼光，又需要有科学合理的机制设计以保障决策的顺利实施，而决策实施的有效性取决于信息反馈的及时性和持续性，因此要建立连续反馈信息和持续采集与更新数据的机制。以研究生教育招生计划为例，教育部每年8～9月对全国各地、各部门和各直属高校本年度研究生招生计划执行情况进行汇总。[①]这种特定时间的资料汇集导致反馈相对较为滞后，信息的"新鲜度"难以保持，对持续改进的帮助也是有限的。

第二节　数智时代研究生教育资源配置机制构建

研究生教育资源配置有多元化的配置主体，与国家的战略发展相适应，与国家中长期发展规划紧密结合。在数智化的新阶段，研究生教育资源的配置需要探索全新的理念和模式，并与以往的配置模式进行有机协同，以实现最优化的资源配置效益为目标，不断引入新技术、孕育新思路、塑造新机制，从而真正实现高等教育资源配置理念的转型。

一、聚合汇能：多方协同的驱动机制

在数智时代，研究生教育资源的开放、连接与集聚效应是其最大的优势之一。通过网络节点的连接和开放共享，研究生教育资源能够在全球范围内形成循环流

---

①王战军，马永红，周文辉，等. 研究生教育概论[M]. 北京：北京理工大学出版社，2019：50.

通的生态系统，使其产出效益呈现指数级放大。这种开放和连接的特性使得研究生教育资源能够充分发挥集聚效应，形成一种资源的共享和协同创新的模式。与传统的研究生教育相比，这种模式能够大大提高资源的利用效率和产出效益。研究生教育资源配置涉及多个参与主体，包括教育部、国家发展改革委、财政部等多个政府主管部门，以及学校、市场等。因此，在配置思路上要着眼于国家战略规划，在配置目标上要着眼于国家中长期发展目标，同时又考虑多个参与主体的参与度，充分发挥新型举国体制优势，促进多方共同参与，如此才能确保研究生招生资源差异化配置模式的有效运行。

首先，通过政府力量和市场力量协同发力，充分发挥我国制度优势，并综合运用行政和市场的多种手段，促进数智技术赋能研究生教育资源配置。"有为政府"既不是"不作为"，也不是"乱为"，而是"适当""适度"地作为，即在遵循经济发展规律的前提下，通过提供有效的制度供给在宏观层面做好资源配置，促进社会稳定与经济健康发展。一方面，政府作为主导力量，适度干预和介入研究生教育资源配置中。政府在研究生教育资源配置中的重要意义不仅在于以指导型的"利益调整者"和"规则制定者"的角色出现，还在于以权力和权威为基础，通过提供制度性服务来提升高等教育治理的现代化水平和能力。信息决策论将决策"有限理性"的原因归结在信息收集、分析、处理等方面的局限，因为决策者因自身能力问题无法获取与决策相关的所有信息，并且处理信息的能力也有限，即"信息有限"。①政府作为决策者，在研究生教育资源配置的相关决策过程中，"信息有限"和处理信息的"有限"能力都会一定程度上阻碍最佳资源配置决策方案的形成。数智时代，对于需求信息的获取与处理信息技术能力的提高，可以解决"信息有限"和处理信息的"有限"能力的问题，助力政府科学决策与精准施策。

另一方面，政府主管部门通过政府规划等行政手段对研究生教育的发展进行宏观指导，协调研究生的总体规模和区域布局，以促进和激励整个博士研究生教育系统致力于优化教育资源的配置及使用，促进研究生教育质量的提升。同时，政府还要站在宏观调控的角度，协调政府、高校和市场的矛盾，通过规范研究生教育市场，促进研究生培养单位之间的有序竞争和良性循环。以学位授权资源的空间分布为例，2021年10月21日，国务院学位委员会下达《2020年审核增列的博士、硕士学位授权点名单的通知》，标志着第十三次博士、硕士学位授权审核工作完成。截至2021年，我国研究生培养机构达到827家，其中普通高等学校594个、科研机构233个②。第十三批次学位授权审核后，截至2022年9月，我国普通高校

---

① 邱国栋，王易. "数据-智慧"决策模型：基于大数据的理论构建研究[J]. 中国软科学，2018, (12): 17-30.
② 中华人民共和国教育部. 2020年全国教育事业发展统计公报[EB/OL]. (2021-08-27)[2023-08-02]. http://www.moe. gov.cn/jyb_sjzl/sjzl_fztjgb/202108/t20210827_555004.html.

数量共计 3012 所，其中博士学位授予单位 468 个，硕士学位授予单位 811 个[①]。具有博士学位授权的高校数量占全国普通高校数量的 15.54%，具有硕士学位授权的高校数量占全国普通高校数量的 26.93%（图 4.2）。

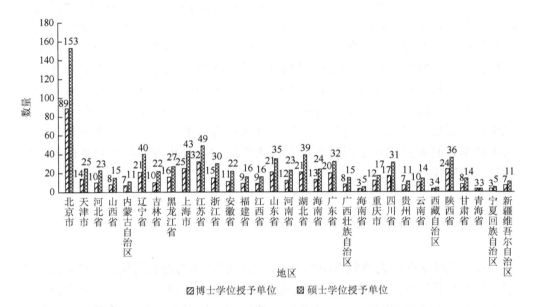

图 4.2　全国各地区博士学位授予单位数和硕士学位授予单位数

其次，关注不同利益群体的价值诉求，厘清参与主体的地位和权利。研究生教育资源配置在整个发展过程中呈现出非线性、不可化约性、不确定性等复杂性特征。实现对立价值追求之间的相互制约与动态平衡是数智技术赋能研究生教育资源配置的关键[②]，而政府在数智技术赋能研究生教育资源配置中的作用主要在于确保建立有效率的协调机制，保障研究生教育正外部效应的发挥。因为，在参与主体上，既要有政府主管部门也要有第三方社会组织。一方面，要以共识性价值理念，推动政府职能转变，促进多元主体协同参与到研究生教育资源配置中。无论是政府部门还是招生单位、导师抑或是市场，在研究生教育资源配置的过程中所起到的作用都是有限的。将政府职能从"全能型"向"有限型"转变，改变当前刚性化的配置手段，使学校逐渐摆脱对政府的附庸。

学位授权审核实行之初，博士、硕士学位授予单位，博硕点及博士生导师，

①资料来源为 2021 年全国教育事业发展统计公报.

②李永刚, 孙鹤, 周柯. 基于供给效率的研究生招生计划分配标准与调节改革研究[J]. 学位与研究生教育, 2021, (2): 58-64.

均由国家组织统一评审，国务院批准，集权色彩浓厚，是学位授权系统中系统权力的体现。国务院学位委员会在放权的同时，重视强化"管"的职能，并非一放了之或放任不管，具体表现在设定明确的审核程序，实施严格的结果惩处。

另一方面，要鼓励学校和市场参与到教育资源的配置中来，打破计划经济体制下形成的办学主体和投资主体单一的教育资源配置状态。此外，资源配置实施往往是自上而下的行政命令，广大导师和研究生的信息获取并不畅通，参与度和积极性不高，影响资源配置效果。数智技术以其时间泛在、空间泛在、主体泛在的泛在性特征，打破了参与主体交往的社会空间限制，能够便捷地实现参与主体间的互联互通、数据共享、精准化沟通和有效协同，重构了"时间-空间"组织结构，促进了参与主体之间的高频互动与相互影响，也提升了导师与学生参与主体掌握复杂技术和学习资源配置规则的能力，真正发挥其在资源配置中核心参与者的作用。

二、精准赋能：注重效能的运行机制

数字化技术在研究生教育中的应用，为知识体系的更新迭代、资源配置的转型优化以及教学方法的变革创新等方面提供了可持续的推动力，从而使得资源配置过程与学科专业的新进展、产业发展的新需求以及人才培养的新目标完美契合。以数字化技术和数字化思维为引领，自主构建、聚合学科专业前沿、高品质的教学资源，积极营造沉浸式、情景式的教学氛围，加强自主式、探究式、协作式的教学实践开展。依托互联网大数据平台，实现基于云计算、物联网、移动互联等新一代信息技术支撑的研究生在线学习及管理服务平台建设。以服务人才培养和科技创新为宗旨，坚持立德树人的价值取向，从学生的角度出发，更加注重广大研究生的成长和发展，以学生为中心进行资源配置，为学生提供多样化的选择，激发"资源"的主动性和潜力。

首先，增强高校的核心竞争力，满足国家战略和社会发展的需求，促进培养单位的特色化发展。过去"经验式"的配置方式表明，无论是高校层面的资源的稳定还是各学院之间资源的稳定，都很难激发各高校、各院系之间的横向竞争。基于培养单位在学科建设、师资队伍、科学研究等衡量竞争性指标上体现的差异，进行研究生教育资源配置，就是要实现培养单位之间的协同，通过强化央属高校与地方高校之间、理工类院校与师范类院校之间、农林类院校与财经类院校之间、政法类院校与艺术类院校之间的协同创新，实现变与不变的内在统一，让不同培养单位在特色发展的基础上，又能错落有致、竞相发展。例如，在学位授权资源配置生态链中，高校之间普遍存在竞争的关系，包括资源竞争和收益竞争。资源竞争一方面指高校基于自身建设水平和发展需求，通过申报竞争，获批学位授予单位和学位授权点资源，另一方面指高校对资金、技术、人才等的争夺。合理的资源竞争能在一定程度上激发各高校的积极性、创造性，提高资源的利用率。从研究生教育强国建设的发展需求来看，增强高校的核心竞争力，提高培养单位的主观能动性，是提高研究生生源质量、提升科研创新能力，实现快速跻身世界一流高校的有效途径。因此，应提高培养单位自身的竞争力，切实解决培养单位"安于现状"的问题，增强培养单位的忧患意识。根据以往学生的选择、市场的需求、适应性评估等情况，设置符合研究生教育发展规律、适应社会发展需求的指标体系，以改变之前招生院校"旱涝保收"的状态，有效实现动态调整。有效促进培养单位与培养单位之间的横向竞争，培养单位内部教师的竞争，推动课程体系、课程内容教学方法等动态调整。

其次，数智技术赋能研究生教育资源配置是为了促进研究生教育高质量发展，助力研究生教育强国建设。研究生教育资源承载着国家战略、社会发展、个体需求等多重价值，以往过度"均衡"的思想和追求政治绩效和经济效率的做法，在一定程度上削弱了以培养高层次、高质量人才为旨归的发展目标。数智技术以赋能研究生教育资源配置作为推动研究生教育高质量发展、助力研究生教育强国建设的重要手段，突出高校的重点建设和分层分类建设，服务于高校的特色化发展，体现其基于国家发展战略层面的谋划与思考。鉴于数智技术赋能研究生教育资源配置的核心目的是通过优化资源配置提升人才培养质量，建设研究生教育强国，因此，数智技术赋能研究生教育资源配置，利用数据平台，将国家短期发展目标与长期发展战略相结合，使各招生单位和众多参与主体都有应获得的利益以及应承担的责任。

三、综合增能：常态监测的保障机制

配置调节主要是通过建立常态监测机制对研究生教育资源配置过程中出现的偏差进行调节，以确保政策方针的有效实施。保障机制既是连接各参与主体的纽带，也是保障研究生教育资源配置顺利进行的保底性机制。

首先，要加强研究生教育资源配置的成效反馈。在研究生教育领域，全球化趋势日益加剧，研究生教育资源配置内部建构与外部环境面临着诸多挑战，要在这种快速变革的环境中把握核心问题、抓住主要矛盾、解决潜在风险、迎接未知挑战，需要政策制定者掌握及时、全面的数据信息[①]。当前研究生教育资源配置主

---

①杨旭婷. 世界一流学科建设状态监测研究[D]. 北京：北京理工大学，2021.

观性较强，培养单位的文字材料、评审专家的主观判断以及主管部门的主要倾向，对于研究生教育资源的最终投向都有重要影响。缺乏有效的情况反馈，导致决策依据的客观性不足，决策过程中的偏差较难控制。长期以来，高校受到传统行政问责的路径依赖影响和对自上而下的行政管理方式的追求，导致高校缺乏自治基因，从而缺乏紧迫感和内在动力，无法提升人才培养质量。建立反馈机制，以评估研究生教育资源配置的成效，从而提高研究生教育对形势变化的适应能力、对需求变化的敏锐度，及时预测研究生需求规模的变化。此外，结合研究生教育资源配置成效的信息反馈，政府主管部门可以及时调整研究生教育资源配置方案，达到超前布控的目的。

其次，搭建常态监测和预警的数据平台。研究生教育资源配置的常态监测是在借助计算机和互联网技术的基础上，立足于国家战略，结合经济社会发展重大需求、重大科学研究项目，在宏观上构建博士研究生教育大数据，并综合学校类型、区域特色、办学实力、学科专业结构等关键指标呈现出研究生教育资源配置的状态和效果。在常态化的监测过程中，通过采取对各项监测指标设定阈值等手段[①]，对研究生教育资源配置的状态进行及时预警。同时，要进一步加强研究生教育资源配置决策支持系统大数据平台的开发，该决策支持系统是在大数据的基础上建立的，通过构建多个定性和定量的模型、运用集成或非集成的方法，对搜集的数据进行整合、处理后，最终向研究生教育资源配置的决策者提供决策依据。信息技术在一定程度上促进了数据粒度的细化，这不仅使多元主体能够及时掌握当下的研究生教育资源的配置情况，也能使多元主体实时对配置过程和配置结果进行监测和调控。以博士生招生规模预测为例，对我国博士生招生规模进行预测，是博士生招生资源在培养单位之间进行有效配置的前提。博士生招生规模预测模型是博士生招生资源配置模型建构的前提，是优化博士生招生资源配置、促进供需平衡的工具。根据系统论开放性、整体性与关联性的特点，一个完整的博士生招生规模测算系统不仅包含"大学、导师、学生"，还应包括政府、财政、劳动力市场等其他利益共同体。

第三节　数智时代研究生教育资源配置模式变革

数字化、智能化以及数智时代悄然而至，现代信息技术与数智技术将深入研究生教育的学科发展、课堂教学以及人才培养、科学研究的方方面面，给研究生教育资源配置方式、方法、手段带来巨大变化，研究生教育资源配置变革成为历

①王战军, 乔刚, 李芬. 高等教育质量保障新类型：监测评估[J]. 高等教育研究, 2015, 36(4): 39-42, 60.

史必然。本节着力探究数智技术在研究生教育资源配置中的提质增效作用,实现研究生教育资源的合理有效配置,为构建高质量研究生教育体系提供有力的支撑,从而进一步助力研究生教育强国建设。

一、人机协同的资源"慧配"

人机协同是人类和机器在各自擅长的领域内相互协作、相互补充、共同认知、共同决策、共同监护的一种方式①。当人类和机器协同工作时,它们能够以各自独特的方式完成超越人类智慧和机器智能的复杂任务和操作,展现出无与伦比的能力。这种新型教育观强调人与机器之间的相互学习、相互合作、相互促进,以及二者间的和谐共生关系。在人机协同的理念下,研究生教育资源的配置旨在充分发挥人机智能的核心优势,实现人与机器协同生成教育智慧,从而在数智时代重构中国研究生教育资源配置的新生态,最终实现中国研究生教育资源的智能化配置。

首先,在人机协同理念的指导下,研究生教育资源的"慧配"意味着通过人机智能交互,使机器能够更好地理解资源配置的主体意图和需求,从而能够提供更加精准的资源配置服务。传统的研究生教育资源分配方式往往依赖于过往的经验,容易出现信息不对称和资源浪费的情况,而人机协同的资源"慧配"则是通过大数据分析和智能算法,更加准确地匹配学生的需求和资源的供给,避免资源的闲置和浪费,提高资源的利用效率。这种人机协同的方式将进一步提升研究生教育资源的效率和质量,促进研究生的个性化发展和终身学习,为研究生教育的智能化发展带来新的机遇和挑战。

国家逻辑的主体通常是政府,其逻辑表现为政府制定并实施政策,强调了国家层面的需求和应用,是国家意志的体现②。近 20 年以来,世界各国的研究生教育都取得了长足的发展,但也暴露出资源利用率不高、发展不均衡、结构不合理等问题。西方国家推崇的"政府退出"的理论,明显存在逻辑漏洞,造成了研究生教育发展过程中的国家主体淡化、国家主导作用弱化的局面③。教育乃国之重器,是国家战略部署的重要方面,具有鲜明的国家逻辑。从国家治理的角度看,国家逻辑是研究生教育资源配置效能提升的关键,是研究生教育管理变革的根本依据和基本原则。我国研究生教育改革已经进入了"深水区",一些结构性矛盾和

①王一岩, 郑永和. 智能时代的人机协同学习: 价值内涵、表征形态与实践进路[J]. 中国电化教育, 2022, (9): 90-97.

②马永红, 朱鹏宇, 杨雨萌. 学位条例实施以来我国硕士研究生培养模式演进: 基于三元逻辑的视角[J]. 学位与研究生教育, 2021, (9): 18-28.

③郝德永. 教育治理的国家逻辑及其方法论原则[J]. 教育研究, 2020, 41(12): 4-13.

问题也逐渐凸显，如何合理有效地配置研究生教育资源既是中央和省级教育行政部门的法定职责，也是高校高质量人才培养的先行条件。

其次，研究生教育资源的"智慧"配置，是通过群体智慧构建的资源配置体系，并结合多模态交互的过程监测，探讨资源配置与演进规律。人机协同的资源"慧配"有助于优化研究生教育资源的分配，通过将研究生教育的需求与教育资源进行智能匹配，以提高资源利用效率，实现资源的合理配置和优化利用，促进研究生培养的质量和效果。以研究生教育导师资源为例，通过大数据在线抓取简历的分析方法，根据研究需要，通过定义导师职称、职务、工作单位、教育和工作经历等字段，构建导师简历分析框架，采集、匹配和分析研究生导师的人才流动数据，进一步分析研究生导师人才流动的时间、工作单位类型和层次、地区等规律，引发对于人才竞争、考核压力、学术氛围等导师队伍建设规律的思考。在此基础上，通过数智技术对研究生的个人信息、学习情况和研究方向等多维度数据，与教师的教学特长、科研项目和实践经验等进行精准匹配，从而让研究生获得最适合自己的教育资源。

从研究生招生资源来看，中国教育在线发布的全国研究生招生调查报告，以研究生招生大数据为支撑，从报考热度、招生规模和研究生教育改革三个不同维度刻画出"研究生招生画像"。根据考研动机的调查和分析结果，就业压力是考生选择考研的最主要的影响因素，近 60%的考生希望提高就业竞争力，而近一半的考生选择考研则是为了完善知识结构、强化文化素养。[①]同时，报考专业类型不同、生源地差异较大的学生在考研动机上表现出明显区别。怀念校园生活、想进修的考生比例分别超过 30%。通过分析发现，高校扩招导致生源质量下降是制约我国研究生教育资源利用效益的重要原因之一，同时也对研究生教育资源配置提出新要求。总的来看，在优化研究生教育资源配置、提高资源利用效率以及推动研究生教育高质量发展方面，人机协同发挥着至关重要的作用。

二、流程再造的资源"优配"

"流程再造"概念起源于 20 世纪 90 年代，是由美国学者迈克尔·哈默和詹姆斯·钱匹提出的一种打破按照职能设置部门的管理方式，追求全局最优，而非个体或者局部最优的管理思想。基于流程再造理念在企业经营改革以及组织建设管理中取得的实效，其基本理念与方法对研究生教育资源配置优化和质量提升具有很好的借鉴意义。流程再造理念强调以顾客为中心，以价值创造为目标，通过重新设计和优化流程，实现效率的提升和质量的改进。在研究生教育资源配置方面，

---

①陈鹏. 2022 考研有哪些新趋势[N]. 光明日报，2021-12-24(8).

通过借鉴流程再造的思想，从研究生教育整个生命周期的角度出发，重新评估和优化资源的分配和利用方式。通过精确的需求分析和资源调配，可以实现研究生教育资源的合理配置，助力研究生教育高质量发展。

一方面，数字化变革增强了政府、市场、社会等多主体间的互动，在互联网技术不断发展的背景下，流程再造，积极推动研究生教育资源配置体系改革，进一步健全完善"全方位、全过程、全覆盖"的研究生教育资源配置管理体系，形成上下结合、多元参与、协同联动的研究生教育资源配置机制。在流程再造理念的指导下，研究生教育资源的"优配"是指在资源配置的过程中，通过改变传统的研究生教育资源配置行政主导的方式，以更加科学、灵活和高效的方式来实现资源的合理分配和配置。数字技术的可追溯性、强算力和高精度等特点，使其成为一种新型的网络社交方式，拓宽各主体的利益表达渠道，从而避免以往研究生教育分配决策时可能出现的盲目性。基于信息不对称角度对研究生教育资源进行分析，提出建立以政府为主导的多元供给体系和以高校为主的多元需求服务体系，通过信息化手段实现资源的合理配置。数字化交易平台为研究生教育资源配置提供了公开透明、规范有序的发展环境，使得研究生教育资源配置监管模式由"被动响应型"转向"积极预见型"[①]，确保了配置过程的公开性和结果的公平性，促进研究生教育资源达到最优配置。数字化交易平台有效地促进了研究生教育资源的最优配置，为研究生教育的发展提供了强有力的支持。

另一方面，通过对研究生教育资源配置各个环节的重新设计和优化，可以消除冗余和浪费，提高教育资源的利用率。根据质量杠杆原理，越在上游阶段着力，质量改进的效果越明显[②]，数智技术越是尽早介入研究生教育资源配置中，越是能有效发挥其提高资源配置效能的作用。首先，数智技术通过对海量数据的分析和挖掘，可以精确地了解研究生对教育资源的需求和分布情况，从而合理配置资源，提高资源的利用效率。其次，利用数智技术建立智能化的资源分配模型，根据研究生教育发展的需求进行差异化的资源分配，从而提高资源利用效果。在数字化技术的支撑下，研究生教育资源的配置变得非常便捷和高效。例如，引入数智化技术，大大提高了新型数字教育资源的关联性、有序性和完整性，实现研究生培养过程的自动化和在线化，可以提高教学资源的利用效率，同时也方便学生获取学习资源和进行学习交流，提升教学质量。通过互联网和在线教育平台，学生可以随时随地获取到丰富的学习资源，如电子图书、学术论文、教学视频等。从资源的样态和覆盖面来说，以研究生教育政策资源为例，其"系统性"体现了政府

①陶长琪，宜梦莹．"数字赋能"打造公共资源配置新优势[N]．中国社会科学报，2022-11-30(3)．
②秦现生．质量管理学[M]．2版．北京：科学出版社，2008：37．

和教育机构在研究生教育领域的长远规划和持续投入，表现在学科结构不断调整、布局不断优化、招生资源配置的动态调整等方面。通过完善教师队伍建设，提高教师的学术水平和教学能力，研究生教育政策资源得以被有效地传导和优化利用。

三、虚实融合的资源"互配"

虚实融合是未来精准教学的常态[①]。虚实融合就是将各种要素统筹到促进知识生产、传承、传播和消费的场域塑造中来，弱化虚拟空间和实体空间的人为割裂[②]。在虚实融合理念的指导下，研究生教育资源的"互配"不是简单的资源分发，而是通过广泛集成智能感知与智能控制，虚拟现实与增强现实，精准分析和科学管理等智能辅助功能，实现跨时空、多元化、开放式的泛在资源配置活动。

一方面，虚实融合的研究生教育资源配置模式不仅拓展了研究生教育资源种类的边界，还为研究生教育在数智时代的高质量发展打下了坚实的基础。混合现实是虚拟现实与计算机仿真技术相结合而产生的一种新形式的应用系统，它构建了一个全新的环境，将虚拟世界和真实世界融合在一起，实现了物理和数字对象之间的具象化和实时互动。混合现实并非仅限于虚拟世界或真实世界，而是通过沉浸技术将现实和虚拟完美融合，从而创造出一种全新的虚拟体验。例如，借助虚拟现实技术创建的全息环境，为优质教师资源的共享与传递提供革命性的解决方案。师生通过虚拟化身将相处于具身感知的"同一空间"，这种创新的教育模式不仅可以打破时空限制，使导师能够跨越地理距离与学生进行面对面的指导和交流，还能够提供高度逼真的虚拟场景，让学生能够亲身体验和实践专业知识。通过全息环境，学生们可以获得更多的学习机会和资源，而导师也能够更有效地传授知识和经验。

另一方面，虚拟现实技术在研究生教育资源配置中具有的最大优势在于其能够为学生提供自身认知的虚拟场景，从而实现教育资源的全新配置方式。通过虚拟现实技术，学生可以身临其境地体验各种实际场景，如科研实验室、工业生产线等，从而加深对理论知识的理解和应用能力的培养。这种虚实融合的研究生教育资源"互配"不仅能够打破传统研究生教育资源配置的局限，提升教育资源的利用率，还能够弥补教育中研究生教育资源有限的问题，如区域资源分配不均、博士生招生计划分配的等级差异等问题，为研究生教育的高质量

---

①潘巧明, 赵静华, 王志临, 等. 从时空分离到虚实融合: 疫情后精准教学改革的再思考[J]. 电化教育研究, 2021, 42(1): 122-128.

②吴南中, 李健苹. 虚实融合的学习场域: 特征与塑造[J]. 中国远程教育, 2016, (1): 5-11, 79.

发展提供更广阔的空间和更多的机会。同时，虚拟现实技术还可以提供与现实世界相似的情境，使学生能够在虚拟环境中进行实践操作、模拟实验等，从而提升实践能力和问题解决能力。此外，虚拟现实技术还可以为学生提供个性化的学习资源和教学内容，根据学生的兴趣和能力进行精准匹配，提高学习效果和学习动力。为了更好地满足学生的个性化需求，需要对知识点进行细致的分解和分散，以便让每个知识点都更加细致，同时导师也需要亲自设计个性化的指导方案。

第五章　信息技术赋能研究生教育发展规划

　　研究生教育发展规划是研究生教育管理的核心要素。在信息技术快速迭代的今天，探讨信息技术的发展赋能研究生教育发展规划编制理念和方式的革新，以及发展规划编制的新技术、新模式，是本章的主要内容。

第一节　研究生教育发展规划的概念内涵与历史审视

　　教育发展规划是教育部门就有关教育事业的发展目标、规模、速度及实现的步骤、措施等所拟定的较全面、长远的计划。做好研究生教育发展规划，对国家与地区的发展意义重大。进入数智时代，对研究生教育发展规划进行研究，要界定研究生教育发展规划的概念，回顾历史上重要的研究生教育发展规划，才能总结规划编制的一般理念与方法。

一、研究生教育发展规划的概念内涵

　　研究生教育发展规划的概念内涵界定是进行研究生教育发展规划研究的基础。改革开放以来，我国研究生教育发展规划的编制实践不断走向科学化、规范化，引导和促进了我国研究生教育的科学发展。

（一）研究生教育发展规划的基本概念

　　要界定"研究生教育发展规划"的概念，首先要了解"教育规划"的概念。针对这一概念，顾明远先生认为，教育规划是国家或地区教育主管部门就有关教育事业的发展目标、规模、速度及实现的步骤、措施等所拟定的较全面、长远的计划。中华人民共和国成立后，教育事业的发展规划是国民经济和社会发展计划的重要组成部分。一般而言，教育规划的主要内容包括：①发展目标。包括各级各类教育的在学人数、层次、专业结构及学校的数量、规模、布局等。②保障措施。为达到发展目标所需的教室、校舍、教学设备的数量和质量。③投资预算。实现发展目标和保障措施所必须提供的经费数量、来源及分配使用方案。④实施

计划。包括年度发展目标、工作进程、方法、程序和步骤等①。教育规划的主要内容如图 5.1 所示。

按照不同的教育层次，教育规划可进一步细分为基础教育发展规划、高等教育发展规划、职业教育发展规划、研究生教育发展规划等。研究生教育发展规划是教育规划的重要组成部分，是促进国家科技创新、人才培养的基础，在国家教育规划体系中占有重要地位。

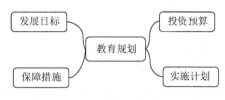

图 5.1 教育规划的主要内容

研究生教育发展规划指国家或地区教育主管部门围绕研究生教育事业的发展目标、方向、规模、速度及实现的步骤、措施等方面，所拟定的发展战略与各项政策。研究生教育发展规划的制定，需宏观考察国际发展形势、国家战略布局、社会经济发展，对与研究生教育发展有关的数量与质量、目标与内容、要素与环节进行规划与决策，并通过发布政策文件的形式，在国家或地区范围实施。研究生教育发展规划的主要内容包括：①国家或地区教育主管部门发布的研究生教育发展规划，一般为长期规划，5～10 年；②研究生教育事业发展的相关战略性文件；③各级各类教育发展规划中与研究生教育相关的政策条目。

（二）研究生教育发展规划的要素分析

研究生教育管理是国家宏观教育管理中的重要内容，研究生教育发展规划的编制又是研究生教育管理中的关键环节。教育管理又具有管理的共同性，符合管理学的一般特征。从管理学的视角对研究生教育发展规划进行分析与研究，将提升研究生教育发展规划研究的科学性。

在众多的管理学理论中，决策理论与研究生教育发展规划的实践息息相关。决策理论专家与学者认为，管理的本质就是在收集信息的基础上选择组织活动的方向与内容（决策），并组织不同的人进行分工劳动（协作）去努力实现预定的目标。决策与协调代表了管理本质的两种认识方向。研究生教育发展规划代表了研究生教育管理的方向，汇聚了研究生教育发展的重要决策。

在众多的决策理论专家中，诺贝尔经济学奖获得者赫伯特·亚历山大·西蒙（Herbert Alexander Simon）最具代表性。他认为，管理的本质是决策，所有管理工作都是围绕着决策的制定和组织实施来进行的。西蒙因其关于组织决策的相关研究而被称为决策理论的主要代表人物。决策理论的主要观点包括：①管理

---

①顾明远. 教育大辞典[M]. 上海: 上海教育出版社, 1998.

就是决策，决策贯穿于整个管理过程；②决策过程包括情报活动、设计活动、抉择活动、审查活动四个阶段的工作；③决策的准则为，人们习惯上运用"最优"或"绝对的理性"作为决策的准则；④程序化决策和非程序化决策（重复性的例行活动，如出入库，可建立一定的决策程序；非例行活动，不重复出现，无一成不变的方法和程序）①。

从管理学视角来分析研究生教育发展规划的编制出发点。最优决策假设认为，组织总是倾向于选择符合自身发展的最优规划。从这一理论出发，认为制定研究生教育发展战略的根本出发点在于研究生教育发展与国家、社会发展的匹配性。因此，符合国家战略、社会发展的方向与需求，是研究生教育发展规划制定的基本条件。

从管理学视角来分析研究生教育发展规划的编制流程。决策理论认为，决策过程包括情报活动、设计活动、抉择活动、审查活动四个阶段的工作。由此判定研究生教育发展规划应注重现状分析、问题诊断、目标确定、措施分解、政策评价、实施与监督等几个环节。

从管理学视角来分析研究生教育发展规划的不同类别。决策理论认为，程序化决策和非程序化决策是决策的两种不同分类。在研究生教育发展中也有类似的分类方式，既有类程序化决策的程序化规划，也有类非程序化决策的非程序化规划。程序化规划主要指与研究生教育发展的结构和规模有关的规划，非程序化规划主要指随着经济社会发展的需要，在不同时间节点所实行的不同目标的研究生教育发展战略，如在一段时间着力推进的某类学科建设项目、某些大型的重点建设项目或工程等。研究生教育发展规划需根据程序化规划与非程序化规划的不同类别来制定不同的规划路径，并选择不同的规划工具进行辅助。

（三）研究生教育发展规划的理论模型

决策理论认为，决策过程有识别问题、诊断原因、确定目标、制定备选方案、评价与选择方案、实施与监督等六个环节。根据这六个环节，学者们研制了决策过程模型②（图5.2），该模型为研究生教育发展规划过程模型的设计提供了理论支撑。决策过程模型的识别问题环节主要指，通过调研总结出限制组织发展的各类问题，这一过程是组织进行决策的出发点。定位原因是解决问题的关键，通过对问题的深入研究，进一步诊断出现问题的原因。在诊断原因后，结合组织发展目标与问题产生的原因，确定组织为解决关键问题的远期、中期、近期发展目标。

①《管理学》编写组. 管理学[M]. 北京: 高等教育出版社, 2019: 57-59.
②《管理学》编写组. 管理学[M]. 北京: 高等教育出版社, 2019: 77-79.

目标还可进一步细分为总目标与分目标，并要通过制定备选方案、评价与选择方案，制订具体的方案执行策略。方案实施过程中，需对其进行监督，并将方案实施的情况及时反馈至管理者，促进管理者进一步改进方案，优化决策。

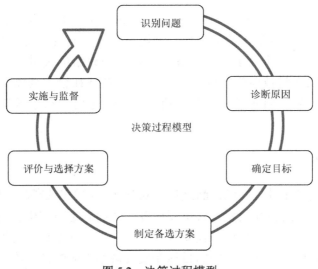

图 5.2　决策过程模型

研究生教育发展规划的过程模型是根据研究生教育发展规划的流程所研制的过程化模型。研究生教育发展规划有现状分析、问题诊断、目标确定、措施分解、政策评价、实施与监督六个环节。依据这六个环节，研制了研究生教育发展规划过程模型（图 5.3）。

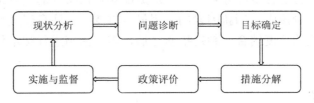

图 5.3　研究生教育发展规划的过程模型

1. 现状分析

研究生教育是培养创新人才，提高创新能力，服务经济社会发展，推进国家治理体系和治理能力现代化的重要保障。研究生教育的发展规划，应与国家战略、社会发展同心同向、同频共振。编制研究生教育发展规划，应先对世界科技发展形势、世界经济发展状况进行研究，进而对国家发展战略、经济社会情况进行分析，并对研究生教育发展现状进行把控，最终为规划的编制做出整体谋划。

2. 问题诊断

在对国际趋势、经济社会、研究生教育进行发展现状分析之后，问题诊断是研究生教育发展规划编制的重要一环。问题诊断就是要找到发展现状与发展目标之间偏离的环节，对研究生教育发展而言，问题诊断的关键在于寻找研究生教育当前发展与世界科技前沿、国家重大需求、经济社会主战场等脱节甚至方向不一致的环节。如果问题识别不当，所做出的规划将无益于解决发展中出现的重要问题。

3. 目标确定

目标确定是指在进行问题诊断之后，对问题形成的关键因素进行分解，并明确各构成要素之间的相互关系及其重要程度，从而确定研究生教育发展规划所要达成的目标。目标有关键目标与辅助目标之分，也有远期目标与近期目标之分，还有总目标与分目标之分。不同的目标在发展规划中应注意主次，合理排布。要避免目标模糊或目标不明的情况，只有目标明确，才能确定研究生教育发展的方向与思路。

4. 措施分解

在确定好研究生教育发展的各项目标之后，要找到促进目标达成的可行性举措。首先需对措施进行步骤分解，使其形成能够付诸实践的具有指导性意义的政策条目。在这一阶段中，创新因素的运用最为重要，应注意促进目标达成的传统举措与创新方法的适度结合。制定措施之后，需对措施进行文本化，为政策的制定奠定基础。

5. 政策评价

在具体的举措形成政策文本之后，需对政策进行评价。可从以下几方面对研究生教育发展规划进行评价与选择。首先，规划方案的可行性。作为研究生教育发展的宏观政策，规划是否具有可行性，是判断政策合理与否的首要条件。其次，规划方案的有效性。主要指发展规划是否能够实现研究生教育发展的目标，是否能够解决研究生教育发展当前面临的主要问题，是否能够支持国家战略与经济社会发展的需求，这是政策能否推行的重要依据。最后，规划方案的影响性。研究生教育发展是我国教育事业的重要组成部分，其发展规划对整个教育系统而言，起到牵一发而动全身的作用。因此，研究生教育发展规划的制定，需要考察方案本身将对整个教育系统发展可能造成的影响。

6. 实施与监督

规划对发展意义重大，因此，规划的落实显得尤为重要。首先，规划的发布需要上下级管理者共同参与，并对有关人员进行相关培训，促使规划在执行前获得整个管理系统内部成员的理解和支持。其次，须制定出能够衡量规划执行进展状况的监测指标，以评促建，确保规划能够转化为实际行动。最后，需对规划的实施进行全程监督，确保规划进度能够保质保量、按时完成，同时确保在决策环境发生变化时，对规划进行及时的修正。

二、历史上我国重要的研究生教育发展规划

1980 年以来，我国颁布了众多研究生教育发展规划的相关政策文本，研究生教育发展取得了较为显著的成绩。本节按照研究生教育事业的初步建立、研究生教育事业的快速发展、研究生教育强国建设等几个阶段，对研究生教育发展规划的政策进行历史梳理。

（一）"六五"至"七五"期间：研究生教育事业的初步建立阶段

党的十一届三中全会做出了把工作重点转移到社会主义现代化建设上来的战略决策和实行改革开放的伟大决策，促使我国研究生教育进入建立时期。《1978—1985 年全国科学技术发展规划纲要（草案）》明确提出中国科学院、高等学校特别是重点大学要逐步扩大研究生的比重，提出八年内应培养研究生八万人。这一要求明确了我国研究生教育规模的大发展趋势。与此同时，改革开放带来的经济发展需求，以及我国科技体制改革背景下科研机构科学研究活动的增强，高等学校自身的发展特别是科学研究活动的加强等情况，都促进了研究生教育的发展[①]。1985 年，我国出现研究生招生小高峰，约为 4.7 万人，比上年增加 2.3 万人，是实施学位制度以来研究生招生数量增长率最高的一年。

为更好地应对这一阶段经济社会发展对研究生教育的规模需求，我国陆续颁布了《中华人民共和国学位条例》《中华人民共和国学位条例暂行实施办法》《国务院学位委员会关于审定学位授予单位的原则和办法》《高等学校和科研机构授予

---

①廖湘阳，王战军. 改革开放以来我国研究生教育政策的文本分析[J]. 高等教育研究，2004, (6): 36-43.

博士和硕士学位的学科、专业目录（试行草案）》①等一系列政策文本，为我国学位与研究生教育制度的建立以及规模扩张奠定了基础。

　　1980 年召开的全国教育工作座谈会指出，80 年代的高等教育要认真贯彻以调整为中心、"调整、改革、整顿、提高"的八字方针，提高质量、稳步发展数量。面对 1985 年硕士生招生人数急剧增加、大大超过预定招生计划的情况，国家教育委员会研究生司于 1985 年 9 月 24 日发出《关于对一九八五年入学的部分研究生进行业务复查的通知》，要求对当年录取的研究生中初试总平均成绩低于 60 分的新生逐一进行复查。1986 年 12 月 10 日发布的《国家教育委员会关于改进和加强研究生工作的通知》中提出，"根据国家对不同岗位高层次人才的不同需要，培养不同规格的研究生"，并对研究生教育发展速度与规模调整进行了要求。这些都是根据实践中的新问题、新情况，对研究生教育发展规划进行的及时调整①。

　　不同于整个"六五"阶段研究生教育发展规模扩张的情况，1986 年 12 月 10 日发布的《国家教育委员会关于改进和加强研究生工作的通知》将"提高质量，稳步发展"作为解决整个"七五"期间研究生教育发展战略问题的指导思想。这一时期将发展重点放在研究生教育质量上，改变了以往仅以控制招生规模的计划来调节研究生教育发展的思维模式。

（二）"八五"至"十一五"期间：研究生教育事业的快速发展阶段

　　随着《研究生教育和学位工作"八五"计划和十年规划要点》《关于学位与研究生教育改革和发展的若干意见》《关于加强和改进研究生培养工作的几点意见》的陆续颁布实施，进一步完善和优化研究生教育体系是这一时期政策的主要价值取向。"八五"期间，提出的研究生教育发展方针是"坚持方向、稳定规模、优化结构、深化改革、改善条件、提高质量"，为"八五"后期和"九五"期间的发展打下良好的基础。

　　随着 21 世纪到来，1999 年颁布的《关于加强和改进研究生培养工作的几点意见》提出"研究生工作的基本方针是：深化改革，积极发展；分类指导，按需建设；注重创新，提高质量"。《中国学位与研究生教育发展战略报告（2002—2010）》（征求意见稿）将这一工作方针完善为"深化改革，积极发展；分类指导，加强建设；注重创新，提高质量"。这些规划的制定，为"十五"和"十一五"期间研究生教育的发展明确了思想与思路。

---

①廖湘阳，王战军. 改革开放以来我国研究生教育政策的文本分析[J]. 高等教育研究, 2004, (6): 36-43.

（三）"十二五"至"十四五"期间：研究生教育强国建设阶段

在"十一五"期间，我国着手编制进入21世纪之后的第一个教育规划，布局此后一个时期指导全国教育改革和发展的纲领性文件。"十二五"开局之年，我国发布《国家中长期教育改革和发展规划纲要（2010—2020年）》，纲要的实施是在世界格局发生深刻变化，科技进步日新月异，人才竞争日趋激烈的背景下，以中华民族伟大复兴作为重要目标。纲要提出，要大力推进研究生培养机制改革，提升科学研究水平，充分发挥研究生在科学研究中的作用，这些内容为研究生教育的进一步改革指明方向①。

为全面贯彻落实《国家中长期教育改革和发展规划纲要（2010—2020年）》要求，进一步提高研究生教育质量，2013年3月29日，教育部、国家发展改革委、财政部颁布《关于深化研究生教育改革的意见》。意见指出，研究生教育还不能完全适应经济社会发展的多样化需求，培养质量与国际先进水平相比还有较大差距。文件从改革招生选拔制度、创新人才培养模式、健全导师权责机制、改革评价监督机制、深化开放合作，强化政策和条件保障，加强组织领导等方面，对研究生教育改革提出了指导性意见。其中，面向国际科技发展新趋势，特别提出鼓励学科交叉与融合，提高研究生的创新能力，建立创新激励机制，为创新人才培养奠定了基础②。

为实现教育强国目标，"十三五"建设期间，由教育部、国务院学位委员会印发的《学位与研究生教育发展"十三五"规划》正式发布，勾勒出到2020年我国学位与研究生教育改革发展的路线图。规划指出，"十三五"时期，学位与研究生教育改革发展要继续坚持以服务需求、提高质量为主线，把寓教于研、激励创新作为根本要求，把分类改革、机制创新作为主要驱动，全面提升研究生教育水平和学位授予质量，加快从研究生教育大国向研究生教育强国迈进。为实现这一目标，规划提出了学位与研究生教育改革发展的六大任务，包括：主动适应需求，动态调整优化结构；改革培养模式，提升创新和实践能力；健全质量评价，完善监督保障体系；扩大国际合作，提升国际影响力；统筹推进"双一流"建设，提升研究生教育整体实力；拓展育人途径，推动培养单位体制机制创新③。

---

①中华人民共和国国务院新闻办公室. 国家中长期教育改革和发展规划纲要（2010—2020年)[EB/OL]. (2011-03-25)[2023-09-08]. http://www.scio.gov.cn/ztk/xwfb/2014/31482/zcfg31490/Document/1379901/1379901_1.htm.

②中华人民共和国教育部. 教育部 国家发展改革委 财政部关于深化研究生教育改革的意见[EB/OL]. (2013-04-19)[2023-09-28]. http://www.moe.gov.cn/srcsite/A22/s7065/201304/t20130419_154118.html.

③中华人民共和国教育部. 学位与研究生教育发展"十三五"规划正式发布[EB/OL]. (2017-01-21)[2023-03-01]. http://www.moe.gov.cn/jyb_xwfb/s5147/201701/t20170122_295473.html.

本节通过对研究生教育发展规划的概念内涵与历史发展进行分析，了解了研究生教育发展规划的概念、要素、流程以及发展历史。研究生教育发展规划的制定与实施，还要有科学的理论依据与指导理念。

第二节　研究生教育发展规划编制的理论依据与指导思想

教育规划的科学性和合理性对国家的教育事业乃至社会经济健康发展起到重要的作用，而教育规划的指导理论与方法的科学性和完善性，将影响教育规划的制定。信息技术的发展，为研究生教育发展规划的编制提供了新的技术支撑，极大地提升了研究生教育规划编制的科学性与规范性。在数智化时代，为防止"信息爆炸"对研究生教育规划所带来的负面影响，研究生教育发展规划编制应遵循科学的理论指导。

一、研究生教育发展规划编制的理论依据

在教育学、管理学与经济学领域，关于教育规划的理论较为匮乏[①]。选择研究生教育规划编制的基本指导理论，不能片面强调教育的作用，要综合考量教育与社会经济发展的关系，要对教育和社会的历史、现状及未来有正确的、宏观的认知，并对未来研究生教育发展有较为准确的判断。同时，要特别关注政府政策及政治因素对研究生教育发展规划制定的决定性作用，做到既充分考虑政治因素，又保证教育本身的独立性。因此，制定研究生教育发展规划需遵循可持续发展、协调发展、适度超前、资源优化配置等理论。

（一）可持续发展理论

可持续发展理论指既满足当代人的需要，又不对后代人满足其需要的能力构成危害的发展，以公平性、持续性、共同性为三大基本原则。可持续发展理论的最终目的是实现共同、协调、公平、高效、多维的发展。教育活动具有周期较长，影响深远的特点，在制定教育规划时，要遵循可持续发展理论，注重合理应用教育资源，发挥好教育的基础性作用。

研究生教育发展规划要注重与经济、社会、资源的相互支撑作用，实现共同发展；要注重研究生教育质量与规模之间的协调关系，实现协调发展；要兼顾发

[①]毛建青. 高等教育宏观规划的理论与方法研究：聚焦中国高等教育规模的规划[M]. 北京：中国社会科学出版社，2015：41.

达地区与欠发达地区的研究生教育发展需求，实现公平发展；要统筹布局研究生教育发展的师资队伍、学科建设、教育教学、科学研究等各方面发展，实现高效、多维发展。

（二）协调发展理论

协调发展理论一般指经济协调发展的思想理论，主张以综合平衡论为基础，强调中国经济的建设内部、外部协调发展。经济内部的协调发展是农业与其他部门（主要是工业）的协调发展，经济外部的协调发展是经济建设与人口、环境、资源的协调发展。在教育领域，尤其要注重教育与社会生活诸多方面的协调发展。因此，研究生教育发展要关注以下几对关系。

第一，研究生教育发展要注重与其他各级各类教育的关系。教育是由学前教育、基础教育、高等教育、研究生教育、成人教育等多层次教育构成的系统，在规划研究生教育发展时，只有处理好研究生教育与其他层次教育之间的关系，才能不顾此失彼，实现教育的协调发展。第二，研究生教育要注重与经济、政治、文化各方面的协调发展关系。在布局研究生教育发展时，要综合考虑研究生教育与经济发展、政治、文化的依存关系，平衡布局，实现社会各方面的协调发展。

（三）适度超前理论

适度超前理论是指在布局社会发展战略时，要尽可能提前准备、做好预防，而不是等到形势发生重大变化时才采取行动。在政策实施中，要有足够的时间进行调整，做好充足的准备，让政策能够及时有效地应对社会发展情况。在教育领域，一般学者持教育先行论，即首先发展教育而后发展经济，如此方能增强国家综合实力，这就是超前发展理论。超前发展有两层意思：其一，教育事业发展在教育投资上应高于国家财政经常性支出的比例，人均教育经费逐年增加；其二，教育事业发展在人才培养上要兼顾经济建设近期和远期需要。

研究生教育发展是引领高层次人才培养、高水平科技创新的龙头，在布局研究生教育发展规划时，考虑到教育本身具有长周期的特点，要注重规划的适度超前。在学科布局、科研规划方面，在条件允许的情况下，须对未来社会发展有所预期，才能实现研究生教育对社会发展的智力支持、知识创新支撑的效果。

（四）资源优化配置理论

资源优化配置是指在市场经济条件下，不由人的主观意志决定，而是市场根据平等性、竞争性、法制性和开放性的一般规律，通过自动调节对资源实现的配置，即市场通过实行自由竞争和"理性经济人"的自由选择，由市场机制中的价值规律来自动调节供给和需求双方的资源分布，用"看不见的手"实现优胜劣汰，从而自动地实现对全社会资源的优化配置。要充分考虑市场经济运行机制对教育的影响作用，促进教育资源的有效配置。

研究生教育发展规划的编制，要充分考虑不同地域间、不同行业类型间、不同层次研究生教育间的合理布局与资源优化配置，注重考虑整体与局部之间的关系，实现教育资源在不同地域、不同行业领域、不同层次结构的研究生教育之间的合理配置，取得教育资源的整体优化发展。

二、研究生教育发展规划编制的指导思想

研究生教育发展规划事关国家与区域未来一段时间高水平人才培养及科技发展的水平与速度，在教育规划中占有极为重要的地位。科学合理的编制理念，将决定规划编制的科学性与合理性。

（一）研究生教育发展规划编制的一般理念

研究生教育发展规划的编制，一般遵循回应国家战略发展、顺应时代发展需求、适应教育发展要求的理念。

1. 回应国家战略发展

研究生教育发展规划应响应国家战略。在 20 世纪 70 年代末 80 年代初，我国大力推进改革开放。为顺应市场经济发展，我国扩大了研究生招生规模。随着科技对国家发展的重要性日趋凸显，我国开始布局科教兴国战略。在此背景下，研究生教育随之实施了以质量为中心的改革和探索，对学位制度、管理模式、质量保障体系、人才培养模式等方面进行改革探索。面向新时代，为早日实现中华民族伟大复兴，我国加速实施创新驱动发展战略，内容包括确立科技创新发展新蓝图，构建高效协同的国家创新体系，着力布局和实施事关国家全局、长远发展的重大科技项目，建设若干高水平的科技创新基地，持续积极打造具有区域影响力的科技创新高地。面对这一挑战，研究生教育也将建设研究生教育强国作为重要目标，发展重点包括：主动适应需求，动态调整优化结构；改革培养模式，提升创新和实践能力；健全质量评价，完善监督保障体系等。回应国家发展战略，是研究生教育发展规划制定的出发点。

2. 顺应时代发展需求

研究生教育的发展规划要与时代发展同频共振，这一点在国家对学科布局的调整方面尤为明显。为了适应时代发展对人才的需求的变化形势，持续为学位授权审核及研究生教育质量监督工作提供参照标准，我国采取对学科目录进行更新的方式，来优化学科布局形式，并规定一级学科的调整每十年进行一次①。我国博士、硕士学科专业布局调整情况如表 5.1 所示。

表 5.1　我国博士、硕士学科专业布局调整情况

版次	调整时间	文件名称
第一版	1983 年	《高等学校和科研机构授予博士和硕士学位的学科、专业目录（试行草案）》
第二版	1990 年	《授予博士、硕士学位和培养研究生的学科、专业目录》
第三版	1997 年	《授予博士、硕士学位和培养研究生的学科、专业目录》（1997 年颁布）
第四版	2011 年	《学位授予和人才培养学科目录》
第五版	2022 年	《研究生教育学科专业目录（2022 年）》

为顺应改革开放初期时代发展的需求，1981 年，国务院批准了《中华人民共和国学位条例暂行实施办法》，规定应按照哲学、经济学、法学、教育学、文学、历史学、理学、工学、农学、医学 10 门学科门类授予学位，标志着我国研究生教育的学科专业布局基本框架初步形成。改革开放 40 余年，国家先后对学科专业目录进行了 5 次调整，学科专业布局不断修改、发展、完善，更加适应国家和社会发展的客观需求。

学科专业布局的调整与经济发展紧密相关。1985 年，国务院学位委员会第六次会议审议通过了军事学门类设置方案，下设 9 个学科专业。至此，历时 5 年的《高等学校和科研机构授予博士和硕士学位的学科、专业目录（试行草案）》最终确定，共包含 11 个学科门类、63 个一级学科和 647 个二级学科。在此基础上，1990 年版的学科目录结合当时经济和社会发展的客观需求，对学科专业布局进行了科学性和系统性调整，学科专业划分更加注重学科自身内涵，规范了专业名称，增加了一些新兴学科，并对本科生专业设置和研究生学科进行了划分。1997 年版的学科专业目录主要着眼于一级学科设置不规范、二级学科划分过细的问题，进一步规范和理顺了一级学科，拓宽和调整了二级学科。2011 年版的学科目录增加了艺术学学科门类，同时增加了专业学位授予和人才培养目录①。

---

①王战军. 中国学位与研究生教育 40 年(1978—2018)[M]. 北京: 中国科学技术出版社, 2018: 19-23.

科技发展促进了学科的进一步交叉融合，为经济发展与科技发展带来了新的生长点。为适应这一新的变化，2022 年版的学科布局做了诸多调整。一是所有门类下均设置了专业学位；二是加强了对科技前沿和关键领域的学科支撑，新设智能科学与技术、遥感科学与技术、纳米科学与工程等一级学科或交叉学科；三是更好地服务国家治理体系与治理能力现代化的需要，新设中共党史党建学、纪检监察学、区域国别学等一级学科或交叉学科；四是加强对弘扬中华优秀传统文化的学科专业支撑，在原有艺术学理论一级学科基础上，设置了艺术学一级学科；五是进一步推进分类培养，强化了对学术型和应用型两类高层次人才培养的基础支撑[①]。顺应时代发展需要，是影响研究生教育发展规划制定的重要因素。

3. 适应教育发展要求

教育发展的需求是促进研究生教育发展的内部动力。改革开放初期，由于"文化大革命"对教育事业发展的影响，广大人民群众对恢复高等教育有重大期盼。1978 年，教育部发出《关于高等学校 1978 年研究生招生工作安排意见》，招收年龄不超过 30 岁的应届高中生、大学毕业生以及 35 岁以下的在职人员，标志着我国研究生招生的恢复[②]。改革开放初期，为了适应教育快速恢复和发展的需要，研究生教育发展规划的政策重心是先恢复招生的规模和比例，招生人数从 1978 年的 1.1 万人上升到 1985 年的 4.7 万人，在校研究生总人数从 1.1 万人上涨到 8.7 万人[②]。

招生高峰期带来了一定的教育质量问题，为此，研究生教育发展规划调整政策重心，招生政策向"稳步扩大招生规模、提高招生质量"的方向发展。随着我国教育规模不断扩大，单一的招生类型已不能适应教育发展的需要，多样化的招生类别和学位制度逐渐成形。1995 年，教委会发布《关于进一步改进和加强研究生工作的若干意见》，指出学校可以增加委托培养、定向培养和自筹经费招生的数量[②]。至此，我国的研究生在校生规模已近 15 万人。

深化高等学校招生自主权是国家为了让研究生教育适应教育内部发展需求所做出的重大变革。2002 年，《关于做好 2003 年招收攻读硕士学位研究生工作的通知》指出，在北京大学、中国人民大学等 34 所高校，进行自定复试分数线的改革试点工作，这是我国首次大范围扩大高等院校招生自主权。随后，招生主体进一

---

①新华社. 新版研究生教育学科专业目录 2023 年起实施[EB/OL]. (2022-09-14)[2023-11-15]. https://www.gov.cn/xinwen/2022-09/14/content_5709784.htm.

②张凌云, 吴天花. 改革开放以来我国研究生招生政策的演进历程与特征分析[J]. 黑龙江教育学院学报, 2019, 38(11): 7-10.

步放开，2013 年，教育部等部门印发《关于深化研究生教育改革的意见》，指出"推进校所、校企合作"。截至 2013 年，研究生在校生规模已近 180 万人。在高等教育与研究生教育领域，随着"985 工程""211 工程""双一流"建设等重点建设政策的实施，人民日益增长的对研究生教育发展的需求和研究生教育发展不均衡不充分之间的矛盾，正在逐步得到解决。2021 年，我国研究生招生 124.3 万人，在学研究生 365.4 万人[①]。适应教育发展需求，适应人民对高水平研究生教育的需求，是研究生教育发展规划制定的又一重要因素。

（二）研究生教育发展规划编制的理念革新

研究生教育发展规划的编制，需回应国家战略发展，顺应时代发展需求，适应教育发展要求。进入数智化时代，研究生教育面临着全方位、深层次的变革挑战。数智化时代是将大数据与人工智能的创新成果与经济社会各领域深度融合，形成更广泛的以互联网为基础设施和创新要素的经济社会发展新形态。数智化时代的研究生教育发展规划是以数智化为基础和动力的研究生教育发展规划，在回应国家战略发展，顺应时代发展需求，适应教育发展要求的规划编制理念之外，数智化时代的研究生教育发展规划编制理念革新，还主要体现在以下几个方面。

1. 研究生教育发展规划要适应未来科技发展需求

教育的发展若不能跟上时代发展的需要，就无法培养出能够适应未来社会发展的人才，国家发展、科技进步将会受到较大影响。按照适度超前理论，研究生教育发展规划需朝向世界科技的发展方向，进行提前布局。"互联网+"、大数据、云计算、人工智能、5G 网络的发展，为预测未来世界发展提供了现实可能。研究生教育发展规划要依托现代信息技术，面向国家超前布局需求，以未来人类社会发展方向为导向，合理布局发展的规模与结构，以及重点学科建设项目。

未来社会，计算机、机器人、人工智能将会更加紧密地渗透至日常生活与职业发展当中，许多现存的工作岗位将消失，一些新的工作岗位将加速出现。经济结构的变化，将对世界发展产生深远的影响。面向未来世界所培养的人才，需要有更高层次的认知能力与思维技能，以改变传统的固有观念模式和思维方式。对

---

①教育部发展规划司. 2022 年全国教育事业发展基本情况[EB/OL]. (2023-03-23)[2023-05-13]. http://www.moe. gov.cn/fbh/live/2023/55167/sfcl/202303/t20230323_1052203.html.

于人才培养模式的探索，需不断贯彻在研究生教育规划的编制当中。在人才培养中，要注重对研究生系统性思维的养成，加强科技素养，培养研究生的批判性思维，以及能够快速融合于不同文化的能力。只有不断革新研究生培养的课程体系及人才培养模式，才能真正培养出适应未来世界发展需要的人才。

2. 研究生教育发展规划要适应教育强国布局需求

党的二十大报告明确提出，"教育、科技、人才是全面建设社会主义现代化国家的基础性、战略性支撑。必须坚持科技是第一生产力、人才是第一资源、创新是第一动力，深入实施科教兴国战略、人才强国战略、创新驱动发展战略，开辟发展新领域新赛道，不断塑造发展新动能新优势"，"坚持教育优先发展、科技自立自强、人才引领驱动，加快建设教育强国、科技强国、人才强国"[①]。国与国之间的竞争，是围绕着科技与人才所进行的竞争，加强教育强国建设方能确保国家在国际竞争中立于不败之地。研究生教育在教育强国建设中的重要性不言而喻，为了能够更好地支持国家未来发展，加强教育强国建设，研究生教育发展规划更要加速超前谋划，合理布局。

为支撑我国成为科技强国、人才强国，需提前谋划研究生教育发展战略，定位研究生教育发展的方向。数智化工具为宏观层面的教育决策提供了便利条件，为决策者提供了全局的视野和海量化的数据分析，帮助决策者全方位地监控当下教育发展状态，并对未来的教育发展提供预测依据。面向教育强国建设，研究生教育发展规划的编制要以服务国家需求，全面推进中华民族伟大复兴，加快构建研究生教育新格局为主要目标，以着力推动高质量发展，健全新型举国体制，推进研究生教育治理体系现代化为己任，立足中华民族伟大复兴的战略全局和世界百年未有之大变局，正确引领研究生教育事业的发展方向[②]。

3. 研究生教育发展规划要适应数字化发展的需求

信息技术的发展，将促使未来社会成为高速与高效发展的社会。适应于当前研究生教育发展规划的数理统计方法、调研法、研讨法等耗时低效的规划方法，将不再适应未来社会的高速发展，这些方法也将从规划研制的主要方法，退居至规划研制的辅助方法。适应数字化高速发展的需求，研究生教育发展规划要从根本上改变以往"定位问题—解决问题"的思路，通过强调提前布局，使决策更加实时化、动态化、精准化。智能推理能够清晰直观地呈现教育发展状态，国家教

①习近平. 高举中国特色社会主义伟大旗帜 为全面建设社会主义现代化国家而团结奋斗[M]. 北京: 人民出版社, 2022.

②王战军. 踔厉奋进, 加快建设研究生教育强国[J]. 中国研究生, 2022, (11): 18-21.

育机关工作人员可以依据智能推理设计教育方案；区域教育部门工作者能够通过智能推理对区域可能存在的教育问题进行智能化解决；学校管理者也无须进行复杂的调研，就能够为不同的问题制订不同的解决方案。①

教育使未来不同。许多今天难以想象的社会运行方式，将在不远的将来呈现在我们面前。只有适应数字化的高速发展需求，持续开展"深度学习"，才能使研究生教育真正适应未来社会的发展。

4. 研究生教育发展规划要适应教育者的多元需求

"互联网＋"、大数据、云计算、人工智能、5G 网络等工具的普及应用，使每一位利益相关者的教育需求暴露在互联网当中。通过网络留痕，能够精准地分析同一类型利益相关者的教育需求，从而反馈到研究生教育发展规划的制定当中。以往，研究生教育发展规划的制定更多地从政府视角出发。信息技术的高速发展，使多元主体参与研究生教育发展规划的制定成为可能。网络成为多元主体表达需求的重要载体，研究生教育发展应倾听多元主体的需求。多元主体需求这一理念，成为信息技术背景下研究生教育发展规划编制理念的重要变化。

在数智化时代，每个人都是决策者，而每个人的决策需求与风格各不相同。智能推理和决策能够协助且兼顾服务对象的个性化、多元性需求。智能化技术能够最大限度地考虑不同利益相关者的教育需求与偏好，兼顾重点考虑的因素以及次要考虑的因素，以便不同利益相关者进行更加符合个性化需求的规划决策。对于不同的利益相关者所开展的智能化需求分析，应在符合伦理的前提下开展，并提供友好的反馈与舒适的用户体验。

信息技术的高速发展，为研究生教育发展规划的编制提供了新的技术与方法。在科学的理论与理念指导之下，研究生教育发展规划的编制将实现方法变革与流程再造。

第三节　研究生教育发展规划编制的方法变革与流程再造

"互联网＋"、大数据、云计算、人工智能、5G 网络等新一代信息技术的广泛应用，为研究生教育管理注入了新的活力。信息技术的发展，也使研究生教育发展规划的编制更加有序、科学、合理。信息技术将对研究生教育发展规划编制的方法革新与流程再造起到重要的推动作用。

---

① 徐显龙. 智能推理与决策[M]. 北京：教育科学出版社，2022：120.

一、研究生教育发展规划编制的方法变革

"互联网 +"、大数据、云计算、人工智能、5G 网络等工具，为研究生教育发展规划的编制提供了新的可利用的工具。不同于传统研究生教育发展规划编制更多地采用统计学方法、人员一线调研、专家座谈等的方式，信息技术的发展为研究生教育发展规划的编制提供了更多可行性方案。无论是传统的工具还是数智化的工具，都为不同时代的研究生教育发展规划编制提供了高效、便捷的工具支撑。

（一）PC 时代的研究生教育发展规划编制方法

在 PC 时代，研究生教育发展规划的编制大多采用数理统计、实地调研、座谈研讨等方法。依据不同的规划类型，又有不同的规划工具。

1. 研究生教育发展规划的分类

为了使研究生教育发展规划的编制方法更具针对性，参照管理学中的决策分类方式，将研究生教育发展规划按不同类型进行划分。

根据规划问题不同，可将研究生教育规划分为程序化规划和非程序化规划。程序化规划指，面对研究生教育工作中那些重复出现的、日常的、例行的问题，规划者可以按照书面的程序或规则进行的规划。这类规划所要面对的是经常发生的问题，解决方法是重复的、例行的程序，如招生规模、培养结构、就业规划等。非程序化规划指，面对研究生教育管理中那些偶然发生的、未遇见过的、性质与结构不明、具有重大影响的例外问题，规划者无法采用书面的程序或规则进行的规划。例如，因国际形势突然变化、国内战略重大调整而要开展的研究生教育重点项目、重点举措等。

根据规划的主体不同，可将研究生教育规划分为学校规划、省域规划和全国规划。由于规划的主体不同，所能够调用的人员与资源也各不相同，所面临的问题重点也各有侧重，因此，采用的规划方式也会各有特色。

2. 规划编制常用方法

研究生教育发展规划中的具体内容和范畴较多，既有数量和规模方面的规划，又有质量方面的规划；既有全国范围的规划，又有区域和地区分布的规划；既有

总量的规划，又有分学科、分专业的规划①。根据上文对研究生教育发展规划的不同分类方式，对研究生教育发展规划的编制方法进行分类（表 5.2）。在此主要探讨程序化规划与非程序化规划的编制方法。

表 5.2　不同类别研究生教育发展规划的编制方法

类别	主要内容	主要方法
程序化规划	数据类规划，研究生教育的规模与结构的规划，如招生数据、就业数据等	数理统计法
非程序化规划	组织管理工作细节	调查研究法、专家咨询法、专项研究法
	重点项目、重点举措	

1）数理统计法

研究生教育的规模与结构的规划，如招生数据、就业数据等数据类型的规划，一般采用数理统计的方法。主要方法是通过逐层收集研究生教育的招生、就业、需求数据，最终确定全国的研究生教育相关数据。也可通过以往年度的研究生教育各类数据，预测当年及今后的研究生教育发展各类数据。同时，还可以根据各相关部委提供的人才需求、就业信息等相关数据，推算当年及今后的研究生教育发展各类数据。在具体操作中，可以用高等教育招生数、毕业生数及在校生数这三个变量来描述研究生教育的学生状况。有了招生数，就可以计算出毕业生数和在校生数，从研究生教育的现状出发，结合社会、经济发展所能提供的条件和需求，确定规划周期内切实可行的逐年招生数，从而确定研究生教育发展的速度和规模②。

总体而言，研究生教育规模预测的方法可以归结为结构化预测和非结构化预测两大类。结构化预测主要借助物理或数学方法建立定量化模型，常用的有确定性模型、回归预测模型、马尔可夫预测法、灰色预测法等；非结构化预测主要通过定性分析和经验判断给出预测结论，常用的有专家判断法、德尔菲法、交叉影响分析法等③。考虑到我国的政治、经济、社会情况，我国研究生教育发展规模的预测与规划，主要采用定性与定量相结合的方法。在中长期规划预测中，会应用到如德尔菲法、专家判断法等定性分析方法。在进行定量分析时，一般采用建立回归模型的方法。

①毛建青. 高等教育宏观规划的理论与方法研究: 聚焦中国高等教育规模的规划[M]. 北京: 中国社会科学出版社, 2015: 25.

②教育部发展规划司. 教育规划理论与实践[M]. 北京: 中国大百科全书出版社, 2006: 22.

③毛建青. 高等教育宏观规划的理论与方法研究: 聚焦中国高等教育规模的规划[M]. 北京: 中国社会科学出版社, 2015: 114-115.

2）调查研究法

调查研究法指通过开展高校和科研机构专题调研、行业企业专题调研、各级各类行政部门调研等，召开地方和高校系列座谈会，结合有针对性的小型访谈、视频访谈、问卷等形式，听取高校管理人员、导师和研究生意见建议，摸清制约研究生教育发展的问题症结、了解改革发展需求、发现改革创新案例、总结典型经验做法。调查研究的对象多元，除了高校相关人员外，也可组织开展走访国家发展改革委、财政部、工信部、人社部、国家自然科学基金委员会、卫健委、国务院国资委、科技部等相关部门；调研有代表性的头部企业、医院、新型研究机构，了解部分领域我国经济社会发展人才培养需求和未来培养要求，分析有关数据，探索研究生教育与科技、人才协同发展机制，为创新改革思路提供支撑。

3）专家咨询法

专家咨询法指组织研究生教育领域的研究专家、管理专家、教学专家等，国家发展改革领域的研究专家、管理专家，以及社会各界代表，共同针对研究生教育发展的问题进行咨询。随着互联网技术的发展，通过网络技术开展的调查研究、专家咨询，成为研究生教育发展规划中主要应用的方式。

4）专项研究法

专项研究法指依托专项研究课题组，针对研究生教育发展中的制约性问题进行专项调查。由专项研究课题组提出影响学位与研究生教育改革发展的系统性、全局性重点问题，厘清改革发展问题清单，问题清单既可以是目前存在的问题，也可以是未来需要突破的方向，兼顾现有的工作基础、可操作性、导向性和前瞻性。同时，布局专项研究课题组，针对制约研究生教育发展的瓶颈展开若干专项研究，如面向"十五五"的研究生教育强国布局，可开展的专项调研有：专项研究如何正确理解中国式现代化研究生教育强国的特征、内涵和路径，凝练中国式研究生教育理念作为方案引领，专项研究世界研究生改革发展趋势，专项研究新时代数字化赋能研究生教育等。

（二）研究生教育发展规划编制的技术发展

面向数智化时代发展，为应对研究生教育发展的多元主体参与、流程再造等发展需要，在处理研究生教育规模与经费等问题时，研究生教育发展规划编制的技术将持续发展与变革。在信息技术发展背景下，仍需在可持续发展、协调发展、适度超前、资源优化配置等理论的指导下应用新技术开展研究生教育发展规划的研制。具体而言，研究生教育发展规划的新技术主要包括研究生教育发展数据云平台、智能管理决策支持系统、复杂网络技术等。

1. 研究生教育发展数据云平台

研究生教育发展数据云平台的建设与完善，是实现数智化研究生教育发展规划的基础，该平台将汇集大量与研究生教育管理相关的数据与信息，并设置丰富的算法系统、决策支持系统，促进研究生教育发展规划的流程科学化、高效化、规范化。

研究生教育发展数据云平台集数据收集、数据清洗、数据分析、数据呈现等功能于一体。在数据收集方面，注重汇总与研究生教育相关的多元利益主体的多种数据。在数据清洗与分析方面，注重筛查有效信息。在以人工方式分析数据的阶段，大多是对已收集好的静态数据进行分析，无法适应快速发展变化的教育形势。智能推理能够基于动态性的渐进式求解模型，并跟随动态数据的输入而实时调整决策方向，实现动态演示，支持实时决策。随着新的数据不断被纳入模型以及分析进程，智能推理将会基于新的完整数据实时提供新的决策结果。管理者可以随时获取最新的建议方案，以便更好地掌控全局及预测发展变化。在数据呈现方面，研究生教育发展数据云平台致力于实现数据分析结果的动态化、可视化，友好便捷地呈现数据结果。

研究生教育发展数据云平台的另一重要特点是能够为多元主体的不同需求提供特色服务。发展数据云平台将为不同的角色提供不同的入口，每类角色具有不同的管理权限，能够平等地获取所需信息，并实现各自的价值诉求。

2. 智能管理决策支持系统

智能管理决策支持系统中的关键技术包括推理技术、决策技术等。在研究生教育发展规划中运用智能管理决策支持系统，须综合运用智能推理与决策算法、模型和方法，如注重机器学习、神经网络、模糊逻辑、遗传算法与专家系统的结合，注重定性与定量方法的结合，注重传统的偏好模型与专家系统技术的结合，注重专家系统与数据库系统的结合等[①]。利用智能管理决策支持系统，力求实现大数据赋能研究生教育规模与结构动态调整，服务国家战略发展；人工智能推动研究生教育改革培养模式优化，有效提升创新和实践能力；数字化与智能化拓展育人途径，推动国际合作体制机制创新。

依托智能管理决策支持系统，基于大数据分析的教育决策智能化时代即将到来，教育管理者对管理的判断将实现如下几点变化：基于经验的判断将走向基于数据的科学判断，基于传统的经验分析将走向未来的智能化分析，基于区域化和系统的管理将由个人和部分人员的经验决策走向科学、系统、高效的智能化决策

---

①徐显龙. 智能推理与决策[M]. 北京: 教育科学出版社, 2022: 116.

方案提示及预警。通过这些变化，将形成可供决策者进行参考和选择的有效方案。从应用的层面分析，教育智能化决策服务内容包括智能化教育宏观性政策、智能化行政决策管理和面向教师与学生的智能化科学决策与管理[①]。

智能化教育宏观性政策。智能化教育宏观性政策主要通过对历史统计数据的分析，形成对研究生教育发展状况各方面的趋势分析，并为国家制定研究生教育发展长远规划提供数据理论依据，通过对国内外同类教育综合指标的比较，进行差异化分析，优化研究生教育的发展方向。

智能化行政决策管理。智能化行政决策管理主要是研究生教育的主管部门及各地方研究生教育行政主管部门借助现代化信息技术，通过人工智能技术和大数据分析技术的辅助，针对研究生教育系统做出的宏观决策与管理服务。

智能化科学决策与管理。智能化科学决策与管理是研究生教育的主管部门针对全国及各地区的教学质量及学习质量状况，结合人工智能和大数据分析技术，对全国及地方研究生教育、教学、研究等进行改进和调整，做到科学、有效的教育决策和管理。

3. 复杂网络技术

随着互联网逐渐深入人类社会当中，人们逐渐意识到从真实世界抽象出来的网络并不是规则的或是随机的，而是非常复杂的。钱学森给复杂网络下了一个定义：具有自组织、自相似、吸引子、小世界、无标度中部分或全部性质的网络称为复杂网络。复杂网络具有弱连接、小世界、无标度等特征，复杂网络技术将对研究生教育发展规划决策的制定起到一定的影响作用。对复杂网络的了解从了解"系统"出发。系统是由相互作用和相互依赖的若干组成部分结合而成的具有特定功能的有机整体。系统是普遍存在的，譬如电力系统、教育系统、医疗系统、生态系统，甚至一个活细胞、人体、宇宙都可以看作系统。如果将系统内部的各个元素作为节点，将元素之间的关系视为连边，那么系统就变成了一个网络[②]。

现实生活中的网络大多是复杂的。首先，网络的结构非常复杂，节点间是通过何种方式连接的以及是如何相互作用的，非常模糊；其次，网络的结构随着时间的推移不断发生变化，网络的节点个数在不断地增加，节点之间的连接也不停地增加；最后，发生在网络上的动力学过程也非常复杂，每个节点自身可能也在不停地发生变化。这些问题都体现出了网络以及网络研究的复杂性，所以称其为复杂网络。

---

①余胜泉. 人工智能＋教育蓝皮书[M]. 北京: 北京师范大学出版社, 2020: 186-188.

②占小红. 复杂网络技术[M]. 北京: 教育科学出版社, 2021: 25-30.

研究生教育系统的各组成要素构成了一个复杂网络。复杂网络为看待研究生教育发展中的各类问题提供了新的视角，为解决研究生教育发展中的复杂的问题提供了快速便捷的方法和策略。复杂网络强调内部各组成成分的相互作用，关注相互作用的结构和方式及其功能。利用复杂网络可以简单高效地对研究生教育发展系统的各个组成部分及内部的相互作用进行研究，分析系统的性质，探索系统演变的过程以及预测这个系统的未来走向。借助复杂网络技术，能够解释研究生教育发展中的现象，并解决研究生教育发展规划编制中的具体问题。

二、研究生教育发展规划编制的流程再造

前文提出了研究生教育发展规划具有现状分析、问题诊断、目标确定、措施分解、政策评价、实施与监督几个环节，并研制了研究生教育发展规划过程模型。信息技术的发展，将实现研究生教育发展规划编制的流程再造。

未来研究生教育发展规划编制的一般流程，包括数据产生、数据整合、数据分析、数据应用等四大模块。各模块之间的信息高度耦合，参数相互依赖。现代信息技术的应用使流程再造的各个环节的实现更为高效。数智化研究生教育发展规划流程模型如图 5.4 所示。

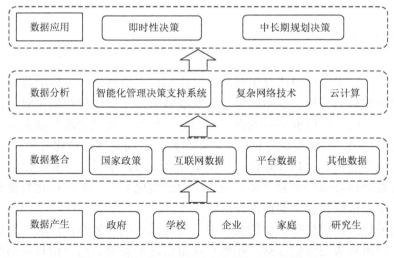

图 5.4　数智化研究生教育发展规划流程模型

（一）数据产生层

数智化背景下，研究生教育发展规划的利益相关者包括政府、社会公众、第

三方等，具体而言，主要有政府、学校、企业、家庭、研究生等五类参与要素。在数智时代，多元主体通过多种方式表达个人利益诉求，利用智能化工具，多元主体的需求将能及时反馈至研究生教育管理当中，进而影响研究生教育发展规划的编制。

在具体的实践中，还需利用大数据的手段，筛查不利于国家社会进步、教育事业发展的不良意见，这就需要决策者拥有高超的决策智慧。

（二）数据整合层

输入模块主要输入与研究生教育发展规划相关的各类数据。研究生教育发展规划的主体数据是研究生教育管理决策的多元参与者，有政府、学校、企业、家庭、研究生等。数据的来源主要有研究生教育发展数据云平台、互联网实时数据、各类政策文本等。数据的内容主要有国际经济社会形势、国家重大战略、国家各类政策文件、研究生教育管理的各项数据、多元利益相关者的需求数据等。

大数据具有海量的数据规模、快速的数据流转、多样的数据类型和价值密度低四大特征，在具体的实践中，应注意处理好数据的价值性与数据的丰富性之间的关系，以免造成后续工作量较大的问题。

（三）数据分析层

数据分析模块主要对研究生教育发展规划相关数据进行数据清洗、挖掘、分析、可视化的数据分析。在研究生教育发展数据云平台中该模块主要包括以下两个子模块。子模块一的业务有数据识别与业务理解，数据处理与数据分析，数据呈现与结果导出，主要实现的业务功能在于数据自动处理与量化分析[①]；子模块二的业务有决策支持，包括智能化管理决策支持系统。子模块一和子模块二的主要任务是需要处理好研究生教育发展规划中的结构化数据、半结构化数据和非结构化数据，协助做好智能化的推理与决策。

数据分析操作模块在具体的实践中，要通过归纳与演绎，理顺推理的思维逻辑，做好逻辑对策与价值选择，在教育决策信息不完整、教育信息识别不准确、教育信息认知困难、教育信息融合困难等可能出现的困难面前，为推理与决策提供高效、科学的建议。

---

①王鹏涛. 学术出版数据化决策创新研究: 全流程、场景化与智能驱动[J]. 科技与出版, 2018, (12): 83-89.

（四）数据应用层

数据应用模块主要解决规划的输出问题。研究生教育发展规划的输出层内容包括即时性决策和中长期规划决策两类。即时性决策指对研究生教育管理中日常的问题或情况做出实时性决策建议。中长期规划决策指依据对人类社会、国家民族的长远发展预测，对研究生教育管理所做出的至少五年的事业规划建议。在智能化的管理决策平台的支持下，数据应用模块将输出政策建议或实践举措，这些建议将对规划的编制起到重要的参考作用。

在具体的实践中，即时性决策主要应对日常管理问题，中长期规划决策主要面向五年以上的管理规划决策。面对输出层的决策建议，管理者需要发挥管理智慧，选择适应未来人类社会发展、符合国家超前布局、支持研究生教育强国建设、能够解决教育发展目标的建议，并应用于研究生教育发展规划的编制当中。

下篇　管理实务

第六章 数智时代的研究生教育知识管理

在网络新经济时代，信息技术得到了快速的发展和推广，为知识管理提供了强大的支持。知识管理的理念核心是将知识作为一种重要资源进行管理，通过有效的信息技术手段，实现知识的获取、存储、组织、传播和应用。研究生教育不仅充分展示了在原有知识基础上衍生新知识的特性，更体现了个人知识、能力与科学研究的和谐统一。准确把握知识迭代加速下研究生教育的发展趋势、深入洞察并揭示信息技术的发展对知识迭代的影响以及研究生教育发展的逻辑走向，对于提升研究生教育质量、推动研究生教育强国建设和促进经济社会高质量发展具有极其重要的理论与实践价值。

第一节 大学知识管理的发展历程及审视

大学，尤其是研究型大学，是现代社会中最为关键的知识生产机构，在人才培养、科学研究和社会服务方面承担着关键作用。知识管理的理念和策略旨在提升大学的持续创新能力，以适应不断变化的知识环境和社会需求，将知识管理引入研究生教育的高质量发展中不仅是可行的，而且也是必要的。

一、大学知识管理的概念内涵

新经济的迅猛发展给人类社会带来了巨大的改变，这场新经济革命是以"互联网＋"、人工智能、ChatGPT 等高新技术为核心的，而高新技术恰恰就是知识和信息高度浓缩的载体。在东汉许慎的《说文解字》中，"知"，从口从矢。其原始含义是用弓箭射猎，获得亲口品尝的东西；"识"，一曰知也。其原始含义是用武器矛戈相击，发出撞击、破裂的声音。①这里的"知识"有器物撞击传达声音之意。在《现代汉语词典》（第七版）中对知识的定义为，"人们在社会实践中所获得的认识和经验的总和"。美国著名管理学家彼得·德鲁克认为"知识是一种能够改变某些人或某些事的信息"，他的观点体现了知识通过利用信息而产生更为高效的行为方式。

①许慎. 说文解字[M]. 上海: 中华书局, 1963: 78.

　　传统经济理论把劳动力、土地、材料、能源和资本作为生产的基本要素，现代经济理论已经将知识列为最重要的生产要素，经济合作与发展组织在年度报告《1996 年科学、技术和产业展望》提出，知识经济是"以知识为基础的经济（the knowledge-based economy）"。克拉克（Clarke）基于前人研究[1][2]总结了数据、信息、知识和智慧的定义，并进行了相应的区分[3]。他认为数据是客观存在的离散事实的集合，它们以字符和位的形式驻留在各种媒介中。数据本身并不能提供任何见解或意义，只有在经过处理、排列、分类和分析之后，数据才能转变为信息。因此，信息是与用户具有相关性和目的性的数据[4]。大多数学者都认为知识是比信息更高层次的理解[5]，信息通常被视为知识的一种初级阶段，知识通常被视为具有特定属性的信息[6]。当信息与经验、直觉、判断相结合时，便被赋予了一个上下文情境，信息就变成了知识。就知识和信息的差异而言，知识与信念和承诺有关，因为它是从特定角度出发的作用。另外，知识是关于行动的，也就是说，知识达到了某种目的。因此，知识是一种更复杂的信息形式。一般来说，数据、信息、知识和智慧被视为理解的中级水平，这些中间层次从最简单的数据层次发展到更复杂的智慧层次。研究者达文波特（Davenport）提出，正如信息来源于数据一样，知识来源于信息[7]，最高层次的理解是智慧，智慧被描述为最好地利用知识来达到预期目标的能力，它与在特定情况下有效选择和应用适当知识的能力有关[8]。在知识经济时代，知识资源成为生产要素的重要组成部分，知识的获取、传递、应用和创新成为研究生教育强国建设的关键。

　　知识管理是一种新兴的经济增长模式，它紧密联系着社会经济的发展和知识创新的推进，知识经济时代的到来对知识管理又提出了更高的新要求。认识论和方法论在知识管理的理论与实践中发挥着重要的作用。认识论关注人类对

①Davenport T H, Prusak L. Working Knowledge: How Organizations Manage What They Know[M]. Boston: Harvard Business School Press, 1998.

②Crossan M M. The knowledge-creating company: how Japanese companies create the dynamics of innovation[J]. Journal of International Business Studies, 1996, 27: 196-201.

③Clarke T, Rollo C. Corporate initiatives in knowledge management[J]. Education + Training, 2001, 43 (4/5): 206-214.

④Nonaka I, Takeuchi H. The Knowledge-Creating Company: How Japanese Companies Create the Dynamics of Innovation[M]. New York: Oxford University Press, 1995.

⑤Grover V, Davenport T H. General perspectives on knowledge management:fostering a research agenda[J]. Journal of Management Information Systems, 2001, 18(1): 5-21.

⑥Lueg C. Information,knowledge, and networked minds[J]. Journal of Knowledge Management, 2001, 5 (2): 151-160.

⑦Davenport T H, Prusak L. Working Knowledge: How Organizations Manage What They Know[M]. Boston: Harvard Business School Press, 1998.

⑧Bierly III P E, Kessler E H, Christensen E W. Organizational learning, knowledge and wisdom[J]. Journal of Organizational Change Management, 2000, 13(6): 595-618.

于世界的认识和理解方式，它为研究知识是如何被获取、建构和传递提供了逻辑框架。方法论则帮助知识管理者更好地进行知识的识别、获取、整理和传播。知识管理既包含对显性知识的管理也包含对隐性知识的管理，强调动态的过程管理，特别是在知识共享的过程中，不断推动知识的增值，以实现更高效的管理。就研究生教育而言，传统的大学管理模式主要关注知识的表面传播，往往采用一种"一刀切"的方式，忽视了知识传播过程中的隐性知识积累，忽略了管理中个性化的需求。

研究生教育的组织体系与企业组织存在明显差异，因此知识管理在学校中的引入不应简单地进行结合，而应建立在大学管理实践基础上，进行有意义的创新性的"嫁接"或"移植"。基于以上认识，"大学的知识管理"是指"知识管理"思想在研究生教育管理中的具体运用，是基于学校知识的生成与积累，通过知识的共享、应用与创新，以提升研究生教育教学的内在活力与核心竞争力为目的，融合其他管理方式，共同促进研究生教育高质量发展的一种全新的现代管理方式。

二、大学知识管理的技术基础

随着人类社会的演进，知识管理所面临的根本问题各不相同，再加上管理技术水平的差异，所能解决的问题和达到的层次也大相径庭，因此，知识管理的发展呈现出不同的阶段。结合 20 世纪 80 年代中期，美国学者马钱德（Marchand）提出的信息管理四个阶段划分的观点，按照 PC 时代、互联网时代、"互联网＋"时代、数智时代的划分，从知识表征形态、知识生产模式、知识扩散、知识传播方式、核心观念等方面梳理客观知识世界的特征，形成了知识的"技术"发展史，如表 6.1 所示。

表 6.1 知识的"技术"发展史

信息技术的发展时期	知识表征形态	知识生产模式	知识扩散	知识传播方式	核心观念
PC 时代	文字、音视频、静态	模式 I	单机	学校教育	知识链
互联网时代	文字、音视频、动态	模式 II	联机/局域网	学校教育	资源共享
"互联网＋"时代	多种模式、分布式、动态	模式III	局域网、内联网	网络传播	网络信息、知识社会
数智时代	多种模式、分布式、动态	模式IV	万物互联	网络传播	知识经济

第一个时期是 PC 时代的文献管理时期。20 世纪 70 年代以前，知识管理的观念与几百年前几乎没有区别，记录型和印刷型文献依然是最主要的知识扩散载

体，但也已经开始注重空间上的存储。知识类型在研究生教育领域的体现仍是系统性的分科知识，主要的表征形态是通过文字符号记录的静态知识，其中也存在少量的音视频。例如，1990 年起，各学位授予单位均使用"全国学位授予信息数据库"报盘软件报送博士、硕士和学士学位的授予情况，这是实现利用计算机对学位工作进行科学管理的一项重要措施。

第二个时期是互联网时代的技术管理时期。20 世纪 70~80 年代，计算机技术已经逐渐成熟，随着时间的推移，以电子信息系统为核心的管理信息系统和办公自动化系统在社会上的应用范围不断扩大。这一时期研究生教育知识生产和知识传播空前繁荣，研究生教育进入快速发展的阶段。基于知识的发展，学科体系也发生了变化，我国历次学科目录包含的一级学科和二级学科数如表 6.2 所示。

表 6.2 我国历次学科目录包含的一级学科和二级学科数

学科门类	1983 年《高等学校和科研机构授予博士和硕士学位的学科、专业目录（试行草案）》		1990 年《授予博士、硕士学位和培养研究生的学科、专业目录》		1997 年《授予博士、硕士学位和培养研究生的学科、专业目录》		2011 年《学位授予和人才培养学科目录》		2022 年《研究生教育学科专业目录》	
	一级学科数	二级学科数	一级学科数	二级学科数	一级学科数	二级学科数	一级学科数	二级学科数	一级学科数	二级学科数
哲学	1	10	1	9	1	8	1	—	1	
经济学	1	24	1	27	2	16	2	—	2	
法学	5	37	5	39	5	31	6	—	8	
教育学	3	34	3	33	3	17	3	—	3	
文学	3	51	3	44	4	29	3	—	3	
历史学	1	13	1	14	1	8	3	—	3	
理学	12	88	13	86	12	50	14	—	14	
工学	25	234	26	216	32	113	38	—	38	
农学	6	59	5	47	8	27	9	—	10	
医学	6	88	6	76	8	54	11	—	11	
军事学	—	—	8	29	8	19	10	—	11	
管理学	—	—	—	—	5	14	5	—	5	
艺术学	—	—	—	—	—	—	5	—	1	
交叉学科	—	—	—	—	—	—	—	—	7	
合计	63	638	72	620	89	386	110	—	117	

说明：1. 表格内容根据历次学科目录整理而得；2. 1990 年《授予博士、硕士学位和培养研究生的学科、专业目录》二级学科不包含 34 种试办专业；3.2011 年《学位授予和人才培养学科目录》和 2022 年《研究生教育学科专业目录》未公布二级学科。2018 年 4 月教育部更新了学科目录，增加了"网络空间安全"这个一级学科，2022 年新版学科专业目录共有 14 个门类

　　随着市场经济建设的逐步深入与完善，产生于计划经济时代和高等教育精英化时代的学科结构调整理念越来越缺乏适应性，知识与外部社会的关系需要寻求变革。①这一时期，小型局域网的形成，使知识的传播能力实现了"跨时空"的飞跃。例如，为了促进高等学校学位和研究生管理工作现代化，在1987年5月，若干高等学府联合成立了"研究生教育与学位工作计算机管理研究协作组"，旨在促进计算机应用领域的合作研发，涵盖了多种教育和学位领域。协作组通过对我国高校研究生培养过程中有关数据和资料的收集、整理、统计等进行处理分析后，提出了研究生数据库信息标准化方案。经过协同合作，制定了一份《研究生数据库信息标准》，并在校际间进行了工作交流。虽然互联网的产生改变了研究生教育领域知识的载体和传播的方式，推动了研究生教育的发展，但是这一时期客观知识世界的内容和结构没有发生显著变化。

　　第三个时期是"互联网＋"时代的信息资源管理时期。这一时期以信息经济为背景，以信息总监（chief information officer，CIO）为象征，是一种综合性、全方位的集成管理时期。互联网的普及和信息技术的进步使得知识的获取和传播变得更加便捷和高效。知识管理不再仅限于机构和专业人士，每个人都具备成为知识的创造者和传递者的潜质。此时，知识管理注重对知识的共享和协作，以促进创新和社会进步。知识在网络中呈现出多样化的形态，呈现出综合性的碎片化知识。此外，知识传播的网络化无疑打破了面授教学的统治地位。

　　第四个时期是数智时代的知识管理时期。随着ChatGPT和其他数字技术的飞速发展，知识生产的速度已经达到了前所未有的高峰，知识更替的周期在迅速缩短，知识生产模式也在不断地发生着深刻的变革。人工智能的出现颠覆了人们对知识的认识，知识的数量、形态、载体、类型和传播方式等方面发生了翻天覆地的变化。作为一种新型的知识生产方式，数智化正改变着传统的知识生产方式，对未来社会产生深远影响。到目前为止，数智技术是知识生产领域中最具有颠覆性的一种技术，其独特之处在于其能够彻底颠覆传统的认知模式和思维方式。数智技术在为知识传播提供强大的媒介的同时，信息空间的新特性也在改变知识的本质、特征和传播规律。②在这一时期，知识的生产模式呈现出一种渐进式的进化特征，随着时间的推移，其上升性不断增强，过程变得更加统一，形式也变得更加简单化，内容也变得越来越复杂。从过程进化的维度看，"内容进化"和"工具进化"方面逐渐趋向极大值，即知识体系的精确度提高、解释力增强；在"形式进化"方面，知识表达形式逐渐趋向于极小值，即社群网络中的观点通过不断聚

　　①王战军，张微. 新中国成立70年来我国高校学科结构调整：政策变迁的制度逻辑[J].中国高教研究, 2019, (12): 36-41.

　　②逯行，陈丽. 知识生产与进化："互联网＋"时代在线课程形态表征与演化研究[J]. 中国远程教育, 2019, (9): 1-9, 92.

焦形成知识，并且知识本身的结构随着聚焦程度的增大而变得愈加紧密，用较少的符号表述更多内容。

三、从管理知识到知识管理

知识生产是知识管理的开端，也是其最为重要的一个环节。知识的创造是人类智慧和创造力的体现，通过不断的探索和实践，人们能够发现新的事物、现象和规律，从而推动社会发展。从历史的角度来看，知识生产的活跃程度与相关产业的发展息息相关，二者共同推动着知识生产的蓬勃发展。从经济视角看，科学技术进步对经济社会发展具有重大作用，是推动社会生产力发展的重要力量之一。随着信息技术的不断演进，全球正在经历第四次技术变革，其中涵盖了人工智能、机器人技术、虚拟现实技术、量子信息技术以及其他以可控核聚变为核心的技术变革，这些变革加速了科学知识向技术知识的转化，缩短了周期，实现了层叠交替，影响范围广泛，推动了现有技术知识的完善、淘汰和创新，这已经成为一种新的常态。同时，新科技带来的巨大影响也使得传统行业中的知识存量不断下降并产生"知识断层"现象，进而导致整个社会出现知识老化问题。在创新生态系统中，各种数据、信息和知识的获取已经成为现实，而不断涌现的新知识则意味着原有的知识正在经历着变革和颠覆。

知识既是暗默的也是形式的，它是由密切互动的人群所产生的社会产物。知识是人类在生产实践中所获得的经验和智慧的结晶，是话语和意识形态的核心要素。[①]知识生产过程体现了知识生产的方式和具体生产实践活动的结合。自大学诞生以来，知识生产模式已逐渐制度化，以工具理性和价值利益为基础，形成了"学院制"和"学科专业"相结合的载体，知识生产的目的已从满足个人审美、言谈、交友等装饰性和自发性的内在"智力和好奇心"要求，转变为满足社会需求的"价值关怀"要求，如表 6.3 所示。

表 6.3　知识生产模式变迁

项目	知识生产模式 I	知识生产模式 II	知识生产模式 III
产生时间	17~18 世纪	20 世纪 90 年代	21 世纪初
知识生产目的	学科兴趣	实践与应用	社会公共利益
知识类型	编码知识	编码后形成的新知识	多元化
知识生产主体	大学与科研机构	大学、政府、企业	大学、政府、企业、社会

①王世泰，王寅. 互联网社会中的知识生产、传播和消费：逻辑及其反思[J].中共杭州市委党校学报，2022，(3)：72-80.

（一）知识生产模式Ⅰ：单螺旋和双螺旋

在现代工业社会中，人们追求秩序和理性，注重各个领域的专业化发展，并追求物质财富的不断累积。在这种情况下，知识的创造已经成为人类不可或缺的一项重要任务，同时也经历了从模式0到模式Ⅰ的转变。知识生成模式Ⅰ是一种以牛顿学说为指导，以学科和认知语境为载体的实践活动，旨在促进知识的生成和发展。

首先，就知识生产目的而言，在工业社会时期，知识生产也因对国家和社会具有明显的功用，受到国家和社会的大力支持。但总的来说，与资源、劳动力等生产要素相比，知识发挥的作用比较有限。因此，知识的本质和纯粹性是知识生产模式Ⅰ所追求的，该模式强调理性主义的知识观，但更加注重知识的具体应用问题。这种知识论与方法论上的缺陷导致了科学哲学中关于知识是什么的争论，即"为什么要研究科学知识""如何来研究科学知识"等一系列基本理论问题。言下之意，除了知识本身，知识并无其他目的，所谓的"知识至上"或"科学至上"的科学理想主义，具有超越功利的特质①。知识生产模式Ⅰ秉持的是一种典型的认识论哲学，这种哲学在其思想体系中扮演着至关重要的角色。认识论哲学认为，知识生产过程就是不断发现问题并解决问题的过程。在追求知识的过程中，求知者内心深处涌动着一股悠闲自得的求知欲望。在选择研究主题和方法时，表现出高度的自主性，其出发点并非局限于狭隘的经济或物质利益，而是以人类社会的整体利益为共同目标，这种"功利观"以社会利益为导向。

其次，在追求人类社会整体利益的过程中，我们必须认识到社会利益导向的"功利观"，因为物质条件是知识生产的先决条件，因此知识生产主体在此期间必须满足相应的条件，而非仅局限于狭义的经济和物质利益。科学技术作为一种特殊的物质形态，其价值取向必然要以一定的社会存在为基础。从这个角度来看，科学技术可以被视为一种具有重要社会价值的资源。科学技术作为一种特殊的商品，具有明显的价值属性和使用功能。随着工业社会的到来，随着生产力的不断提高、劳动分工的更加精细化以及社会物质财富的急剧增长，科学技术在社会中的地位日益凸显。知识作为一种特殊的生产要素，具有明显的社会性和非物质性特征。随着时间的推移，知识的生产逐渐演变为一种独立的活动形式，并达到了职业化的高度。

在这个意义上，科学技术可以被看作一种重要的社会资源。对于知识生产主体而言，其所涵盖的范围已不再局限于个体，然而，随着时间的推移，逐渐形成

---

①欧阳锋. 从"科学为科学"到科学为人类[J]. 自然辩证法通讯, 2005, (3): 16-17.

了由个体构成的群体和组织，如科学共同体、科研机构、大学等。普鲁士大学已成为最早为从事知识生产的科学家们提供服务的重要雇主，这表明作为一个享有声望的组织，大学已经建立了科学体系，知识生产也已经实现了组织化。①

最后，在工业社会中，随着现代科学革命的兴起和发展，哲学的演进经历了从本体论到认识论的深刻转变，尤其是在知识生产方法方面。在这个过程中，认识论与科学知识观是紧密联系在一起的，它们共同为认识世界提供基本观点、思维方式以及研究对象等方面的依据。理性主义在认识论中占据主导地位，而经验主义则作为辅助因素，这为知识生产模式 I 中的知识生产方法提供了坚实的理论基础。

以观察为主的实验归纳法和以强调数学应用为主的理性演绎法是两类主要的知识生产方法。随着自然科学的不断进步，实验方法已逐渐成为知识生产的核心所在。科学方法论研究也越来越成为一个重要而紧迫的问题。实验方法是一种具有一定的社会建构性和目的性的活动，其目的在于促进社会的发展和进步，"是一种行为，但是它是一种根本不'自然的'行为……它是一种构造的行动"②。实验方法在知识生产中扮演着至关重要的角色，它能够促进理论和经验之间的交流，拓展人类的认知领域，从而对知识的生产产生深远的影响。③自 17 世纪起，实验方法的广泛应用极大地拓展了人类对自然现象和事物的认知范围，使得人类对其进行准确而定量的分析成为现实。

（二）知识生产模式 II：三螺旋系统的形成

知识生产模式 I 因其高度的自我封闭性而难以解释和解决日益复杂的社会问题，从而引发了一场以"知识生产模式等"为代表的学术变革。

首先，就知识生产的目标而言，它作为一项独立活动，随着知识生产向社会环境的深入渗透，不可避免地受到外部集体利益和社会文化价值的制约，这种制约已经成为必然的现实。在这种情况下，"科学为什么有趣？""用双关语说，科学之所以'有趣'不仅仅是因为它会引起智识兴趣，更重要的是因为它会带来物质利益"④。也就是说，只有当知识生产活动呈现出巨大的实际应用价值时，才可获得社会的支持。模式 II 的知识生产目的聚焦于"实践与应用"，它多方主体协商一致，以实现与公共利益的和谐统一，而非仅停留在真理本身。这种模式使知识

①惠特利 R. 科学的智力组织和社会组织[M]. 赵万里，陈玉林，薛晓斌，译. 北京：北京大学出版社，2011：68.
②拉特利尔 L. 科学和技术对文化的挑战[M]. 吕乃基，王卓君，林啸宇，译. 北京：商务印书馆，1997：26.
③李正风. 科学知识生产方式及其演变[M]. 北京：清华大学出版社，2006：174-177.
④齐曼 J. 真科学：它是什么，它指什么[M]. 曾国屏，匡辉，张成岗，译. 上海：上海科技教育出版社，2008：81-82.

生产过程得以持续、有序地进行，也使得知识产品具有广泛的适用性。总体来看，知识生产模式Ⅱ以"政治论"哲学为基础，以"社会需求逻辑"为指导，从而形成了一种独特的生产模式，强调知识的实际应用价值，是一种以功利主义为基础的知识观。

其次，随着高等教育的广泛普及，知识生产主体的数量不断增加，主体所掌握的科学知识也在不断地扩充和深化。传统的研究型大学已经不再是知识生产的核心。知识的生产和消费逐渐由政府、市场等机构向非营利组织转变。随着公共管理新潮流的兴起，高校的教学、科研和社会服务已被赋予了经济属性，高校已成为知识商品的主要供应者，学者也已从学术精英转变为知识产业链中的技术从业者。在这种背景下，高校成为知识产品生产的重要场所，而大学则是知识传播和创新的中心。在知识生产模式Ⅱ下，可能存这样一种现象，"非精英大学会更好地参与这些'知识博弈'，因为它们有更多培训和建立'有知识的'共同体的经验，并且它们乐于这样做"。这种趋势将是未来研究生教育发展的重要特征之一。随着信息技术的不断进步，知识生产主体之间的互动已经超越了时间和空间的限制，为其带来了前所未有的机遇。随着网络技术与通信手段在全球范围内的普及应用，人类社会正在经历着一场空前广泛深刻的变革。由资源竞争导致的内部成员分化，令依据传统学科逻辑所构成的科学共同体中的许多科学家已经失去了对"第一原则"的关注。因此，随着时间的推移，这种以多方汇聚为特征的知识生产呈现出一种"弥散式的发展趋势"。

（三）知识生产模式Ⅲ：四螺旋系统的形成

知识生产场域确定了研究生教育的发展视域。知识生产场域正在经历一场颠覆性的巨变，高校不再是孤立的社会实体，也不再是学者、高校、产业之间的"专利"。

首先，知识生产模式Ⅲ的目标是以社会公共利益为导向，在全球化和本土化的冲突情境下运行。①世界知识生产方式正在经历一场全新的变革。在当今社会，创新已经成为一项至关重要的挑战，需要我们不断探索和创新。社会经济及科学技术的飞速发展，有效地缩短了知识的更新周期，校企合作、协同创新等形式成为主流，在一定程度上为知识生产模式Ⅲ的产生提供了现实基础。

其次，就知识生产主体而言，知识生产模式Ⅲ是"大学—政府—工业（产业）—社会"四螺旋互动。从知识生产模式Ⅰ到知识生产模式Ⅱ，再到知识生产模式Ⅲ，可以清晰地发现，从点到面、从单维到多维，知识生产的视野已经从纯粹的学术扩展到了超越学科的超学科领域，呈现出一种基于学科而又超越学科的知识

---

①武学超. 模式3知识生产的理论阐释：内涵、情境、特质与大学向度[J]. 科学学研究, 2014, 32(9): 1297-1305.

生产时空场景。在四螺旋互动的背景下，建立以用户为中心的问题导向模式，以维持知识生产对社会的敏感性，从而实现包容性，提升创新用户话语权，以适应全球需求。①

第二节　知识管理视域下研究生教育的发展

在当今知识经济时代，数字和方法已经成为探究知识行为的新基石，而数字知识的积累则是维持发展竞争力的根本资源，在组织和个人适应环境变化的过程中扮演着至关重要的角色。②知识管理已经扩散至研究生教育中的学科建设、导师行为、人才培养等多个维度，在大数据环境中，知识管理的核心问题在于如何从不断扩展的知识交互行为数据中寻找可执行的知识实践路径，以实现知识的最大化利用。知识管理的目标是通过合理地组织和利用知识资源，提高大学的创新能力、学习能力和竞争能力。

一、运用知识管理促进学科建设

知识管理通过收集和分析研究生教育过程中的知识交互数据，发现学术研究中的合作模式、交互频率等信息，从而为学科建设提供参考依据。从复杂的组织环境角度来看，知识管理为学科组织提供了对所处系统环境复杂性的认知和应对能力，从而增强了其应对复杂环境的能力，学科需要不断地发展与丰富。大学需要转变传统学科知识、组织、研究范式，抓住学科建设的实质与核心，进行长期的规划使学科具有前瞻性、适应性、竞争性，从而促进研究生教育内涵式发展，推动我国高校真正培养出更多的拔尖人才，满足国家战略发展的需要。

首先，提出知识管理这一基础性管理理念，将具体职能管理与之相融合，有助于推动学科建设的发展。学科建设要想获得长足的发展，必须重视知识管理工作。唯有将学科建设与知识管理融为一体，才能实现知识的共享与创新，从而推动学科的不断发展与进步。一方面，在信息技术日益发达的时代背景下，知识生产活动打破了高校从校内到校外的学术围墙，知识生产主体和场所也从大学向非大学机构延伸，社会主体的介入充分彰显了知识生产的跨界性。在知识共享的氛围下，不同学科交叉曲面上富有活力并广泛起作用的要素受社会经济发展产生的

①Kimatu J N. Evolution of strategic interactions from the triple to quad helix innovation models for sustainable development in the era of globalization[J]. Journal of Innovation and Entrepreneurship, 2016, 5(1): 1-7.

②姚伟，周鹏，柯平. 计算知识管理科学：数智化时代的知识管理研究路径[J]. 情报理论与实践，2023, 46 (2): 15-23.

信息刺激，以一定体系为指导依据沿一个或多个新方向快速生长，某些生长"矢量"与学科连续体某域相交时就形成新学科。随着知识生产主体、场所和方式的演变，研究生教育在进行高深知识的生产、应用和创新时，不仅需要大学内部不同学科专家的深入理论指导，还需要政府、企业和社会的专业人员从多个角度提供专业见解和发展建议，以促进多元知识生产主体参与研究生的培养过程，展现知识生产的多元主体性和跨界性。

　　另一方面，在传统的知识生产模式中，知识的获取主要依赖于学术性组织，而相应的学科制度设置和调整则以学术逻辑为指导，随着知识的分化和完善，形成了多样化的学科体系、院系组织和科学化的学术标准与规则。随着社会的多元化发展和知识迭代的加速，传统的以单一学科内部知识积累为主的知识生产模式Ⅰ已经无法满足国家和社会对应用知识的需求。因此，为了应对这一矛盾，知识生产已经不再是单一组织和管理中的一种学术性行为，而是大学、产业、政府和社会在多边、多形式、多节点、多层次的协同创新发展中所产生的结果。[①]学科制度建设的重要目标之一，是通过知识管理来推动学科门类和下属专业的制度调整。知识管理通过对学科知识资源进行有效配置与利用来提升高校核心竞争力，并进而影响到整个学校乃至国家的发展战略。知识管理的制度化形式在不断分化、重组和整合知识体系的过程中，推动了学科门类和专业制度的内在变革，从而更加规范地组织和管理知识，进一步促进了知识的生产和创新。

　　其次，学科的生成过程是一个知识不断演化的过程，随着时间的推移，知识不断地被细分和深化。学科在学术语境中呈现出知识高度分化和高度整合的两个主要方向，这两个方向相互交织，相互促进。一方面，学科内部各要素之间通过相互联系和相互作用而导致新学科的诞生。另一方面，当知识积累达到一定程度时，会出现裂变式分化，这种分化会刺激新学科的涌现。传统的学科发展逻辑以学术理性为内在驱动力，忽视了对知识的实际应用，从而导致了对知识的过度追求和忽视。随着信息技术的不断进步和社会需求的不断提高，研究生教育与产业之间的界限逐渐模糊，学科知识生产更加注重应用研究，并将产业作为介入目标，从而限制研究成果的披露以获取经济回报。这种双重因素决定了学科知识生产必须在从工具理性主义转向服务于实践和价值创造的过程中进行变革。在工具理性方面，面向工业的学科知识生产具有明确的社会经济目标定位，强调其多重效应。为了推动学科的快速发展，我们需要同时注重学术理性和工具理性，并在强调知识的社会效益的前提下，坚持追求知识和探索真理的目标。

①Carayannis E G, Campbell D F J. Mode 3 Knowledge Production in Quadruple Helix Innovation Systems: Twenty-First-Century Democracy, Innovation, and Entrepreneurship for Development[M]. New York: Springer, 2012: 13, 29.

二、知识管理在人才培养中的作用

知识的获取、转移、整合和创新是人才培养活动中不可或缺的一环，因为它们与知识管理密不可分，相互促进[①]。知识管理对研究生教育的人才培养模式产生了一定的影响，使人才培养模式发生变化。知识要成为研究，就必须由隐性知识向显性知识转化。知识管理应用于人才培养模式的优化中，有助于挖掘隐性知识的潜力，促进显性知识和隐性知识进行有效转化，从而提高人才培养质量。

首先，知识管理丰富了人才培养目标内涵。知识管理作为一种学习和创新机制，需要组织成员在面对新知识时，勇于探索、善于应用，最终实现知识的创新与发展。作为一种学习和创新机制，知识管理要求组织成员在面对新的认知领域时，勇于探索、勇于学习，并将所学应用于实践，从而最终实现知识的创新[②]。学科专业的过度细分和割裂，破坏了知识的整体性和统一性，同时也导致了不同专业话语体系之间的差异和学科、专业壁垒的存在，从而形成了一种"隔行如隔山"的局面。知识管理通过对学科知识资源进行有效配置与利用来提升高校核心竞争力，并进而影响到整个学校乃至国家的发展战略。由于专业教育过于狭窄，未能全面培养学生这一完整的"人"，因此所培养出的人才知识结构单一，缺乏创新和开拓能力，缺乏融会贯通和联想发散的观念和想法。一方面，研究生教育的目标在于培养出具备卓越创新能力，并能够针对复杂问题恰当地使用知识资源的人才。研究生培养要以问题为导向，培养符合社会发展需要、具有卓越实践能力的拔尖创新人才。另一方面，随着信息技术的不断发展，曾经被认为毫不相关的事物变得紧密相连，知识的交叉和产业的重组也越来越频繁，这种跨界融合已经成为一种新的常态，同时传统的"专业对口"观念也正在逐渐淡化。

其次，知识管理在构建多元化、创新型的教学组织形式，提高研究生培养质量等方面，具有不可替代的学术意义。

知识管理强调知识共享和创新平台的搭建，其对研究生培养质量的提升具有重要意义。知识管理注重知识流动和共享，通过搭建平台，可以将导生之间的知识和经验进行有效的交流和分享，这既打破了传统的教学组织形式，又促进了知识的多元化和创新性，进一步提升了研究生的学习成效和思维能力的培养，为其未来的职业发展奠定了坚实基础。一方面，知识生产正朝着多元化主体和多样化组织的方向发展，政府、行业企业和社会组织等利益相关者正在逐渐融入人才培养的过程中。在高等教育领域中，高校逐步成为培养高素质人才的主要基地，其

①殷朝晖, 刘子涵. 知识管理视域下新工科人才培养模式研究[J]. 高校教育管理, 2021, 15(3): 83-91.

②郭兴华. 知识管理视角下地方高校核心竞争力的提升策略研究[D]. 郑州: 河南大学, 2012.

地位越来越重要。传统的同行评议已经无法满足人才培养质量评价的多元化需求，现在需要综合考虑学校、企业、学生和社会等多方面的利益。在此背景下，高等教育发展呈现出从"精英教育"向"大众教育"转型升级的趋势。随着知识生产方式的转型，大学已不再是唯一的知识生产场所，一些社会企业或研究机构开始承担起科研和知识创造的使命。

另一方面，知识管理在大学中的应用对于指导课程体系和教学内容的建设具有重要意义。在研究生的知识创造过程中，隐性知识和显性知识相互交织、相互渗透，形成了一种错综复杂的循环结构，这种结构与传统研究生各个阶段的知识生产特征密不可分，也有其独特的特点，即起始于研究问题，面向多个学科，强调整合与创新，多元化的方法与工具以及学科间交流与合作。通过充分挖掘隐性知识，将其转化为显性知识，促进知识的共享和交流，提升研究生的学习效果和应用能力，进一步推动研究生教育的高质量发展。

三、基于知识管理的研究生教育评估体系

研究生教育评估的目标在于推动研究生教育工作的不断创新和提升研究生教育的品质水平。然而，在实践中，研究生教育评估往往被局限于对评估对象进行某种资格认证，忽视了评估的诊断、调节、教育和改进功能。

目前，学科评价和"双一流"建设成效评价等资源配置和评价之间已经建立了紧密的联系，这些评价是政府财政拨款和学校发展规划等重要工作的基石[①]。随着数字测量在评估指标体系中广泛而频繁地应用，以数字为规训工具的量化思维已经成为研究生教育质量评估的主导因素，工作评价被视为一种"计件"，而教师的专业工作则被视为一种"挣工分"的状态，这不仅导致难以调动学生的学习积极性，而且容易引发社会不稳定，因此亟须改革研究生教育评价机制。尽管近年来，有关机构已有意识地完善对于研究生教育的评价方法，评价体系也呈现出以客观评价为主、主观评价为辅的趋势，和以量化评价为主、声誉评价为辅的特征，但实质上仍难以摆脱以量化为主导的思维模式。从本质上来说，这种基于数字技术的量化思维是一种线性思维模式，即通过大量重复测量来获取信息或结论，从而导致误差积累。由于计算机能力的不足和传统思维模式的影响，样本数据的局部性和概括性使量化思维更具普适性，难以进行相关关系和因果分析，从而难以揭示数据的非线性特性[②]。因此，在教育评价中引入科学方法论，将有利于我们从

①周文辉，赵金敏. 研究生中国研究生教育外部评估体系: 政策检视、问题剖析与完善路径[J]. 大学教育科学, 2022, (6): 52-61.

②舍恩伯格 V M, 库克耶 K. 大数据时代: 生活、工作与思维方式的大变革[M]. 盛杨燕, 周涛, 译. 杭州: 浙江人民出版社, 2013: 81.

宏观角度把握研究对象的内在规律，从而实现由定性到定量的转化。数量化和数学化并不是人类思维水平的唯一体现，也不是人类对世界认知的规律性体现，它们不仅是学科科学化和发展成熟的重要标志，也是教育评价科学化的追求所在。①然而，以简单化、短期化、功利化等典型的价值取向为基础，对人的感受进行评价时，会产生扭曲。

随着现实问题的日益复杂化，不同学科之间的界限必须被打破，以特定社会问题为研究对象，以组织知识生产活动为目标。因此，对高等学校而言，开展交叉学科的建设和评价就显得尤为重要。目前，高校学科排名的确定仍然采用一级学科评估排名办法，这种"一级学科捆绑参评等原则"与学科交叉融合发展背道而驰。同时，跨学科研究中知识生产的新趋势阻碍了大学交叉学科的建设和发展，也偏离了学科评估为学科建设和学科发展服务的正确方向②。经济合作与发展组织在《以知识为基础的经济》报告中认为知识包括：知道是什么的知识（know-what）、知道为什么的知识（know-why）、知道怎么做的知识（know-how）以及知道是谁的知识（know-who），教学监测评估的核心任务就是要为教师提供这四种知识。目前，知识工程的研究范畴从结构化数据库扩展到大数据③，大数据是一种资源，大数据挖掘是一个知识发现的过程，而知识发现是将数据中的隐性知识显性化的非平凡过程，即从大数据中寻找有意义的新知识④。大数据驱动的监测评估是以算法智能体为主导，使监测评估回归教学本身，将教学管理者、同行专家、学生以及评估智能体相结合，挖掘教学状态大数据以发现新知识，并通过知识管理判断教师教学的优势与不足，进而循证为教师提供教学改进的知识、方法、技能、措施与资源等。

教学监测评估的知识管理主要包括四个目标：扩展、共享、创新⑤与应用。知识扩展指高校与教师将发现的知识，通过教师教学本体，对知识进行存储、诠释、重组、精练与整理，完成个人或高校的知识更新与扩展。知识共享指在监测评估网络平台上，实现知识的循证推送、智能化检索，以及教师之间、人机之间的知识交流、沟通与分享。知识创新指通过知识的重组、优化、推理与融合，发现指导教学改进的新知识。知识应用是在知识解释⑥与创新的基础上，通过教学改进将显性知识内在化的过程，如图 6.1 所示⑦。

①刘振天. 破"五唯"立新规: 教育评价改革的本体追求与成本约束[J]. 高等教育研究, 2022, 43(4): 8-17.

②张应强. "双一流"建设需要什么样的学科评估: 基于学科评估元评估的思考[J]. 清华大学教育研究, 2019, 40(5): 11-18.

③于彤. 中医药知识工程的理论体系构建和关键技术分析[J]. 知识管理论坛, 2016, 1(5): 336-343.

④吴朝晖, 封毅. 数据库中知识发现在中医药领域的若干探索（Ⅰ）[J]. 中国中医药信息杂志, 2005, 12 (11): 92-95.

⑤朱祖平. 刍议知识管理及其体系框架[J]. 科研管理, 2000, (1): 19-25.

⑥Sleeman D H, Brown J S. Introduction:Intelligent Tutoring Systems[M]. Pittsburgh: Academic Press, 1982: 25-76.

⑦王战军, 葛明星, 张微. 面向知识的教师教学监测评估[J]. 清华大学教育研究, 2022, 43(6): 65-71.

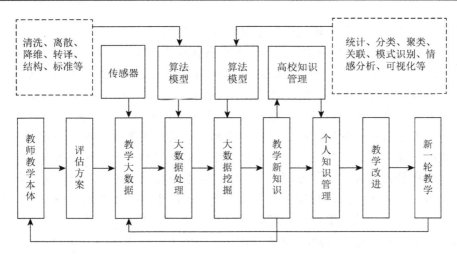

图 6.1　面向知识的教师教学监测评估系统图

第三节　数智时代基于知识管理的研究生教育发展

随着信息化、数字化建设步伐的加快，各组织机构拥有的信息量呈几何倍数地爆炸性增长。知识管理作为数智时代大学获得持续竞争力的主要因素，在学科建设、人才培养等领域受到越来越多的重视。

一、数智时代的知识观是研究生教育管理变革的基础

党的二十大报告做出"中国共产党的中心任务就是团结带领全国各族人民全面建成社会主义现代化强国、实现第二个百年奋斗目标"的重大判断[①]。中国式研究生教育强国建设要清醒地认识到国际形势的新变化，国家发展战略的新要求，区域经济社会发展的新需求，以及科学技术新突破、新发展，认清研究生教育在中国式现代化建设中的责任使命。

（一）培养高端人才，为高质量发展提供人才支撑

人才强则国强，人才兴则国兴。作为发展中国家，我国在不断地向全球化分工的"中心"靠拢，已开启全面建设社会主义现代化国家新征程，比以往任何时候都更需要一大批德才兼备的高层次人才，为实施创新驱动发展战略、人才强国

---

①求是网. 习近平: 高举中国特色社会主义伟大旗帜　为全面建设社会主义现代化国家而团结奋斗——在中国共产党第二十次全国代表大会上的报告[EB/OL]. (2022-10-25) [2024-04-26]. http://www.qstheory.cn/yaowen/2022-10/25/c_1129079926.htm.

战略和全面建设社会主义现代化国家提供有力支撑。

　　一方面，服从研究生教育强国建设的逻辑和规律，适应经济社会高质量发展的迫切需求。从全球研究生教育强国建设的历程来看，研究生教育规模的适度扩大是满足人民群众接受更高层次教育迫切需求的必要举措，是经济社会现代化进程的必然结果。2021年，在校研究生人数达到333.2万人，研究生导师超过50万人，尽管我国研究生教育总规模已超过美国，成为世界研究生教育大国，但我国人口总量是美国的4倍以上，每十万人口的研究生教育规模与美国相比依然存在较大差距。与同样是人口大国的印度相比，我国研究生教育规模还与之相差100多万。尤其是博士生人才占比，相较于西方发达国家的博士研究生的培养情况，我国与其的差距还很大。从经济合作与发展组织的部分国家博士生占总人口比重来看，斯洛文尼亚该指标达到3.8%，其次是瑞士（3.2%）和卢森堡（2.20%），再次是美国（2.0%）和瑞典（1.6%），我国该指标仅为0.72%。作为人口大国，我国已获得博士学位的人口总量占全国人口数比重很低，与西方发达国家的博士研究生教育相比仍有较大差距，也显示出我国博士研究生教育还有很大的发展潜力。

　　另一方面，研究生教育水平作为衡量国家当前发展水平与未来发展潜力的主要标志，是跻身强国行列和阵营的敲门砖。研究生教育整体水平的提升，会在教育、科技、贸易等多个领域，带来联动影响，进而提高国家核心竞争力。研究表明，我国研究生教育的发展水平与位居首位的美国相比，在存量上仍存在一定差距，仍需持续加大发展的力度。因此，无论在参与全球化、国际化发展，还是与国际对标以及增强国际竞争力和话语权方面，都迫切需要加快中国式研究生教育强国建设进程，多渠道造就高层次人才，举行业之力推进中华民族伟大复兴。

（二）聚焦科技强国，助力高水平科技自立自强

　　党的二十大报告中指出"问题是时代的声音，回答并指导解决问题是理论的根本任务"[①]。以互联网、大数据、人工智能、云计算等新生产要素为代表的深刻变革，为强国建设奠定了坚实基础、创造了良好条件、提供了重要保障，同时也给中国式现代化建设带来了新的挑战，给理论创新提出了全新要求。

　　一方面，加强原创性、引领性科技攻关，打赢关键核心技术攻坚战。回溯人类从工业社会到信息社会的演进历程，生产方式、生活方式和管理方式的巨大变革背后所隐藏的，是基于信息能力增强所带来的分工和协作水平的不断深化，从而使人们得以在更为广阔的领域、更为广泛的群体里进行合作。当前，随着大数

①求是网. 习近平: 高举中国特色社会主义伟大旗帜 为全面建设社会主义现代化国家而团结奋斗——在中国共产党第二十次全国代表大会上的报告[EB/OL]. (2022-10-25) [2024-04-26]. http://www.qstheory.cn/yaowen/2022-10/25/c_1129079926.htm.

据、人工智能和机器学习等技术的深度发展和相互融合，以信息技术为驱动的知识生产进入了可独立运行的智能化高速发展期，数智融合的发展趋势日益明显。我国虽然已经成为发展中国家实现工业化、信息化，甚至数智化的楷模，但我国的科技创新能力，特别是原创能力，与发达国家还有很大差距。《2021 全球创新生态系统报告》显示，虽然我国的科研机构和企业已经初步形成了具有国际影响力的生态圈和产业链，但我国依然是一个初创企业大国。2018 年，《科技日报》列出的包括光刻机、高速芯片在内的 35 项"卡脖子"技术清单也警示着我们，要对国家发展阶段保持清醒的认识，关键核心技术始终是国之重器。

　　另一方面，创新是第一动力，研究生教育肩负着创新创造的重要使命，无疑要承担起加强基础研究和原始创新的重任。从发展实践看，中国已经迈入新的发展阶段。基础研究已由过去的量的积累迈向质的飞跃，正处在"由点到面"进行系统提升的重要时期。但长久以来，由于我国没有形成由概念、命题、推理构成的逻辑体系，没有出现以因果逻辑支撑的系统化的科学。因此，我国的科学研究偏于发明而乏于发现，重于实用而轻于思辨，精于计算而少有论证，从而也乏于系统和连贯。随着我国在载人航天、深海探测、生物医药等领域取得核心技术的重大突破，成功迈入创新型国家行列，如何建立与人力资源大国相匹配的科技话语体系和哲学社会科学话语体系，助力高水平科技自立自强，显得分外紧迫。

二、知识迭代加速下研究生教育发展的逻辑转向

　　信息时代知识的迭代加速给研究生教育的发展发出了需要高度重视的逻辑转向信号。在知识迭代加速的背景下，强调知识的核心价值和推动知识的创造变得尤为关键，因为它们受到多重因素和多元文化的影响，这给研究生教育的发展构成了挑战。

（一）从知识增长到问题解决

　　过去研究生教育发展的逻辑是探索"高深学问"，发展学术，侧重于促进知识的不断增长和对人的主观世界的改造，推动人类对知识的认知提升，激发知识的生产和创新，激发象牙塔内学者的好奇心，促进知识与社会的隔离，推动学术价值与社会价值的脱节。知识是大学的核心资源，也是大学生存和发展的基础。随着知识迭代的加速，学者的职责已经超越了单纯的"知识"和"科学"，而是通过创新知识来解决现实问题、满足公众需求，促进社会发展和国家战略的实施。在这一背景下，大学逐渐由传统的学术组织转变为一种新型的知识生产者——大学智库，并以其特有的功能作用于经济社会生活的各个领域。大学在知识生产模式的

变革中，经历了从"象牙塔"到"社会场"的蜕变，从而实现了从边缘到中心的转变，成为社会发展中不可或缺的核心机构。

显然，知识是大学的核心资源，也是大学生存和发展的基础。随着知识生产模式的演进，知识生产的领域边界将逐渐模糊，而知识生产所具有的"弥散性"特征也将逐步显现，这将进一步凸显研究生教育强国建设中的"跨界"趋势。知识生产场域跨界相较于传统的知识生产过程，其强调以研究问题为起点，需要跨越多个学科和领域，借助多个学科的知识和方法，并不断整合和应用不同学科的知识和方法。研究生教育的初衷在于满足人类对于认知世界和改造世界的双重需求，既包括对世界本质的探索和理解，也包括对现实世界的反思和创新。在这个基础上形成了一种以培养人的价值追求和理想人格为主线，并与现实紧密结合、不断超越自身局限性的独特思维方式。研究生教育的终极目标在于为社会提供服务，这是其逻辑上的终极追求。只有深入广泛的社会领域，为国家与社会的进步和人类文明的发展做出积极贡献，才可被誉为研究生教育的强国。

（二）从学者推动到多元协同

在传统的知识生产环境中，生产方式相对单一，学者们以知识为材料进行生产加工，通过追求学问来促进知识的分化，推动研究生教育不断向前发展，呈现出典型的"线性"特征。随着互联网时代的到来以及社会经济结构转型升级，知识生产方式发生深刻变革，知识生产者呈现多元化趋势，知识存储由单向化走向多向度，知识生产方式向网络化转变。在知识生产领域，学者是唯一的主体，他们垄断着知识生产内容，操纵着知识生产技术，设定和定位着知识生产目标、过程和结果，而知识创新的深度和广度则完全取决于学者的学术志趣和学术抱负，学科逻辑决定着学术逻辑，研究生教育的发展动因则呈现出明显的单一性和单向性特点。这种"线性"模式不仅使研究生培养陷入僵化与封闭状态，而且阻碍了社会文化的交流互动与传承延续，不利于我国优秀传统文化的弘扬。研究生教育的进一步发展需要政治逻辑、公共逻辑、学科本身的发展以及竞争内在逻辑等多个要素的协同作用，而高度合作和集成创新的知识生产方式则为研究生教育提供了更大的价值。

在知识迭代加速的背景下，研究生教育的进展已经不再是孤立的知识行为，而是由多元逻辑所驱动的多元主体合作所引发和应用知识的创新性行为。多元协同的逻辑路径将更加凸显，多元主体在知识的生产、创新和应用过程中的互动将更加激烈，这将进一步促进"聚变"效应的显现。从实践来看，我国研究生教育呈现出明显的跨学科发展趋势。一方面，跨越不同领域的理念交互和协同合作。知识生产模式 II 和模式 III 的涌现，彻底颠覆了以学术逻辑为基础的学科逻辑"大一统"格局，催生了各种学科发展逻辑，包括政治利益逻辑、社会需求逻辑、公众诉求逻辑和学术追求逻辑。多元协同和集成创新已成为学科发展逻辑的新兴方向，大学、产业、政府、公众，甚至一些跨国机构都是知识生产大师们为解决共同面临的重大问题而建立的学科组织联盟，彼此相互制衡、相互促进；不同国家的高校之间、企业之间、科研院所之间在知识生产领域内进行合作与竞争，以促进整个人类知识体系的进化和进步。

另外，知识的创造过程已经不再是传统的学者之间的单一交流和互动，而是由多个知识生产主体之间的协同创新所构成的复杂过程，即知识生产协同组织、知识创新和问题解决以及学科发展协同推进的过程。通过理念的碰撞和思维的互动，学术界、政治界、商业界等多元主体将实现学术、政治、商业和公共利益的协同平衡，从而孕育出跨界协同建设的全新理念。

（三）从理论创新到应用创新

知识生产价值取向决定着研究生教育的发展方向。在知识经济时代，科技创新与社会需求之间存在巨大张力，知识生产将成为推动科技进步和经济增长的重要动力。从历史的角度来看，知识生产的活跃程度与相关产业的发展息息相关，二者共同推动着知识生产的蓬勃发展。随着科技与社会的不断创新和进步，人类对科学的理解不断深化，科学技术已渗透到经济社会生活的方方面面。随着信息技术的蓬勃发展，第四次技术革命以人工智能、机器人技术、虚拟现实技术、量子信息技术、可控核聚变技术等为核心，正在全球范围内蓬勃兴起，科学知识向技术知识的转化步伐不断加快，周期不断缩短，层叠交替，涉及面不断扩大，同时也使得原有技术知识的完善、淘汰、转化成为一种新的常态。在知识经济时代，科技创新与社会需求之间存在巨大张力，知识生产将成为推动科技进步和经济增长的重要动力。在我国研究生教育的演进过程中，知识生产的价值取向与计划经济体制、集权管理的政治体制息息相关，随着国家发展需求的变化，知识生产的目标和重心不断地迁移，如图6.2所示。

一方面，随着科技发展与社会实践对科学知识提出更高要求，人们开始从研究方法上进行变革，逐渐由经验科学向系统科学过渡，并最终实现科学的整体转型，即走向现代科学。理论创新是科学研究成果的最显著体现，它催生了一个全新的学科领域，为学术界带来了前所未有的机遇和挑战，孕育了新的学派，推动了学科的不断分化、精细化和深化，从而促进了知识的增长和学科体系的完善。在不断加速的知识迭代过程中，研究生教育的发展不应仅局限于理论创新，也不应将其视为知识生产的唯一目标和成果。随着科技革命和产业变革对经济社会影响日益深刻，学科自身及其交叉融合所形成的新体系已越来越显示出巨大优势和旺盛生命力，而这种优势与生命力又主要来源于其强大的内在活力。

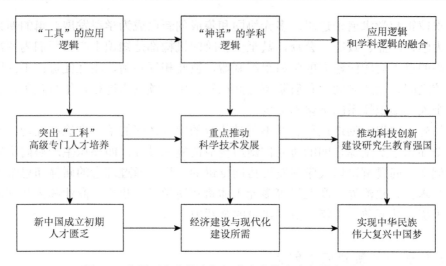

图 6.2　我国研究生教育知识生产价值取向与国家需求

　　另一方面，技术创新的升级与提升是推进知识创新的途径之一。知识生产过程不仅包括创造新思想、发明新工艺和提供新技术等方面的活动，而且还包括对已有研究成果进行再发现、再利用以及对已有知识体系进行创造性转换等多方面的工作。在追求多元知识生产主体的共同价值时，以"应用"为目的的知识生产价值观已经成为一种广泛存在的现象，学者们不再仅是自娱自乐，而是被赋予了国家、社会和公共的责任和使命，这种"应用性"的特征和"工具性"的价值也变得越来越显著。从这个意义上说，"应用导向"是对传统知识生产价值观的超越。研究生教育的发展评价取向将深刻受到"应用导向"知识生产价值观的影响，其衡量和评价标准将不再以"知识生成的认知"为基准，而是以"所应用的学问是什么""知识生成量""应用了多少知识""解决了一些难题"为衡量标准。同时，"应用导向"的知识生产价值观对培养具有创新精神的高素质人才有着重要意义。随着国际科技竞争的日益激烈，人类所面临的公共问题越来越复杂和棘手，因此，以"应用"为导向的知识生产价值取向将变得更加强烈，这也将成为研究生教育发展的必然趋势。大学的知识生产必须更深入地融入国家、民族和公共利益的需求之中，未来一流学科将不再是孤芳自赏的学科，而是一门既能孕育新知识，又能解决重大问题的高深学科。

三、数智时代知识管理与研究生教育深度融合

　　从知识管理视角审视，我国研究生教育中学科建设、人才培养、监测评估面临的跨学科培养模式不健全、缺乏先进性与实践性教学内容、偏离了"以评促

建""以评促改"的目标定位等问题，阻碍了研究生教育强国建设过程中显性知识与隐性知识的获取、转移和整合，不利于一流学科建设和拔尖创新人才的实践能力和创新能力的提升。

（一）学科建设向度：突出需求引领，强化创新驱动

学科范式是指学科的基本理论、方法和价值观体系，尽管世界一流学科是在传统知识生产模式的基础上长期积淀而成，然而我国在推进一流学科建设的过程中也遭遇了不少挑战，必须不断创新学科范式，以适应现代知识生产模式的转型趋势。

1. 增强"服务导向"

在知识生产模式的变革下，学科所具备的共性特征更加凸显。随着知识生产模式的演变，学科这一知识体系已经从学术意义上的"知识产品"转变为社会意义上的"公共产品"，呈现出了全新的面貌。这意味着学科的产出不再仅为了满足学术界的需求，而是为整个社会提供广泛的、公共的社会价值。学科的建设水平已经成为衡量一个社会的科技创新能力和智力资本的重要标志。

一方面，知识的不断创新和学科的持续发展基于适应国家战略要求和社会发展需求以及公众利益诉求的多元外在逻辑。在社会变革和科技进步的推动下，国家和社会对知识和学科的需求也在不断演变。但由于学科的保守性，实现学科建设的逻辑转型并不容易。除了需要学科的自我反思外，还需要一种巨大的外部推动力，即代表国家意志的政策引领机制。[①]面对 ChatGPT 等新兴智能科技，各国政府都将"创新"作为推动本国经济社会发展的主要动力。美国国家科学基金会（National Science Foundation，NSF）发布的《研究生教育投资战略框架2016—2020》报告[②]指出"研究生教育在推进国家科学、工程研究中起着核心的作用。美国要维持其在世界上的领先地位就必须在科学、技术、工程和数学（science，technology，engineering，mathematics，STEM）领域中居于领先位置"。换言之，当今世界正经历着百年未有之大变革，这不仅是"以中国为代表的新兴市场国家和发展中国家集团崛起"与"老牌强国云集的西方社会已陷入老龄化深渊"的问题，更是高新知识和高新技术推动下的新一轮科技革命和产业革命，极大地改变着各国间竞争方式和由竞争实力决定的国际地位。

另一方面，自"双一流"建设提出以来，中国政府一直高度重视实现"双一

---

① 白强. 知识生产模式变革下一流学科建设的逻辑转向与机制建构[J]. 大学教育科学, 2022, 195 (5): 14-22.

② NSF. The National science foundation strategic framework for investments in graduate education FY 2016-FY 2020[EB/OL]. (2016-05-23)[2023-06-01]. https://files.eric.ed.gov/fulltext/ED571829.pdf.

流"建设的国家战略目标，并将其视为国家发展战略的重要一环，采用了多元化的动力机制，包括项目、平台和基地等，以推动"双一流"建设的发展。"双一流"学科建设取得显著成效，一批具有国际影响力的优势特色学科群正在形成，并初步实现从资源向能力转化，由单一目标到多中心协同创新。然而，仍有一些政策在实施、执行和细节方面存在缺陷，特别是在不同学科之间存在利益分配不均和资源配置不合理等问题。因此，需要从优化资源结构、强化协同合作、加强制度保障三方面着手推进高校学科建设与一流水平相匹配。我国重大战略所需的一流学科资源配置机制和"大学科"发展的协调机制尚未完善，这在一定程度上限制了学科服务的功能发挥。因此，国家应当以政策为导向，进一步引导一流学科建设从追求学术卓越转向注重"贡献卓越"，要高度重视建立健全一流学科资源配置与利益协调机制，打通学科组织边界，强化与"头部企业"的协作，搭建实践学习的平台，引导学生在科研活动中获得科学知识和提升研究能力，并面向研究问题进行综合研究。

2. 注重"问题牵引"

首先，学科建设的顺利实施，离不开学科组织的有力支持和积极推动。在高校内部建立起有利于学科发展和人才培养的学科组织形式——问题导向型学科组织是当前高等教育改革的趋势之一。高等学府的传统行政运行体系并不包含"问题导向"学科组织，也不是单一的学科学术组织实体①。简单来说，学术组织构建的基本逻辑是解决国家战略前沿的科学问题、社会发展中亟待解决的关键问题，这也决定了数智时代的学科组织不能以某一个学科下的研究作为行动的逻辑。

哲学家波普尔先生曾指出，科学是一门高度实验性的学科②，它始于问题、终于问题。在我国学科建设特别是一流学科建设的发展动力机制中，仍然存在着"瓶颈"现象，这主要表现为一流学科建设所面临的"社会功能"和"组织功能"之间的矛盾③。我国一流学科建设仍然沿袭着"为了科学"这一传统习惯，缺乏从"知识逻辑"完全向"问题逻辑"转变的建设理念，导致一流学科建设仍然处于相对"静态封闭"的状态，这也是一流学科建设与社会需求"脱节"的主要原因之一④。面对前所未有的巨变，中国特色一流学科建设的动力机制要破解学科建设

---

①伊继东, 刘六生, 段从宇. 探索交叉学科学位点建设的特点和规律[J]. 中国高等教育, 2016(11): 57-59.

②于铭松, 于晓红, 尹丽君. 现代西方哲学[M]. 北京: 经济科学出版社, 1996: 270.

③钟秉林. "双一流"建设成效评价的价值、方向与反思[J]. 河北师范大学学报(教育科学版), 2022, 24(2): 17-21.

④蔡丽丽, 黄容霞.我国世界一流大学建设政策 30 年: 历史演变与分析(1991~2020) [J]. 内蒙古社会科学, 2021, 42(6): 162-170.

与社会需求"脱节"的难题，推动一流学科的发展，就必须进行深刻的学科建设理念变革。具体而言，政府通过政策引导，并借助一流学科的建设方案，最终将学科建设与社会需求相适应转化为具体的人才培养要求。

其次，高校作为学科建设中的具体执行者，是"责任主体"。学科建设要充分发挥学术权力的作用，通过自主分配学科资源，最终达到学科组织自治的目的，交叉学科建设虽然突破了学科和院系学术组织之间的限制，促进了资源、信息的交流，但教育资源的有限性决定了交叉学科的设置并不是随意的。因此，大学在设置新兴交叉学科学位授权点时需要系统梳理凝练交叉学科学位授权点的学理基础、理论体系和研究生教育课程体系[①]。扎实宽广的理论基础、前沿引领的研究方向、动态融合的科研团队是实现知识逻辑下交叉学科探索高深知识的基本前提。

3. 建构"聚合效应"

建构高度聚合的学科组织机制。传统的高校学科建设思维根深蒂固，利益相关者的路径依赖阻碍了新兴学科的建设与发展。同时，新时代外部政策环境、市场环境以及利益相关者之间的文化阻隔也制约了学科建设。综观当前的学科建设，不难发现，部分学校在建设新兴学科尤其是交叉学科时，对其建设目标、建设路径的认识目光短浅，不仅未能有力凸显学校的特色和学科的优势，而且罔顾受教育者提升个体发展能力的诉求，更多受利益驱动，而不是基于规范的学科治理体系与公平利益分配之上的组织行为。学科建设主体的各自为政，导致无法形成一流学科建设的聚合效应。

为了提高学科组织聚合效应，需要进一步在强化学科组织目标聚合、制度聚合和文化聚合等方面下功夫，以构建我国学科建设的组织机制。以交叉学科建设为例，交叉学科建设作为学科治理创新体系的重要支点，撬动着大学内外部科研体制、人才评价机制等关键要素的改革，推进着教育理念、研究范式及育人模式等系统的变革，交叉学科建设中利益相关者的作用机制如图6.3所示。

从交叉学科的内外部治理体系来看，政府和高校是核心的参与主体，双方战略利益需求是交叉学科建设的根本驱动力。交叉学科建设要体现政府在学科治理中的宏观引导作用。市场权力是交叉学科建设中不可缺少的力量，他们通过反馈学生的"成本-收益比"，在交叉学科建设的相关政策制定、学科评估、资源配置等方面发挥着社会组织的"智囊作用"。同时，加大过程监督与成果考核力度，加强学科建设过程管理体系建设，是提升交叉学科建设成效的有效手段。通过发挥

---

①中华人民共和国教育部. 国务院学位委员会关于高等学校开展学位授权自主审核工作的意见[EB/OL]. (2018-04-19) [2023-06-09]. http://www.moe.gov.cn/srcsite/A22/yjss_xwgl/moe_818/201804/t20180427_334449.html.

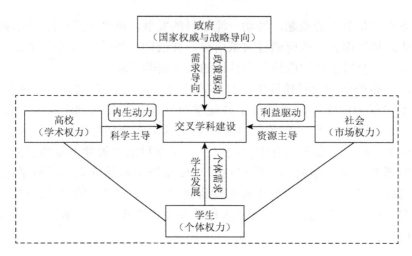

图 6.3　交叉学科建设中利益相关者的作用机制

市场对交叉学科人才培养质量的反馈作用，促进交叉学科未来的发展，以此作为资源配置、政策优化的依据，并进一步提高交叉学科治理效能。最后，赋予学生尤其是博士生在专业知识学习过程中更大的个体权力。

（二）评价向度："多元主体"

知识生产模式转变极大地拓展了原有知识生产边界，加快了知识的社会弥散趋势、质量监控主体拓展趋势、应用语境趋势等，均对现行大学科研绩效考核提出挑战。监测评估是伴随着信息技术的突破发展以及教育认知与评价理念的变革而产生的一种新模式。监测评估的认知逻辑、认知特点与世界一流学科建设兼顾多元主体、统筹复杂建设内容、探究动态建设过程的特点相契合，成为我们认知研究生教育建设情况的可靠选择。

1. 从结果导向走向过程导向

相对于排名对结果的追求，监测注重的是结果产生之前学科建设、人才培养等内容的全过程，关注在此过程中各项核心要素的基本情况和常态化的发展表现。监测以事物发展的"状态"为对象，意在反映系统的诸要素及其相互关系在特定时间内的存在方式和表现形态，包括规模、速度、质量、结构、效益等内容。[①]系

[①]王战军, 杨旭婷, 刘静. 监测之于世界一流学科建设: 合理性及其价值[J]. 国家教育行政学院学报, 2021, (6): 35-44.

统无时无刻不处于发展变化当中，任何状态都是过程累积发展的产物，今日之势孕育明日之变。

首先，重视对科研成果的评估，以确保其不会对学术领域产生负面影响。非学术影响力在一定程度上反映了科研人员的贡献与价值大小。卢茨·伯恩曼总结了科学研究对非学术领域的影响，将其归纳为社会、文化、环境和经济四个方面的因素，这些因素共同作用于该领域的各个方面[①]。为了适应知识生产模式的转变，大学应当重视学术质量文化的塑造，实现学术评价主体的多元化和评价方式多元化发展。基于此，高校提出了通过营造学术氛围，加强组织建设等措施来实现这一目标的建议。从外部环境的角度来看，对于高校而言，对非学术影响进行评价不仅有助于展现其科研的社会效益和价值，同时也能够积极回应政府对科研资金投入的预期。

其次，知识生产模式转型理论认为，科研成果的价值不再局限于传统的论文发表，而是更加注重其在多维、异质特征下所引发的社会弥散。传统的科学共同体时代，科研成果主要通过学术期刊和学术会议发表，并由学者们在学术圈内进行讨论和引用。然而，随着数智技术的发展，科研成果的传播方式发生了巨大变化。在知识生产过程中，跨学科、知识集群和创新生态系统扮演着至关重要的角色，而异质性的知识集群则呈现出独特的发展趋势，这导致了横向比较和纵向排名的规范化和统一变得困难。高校在"争排名"之路上，由于过去资源配置与评估排名的叠加，造成了急功近利的结果，因此高校更希望通过片面增加投入、引进优秀人才，或搭建平台来"跑马圈地"和提升排名。然而，在体制机制的束缚下，高校难以进行立足长远的改革与创新尝试，导致高校特色创新之路变得越来越狭窄，高校学科建设的异常目标也越来越倾向于"争排名、争资源、轻改革、轻创新"。

因此，要结合数智技术，顺应知识迭代加速，实现从结果导向的竞争性评估到过程导向的引导性和服务性评估转型[②]。这种过程信息的实时收集、处理与呈现，一方面有利于多元利益主体随时了解研究生教育发展的诸多事项的进展，更为全面、深入地理解其发展状态；另一方面也有利于随时开展数据的纵向时间序列分析以及横向多维度对比分析，及时发现问题，常态化促进研究生教育强国建设改进。

2. 凸显应用语境的多元

传统学术评价制度以理论知识创新为核心，具有学术价值导向功能。从评价

[①]Bornmann L. What is societal impact of research and how can it be assessed? a literature survey[J]. Journal of the American Society for Information Science and Technology, 2013, 64(2): 217-233.

[②]张应强. "双一流"建设需要什么样的学科评估: 基于学科评估元评估的思考[J]. 清华大学教育研究, 2019, 40 (5): 11-18.

活动的出发点到最终得出评价结论的整个行动逻辑来看，已有的关于研究生教育建设中的认知活动大多是评价者站在研究生教育建设之外，以"局外人"的身份制订评价方案和评价标准，并据此展开的认知评价活动，属于一种"外塑"式的认知过程。一方面，这种"外塑"的认知思维意味着其认知与评价的标准大多是从外部主体的视角出发来设计建构的，因而普遍上更容易关注其结果和产出情况，体现的是外在观察者对建设活动的理解与认识，但这种"由外而内"的理解与认识并不一定能够反映研究生教育发展的真实内容和关键信息，这从已有的评价内容对结果性产出的重视程度和对过程性内容的分析不足上可见一斑。另一方面，这种"外塑"逻辑的认知也容易忽略研究生教育建设与发展过程中存在的个性化要素，认知主体不太容易转换身份，更多地从外部评价者自身出发，选择性地"轻视"甚至"忽视"一些特色化、复杂化的建设内容，只保留符合评价者认知范畴的评价内容。这种"局外人"的身份貌似为研究生教育的建设评价活动增加了一定的客观性，但其出发点体现的仍然是评价者的主观意志，操作层面的客观性并不能掩饰其内在行动逻辑的主观色彩。

在传统的知识生产模式下，科研绩效考核的整体效用呈现出一种"封闭"的特征，这是由于科研关注的焦点集中在绩效上，导致大学知识生产被牢牢地限制在认知语境中。数智时代背景下，基于知识管理的动态监测是一种具有浓厚扎根精神的认知模式，是在深入了解监测对象的基础上对其状态进行的分析呈现。监测通过深入研究生教育的发展过程，了解多元利益相关主体对于研究生教育的认识，发掘核心要素，构建监测的具体内容并开展监测活动。因而，监测者绝不是"局外人"，而是认知活动的组织者、协调者，是与研究生教育发展各个利益相关者进行平等交流并共同致力于改进的合作者。监测的这一特点也实现了梅耶和施托克曼所说的，促使评价者与被评价者以合作伙伴的关系在评价过程中承担互补性工作任务，将不同利益主体的专业性知识和具体情境有效结合起来。[①]这种基于知识管理，从研究生教育建设之外走进建设之内的认知过程，符合研究生教育强国建设对个性化分析、关键问题呈现、复杂化过程关注和针对性改进的需求，"内生"的认知逻辑和认知过程也是监测区别于以往排名的显著特点。

---

①施托克曼 R, 梅耶 S. 评估学[M]. 唐以志, 译. 北京: 人民出版社, 2012: 67.

第七章 数智时代研究生教育评估的新范式

教育评估事关教育发展方向，是大学改革发展的指挥棒、风向标[①]。研究生教育评估是研究生教育管理的重要组成部分，在加强我国研究生教育宏观管理，推动研究生教育质量提升，服务国家和区域经济社会发展等方面发挥着重要作用。随着数智时代的到来，前沿技术飞速发展，传统的研究生教育评估范式难以适应研究生教育发展及其质量保障与提高的需要，也难以满足教育者、受教育者、管理者等多元社会利益相关者的诉求。在数智化发展浪潮中，积极推进研究生教育评估范式转变，塑造研究生教育质量提升新动能，进而推进研究生教育强国建设，是我国研究生教育改革与发展的时代使命。

第一节 研究生教育评估的历程与审视

信息技术为创新研究生教育评估理论和方法奠定了基础。从个人计算机到互联网，再到移动网络，乃至大数据和人工智能等，信息技术的进步推动研究生教育评估不断转型升级。科学认识研究生教育评估的基本内涵，准确把握研究生教育评估的发展现状，是探究研究生教育评估范式转型的起点和动力源。

一、研究生教育评估的基本内涵

系统把握研究生教育评估发展的历史脉络和现实状况，需要深刻理解研究生教育评估的基本概念，弄清研究生教育评估的目的、功能、内容、类型、流程等，结合时代发展趋势，分析传统研究生教育评估模式的特征、优势和不足之处，掌握研究生教育评估的整体框架，为探索数智时代研究生教育评估新范式奠定理论基础。

（一）研究生教育评估的概念

评估是根据一定的标准，以定性或定量的形式，对事物做出判断。研究生教

---

①王战军. 深化教育评价改革首先要解决思想问题[J]. 中国高教研究, 2020, (12): 13-14.

育评估，指评估主体依据一定的评估标准，利用科学、客观可行的评估技术和手段，系统收集评估信息，通过定性与定量的分析，对评估对象给予价值判断的过程。①研究生教育评估主体包括教育行政部门、专业协会、高校专家等，评估对象为研究生培养单位的整体性，学科建设与成效、研究生培养及质量。

研究生教育评估的目的可概括为三个方面：第一，政府和教育行政部门利用评估所具有的鉴定、诊断、监督和导向作用，及时掌握我国研究生教育的状态，根据现存问题实施宏观控制和政策调整，实现研究生教育的科学化管理；第二，通过引入激励竞争机制激发研究生培养单位内在活力，促使培养单位持续改进和提高研究生培养质量以及学位授予质量；第三，通过评估研究生培养单位、用人单位等其他利益相关者了解我国研究生教育的人才培养质量和教育教学质量，推动研究生教育更好地服务国家发展战略和经济社会发展。

（二）研究生教育评估的分类

基于上述评估目的，可以将研究生教育评估分为合格评估、水平评估和监测评估三种类型。研究生教育评估是一项系统工程，三种评估类型的综合运用推动我国研究生教育质量保障体系的发展和完善。

首先，合格评估。研究生教育合格评估，指评估机构通过组织专家对新增研究生培养单位、学科点等进行评估，判断其导师队伍、科研水平、办学条件、人才培养等方面，是否达到基本要求和标准。②学位授权审核、学位授权点定期评估、学位论文抽检均属于合格评估。以学位授权点合格评估为例，这项评估工作的实施可以追溯到 1985 年，主要采取学位授权单位自我评估和教育行政部门随机抽评相结合的方式，对学位授权点的合格性进行全面"体检"，最终做出"继续授权""限期整改""撤销授权"的处理意见和决定。2014 年，为进一步完善我国学位授权点合格评估制度，国务院学位委员会、教育部下发《学位授权点合格评估办法》，同时启动首轮学位授权点周期性合格评估工作。从 2020 年公布的评估结果看，在 2292 个抽评点中，学位授权点鉴定结果为"合格"的有 2251 个，"不合格"的有 8 个，"限期整改"的有 33 个③。这次评估打破了学位授权点终身制，为完善我国学位授权点退出机制，为优化学科布局和结构提供了支撑。为贯彻落实《深化新时代教育评价改革总体方案》和全国研究生教育会议精神，2020 年，

①王战军. 学位与研究生教育评估技术与实践[M]. 北京：高等教育出版社，2000: 5.

②王战军，马永红，周文辉，等. 研究生教育概论[M]. 北京：北京理工大学出版社，2019: 139.

③中华人民共和国教育部. 完善合格评估制度　强化主体责任落实[EB/OL]. (2021-01-15)[2023-06-26].
http://www.moe.gov.cn/jyb_xwfb/s271/202101/t20210115_509949.html.

国务院学位委员会、教育部对《学位授权点合格评估办法》进行修订完善，从多个方面构建了学位授权点合格评估的系统框架和管理规范，以确保合格评估取得实效。

其次，水平评估。研究生教育水平评估，指评估专家根据评估目的制定评估标准及指标体系，对研究生培养单位和学科授权点的水平进行评估，判断其达标的程度和能力，量度被评估单位水平的高低。[①]全国高校的研究生院评估、优秀博士学位论文评选、一级学科评估、专业学位水平评估等均属于水平评估。以一级学科评估为例，该项评估工作一般由第三方专业评估机构组织开展，自 2002 年以来的二十余年里，学位与研究生教育发展中心受教育部委托，先后组织开展 5 轮学科评估，按照明确评估目的、制定参评规则、确定指标体系、获取评估信息、确定指标权重、公布结果的程序，对同一学科的学位授权点的当下实力和水平进行横向比较，以促进各高校彼此间的竞争。当前，在"双一流"建设时代背景下，构建突出中国特色、国际影响的学科评估体系，成为践行研究生教育内涵式发展理念的基本要求。2020 年启动的第五轮学科评估，立足新时代，坚持"质量、成效、特色、贡献"的价值导向，按照"改革结果评价、强化过程评价、探索增值评价、健全综合评价"要求，重点在强化人才培养中心地位、破除"五唯"顽瘴痼疾、促进师德与师能相统一等 10 个方面进行了改革完善；指标体系强调把"立德树人成效"作为根本标准，把破"五唯"作为突破口，强调树立中国标准，加强不同学科分类评估，充分体现办学定位与特色贡献；评估结果按"分类分档"方式发布，以淡化分数和名次；评估结束后，深入开展学科信息数据挖掘分析，发挥评估智库作用，为政府提供总体分析研究报告，帮助高校查找短板和不足，真正做到"以评促建、以评促管、以评促强"。

最后，监测评估。研究生教育监测评估是利用现代信息技术持续收集和深入分析有关数据，直观呈现研究生教育状态，为多元主体价值判断和科学决策提供客观依据的过程。[②]监测评估具有监测、预警、预测等基本功能。监测评估的对象是系统的状态，系统的状态可通过数据来进行表征，其测度的标尺称为尺度，主要包括时间尺度和空间尺度。时间尺度用以表征研究生教育系统状态变化过程的时间分布和周期[②]，一般以年、季度、月、周、天、时等为计量单位。在早期阶段，研究生教育状态监测通常依靠定期统计，监测数据在时间尺度上是离散的，且数据采集频率较低。随着科技的发展，诸如互联网、高速通信、大数据处理等技术在各领域的成功实践，监测数据在时间尺度上越来越具有连续性，逐渐达到"及

①王红. 我国高等教育评估分类与现实选择初探[J]. 中国高等教育, 2011, (7): 44-45.

②王战军, 乔伟峰, 李江波.数据密集型评估: 高等教育监测评估的内涵、方法与展望[J]. 教育研究, 2015, (6): 29-37.

时反馈"的程度。空间尺度用以表征研究生教育系统要素及其结构的空间分布和延展，直接反映监测对象的"分辨率"①，与评估需求密切相关。当关注国际、国家、区域等宏观维度的状态时，一般监测宏观指标；当关注院校、学科等中观维度的状态时，一般监测中观指标；当关注教师、学生、课程等微观维度的状态时，一般监测微观指标。由于宏观维度、中观维度和微观维度的颗粒度差距较大，各个尺度下所包含的信息体量和复杂程度有较大不同，对信息传输速度、数据解析能力、性能计算资源的需求也有所不同。

　　三种评估类型的区别体现为：合格评估的目的在于找短板，不强调对评估结果进行等级划分；水平评估的目的在于找长处，强调对评估对象进行比较和排序，以促进彼此间竞争；监测评估的目的在于找状态，侧重于过程认知，强调以大数据驱动为核心，以系统状态为监测对象，以教育专家、管理专家和数据专家合作为基本模式（表 7.1）。

表 7.1　三种评估类型的不同点

类型	合格评估	水平评估	监测评估
目的	保证研究生教育的质量底线	测量研究生教育的发展水平	监测研究生教育的发展状态
功能	事实和价值判断	等级判断 价值判定	侧重过程认知 辅助价值判断
方法	依据标准	依据比较	依据常态数据
时效	一次性	一次性	连续性

（三）研究生教育评估的实施程序

　　研究生教育评估的实施程序为：确定目的—制订方案—收集数据—分析数据—价值判断（过程认知）—反馈结果（图 7.1）。关于研究生教育评估发起者和评估实施者，前者是研究生教育管理部门，后者是专业评估机构或专业评估人员。评估对象包括研究生培养单位、学科点、研究生培养和学位授予工作。研究生教育评估的实施过程为：由评估组织者确定评估目的、统筹规划评估活动；评估实施者的任务首先是制订具体方案，确定评估的目标、标准、方法等，其次对收集到的定量、定性数据进行分析，并对分析结果进行价值判断，最后

---

①王战军, 乔伟峰, 李江波. 数据密集型评估: 高等教育监测评估的内涵、方法与展望[J]. 教育研究, 2015, (6): 29-37.

将评估结果反馈给教育行政部门，以此作为研究生教育决策管理和质量改进的证据依据。

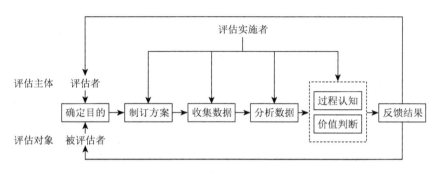

图 7.1　研究生教育评估的一般过程

研究生教育评估的实施程序总体上包括六大环节，但不同评估项目在细节上存在一定差异。以学位授权点合格评估和第五轮学科评估为例，前者的评估程序呈现"闭环式"特点，侧重评估过程，强调评估整体结构的延续性和严谨性；后者的评估程序呈现"开放式"特点，聚焦目标实现，注重评估信息的完整性和可靠性，学位授权点合格评估与第五轮学科评估评估程序表如表 7.2 所示。

表 7.2　学位授权点合格评估与第五轮学科评估评估程序表

评估项目	评估程序
学位授权点合格评估	学位授予单位制订自我评估实施方案—组织自我评估—同行专家评议—提出自我评估结果—向社会公开自评报告—政府随机抽评—给出评议意见
第五轮学科评估	明确评估目的和规则—确定指标体系—信息采集—信息核查与公示—反馈复核—确定权重—问卷调查—结果统计与发布—诊断分析

二、技术视角下研究生教育评估的历史沿革

基于信息技术视角回顾研究生教育评估的历史演进历程，可以将研究生教育评估发展大致分为三个阶段，即 PC 时代（20 世纪 80 年代末至 21 世纪初），互联网时代（21 世纪初至 21 世纪 10 年代末），数智时代（21 世纪 20 年代初起），整体呈现出从人工化到自动化、信息化，再到智能化的跃迁特征（图 7.2）。

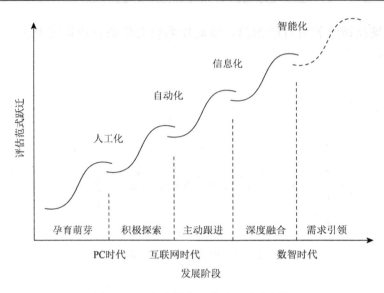

图 7.2　研究生教育评估阶段演化框架

（一）PC 时代的研究生教育评估

随着 Mosaic 浏览器的出现，世界进入 PC 时代（Web1.0）。个人计算机的普及和互联网的大众化是推动 PC 时代到来的重要原因。从知识生产的角度看，Web1.0 的任务是将之前在线下传播的科学知识通过市场的力量输送到网络上去；从交互性上看，Web1.0 以网站对用户的单向信息传递为主。

评估信息是开展研究生教育评估的基础。PC 时代，计算机技术简化了研究生教育评估信息采集方式，提高了评估效率。研究生教育评估信息主要包括两种形态，即数据信息和文字信息。数据信息指用数值定量反映研究生教育发展状况的信息，包括某学位授予单位的在校研究生数、研究生导师数、获奖项目总数及获奖等级、生师比等信息。文字信息指用文字定性描述研究生教育发展状况的信息，包括办学指导思想，研究生学位论文答辩委员会决议，学科、专业点研究方向的特点和意义，学位与研究生教育发展规划与改革思路等信息。这两种评估信息采集的传统方式为：评估者首先通过报表法、查阅资料法、实地考察法等方法来收集信息，然后通过纸带打孔、键盘等人工方式将这些数据输入计算机系统。传统评估信息采集方式的优势体现在两方面：一方面，传统信息系统通常采集的是结构化数据，易于统计和分析；另一方面，传统信息系统往往采集的是对后续数据分析有重要参考价值的数据信息。不过，在整个研究生教育评估过程中，传统数据采集方式需要花费大量的人力、物力和财力，容易带来数据传送不及时、数据失真、不易管理等问题。

因此，随着科学技术的进步，以手工录入为主导的传统数据信息采集方式必然要被先进便捷的采集方式所淘汰。对于研究生教育评估而言，评估者利用鼠标和键盘可以同虚拟世界进行二维互动，通过计算机能够进行评估信息的查阅和收集，实现"无纸化"评审，减少了人力、物力等资源的浪费，提升了研究生教育评估的效率和效益。

PC 时代，研究生教育评估工作主要由"高等学校与科研院所学位与研究生教育评估所"承担，这是中国第一家专门从事学位与研究生教育评估的非营利性事业机构[①]。评估所的主要任务是接受国务院学位委员会和国家教育委员会的委托，开展对高等学校和科研机构博士、硕士学位授予单位的评估，对各学科博士、硕士点及其研究生教育和学位授予质量的评估，面向社会提供咨询服务，开展国际交流合作，以及接受社会各界委托的有关评估工作。评估所成立以后，先后开展了一系列评估工作（表 7.3），对提升研究生教育水平和保证学位授予质量发挥了积极作用，取得了良好的效果。

表 7.3　"高等学校与科研院所学位与研究生教育评估所"重点工作

序号	年份	工作依据		工作内容
		发文单位	文件名称	
1	1994	国家教育委员会研究生工作办公室	《关于进行研究生院评估测试工作的通知》	对中国人民大学、北京师范大学、北京科技大学等 33 所高校的研究生院展开评估
2	1995	国务院学位委员会	《关于按一级学科进行学位与研究生教育评估和按一级学科行使博士学位授予权审核试点工作的通知》	对数学、化学、力学、电工、计算机科学与技术 5 个一级学科下 1992 年前批准的所有博士学位授权点进行合格评估
3	1997	国务院学位委员会	《关于对前四批博士、硕士学位授权点进行基本条件合格评估工作的通知》	对前四批（1992 年以前）博士、硕士学位授权点进行合格评估

PC 时代，研究生教育评估效率和效益得到了提升，但也存在不足之处。一方面，这一时期的研究生教育评估者基本都是被动地接收数据信息，很少能深度参与数据信息的建设。也就是说，PC 时代的信息技术只解决了评估者对评估信息搜索、聚合的需求，而不能满足评估者与被评估者之间沟通、互动、交流的需求。另一方面，这一阶段的评估依托有限的小规模样本数据进行统计分析，而且数据只是作为评估者描述教育活动和教育行为的"材料"或"证据"，还没有上升为诊断和改进研究生教育状况的"动力"或"手段"。因此，PC 时代的研究生教育评估仍是一种以专家为主导的"经验驱动"评估方式。

---

①陈玉琨, 李如海. 我国教育评价发展的世纪回顾与未来展望[J]. 华东师范大学学报(教育科学版), 2000, (1): 1-12.

（二）互联网时代的研究生教育评估

2003 年，谷歌发表关于 GFS（Google File System，谷歌文件系统）、MapReduce 算法和 BigTable 数据模型的论文，解决了数据存储、计算和处理的成本问题，开启了 Web2.0 时代。Web2.0 标志着"大数据时代"的到来，人类收集、存储、分析数据的能力达到了空前高度。各类软件陆续跳出 PC 端，门户网站衰落，移动 App 逐渐兴起。用户的话语权增强，成为信息的接收者、发布者和传播者，人们可以通过网络进行双向交流互动，促进了互联网平台的蓬勃发展。

现代信息技术的突破与创新，使人们直接认识和测量世界的需求变成现实。数据生成规模的扩大、生成速度的提升、获取渠道的拓宽、存储成本的降低、分析工具使用难度的减弱等，为研究生教育评估者挖掘相关数据价值创造了有利条件。互联网时代，原有的研究生教育评估逐渐暴露出评估周期过长、评估过程静态化、评估结果滞后等缺陷，已无法满足社会公众及时了解研究生教育的诉求，也不能适应研究生教育领域全面深化综合改革、全面提高研究生教育教学质量的新形势和新要求。

监测评估是适应我国研究生教育发展新常态而出现的一种研究生教育质量保障的新类型。监测评估有四个关键环节，即"数据收集—系统分析—客观呈现—预测预警"，强调动态开放的状态，强调用数据和事实说话，对研究生教育运行过程进行全方位多维度的常态监测，直观呈现结果。实施常态监测，首要的是对大量状态数据的采集，必须有面向分析的数据载体，将所有数据汇聚到一个统一的数据平台或数据中心。例如，教育部学位与研究生教育发展中心建立的"研究生教育大数据采集管理平台"，是全国首个研究生教育质量监测平台，汇聚、融合了来自教育部学位中心、教育部、科技部、中国知网等不同来源的数据，能够全景式地展示全国、各省、各高校、各学科的质量监测指标情况，直观、生动地呈现学位授予、学位论文等研究生教育质量方面的状况，为教育管理部门提供决策参考。研究生教育大数据采集管理平台的主要功能包括：一是清晰、直观地呈现全国研究生学位授予情况、学位授权点情况、"双一流"建设分布情况、学术型博士学位论文抽检情况等；二是基于研究生教育质量监测指标体系，多维度展现全国、各省市、各高校、各学科的质量监测状况，尤其是展示不同生源研究生的学位论文抽检合格率和优秀率、就读期间生均发表论文情况、平均毕业年限、毕业去向情况等；三是对博士学位授权点学位的攻读时间和抽检合格率进行预警，对硕士研究生导师人均指导硕士生数、博士研究生导师人均指导博士生数、博士学位论文抽检合格率、研究生就读期间生均发表期刊论文篇数等指标进行趋势分析和预测。

互联网时代，研究生教育评估的数据属于"模型驱动的密集型数据"，评估数据的形式较为丰富、体量较大，为以小数据支持为主的专家判断提供了参考和补充，数据已经成为评估中的主导力量。

（三）数智时代的研究生教育评估

2014 年，以太坊（Ethereum）联合创始人加文·伍德（Gavin Wood）创造了 Web3.0 一词，用以区别 Web1.0 和 Web2.0。Web1.0 和 Web2.0 都属于中心化网络，而 Web3.0 的核心在于"去中心化"，即"赋予用户真正拥有互联网的能力"。个体用户不仅关注"数据权力"，而且关注如何在新的互联网架构体系下分享和获得价值，这正是 Web3.0 的意义所在。在 Web2.0 时代，即使作品版权归开发者所有，但由于流量完全被互联网平台控制，开发者很难将自己的作品或数据变现。在 Web3.0 时代，信息对等的价值交换取代了"Own"（拥有、控制）的概念，数据平等和对等价值交换成为核心。Web3.0 与其他新兴技术如区块链、人工智能、虚拟现实、增强现实、5G、物联网的融合发展，正在重塑研究生教育评估的范式。

2020 年 10 月，中共中央、国务院印发了《深化新时代教育评价改革总体方案》，提出坚持科学有效，创新评价工具，利用人工智能、大数据等现代信息技术，提高教育评价的科学性、专业性、客观性的新要求。[①]这预示着，现代信息技术将会在教育评估改革中发挥更大的效用。如何运用一系列数智技术赋能研究生教育评估，为深化新时代教育评估改革塑造新动能、新优势已成为备受关注的核心议题。

当前，以大数据、人工智能、移动互联网和云计算为代表的数智技术正走向研究生教育评估主战场，为研究生教育评估提供支撑和引领。大数据技术能够实现海量研究生教育异构数据资源的快速积累、有效表达、高效分析和价值挖掘；人工智能技术可以在接受大规模数据训练后，构建复杂且具有智能性的运算模型，实现自主推理和科学决策；移动互联网具有高实时、高可靠、高并发、高带宽、广覆盖的特性[②]，可以有效提升教育数据资源的传输性能，实现多场域、全流程、多维度的研究生教育评估；云计算是一种计算能力极强的系统，具有弹性计算、快速迭代、简化运维等特性，可实现各类研究生教育资源的有效连接、整合和配置。这四种核心技术共同推动了研究生教育数据生产能力的飞跃式增长、数据的大规模汇聚、数据分析能力的大幅度提升，做出智慧性判断，从而提高评估的科学性、客观性、专业性。

数智时代的研究生教育评估充分展现了人、教育、技术深度交融的特征。首

---

①中共中央、国务院印发《深化新时代教育评价改革总体方案》[EB/OL]. (2020-10-13)[2023-05-13]. https://www.gov.cn/gongbao/content/2020/content_5554488.htm.

②柴浩轩，金曦，许驰，等. 面向工业物联网的 5G 机器学习研究综述[J]. 信息与控制, 2023, 52(3): 257-276.

先，人机协同的特征。人类的力量是有限的，"仅依靠人类心智的话，太贵且太慢。而依靠机器，又不能提供真正的洞察力或者知识。成功的关键在于如何以合适的比例和类型融合人机智慧"①。数智时代，研究生教育评估主体要想适应海量信息的不断变化，就需要借助智能设备，形成评估者与智能设备的合作生产②。评估者为人机协同评估提供方向指引③，而智能设备依靠评估者提供的数据和算法算力来生成多模态内容，使评估者提供的方向和价值得以实现。在这一过程中，智能设备表现出强烈的主体性。

其次，跨界融合的特征。5G、边缘计算、物联网等技术的进步，正在逐步重塑研究生教育评估场域，使得研究生教育评估存在于数字空间、物理空间、社会空间复杂交叠的评估场域中④。评估场域的拓展进一步丰富了研究生教育数据资源的类型。除传统意义上的数字信息外，课堂学习、实验课程、实习实训等现实场域中产生的文字、图像、视频等抽象信息也可通过数智技术被映射至虚拟空间，从而形成"数字镜像"⑤。这种跨界性数字资源就使得研究生教育评估问题全面而系统地呈现在数字系统中。

最后，共建共享的特征。数智技术作为一项媒介工具，为个体或群体提供了前所未有的信息交互能力，从而促进了研究生教育多元评估主体之间的协同合作进程。数智技术为信息圈注入了新的活力，通过将模式信号转化为数字信号，信息圈焕发出前所未有的生机和活力。这种新媒体形式的出现，改变了传统的思维定式和知识体系构建方式，同时也给传统的评估方法带来冲击。在这个庞杂的信息网络中，研究生教育评估主体之间形成了一种有机的数字信息生成、传递和管理的关系，这种关系由点到线、由线到面，构成了一个完整的信息生态系统。通过网络进行沟通与互动，促进各评估主体间优势互补、资源共享、共同成长，最终提高整体效能。在信息网络的支持下，不同的研究生教育评估主体不仅能够实现数据价值的共建共享和数字资源价值的"帕累托最优"，而且可以增强协作行动的能力，实现实时的信息互通和交流。

三、研究生教育评估的成就与问题

审视我国研究生教育评估的实施现状，系统把握研究生教育评估的主要成就，

---

① 沃伦威尔德 M. 人机共生：洞察与规避数据分析中的机遇与误区[M]. 赵卫东，译. 北京：机械工业出版社，2018：219.

② 谢新水. 人工智能内容生产：功能张力、发展趋势及监管策略：以 ChatGPT 为分析起点[J]. 电子政务，2023(4)：25-35.

③ 余胜泉，王琦. "AI+教师"的协作路径发展分析[J]. 电化教育研究，2019，40(4)：14-22，29.

④ 段宇波，石玲荣. 公共治理的空间变迁、驱动整合与制度重塑[J]. 甘肃行政学院学报，2021，(4)：60-71，125-126.

⑤ 袁利平，林琳. 高等教育技术治理：何以可能与何以可为[J]. 江苏高教，2022，(7)：1-11.

分析目前研究生教育评估存在的核心问题，揭示问题产生的底层逻辑，对于明确数智时代研究生教育评估的未来走向具有重要意义。

（一）研究生教育评估取得的主要成就

研究生教育评估是随着研究生教育活动的兴起而发展起来的。相对而言，我国研究生教育评估的发展时间较短。自改革开放以来，我国持续开展了一系列不同类型的评估，收到了良好的效果，积累了丰富的经验，在保障和提高我国研究生教育质量方面起到了十分重要的作用。

首先，创建了专业化评估机构。1994 年 7 月 29 日，受国务院学位委员会委托，"高等学校与科研院所学位与研究生教育评估所"在北京成立。它的建立，标志着我国高校第三方评估机构的正式诞生。根据政事分开原则，受国务院学位委员会、国家教育委员会委托，"高等学校与科研院所学位与研究生教育评估所"组织实施了研究生院评估、按一级学科进行学位与研究生教育评估和按一级学科行使博士学位授权审核试点、在职人员以同等学力申请学位工作的检查评估、前四批博士硕士学位授权点基本条件合格评估等具有历史意义的研究生教育评估实践活动，对研究生教育评估的理论与实践的深入发展具有重要价值。[1]2003 年，"教育部学位与研究生教育发展中心"正式成立，成为教育部从事研究生教育评估的专业机构。这一机构主要承担研究生教育评估监测工作，如博士硕士学位论文抽检、学位论文质量监测、学科评估等，为提高我国研究生教育质量发挥了重要作用。

其次，建立了研究生教育评估制度。进入 21 世纪以来，我国研究生规模跨越式增长，人才培养质量问题受到广泛关注。2000 年，教育部出台《关于加强和改进研究生培养工作的几点意见》，提出建立健全研究生教育评估制度，不断完善质量保证体系，包括建立对学位授权点进行定期评估的制度、培养单位应开展经常性的自我评估工作、国家开展全国优秀博士论文评选工作等要求。2005 年，国务院学位委员会出台《关于开展对博士、硕士学位授权点定期评估工作的几点意见》，主要对学位授权点授权以来学术队伍、人才培养情况、科研项目及成果等内容进行评估。近年来，又出台了《关于加强学位与研究生教育质量保证和监督体系建设的意见》《学位授权点合格评估办法》《一级学科博士、硕士学位基本要求》《学位授权点合格评估办法》等一系列政策文件，为推动我国研究生教育评估的制度化和法制化建设提供了政策支撑。

最后，开展了多样化的研究生教育评估活动。学位授予质量检查和评价是改

---

①王战军, 马永红, 周文辉, 等. 研究生教育概论[M]. 北京: 北京理工大学出版社, 2019: 148.

革开放后最早开展的研究生教育评价活动。1985～1987 年，国务院学位委员会先后对政治经济学、物理化学、有机化学、通信与电子系统、化学工程、财政学、国际金融、金属材料科学等 17 个学科专业的硕士、博士学位授予质量实施了检查评价。为促进哲学社会科学学位与研究生教育的发展与改革，1991 年，国务院学位办以科学社会主义、国际共产主义运动、民族民主运动 3 个专业为对象，对全国的 40 个硕士点和 6 个博士点组织开展了学位授予与研究生教育质量评估。同年，国务院学位委员会还发布了《关于 1991—1992 年理工科进行学位和研究生教育评估工作的通知》，并对物理学、动力工程及工程热物理、航空与宇航技术等 3 个一级学科下的二级学科进行评估，共涉及 33 个二级学科，390 个硕士点、149 个博士点。为完善学位与研究生教育质量保障体系，2005 年，国务院学位委员会制定《关于开展对博士、硕士学位授权点定期评估工作的几点意见》，并由国务院学位委员会办公室实施博士点定期评估，以及委托省级学位委员会和军队学位委员会对硕士点开展定期评估。自 2002 年以来，教育部学位中心以独立的第三方机构身份开展了 5 轮学科评估。随着实践活动影响力的日益扩大，我国研究生教育评估日趋走向科学化、专业化。

（二）数智时代研究生教育评估面临的挑战

研究生教育评估在保证办学方向、引导合理定位、推动教育质量提升等方面发挥了重要作用，但也存在诸多问题。由于我国研究生教育评估的内容众多、体系庞大，其存在的问题必然更加纷繁复杂，因此，对我国研究生教育评估存在的问题进行分析要抓住其核心与关键。

部分研究生教育评估的结果与政府拨款、学校发展规划直接挂钩，强化了评估功能。将评估结果与研究生教育资源配置直接挂钩本无可厚非，但是直接将评估结果作为研究生教育资源配置的唯一依据显然是不科学的。这种"论功行赏"的方式，将研究生教育评估窄化为对评估对象的资格认证，使评估的诊断和改进功能难以发挥。评估结果的绝对化使用，导致一些高校做出"为评估而评估"的举动，使评估由提升研究生教育质量的手段上升为目的，偏离了人才培养、知识创造等研究生教育发展的宗旨。为了在竞争中取得优势，部分高校采取"丢车保帅"策略，如在学科评估中，以拆分归并整合非重点优势学科为代价来提高优势学科在全国范围内的排名和地位，不仅破坏了学科建设的稳定性，而且催生了高校急功近利的不良风气。

排名思维加剧"去特色化"走势。在排名思维的主导下，评估对象一般按照评估指标的内容来代替原先的发展规划，重点院校与非重点院校的实力和声誉的差距会导致非重点院校去追逐和模仿重点院校，致使不同类型、不同层次的院校的建设方向呈现趋同化、同质化，不利于高校办出特色和实现个性化发展。

构建富有时代特征、彰显中国特色、体现世界水平的教育评价体系，关键在于扭转功利化的评估导向。当前的研究生教育评估为何带有浓厚的"工具主义"色彩？从信息技术发展角度看，Web2.0 模式下的研究生教育数据平台具有中心化的特质，平台拥有并管理着研究生教育大数据，平台掌握在谁手上，数据就掌握在谁手上，数据的控制权也就掌握在谁手上。这些中心化实体在数据和内容权限方面被赋予巨大的权力和影响力，大量的研究生教育数据都集中在封闭的平台上，导致多元评估主体的信息获取和参与程度不均衡，政府、高校、企业等评估主体之间无法实现灵活互动，数据平台也无法将新的信息数据自动反馈给各评估主体。在此语境下，功利主义主导的总结性评价必然上升为研究生教育评估的主要形式，而过程评价、增值评价和综合评价等形式得不到充分发挥，导致研究生教育评价功能的错位。

第二节　数智技术对研究生教育评估的影响

传统的研究生教育评估在保证办学方向、引导合理定位、推动教育质量提升等方面发挥了重要作用，但总体上仍存在评估引领功能不强，评估针对性不强，评估项目存在"多头、重复"以及重评估结果、轻持续改进等问题，从而削弱了评估结果的公信力和权威性，冲淡了研究生教育的本质追求和内涵发展。数智时代，"如何优化研究生教育评估"引起了社会各界的广泛讨论，这就需要我们赋予研究生教育评估新内涵，发掘研究生教育评估新价值，检视数智技术给研究生教育评估带来的新挑战。

一、数智技术为研究生教育评估注入新内涵

数智时代到来之前，经过多年的实践与探索，学者们对研究生教育评估的内涵逐步形成基本共识：研究生教育评估是以研究生教育为对象，依据一定的评估标准，利用科学、客观的评估技术和手段，系统收集评估信息，通过定性和定量的分析，对评估课题给予价值判断的过程。[①]数字化、智能化技术推动研究生教育传统的教育教学方式发生根本性改变，尤其是 5G、区块链、移动互联网、人工智能等与研究生教育展开了深度融合与应用实践，发挥了重要作用，产生了良好效果，显现了巨大效益。在数智时代，各项先进技术将持续推动研究生教育评估的改进和优化，在评估根本目标、监测评估维度和评估基本模式等方面为研究生教育评估注入新的内涵。

---

①王战军, 常琅, 蔺跟荣. "双一流"建设成效评价与动态监测[J]. 学位与研究生教育, 2022, (11): 47-54.

（一）研究生教育评估根本目标：从"价值判断"向"智能优化"转变

我国研究生教育评估起始于 20 世纪 80 年代，通过引入先进的全面质量管理理念，综合运用现代管理技术和方法，对培养对象和学校工作进行全过程、系统性管理，研究生教育评估进入"标准化"阶段。20 世纪 90 年代，国家教育委员会发布《普通高等学校教育评估暂行规定》等文件，初步明确了我国高等教育的评估程序、评估机构、评估方式等。在该阶段，研究生教育评估的基本任务是，"根据一定的教育目标和标准，通过系统地搜集学校教育的主要信息，准确地了解实际情况，进行科学分析，对学校办学水平和教育质量作出评价，为学校改进工作、开展教育改革和教育管理部门改善宏观管理提供依据"[①]。这个阶段的评估目标是为研究生教育改进、改革和改善提供依据。

21 世纪初，教育部先后发布《关于加强和改进研究生培养工作的几点意见》《关于开展对博士、硕士学位授权点定期评估工作的几点意见》等一系列政策，有力地指导了这一阶段研究生培养单位评估工作的执行。在该阶段，研究生教育评估的任务是：促进高等学校全面贯彻党的教育方针，推进教育教学改革，提高人才培养质量，增强研究生教育教学主动服务经济社会发展需要和人的全面发展需求的能力；促进政府对高等学校实施宏观管理和分类指导，引导高等学校合理定位、办出水平、办出特色；促进社会参与高等学校人才培养和评价、监督高等学校研究生教育教学质量。这个阶段评估的根本目标是利用信息化的手段对研究生教育进行价值判断，评价、监督、保障和提高研究生教育教学质量。

数智时代，先进技术给研究生教育教学方式带来结构性调整，推动研究生教育数字化、智能化转型成为不可逆转的趋势。研究生教育评估的基本任务也将不再仅是进行价值判断，而是在此基础上，依托相关前沿技术，通过智能优化得出有益的改进建议和措施，既能支撑多元主体价值判断，又能服务教育主管部门科学决策和教育教学质量持续改进，从而推动研究生教育质量不断提升。数智时代，研究生教育评估的根本目标可归纳为预测趋势、优化措施、辅助决策。

（二）研究生教育监测评估维度：从"及时反馈"向"实时交互"转变

状态监测评估是研究生教育评估的重要组成部分，是对专家经验评估的有益补充。状态可通过数据来进行表征，其测度的标尺称为尺度，主要包括时间尺度和空间尺度。

---

① 国家教育委员会. 普通高等学校教育评估暂行规定[EB/OL]. (1990-10-31)[2023-12-29]. http://www.moe.gov.cn/srcsite/A02/s5911/moe_621/199010/t19901031_81932.html.

在早期阶段，研究生教育状态监测通常依靠定期统计，监测数据在时间尺度上是离散的，且数据采集频率较低，中间往往存在一年或几年的间隔期。在间隔期间，研究生教育系统发生的变化，状态监测是无法捕捉到的，这时的状态监测评估主要是监测"年""十年"及更大时间尺度上研究生教育状态的变化过程。随着科技的发展，诸如互联网、高速通信、大数据处理等技术在各领域的成功实践，国家也适时通过各项政策的牵引推动研究生教育常态监测体系的建立。在这期间，监测数据在时间尺度上是接近连续的，数据采集频率较高，可达到"及时反馈"的程度，这时的状态监测评估主要是监测"月""周""日"等时间尺度上研究生教育状态的变化过程。在数智时代，随着 5G、人工智能、数字孪生等技术的发展，状态监测在理论上可实现"实时交互"，将各高校研究生教育教学的实际状态"镜像孪生"，并通过人工智能自我学习，提前预测发展趋势，采用多目标优化算法得出最优结果，最终将信息反馈回实体端以支撑高校的相关决策。因此，在数智时代，状态监测评估可实现"时""分"甚至达到"秒"的时间尺度。

空间尺度与评估需求密切相关。在早期阶段，由于通信带宽、传输效率、信息流架构、高性能计算等技术不足的限制，监测对象的空间尺度不得不进行降维解耦处理，仅能根据评估需求选取宏观维度、微观维度或中观维度中某一维度进行监测，因此在这个阶段，研究生教育状态监测评估的空间尺度呈现"单一分辨率视域"的特点。随着研究生教育全面数字化转型，以及区块链、5G、移动互联网、人工智能等前沿技术的深入应用，各维度间"多尺度耦合"成为状态监测技术未来的发展方向之一。宏观维度的评估可通过对国家人才、科技、就业、区域等与研究生教育相关的公开数据进行数据深度挖掘、整合来实现；微观维度的评估可通过对高校、院系的实时动态数据监测来实现；中观维度的评估可通过对MOOC（慕课）、线上课堂、网络会议等与师生强捆绑的移动 App 的动态数据监测来实现。而且，各维度监测数据能够共用共享、深度融合，对个体 App 数据进行"积分"处理就可以支撑宏观趋势判断，对宏观数据进行"微分"处理便能支撑微观和中观的机理分析。因此，数智时代研究生教育状态监测评估的空间尺度将会呈现"多尺度耦合视域"的趋势，使状态监测具备根据评估需求进行空间尺度"变焦"的能力（图 7.3）。

（三）研究生教育评估基本模式：从"数据密集评估"向"数智融合评估"转变

自 20 世纪 80 年代我国研究生教育评估萌芽至今，随着有关政策的颁布与执行，以及科学技术的发展与应用，研究生教育评估模式大体可划分为三个阶段：

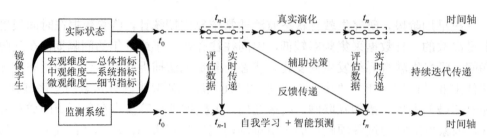

图 7.3　研究生教育监测评估"实时交互"示意图

t_0 表示起始时刻，t_n 表示任意时刻

PC 时代称为第一阶段，研究生教育评估处于探索和发展阶段；互联网时代称为第二阶段，以《普通高等学校教育评估暂行规定》的发布为标志，研究生教育评估步入完善时期，逐渐形成"数据密集评估"模式；数智时代称为第三阶段，研究生教育评估有望形成"数智融合评估"模式（图 7.4）。

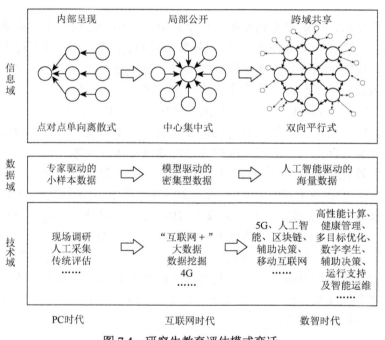

图 7.4　研究生教育评估模式变迁

从信息域上看，第一阶段的评估信息流为"点对点单向离散式"，信息流架构呈现多维度、多层级的特点。一般按照评估计划，每年或定期以统计的形式，将关注的少量评估信息自下而上逐级人工传递。该阶段评估信息覆盖不全，信息传递效率低，各高校、各层级之间信息隔离，且信息只在教育管理部门或第三方评

估机构内部呈现，仅能初步反映研究生教育的整体状态，难以快速反映短期内状态的变化，对评估工作的支撑力度有限。第二阶段的评估信息流为"中心集中式"，信息流架构呈现扁平化"行星状"特点，一般通过定期统计，或依托动态监测数据平台对高校研究生教育状态进行半自动信息获取。该阶段评估信息覆盖较为全面，信息层级得到压缩，可基本反映高校研究生教育的多维度状态；同时，在4G和扁平化集中信息流架构的支持下，信息传递效率大幅度提升，但各高校之间信息仍然隔离，评估信息也只能做到局部公开。在处于数智时代的第三阶段，评估信息流为"双向平行式"，信息流架构呈现"区块分布互联"特点，动态监测数据平台对高校研究生教育状态进行全自动信息获取，信息数据可双向传递，各节点之间信息互联互通，5G和区块链的分布式架构使信息传递效率进一步提升，评估信息全面跨域共享，各高校教育状态信息实时呈现，全面支撑研究生教育评估，并可实现各高校间的相互促进与交叉借鉴。

从数据域来看，第一阶段获取的评估数据属于"专家驱动的小样本数据"，一般由教育管理部门或第三方评估机构定期组织评估专家赴高校现场，通过调查问卷、资料查阅、手动录入等方式进行数据的搜集与整理，以专家的理性、知识、经验对高校研究生教育状态进行主观判断。此阶段评估数据形式较为单一、体量较小，这些数据仅作为专家判断的有限支撑，专家仍是评估的主导。第二阶段获取的评估数据属于"模型驱动的密集型数据"，该阶段在定期专家评估的基础上增设了教学工作质量常态监测机制，通过远程技术定期采集各高校研究生教育的状态数据，然后从获得的大数据中探索数据内部隐含的特征、关系和模式，以获得更为密集的数据，最后利用评估模型对高校研究生教育状态做出客观判断。此阶段评估数据形式较为丰富、体量较大，对以小数据佐证的专家判断进行了借鉴和补充，数据成为评估的主导。在处于数智时代的第三阶段，获取的评估数据属于"人工智能驱动的海量数据"，该阶段在密集型数据的基础上，通过数据的自我学习、自我生成与自我反演，得到时间维度和空间维度更多未知状态点的海量预测数据，"自适应"建立起更为精细的评估模型，并通过与各高校实际研究生教育状态信息进行多轮迭代耦合比对验证，数据与模型持续优化，依托先进算法对高校教育教学状态做出更为精准的客观判断与趋势预测，科学指导研究生教育发展与决策。此阶段评估数据形式多样、体量巨大，可基本替代传统的专家判断模式，数据与智能成为评估的主导。

从技术域来看，第一阶段研究生教育评估的支撑技术较为基础且单一，主要依靠现场调研、人工采集、传统评估等方式和手段。进入第二阶段，"互联网+"理念的兴起与普及使研究生教育状态常态监测成为可能，4G进一步为信息的远程高效传递提供支撑，并通过大数据等技术实现对数据的清洗、整理、提取与分析，推动该阶段形成了"数据密集集中"的研究生教育评估模式。在处于数智时代的第三阶段，去中心化的区块链技术广泛应用为分布式互联的信息流架构提供了理念借鉴，5G支撑更高效的数据传递和更海量的数据跨域互联，人工智能技术推动数据的不断自我学习，高性能计算技术使得对海量数据的分析处理与复杂运算得以实现，多目标优化技术可通过反复的耦合迭代，得出最优的改进方案，健康管理技术可以更好地监测各高校教育教学状态信息，数字孪生技术促进评估对象数据信息实时平行传递的实现，辅助决策、运行支持及智能运维等技术则可以为研究生教育评估不断优化提供坚实基础。这些先进技术的深度融合塑造了数智时代研究生教育评估的"数智融合与区块互联分布"新模式。

二、数智技术赋能研究生教育评估的价值跃升

价值取向是研究生教育评估的核心要素。数智时代，技术与需求的双轮驱动推动研究生教育评估在价值取向上更加追求价值创生、预测决策一体化和教育教学质量系统化改进。这三个维度的价值追求主要强调在技术嵌入中关切评估理念的人文性、评估环节的耦合性、评估过程的协调性、评估结果的本真性，从而推进研究生教育评估效能的"螺旋式"提升。

（一）全息评估支撑多元主体价值创生

马克思在《关于费尔巴哈的提纲》中指出：哲学家们只是用不同的方式解释世界,问题在于改造世界[①]。在传统研究生教育评估中,评估主体扮演着"局中人"的角色,对评估对象的考察主要根据统一的评估标准进行简单化衡量,追求的是评估效用的提升,这就使得研究生教育评估活动被框定在"认识价值"的层面上。数智时代,前沿技术有望推动研究生教育"全息评估"的实现,为多元评估主体从"局中人"转向"当事人",进而为"创生价值"提供支撑。

研究生教育数据的类型非常复杂且差异很大[②],获取准确完整的数据是研究生教育评估的关键。PC时代,研究生教育评估的信息获取途径主要包括自我评估、专家评估和社会评估[③]。虽然这三种信息获取途径各具优势,但由于均属人工抽样收集方式,获取的研究生教育数据资源无论是在客观性还是在全面性上都具有一定局限。例如,被评估单位在自我评估中可能夸大或缩小某些数据[④],同行评审专

①中共中央马克思恩格斯列宁斯大林著作编译局. 马克思恩格斯文集 (第1卷) [M]. 北京: 人民出版社,2009: 502.
②约翰逊 M, 金俞, 崔新, 等. 人工智能与未来教育评价[J]. 中国教育信息化,2022, (7): 3-9.
③王战军. 学位与研究生教育评估技术与实践[M]. 北京: 高等教育出版社,2000: 75.

家大多给予正面积极的评估等问题[①]。

　　数智技术的飞速发展和广泛应用，重塑研究生教育评估数据获取的空间格局，推动物理、社会、数字三类空间的融合互联，使得获取的数据更多样、更全面、更立体，呈现出高度的集中化。通过物联感知技术、可穿戴设备技术、视频监控技术等智能技术[②]，可以不间断地对研究生教育评估数据进行全方位、全过程、伴随式采集，从而构成全样本数据，即使是原先难以采集、识别和量化的数据，如学生的情感、态度、表达、理解、动机等抽象的感官体验数据，也可被传递到数字世界并转化为具备应用和开发潜力的数据信息[③]。

　　虚拟与现实空间的交叠引起多源、异构、海量数据的汇聚，消除了基于"小样本数据"的传统研究生教育评估数据采集分析所面临的难以兼顾量与质的技术瓶颈。未来的研究生教育评估将呈现出"整体主义"的特征。数智技术带来的"高涵盖性"评估数据进一步提升了研究生教育评估环境的透明度，缓解了评估主体之间的信息不对称问题，加强了研究生教育数据信息的共建、交换、整合和共享，从而催生更多数量和种类的新型研究生教育数据，有助于多元评估主体对研究生教育发展现状进行全面把握。对于评估者而言，只有把握评估对象的全要素，充分释放评估数据"生产力"，才能兼顾"局中人"和"当事人"的双重身份，站在不同的角度和立场审视教育活动，将马克思所说的"解释世界"和"改造世界"有机统一起来，实现研究生教育评估的价值创生。

（二）智能算法深度分析服务主管部门科学决策

　　从治理的角度看，教育评估是提高教育决策科学性的重要工具。研究生教育决策的科学性体现为促使研究生教育活动达到合规律性与合目的性的统一。[④]合规律性指研究生教育决策要遵循教育自身的发展规律，合目的性指研究生教育决策要凸显教育对人和社会的价值。合规律是为了合目的。研究生教育管理者不仅要利用教育决策探索教育规律，而且要通过教育决策来揭示教育价值，体现研究生教育对人和社会的意义。

　　由于评估手段和数据可得性的限制，PC时代的研究生教育评估多采用"专家驱动"评估模式，主要凭借专家的知识经验，结合票决、回避、公开等方式对评

①周文辉, 赵金敏. 中国研究生教育外部评估体系: 政策检视、问题剖析与完善路径[J]. 大学教育科学, 2022, (6): 52-61.

②刘邦奇, 袁婷婷. 纪玉超, 等. 智能技术赋能教育评价: 内涵、总体框架与实践路径[J]. 中国电化教育, 2021, (8): 16-24.

③黄宗远, 王凤阳, 阳太林. 数字化赋能传统制造业发展的机制与效应分析[J]. 改革, 2023, (6): 40-53.

④刘尧. 论教育评价的科学性与科学化问题[J]. 教育研究, 2001, (6): 22-26.

估结果进行判定①，这种从专家判断出发的评估模式必然存在主观随意性。为保证研究生教育评估结果的科学性，基于"公共效率"视角的研究生教育评估开始流行。这一视角吸纳了企业的经营管理模式，主要指向"投入"与"产出"两个客观要素之间的效率关系，强调对高校设定目标完成情况的"精细化的量化考核"②，但对研究生教育活动本身的实际过程缺乏关注，其结果助长了研究生教育评估中"工具理性"的泛滥③，难以保障研究生教育管理决策的科学性。

大数据和人工智能技术为研究生教育决策优化提供了新的视角和途径。近年来，基于人工智能的预测-决策成为企业管理、医疗管理、金融管理等社会领域进行科学决策的主要模式。预测是科学决策的前提，是提升决策效率和效果的重要依据。人工智能的出现提升了海量数据处理效率，优化了决策场景的精准度，实现了预测-决策的高效转化，基于大数据背景下的人工智能技术，未来研究生教育决策将更加趋向预测决策一体化。人工智能技术通过优化算法可以自动识别不同类型、层次的高校在人才培养、核心学科、规模体量等方面的数据特征和规律，辅助研究生教育管理者洞察各高校发展过程中的优势和劣势，推演和预测符合各高校自身特点的发展图景，真正起到摸清底数、预见问题、优化决策的作用，最终推动研究生教育与经济社会发展需求的无缝对接，实现合规律性与合目的性的统一。

数智时代，借助人工智能优化算法能够克服传统研究生教育决策的片面化、功利化倾向，助力评估者从表象判断深入综合推理，驱动研究生教育决策范式由被动的"应对决策"逐渐趋向主动的"预见决策"。

（三）可视化信息实时反馈赋能教育教学质量系统化改进

"以评促改"是研究生教育评估的核心诉求。数智时代研究生教育质量的改进将由"持续改进"上升为"系统改进"，关注的不仅是程度上的可持续性，还需要聚焦改进的理念、强度、广度、速度、精准度等，因此更具系统性。

系统改进的有效性取决于信息实时反馈的可能性。信息的实时反馈，需要借助大数据可视化技术。大数据可视化技术旨在利用计算机自动化分析能力建立一种符合人的认知规律的心理映像，辅助人们更加系统和高效地洞悉数据背后的规律。④一幅图胜过千言万语，视觉系统是人类获取信息的主要渠道，超

①王战军，乔伟峰，李江波. 数据密集型评估：高等教育监测评估的内涵、方法与展望[J]. 教育研究，2015，(6)：29-37.

②杨小芳，贺武华. 新管理主义对公共教育改革的影响及其反思[J]. 教育发展研究，2013，(10)：73-77.

③石中英. 回归教育本体：当前我国教育评价体系改革刍议[J]. 教育研究，2020，(9)：4-15.

④任磊，杜一，马帅，等. 大数据可视分析综述[J]. 软件学报，2014，(9)：1909-1936.

过 80%的信息都是通过视觉获取的[①]。当可视化技术将大规模、高维度、多来源、动态演化的研究生教育评估数据以图形形式展现出来时，评估者往往能够直观、快速、精准地洞悉数据中隐含的规律知识和价值，以达到"深入浅出"的评估效果。

信息实时反馈大幅缩短了评估结果的反馈周期，加速了评估信息的整合迭代优化，有助于研究生教育教学质量的系统改进。在传统教育评估中，为充分发挥评估结果的作用，需要在公布评估结果之前采用人工处理的方式对评估结果的可信度和有效性进行分析和检验，这一过程无疑延长了评估结果的反馈周期。如果评估结果的反馈周期过长，一方面会造成"近期误差"，另一方面会削弱教育评估的鉴定、导向、诊断、激励和监督作用，使评估实践流于形式，不利于研究生教育教学活动的持续推进和改进。借助大数据可视化技术，评估反馈被贯穿于研究生教育教学活动的始终，通过交互式可视化界面让评估者无间断地掌握教育全过程，通过人的感知认知能力与智能系统分析计算能力的交互融合，达到评估结果的直观反馈、即时反馈、深度反馈和精准反馈。基于大数据可视化技术的交互式展示和高密度信息动态展示功能，研究生教育评估者不仅能获得教育发展的整体情况，还能对不同评估对象的变化情况进行实时跟踪，为评估对象的个性化、自适应发展提供保障，实现细节与整体的同步认知，使得教育评估专业化水平不断增强，推动研究生教育教学质量的系统化改进。

实时反馈过程中会不断生成新的数据，随着数据的迭代优化，评估主体对评估对象发展状态的认知逐渐清晰。为此，评估者可以围绕评估对象需要改进的问题，凭借数智技术，将需要改进的问题系统化为科学问题，进而提出解决问题的方案，以真正推动研究生教育教学质量的改进。

三、数智技术赋能研究生教育评估存在的隐忧

随着数智技术的完善和成熟，研究生教育评估会发生更多突破性的变革。但也需要明确，数智技术的技术特性在复杂、动态的研究生教育评估中的运用是有限度与风险的，把握不当极易引发多重隐忧，最终阻隔研究生教育评估的有效运行。

（一）算法"黑箱"对评估目标的偏移和窄化

算法"黑箱"存在于数据的原始输入与结果输出之间。数据本身不能驱动决策，

---

①Card S K, Mackinlay J D, Shneiderman B. Readings in Information Visualization: Using Vision To Think[M]. San Francisco: Morgan Kaufmann Publishers, 1999: 712.

只有经过算法和模型的计算处理分析才能得出行动规则。在制度主义的理论框架下，规则包括正式规则和非正式规则。对算法而言，正式规则意味着算法和它生产的内容具有明确的可解释性，人们能够观察和理解算法的运行过程；而非正式规则不具备明确的可解释逻辑，即使是算法的设计者也很难对算法决策产生动因和形成过程做出明确解释。随着第三次人工智能发展浪潮的兴起，机器学习算法逐步发展起来。机器学习算法具有强大的自主学习能力，能根据预先设定的目标进行自我生产、训练、调整，突破了对人类分析和表达能力的依赖，使得大量非正式规则被生产出来。算法开始按照自行演化的规则处理研究生教育问题，遵循算法自身的逻辑对研究生教育状况进行评估，在提高研究生教育管理工作效率的同时，也容易造成研究生教育管理者与算法在相同问题上出现认知偏差。算法时代是"技术对人类的理解越来越深刻，而人类却无须理解技术的时代"[1]。当机器学习算法应用于研究生教育评估时，如果评估者无法观察、理解算法处理评估问题的逻辑，评估者就难以对评估结果进行科学的判断和决策。机器学习算法基于"大数据集"自主形成的研究生教育评估"规则集"，实际上是对以往评估模式特征的总结。如果算法用过往的评估模式对数智时代的研究生教育发展进行决策和预判，必然会引起研究生教育评估目标的偏移和窄化。

（二）评价主体智能素养不足对评估效果的消解

数智技术的介入并没有改变研究生教育评估人员的主体地位，但研究生教育评估人员的主体功能却不断受到冲击。在认识层面，目前评估人员对研究生教育评估范式变革的思想理念和方法论缺乏深刻认识，对自身应具备的技术条件和能力的认识不清晰，对数智技术本身产生的预期积极作用和负面影响缺乏系统考量。在实践层面，评估主体基于算法技术进行研究生教育资源整合和管理决策的能力有待提升。

研究生教育评估主体在认识层面和实践层面存在的能力缺陷会进一步造成数智技术对评估主体的"控制"或"排挤"，研究生教育评估主体甚至会沦为数智技术的"附属品"。如果研究生教育评估者的专业化水平偏低，数智技术的功能和作用就得不到充分发挥。研究生教育评估主体的决策权力向技术的让渡，引起人与机器"主辅关系"的错位，最终阻碍评估者与数智技术的互嵌和融合。研究生教育评估主体智能素养缺乏，关键原因在于评估人才的培养机制不健全。"目前国内设置教育评估学科或教育测量与评估学科的高等学校数量屈指可数"[2]，无法满足研究生教育评估工作的未来发展需要。同时，从全国范围来看，大数据人才的学历

①多梅尔 L. 算法时代[M]. 胡小锐, 钟毅, 译. 北京: 中信出版社, 2016.
②石中英. 回归教育本体: 当前我国教育评价体系改革刍议[J]. 教育研究, 2020, (9): 4-15.

层次可划分为硕士研究生及以上、本科、专科、专科以下4个大类，其中本科学历占比达到65.45%，而硕士研究生及以上学历占比仅为19.33%[①]。研究生教育评估领域专业人才稀缺，不仅造成评估资源的浪费，而且严重制约了研究生教育评估效果的提升。

第三节　数智环境下研究生教育评估范式的转型

数智时代的到来，为研究生教育评估新范式的形成创造了有利条件。研究生教育评估范式转型是一个渐进的过程，从内部条件看，需要对新范式进行持续的探索和完善；从外部条件来说，需要组织实施相应的制度体系以保证研究生教育评估范式转型的有序推进。

一、研究生教育评估范式转型的逻辑框架

随着数智时代的来临，研究生教育评估的思维、结构、方法、流程和结果都已发生不同程度的改变，这些改变共同构成探究数智时代研究生教育评估范式转型的逻辑框架（图7.5）。

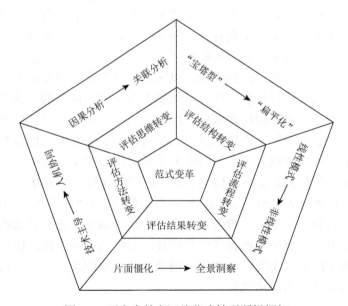

图7.5　研究生教育评估范式转型逻辑框架

①中华人民共和国人力资源和社会保障部. 新职业: 大数据工程技术人员就业景气现状分析报告[R/OL]. (2020-04-30)[2023-06-10]. http://www.mohrss.gov.cn/SYrlzyhshbzb/dongtaixinwen/buneiyaowen/202004/t20200430_367120.html.

（一）评估思维：因果分析转向关联分析

　　数智技术颠覆了传统研究生教育评估的逻辑方式，将评估思维从线性的因果关系中解放出来，引导评估者根据海量数据之间的相关关系，来发现问题、探索规律、分析价值、预测趋势。数智环境下，研究生教育评估不仅聚焦"发生了什么（what）"，而且关注"为什么发生（why）"和"将发生什么（will）"。对"发生了什么"的关注，反映的是研究生教育发展状态，支撑评估者对研究生教育的不同活动状态进行了解和把握，为管理者进行决策提供全局视图；对"为什么发生"的关注，反映的是研究生教育特定状态的发生与哪些环节和要素有关联，协助评估者厘清评估逻辑和状态的转换机理；对"将发生什么"的关注，反映的是研究生教育发展的轨迹和走向，帮助评估者形成前瞻预判。

　　评估思维方式的变革必然引起评估理念假设的转变。在传统的研究生教育评估中，常常需要以经典的理论假设为基础，构建评估模型，并在此基础上提出并解决实际问题。数智技术不仅能促进高校与科研院所间的科研资源共享，还可以促使政府机构实现对科技创新资源的整合，进而提高国家创新能力。随着评估理论的不断演进，上述假设不断变化，但总体而言，传统的研究生教育评估一直采用"强假设"范式，因此大多数评估分析模型都需要更加强有力的理论假设来支撑。数字化的背景下，研究生教育评估的理论假设依赖性显著降低，同时，基于大数据的研究也越来越多地被引入研究生教育评估中来。数智技术为研究生教育评估者提供了一种全新的视角和手段，以区分经典假设和现实情况之间的差异。利用云模型对数据集进行分析处理，可获得更为精确、可信的评估结论。相较于仅基于传统假设进行建模和问题求解，融合大数据分析成果的评估模式将更具精准性和有效性。通过分析某高校研究生入学数据，发现其生源地具有明显的空间异质性。如果运用大数据分析来拟合研究生教育资源的实际分布情况，那么就能够有效地避免使用经典先验分布假设来动态制订招生计划的方法。

　　依托数智技术的关联分析、主动推送等功能，可以"致广大而尽精微"，准确识别研究生教育管理的重点、难点和堵点，提高对国家、社会和高校诉求的反应能力、回应能力，使研究生教育评估从宏观层面抵达微观个体，提供针对性、个性化、全链条式服务，实现精准施策、精益供给、精细治理，从而摆脱传统评估模式引发的同质化、趋同化现象。

（二）评估结构："宝塔型"转向"扁平化"

　　传统的研究生教育评估积极倡导评估主体的多元参与，但结构上仍具有科层制的属性，呈现"宝塔型"结构。"科层制的行政管理体制通过设置纵向行政层级和横向职能部门，完成了对行政权力运行的纵向和横向分工。"[1]在大数据、人工智能、移动互联网等数智技术的推动下，部门藩篱和条块隔阂被打通，部门关系和机构职能得到重塑，从而推动管理框架从层级限制的"宝塔型"走向部门联合的"扁平化"。对于研究生教育评估而言，在这样的背景下，通过数字化平台的构建和数据资源的赋能，跨越行政层级的限制，向更广泛的市场和社会渗透，吸纳企业、社会组织、科研机构等多方参与研究生教育评估，最终形成多元协同、共治共享的"群体智慧"。

通过智能服务平台这一介质，各评估主体实现了"扁平化"的群体式评估。智能服务平台是以互联网为支撑的实时通信网络和大规模数据服务平台，具有分布式、去中心化的特点，可以实现大规模的"社会化协同"，让更多利益相关者为研究生教育评估贡献智慧、提供支撑。通过对评估内容进行"分布式"处理，实现了评估主体认知能力的转移和创新认知功能的聚焦，使得研究生教育评估组织形态越来越呈现分布式、去中心化的特点。

数智化创造了普惠包容、平等信任的社会环境，推动研究生教育评估主体结构由科层制向平台化转变。教育管理部门将部分权力让渡给社会组织，打破了单一主义、等级制的权力结构。可以说，数智技术带来了信息自由与身份公平，除政府部门之外的评估主体被赋予了选择、制作和传播信息的能力，通过数智化平台便捷参与研究生教育评估，完成评估主体的"自我增权"，推动研究生教育评估主体间的良性互动。

（三）评估方法：技术主导转向人机协同

评估方法的创新对数智时代研究生教育评估的科学性、客观性、专业性尤为重要。研究生教育评估与数智技术的深度融合，能够大幅度提升研究生教育评估工作的效率。数智时代，信息的增速越来越快、体量越来越大、结构越来越复杂，使得研究生教育管理人员的认知能力难以驾驭信息的飞速变化。当前，数智技术、智能设备的涌现和广泛应用为研究生教育管理人员认知方式的改变带来了契机，智能设备逐渐成为管理人员的"数字个人助手"，它可以辅助评估者突破个体认知的极限、应对复杂情景、处理海量信息等。因此，人机结合是研究生教育评估方法转变的基本方向。

"人"与"机"连接的主体分别是内部认知网络和外部认知网络。内部认知网络指评估者的大脑，外部认知网络指外接智能设备。前者在信息处理中可

---

①陈鹏. 人工智能时代的政府治理：适应与转变[J]. 电子政务, 2019, (3): 27-34.

以解释意义和价值，能够从学习的原理和事物发展的规律角度为人机协同评估提供方向指引；后者为人机协同评估提供数据信息和事实，让前者提供的方向和价值得以实现。借助外部设备的信息计算能力，评估者不再需要对评估对象的所有信息进行记忆和存储，只需要掌握评估信息的提取方法以实现对评估信息的高效利用。

未来，人机协同将成为研究生教育评估发展的趋势和常态，当我们适应世界的认知方式发生变化时，在此基础上建立的研究生教育管理体系的形态将发生根本变化。依托数智技术这一"智能助手"，研究生教育评估者便可超越自身的认知极限，提升专业能力，推动研究生教育评估真正走向"智能化"。

（四）评估流程：线性模式转向非线性模式

传统的研究生教育评估一般按照"确定目的—制订方案—收集数据—分析数据—价值判断（过程认知）—反馈结果"的线性模式展开。例如，在进行学位授权点合格评估时，首先学位授予单位制订自我评估实施方案，其次由评估机构组织专家评判学校是否达到合格的最基本条件，最后评估专家基于各校情况提出具体改进意见。

在数智环境下，评估思维从因果分析向关联分析的转变，显著降低了线性评估流程的适用性和有效性[①]。首先，现实情境常常呈现出多维交互、全要素参与的特征，其所涉及的问题也常常呈现出复杂多样的面貌，因此，采用多维整合的方法，可以更好地适应非线性过程，并为其提供全局刻画的可能性。例如，可以通过融合学位授予单位各方面信息为其在学位授权点的建设前期、中期、后期制订不同阶段的评估方案，提升评估的精准度。其次，大数据"流"的特性支持对现实场景中各要素间动态交互的刻画，通过识别非线性、非单向的状态变化对评估活动进行相应的动态调整，因此信息的实时捕捉和反馈令新型研究生教育评估范式更加及时有效。例如，数智技术能够对学位授予单位的导师队伍、科研水平、办学条件、人才培养等方面进行实时监测，及时发现问题并形成反馈措施，及时为学位授予单位的未来建设提供参考和支撑。为提升研究生教育评估范式在新情境下的作用和效果，出现了面向连续、实时、全景式评估且允许信息反馈的非线性流程转变（图 7.6）。非线性的评估流程促使研究生教育评估过程中的各环节形成一个反复迭代的循环回路，有助于研究生教育评估信息的长效跟踪、连续捕捉、实时反馈和数据融合。

---

①陈国青, 曾大军, 卫强, 等. 大数据环境下的决策范式转变与使能创新[J]. 管理世界, 2020, (2): 95-105, 220.

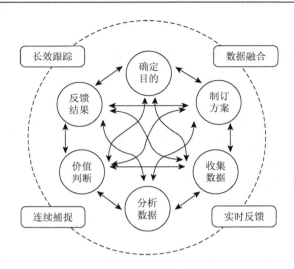

图 7.6　数智时代研究生教育评估的非线性流程

（五）评估结果：片面僵化转向全景洞察

评估结果的呈现和使用方式是研究生教育评估价值能否有效发挥的关键。研究生教育评估结果不应仅作为教育管理部门进行教育资源分配或判断培养单位是否完成绩效目标的依据，更应被视作为评估对象提供诊断和服务进而促进研究生教育发展的重要依据。在传统的终结性评估体系中，教育管理部门和培养单位疲于应对繁重的指标任务，无力追求以创新创造为旨归的发展性目标。因此，研究生教育评估亟须超越简单量化思维，形成"全景式"评估体系。

在评估结果呈现上，应凸显可视化和动态化的特点。通过可视化技术将研究生教育评估结果以饼图、热力图、雷达图、柱状图、个人画像等直观的方式呈现给评估者和评估对象，降低数据解读的难度，提升数据理解的深度，从而帮助评估主体全面客观了解研究生教育现状。另外，动态数据表征技术可以使研究生教育评估结果以实时、动态的方式呈现给评估主体，有效支持科学的决策，改进研究生教育活动。在评估结果应用上，呈现多元化的特点。研究生教育评估涉及多元利益相关者，不同的利益相关者对评估结果的价值追求存在差异，而数智技术支撑的评估结果可以根据不同主体需求有针对性地提供精准决策。

数智技术所拥有的互联互通、共享开发思维能够重构研究生教育评估主体之间的权力分配机制，促进多元主体立足多元需求及时获取有关评估对象的全面、客观的评估结果，辅助研究生教育管理部门和其他利益相关者形成基于有效证据的"循证"决策。在这一进程中，研究生教育评估的行政色彩被弱化，研究生教育评估的服务功能日趋强化。

二、研究生教育评估范式转型的推进策略

数智时代，研究生教育评估应按照"转变思想—变革组织—优化生态"的逻辑主线，以"瞄准突出问题、遵循教育规律、顺应发展趋势、回应时代需求"为基础，遵循"改进为先，育人为本"理念，构建跨界融合评估共同体，创新"人机共生"智慧治理模式，在评估者与技术之间建立起合乎数智生态的良性秩序，统筹推动研究生教育质量与效益的持续提升（图 7.7）。

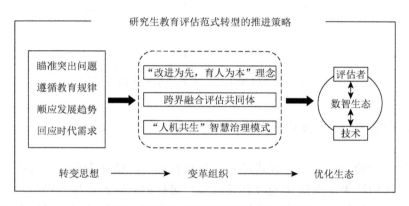

图 7.7　数智时代研究生教育评估策略图

（一）遵循"改进为先，育人为本"理念，为高质量教育发展升级"指挥棒"

2018 年 9 月 10 日，习近平总书记在全国教育大会上明确指出，"健全立德树人落实机制，扭转不科学的教育评价导向，坚决克服唯分数、唯升学、唯文凭、唯论文、唯帽子的顽瘴痼疾，从根本上解决教育评价指挥棒问题"[1]。评估不仅是为了价值判断，更是为了改进与优化。数智时代，如何利用数智技术强化研究生教育评估的功能改进，充分发挥研究生教育评估在高质量教育发展中的"指挥棒"作用，有待在以下方面进行尝试。

首先，回归研究生教育评估本真，推进落实立德树人根本任务。传统的研究生教育评估过于专注教育主体的功利性需要，对育人的本体价值重视不够。"唯分数""唯论文"的评估导向忽视了研究生教育作为实践活动的复杂性，具有一定的片面性。因此，研究生教育评估应从纯粹的学术标准走向立德树人的

---

[1] 习近平. 习近平谈治国理政（第三卷）[M]. 北京：外文出版社，2020：348.

根本标准，从学术维度回归到人的维度。研究生教育的根本任务是立德树人，这里的"人"指马克思所说的"全面发展的人"。美国学者阿斯廷（Astin）和韦德曼（Weideman）认为，影响学生全面发展的因素包括个人特征、院校环境、知识技能发展情况、个人社会化程度等[①]。传统的研究生教育评估受限于数智技术发展程度，无法对动态变化的质性数据或隐蔽性数据进行大规模采集[②]，而在数智技术赋能下，研究生教育评估有望实现全方位、全过程、全动态的伴随式立体化数据采集，可有效解决传统研究生教育评估中信息量小、失真和结构缺失等问题[③]。

其次，凝聚全链路数字化共识，强化多元评估主体联动协作。被喻为"21世纪的石油"的数据为研究生教育评估转型升级提供了新"燃料"，而信息化建设则成为提高评估效果的核心动能，特别是数智技术打通了研究生教育活动各个环节之间的壁垒，实现了全链路数字化，节省了研究生教育活动信息的传递时间，增强了评估者之间、评估者与评估对象之间的协同效率。同时，数智技术为研究生教育评估参与者搭建了"沉浸式"的评估场景，通过全链路数据的沉淀，研究生教育管理者能够及时发现问题，洞察教育变革未来趋势。数智时代的研究生教育评估迫切需要达成数字化共识，打通评估数据全链路，持续拓展研究生教育评估的数智化深度和广度，推动数智技术与研究生教育评估全系统深度融合，探索运用虚拟现实、数字孪生等技术资源创设评估场域，在虚拟与现实交互空间中产生提升研究生教育评估效果的数智化驱动力。

最后，坚守科学导向的底线价值，增进研究生教育评估效能。传统研究生教育评估各环节均依赖于相关理论体系或评估主体的知识经验，容易导致评估结果存在"路径依赖"和"个人依赖"[④]。数智技术催生了"数据模型驱动"与"人工智能驱动"的研究生教育评估范式，这意味着研究生教育评估不再受先验假设的限制，也不再局限于因果关系探究，而是借助算法算力对"数据洪流"进行分析，从而揭示研究生教育数据背后隐含的关联性和规律性[⑤]，打破了"经验主义""机械方法""单一数据"的桎梏。这里的规律性，不仅要体现教育发展规律，还要符合经济社会发展规律，也就是说，要做到合规律性与合目的性的统一。因此，数智技术赋能研究生教育评估，是为了更好地挖掘研究生教

①沈文钦. 博士培养质量评价概念、方法与视角[J]. 北京大学教育评论, 2009, (2): 47-59, 189.

②孙田琳子, 胡纵宇. 智能技术赋能职业教育增值性评价的逻辑与路向[J]. 职业技术教育, 2022, (28): 50-55.

③刘邦奇. 袁婷婷, 纪玉超, 等. 智能技术赋能教育评估: 内涵、总体框架与实践路径[J]. 中国电化教育, 2021, (8): 16-24.

④刘涛雄, 尹德才. 大数据时代与社会科学研究范式变革[J]. 理论探索, 2017, (6): 27-32.

⑤朱德全, 吴虑. 大数据时代教育评价专业化何以可能: 第四范式视角[J]. 现代远程教育研究, 2019, (6): 14-21.

育价值、实现研究生教育价值，以及促进社会成员享受研究生教育价值，凸显研究生教育评估的"价值判断"本质，提升研究生教育评估的科学性、专业性、客观性，为教育高质量发展升级"指挥棒"。

（二）筑牢数字基础组织架构建设，构建多元主体参与的评估共同体

研究生教育管理组织是研究生教育评估改革发展的重要保障。相对于传统评估，数智时代的研究生教育评估在内涵、价值等方面发生较大变化，因而研究生教育管理的组织架构也将发生相应变化。数智技术为未来研究生教育评估发展提供了高可用性、高可靠性的技术底座，随着物联网、云计算等新型数字基础设施进入快速"安装"期，研究生教育评估主体与研究生教育评估范围将会发生巨变。一方面，评估主体的扩充将牵动管理权力的转移变迁，从传统的科层权力演变为信息权力，呈现出扁平化、网络化、去中心化的特征；另一方面，数智技术对研究生教育评估时空的重构，必然导致研究生教育评估范围的拓展，评估范围越广，研究生教育评估参与者之间的沟通互动就越多，教育评估变得更具"社会性"。由此可见，数智技术赋能研究生教育管理组织变革，为构建跨界融合的研究生教育评估共同体提供了全新引擎。

首先，搭建研究生教育数字平台，打通评估数据集成全链路。数字平台在信息聚合、数据共建、资源共享等方面具有独特优势，是满足研究生教育评估参与者实时互动沟通决策一体化需求的重要基础设施。传统研究生教育评估都是从一个"点"出发，逐渐向"线"或"链"拓展，而研究生教育管理者需要的是一个全局优化评估方案。数据的碎片化会导致"数据孤岛"，使得评估主体无法获得统一的业务视图。数字平台通过集成先进的信息通信和自动控制技术，构建出数字空间中人、物、信息、环境等要素相互映射、实时交互的复杂系统。研究生教育数字平台对不同源头、不同格式、不同性质的数据进行提取、转换和加载，有效打通了教育数据集成全链路，实现了数据在不同主体之间的一致性、可用性和价值最大化，消解了多元主体信息不对称，提高了数据利用率和数据管理效率。同时，人工智能、机器学习等创新技术能够将研究生教育数字平台中的海量数据转化为智能数据进行分析，驱动研究生教育评估活动自动执行，减少人为干预，形成研究生教育评估的智能闭环。近年来，联合国教科文组织颁布的《高等教育教学数字化转型》研究报告，经济合作与发展组织出台的《经合组织国家的教育数字化战略：探索数字技术教育政策》，欧盟发布的《数字教育行动计划（2021—2027年）》等教育数字化政策或报告均注重数字平台建设在教育评估中的应用，强调教育服务的数字化转型和教育模式的变革创新，以支撑全球教育数字化战略的持续发展。与此同时，一些国家也积极推动教育平台建设，如德国搭建的国家教育数字化平

台，我国建设的国家智慧教育平台，在推进国家研究生教育全过程智能化治理中发挥了重要作用。

其次，探索分布式组织形式，形成多元协同"群体智慧"。传统的研究生教育评估积极倡导评估主体的多元参与，但评估主体的结构仍具有科层制的属性。凭借数智化枢纽平台，评估主体的纵向层级结构被压缩为纵向联通、横向联动的去中心化扁平式结构，有效解决了各部门之间存在的数据孤岛、协作壁垒、系统割裂等问题[①]。去中心化的组织形式呈现出"分布式""自适应性""有序化"的特点。各评估主体作为网格化组织中的独立节点，利用数字平台将自身的职责、义务、需求数字化为代码形式的"智能合约"，实现动态化的大规模"社会化协同"，从而形成多元协同、共建共享的"群体智慧"。在这样的背景下，作为研究生教育评估组织者的政府部门将部分权力让渡给社会组织，给予了评估实施者"自我增权"，确保了研究生教育管理组织的运转更加协调、更加有序、更加高效。

最后，以"全触点数字化"激发评估主体多维潜能。以全触点的布局为基础，评估主体可以实现与触点间数据的在线化，以及全触点网络数据的联通。在全触点数字化赋能下，评估主体的能力得到提升，进而提升了研究生教育评估的效果。基于研究生教育数字平台，评估者不再需要对评估对象的所有信息进行记忆和存储，也不需要依赖个体经验挖掘和判断评估对象行为背后的模式、规则，而是需要掌握对数智技术的使用和控制方法，从而借助数智技术提升自身数字素养和业务能力，推动数智技术与研究生教育评估的深度智联。

（三）营造"人机共生"数智生态，形成智慧治理创新模式

数智生态是一种不同于自然生态的生态系统，不仅包含了人类主体，也包含了可以参与行动的智能体，每一个参与者都将在数字网络中留下大量数据，从而形成海量级别的"智能关联"。数智时代，在人工智能的驱动下，我们面对的实际情况是，研究生教育评估者被整合到数字化的生态体系中，成为一个被高度编码和数字描绘的"行动元"，通过数字化的中介，与智能体和其他评估参与者进行交流、沟通、传递、互动。可以看出，研究生教育评估者和人工智能的关系既不是单纯的竞争、替代关系，也不是纯粹的无关论。我们不能以抽象和孤立的方式来看待人工智能和评估主体的关系，因为智能体不仅要与评估者形成关联，更要对复杂的网络环境做出识别和分析，在这种关联下，评估主体与其他实体或虚体的互动不再以身体互动为基础，而是走向数据的交换。只有一切都变成了数据，才

①袁利平，林琳. 高等教育技术治理：何以可能与何以可为[J]. 江苏高教，2022, (7): 1-11.

能被人工智能理解。[1]这样，数智生态下的伦理关系就从以生命体为基础的"碳基伦理"走向以数据交换和智能运算为基础的"硅基伦理"[2]。在数智生态系统中，最重要的"伦理"就是保持人工智能在搜集和交换数据时的稳定性，避免不确定因素的增加。数据交换的不稳定将造成评估流程卡顿、评估效率下降。为此，应致力于"人-物-技术-制度"的深度融合，形成多重要素整合驱动的"智慧治理"模式。

首先，要提出统一的数据规范和数据安全要求，保证研究生教育评估数据的来源层、交换层、归集层、治理管理层和应用层均按照统一的标准进行数据格式的转换，形成统一高效、互联互通、安全可靠的数据资源体系。

其次，要做到数据开放安全与数据安全防护并重。数据要素的特殊属性，要求加强数据资源的开放共享。[3]然而，数据资源越是开放，隐含的风险因素就越多。研究生教育数据与个人权利和公共利益密切相关，一旦泄露极易给学生、高校甚至国家带来严重的风险和威胁，这种泄露一般源于数据在原始输入与结果输出之间产生的算法"黑箱"。因此，在数据交换的过程中，一方面要加强数智技术对数据资源的追溯能力，另一方面要提升研究生教育评估者的技术素养，确保数据价值的充分释放，推动数据共享和数字安全的良性循环，促进人机协同的研究生教育治理模式的有效运行。

最后，坚持"以人为本"价值理念引领数智化的研究生教育评估。虽然数字生态中包含多种行动元，但"人"仍然是教育评估的主体，智能设备扮演的只是"数字助手"的角色。数智技术赋能的研究生教育评估应遵循教育规律并立足于经济社会发展对高层次复合型人才培养的现实需求，健全立德树人落实机制，坚持用"以人为本"的价值理念引领研究生教育评估的数智化转型，促使评估者和智能体在万物互联的数智生态中不断地互动、学习、激发，最终实现"人"与"机"的共同进化和发展。

三、研究生教育评估范式转型的制度保障

制度保障是确保研究生教育评估新范式有效运转的重要保障，主要包括政策制度、标准规范、信息安全等保障。

首先，以政策制度作为研究生教育评估范式转型的保障。自研究生教育评估制度恢复以来，国家颁布了一系列有关研究生教育评估的法律法规和政策文件，

---

[1]蓝江. 从信息到数字生态：智能算法下生命形式的嬗变[J]. 国外社会科学前沿, 2022, (9): 3-15, 2.
[2]蓝江. 从碳基伦理到硅基伦理：人工智能时代的伦理学浅论[J]. 道德与文明, 2020, (5): 36-44.
[3]付宏燕. 公共资源交易数据交换共享的设计与实现[J]. 计算机时代, 2022, (11): 92-95, 100.

主要包括《普通高等学校教育评估暂行规定》《中国教育改革和发展纲要》《中华人民共和国教育法》《中华人民共和国学位条例》《教育信息化十年发展规划（2011—2020年）》《深化新时代教育评价改革总体方案》等，对我国研究生教育和研究生教育评估作了较为全面的规定。但其中的一些精神已不能很好地适应数智时代研究生教育评估发展的新需求。例如，目前评估对象的数据隐私与安全问题日益凸显，但现有研究生教育评估政策未能给予积极回应；关于研究生导师评估，现有政策提出不唯科研论文数量评估研究生导师，但如何客观公正评估研究生导师的工作绩效和学术研究水平，现有政策需要对此进一步做出指引和规定。这些研究生教育评估改革中面临的难点，正是相关政策亟待回应的重点。为此，教育行政部门应当从建设内容、建设举措等方面制定支持数智时代研究生教育评估优化发展的相关政策，设置具有强制力的规范，管理、限制数智技术的应用范围，并提供科学的监管措施，推动相关政策走深走实、落地见效。

其次，制定数智技术赋能研究生教育评估的标准规范。在评估标准上，应确保评估标准制定者多元化、评估维度多元化和评估方法多元化，促使评估的利益相关者都参与评估标准的制定，在改进结果评估的基础上，强化过程评估和增值评估，引导不同类型高校科学定位，办出特色和水平。在技术应用管理规范上，要处理好价值理性与工具理性之间的平衡问题。研究生教育评估实际上是一个不断做决定的过程，是一种价值判断活动，同时也是一个以追求功效为目的的技术应用过程。为防止工具理性超越价值理性，一方面，确保数智技术的效能服从于研究生教育评估的价值，另一方面，确保数智技术的功能服务于研究生教育评估目的。在评估主体行为规范上，评估主体应合理、合规地运用新技术，遵循数据加工、利用和传播的伦理要求，保证评估数据的安全，避免造成数据泄露与隐私风险。

最后，建立数智化研究生教育评估的安全保障制度。数智技术是一把双刃剑，在推动研究生教育评估范式转型的同时，也伴随着一系列数字安全风险，具体表现为两个方面：一是人工智能计算结果引发公平问题。研究生教育管理者通过人工智能处理相关数据并进行决策时，如果算法系统不透明，其决策客观性与公平性受到质疑，将可能引发公平问题。二是数据隐私与安全问题。人工智能算法模型的高效运行离不开对研究生教育信息数据的收集，但是数据资源过度集聚在某种程度上将意味着"权力集聚"[①]，而且这种对数据的收集与使用是通过强制"知情同意"来获取合法保护，将会给评估对象的隐私权保障带来严重挑战。为此，教育行政部门应加强对数智技术的伦理性指导，培育符合研究生教育发展规律和社会主义核心价值观的网络伦理和行为规范；健全配套的追责链条，避免因算法自身决策失误所导致的"无责可追"。

---

①周旺生. 论作为支配性力量的权力资源[J]. 北京大学学报(哲学社会科学版), 2004, (4): 87-94.

第八章　数智时代研究生教育监测评估

在数智时代，人类社会的方法论、认识论、实践论与本体论等基本问题将发生深刻的转型，本章深入研究这些变革，提出了认识与实践论新模式，以此为基础，基于研究生教育管理创新，建构了以知识为中心的教师教学监测评估，即挖掘教师课堂教学状态大数据以发现新知识，进一步通过知识管理为教师赋能，促进教师重构教学认知，采取理性教学行为持续性改进教学，从而提高研究生人才培养质量的过程。

第一节　数智时代认识与实践论的新发展

马克思通过对人类认识的来源、认识主客体、认识能力、认识动力、认识形式、认识路径、认识过程以及认识的真理性等问题的研究，提出了辩证唯物主义的科学认识论。毛泽东在《实践论》一文中全面诠释了马克思主义认识论，并总结道"从感性认识而能动地发展到理性认识，又从理性认识而能动地指导革命实践，改造主观世界和客观世界。实践、认识、再实践、再认识，这种形式，循环往复以至无穷，而实践和认识之每一循环的内容，都比较地进到了高一级的程度。这就是辩证唯物论的全部认识论，这就是辩证唯物论的知行统一观"。人类科学技术的进步，尤其是数智技术的发展，对人类认识的来源、范式、路径与过程，认识的真理性，认识的主客体以及认识能力等问题，产生重大以至于颠覆性的影响，认识与实践论随之发生新变革。由此，本节主要研究了数智驱动的内涵以及认识与实践论新模式。

一、数智驱动的内涵

拉图尔（Latour）认为改变工具，你就会改变与之相伴的整个社会理论[1]。数智新时代是数智驱动技术发展的结果，那么数智驱动的核心内涵是什么呢？数指大数据，数据的客观实在性，使其成为人类认识与改造世界的重要资源与资产。由于数的本质是一种对应关系，因此现实世界可以映射为一个数字化的虚拟空间，

---

[1]Latour B. Tarde's idea of quantification[M]//Candea M. The Social After Gabriel Tarde: Debates and Assessments. London: Routledge, 2010: 145-163.

而虚实空间孕生交互，形成了研究问题的新时空。智指人类智能与人工智能协同合作构成的社会智能。人类智能的发展目前主要体现在人脑的联通，即从个体认知到群体认知的集成与优化。人工智能指机器通过模拟人类的认知机理与过程——从感性认识到理性认识，离身扩展了人脑的功能，主要体现在两个方面：一是机器传感器扩展了人类的测量范畴与范围等，如传感器可以测量1000℃的高温，而人类的感觉器官则不能，从而丰富了人类的感性认识；二是将人脑的认知转译为算法模型，因而把计算由人脑的神经活动转变为机器的物理运动，极大地提高了人类的计算深度与逻辑深度，形成强大的算力。人类智能与人工智能相互影响、相互融合，人类智能给予人工智能第一推动力，并增加策动力，两者优势互补、分工协作，共同形成了强大的社会智能驱动力。总之，数智驱动是以大数据为资源，通过社会智能发现专业领域知识并实时指导社会实践，将认识与改造世界结合为一的技术。

履行和发展人才培养、科学研究、社会服务、文化传承创新以及国际交流合作五大职能是研究生教育管理的主要任务，而教师教学评估是提高研究生人才培养质量的关键举措。大数据与教学监测评估相结合，其整体性、动态性、不变性、关联性、探索性与可视化等特征，将对教育评估的理论、方法与实践产生系统性的革新。大数据推动了教育评估理论的革新。纵观教育评估的历史发展过程，评估理论的中心从拉尔夫·泰勒（Ralph Tyler）的"目标达成"到斯塔弗尔比姆（Stufflebeam）的"CIPP模式"①，从斯克里文（Scriven）的"价值判断"到林肯（Lincoln）、古贝的"均衡共识"②，深刻反映出评估核心任务与评估目标的历史改变；而大数据驱动的教师教学监测评估是以知识为中心，为教师的教学改进提供新知识。传统教学评估的社会系统主要由教育主管部门、学校管理者、教师、学生、评估专家与家长等利益相关者组成；大数据驱动的教师教学监测评估是以算法智能体为主导，算法智能体改变了评估主体的组成、结构与内涵，评估中人有人的用处，机器有机器的用处③，使得教学监测评估发生根本性的改变。目前教师教学评估的目的是为管理决策提供信息，而大数据驱动的教师教学监测评估的评估目的是促进教师持续性改进教学。

数智技术是一种促进教学评估革新的时代驱动力。一种"好的教育评估"在评估目的和定位上应超越监管和问责，遵循教育发展的基本规律，激发被评价者的主动性和发展性；教育评估不是为了排名和比较，关注教育的本真追求、服务人的发展、服务教育事业的发展才是教育评估的根本目标④。由于评估技术的限制，

---

①CIPP模式，context-input-process-product model，背景-输入-过程-成果模式，是一种课程方案的评价方式。

②古贝EG，林肯YS. 第四代评估[M]. 秦霖，蒋燕玲，译. 北京：中国人民大学出版社，2008.

③维纳. 控制论：或关于在动物和机器中控制和通信的科学[M]. 郝季仁，译. 北京：科学出版社，2009.

④杜瑞军. 什么是好的教育评估：对我国高校教育教学评估的理性审视[J]. 河北师范大学学报(教育科学版)，2021，23(5)：24-40.

经典的教师教学评估一般拘于管理价值，难以实现基于认识论的教育价值。数智驱动的教学评估，可以有效地解决这个老问题，即运用数智技术挖掘教师教学状态大数据，以发现新的教学知识，包括暗知识（李国杰认为机器学习是一种全新的、人类无法真正理解、但能被实践检验的认知方法论；暗知识指一类既不可表达又不可感受但机器能明白，而人类尚不明白的一些知识，从显性知识、隐性知识到暗知识，知识维度的增加大大扩大了人类的视野[①]），进而通过知识管理为教师赋能，促进教师持续改进教学。

二、数智驱动的认识与实践论新模式

智能是人类认识世界和改造世界的智慧与行动能力，随着数字化以及人工智能的发展，人类认识论与实践论的理念、内涵、方法、范式与模式等都发生了深刻的变化。由此，在数智融合驱动的新方法论下，本节围绕领域知识的发现、重组与应用，通过分析新本体、新认识与新实践之间的内在逻辑关系，建构认识与实践论新模式。如图 8.1 所示，从图中间的数智驱动开始，对新本体形成大数据，而数智驱动的理念、思维与技术将对新本体的监测评估的理论、方法与实践产生革新性影响；数智驱动挖掘知识，知识工程包括知识应用、知识发现与知识重组三个方面，由此形成一个评估闭环。

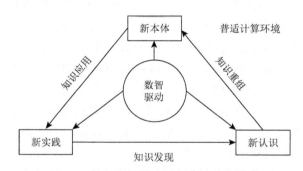

图 8.1　数智驱动的认识与实践论新模式

人工智能本体论。人类社会的数字化，产生了与以往不同的新研究对象，如数字学校、人机交互的教学系统等，这要求我们为新现象的本质特征、组织构造和运行机理提供基础概念和分析框架[②]，建立人工智能新本体。本体给出了领域实

①李国杰. 李国杰院士：国内 AI 研究如何摆脱困境[EB/OL]. (2021-08-06)[2023-09-21]. https://news.sciencenet.cn/htmlnews/2021/8/462742.shtm.

②孟天广. 孟天广：文理交叉驱动"计算社会科学"[EB/OL]. (2021-09-17)[2023-09-21]. https://www.sss.tsinghua.edu.cn/ info/1074/5218.htm.

体概念及相互关系领域活动以及该领域所具有的特性和规律的一种形式化描述，具有交流、共享、互操作与重用等功能。构成本体的五个元素为：类或概念、关系、函数、公理与实例。由此，人工智能可以在本体上进行建模计算与推理，大数据正是基于本体而成为全数据，领域知识因本体而规范化，并精准指导社会实践活动。

新经验主义认识论。数智驱动形成新经验主义认识论，即不受先验理论、模型或假设的约束，通过机器学习自主发现数据中的模式与关联规则等知识。美国科学哲学家汉弗莱斯（Humphreys）认为"哥白尼革命首次将人类从物理宇宙的中心驱离，而现在科学又要将人类从认识论宇宙的中心驱离"[①]。由此，新经验主义认识论的主体发生改变，机器人可以离开人脑认识世界。新经验主义认识论发现的知识呈现出一系列新特征，如：知识形式严格；知识以群生；知识具有共性与个性的双重属性；知识点具有或然性，不一定是确定性信念；发现的知识具有关联性，不一定是因果关系等。

数智驱动的新方法论。基于新经验主义的数据与智能融合驱动范式成为人类认识世界和改造世界的一般方法，而数字化、算法与算力是数智驱动技术的三个核心要素，具体的方法有大数据挖掘、机器学习、深度学习、可视化与人工智能等。

知行合一的新实践论。与经典实践论不同，新实践论的主体将包括人类与智能机器人；新实践论将嵌入和环境融为一体的普适计算，人们可以随时随地、透明地获得数字化服务，新实践论是实时的，不仅仅是循环上升的认识模式；新实践论是一种非均衡的分析活动，不仅依靠预测指导实践，未来的一部分还将在建构中生成；新实践论通过本体建模驱动，精准实时地提供知识服务，从而促进知行合一，实现马克思主义认识与实践论的唯物辩证统一。

三、数智驱动的教师教学监测评估变革的动因

拉图尔认为改变工具，就会改变与之相伴的整个社会理论[②]。大数据和新数据分析方法的发展为重新构建科学、社会科学和人文科学的认识论提供了可能性，而且这种重新构建已经在各学科间积极进行[③]。统计分析蕴含着一种认识论的思想以及一系列数据分析的技术，同样大数据也蕴含着新的认识论思想与数据分析技

①Humphreys P. The philosophical novelty of computer simulation methods[J]. Synthese, 2009, 169(3): 615-626.

②Latour B. Tarde's idea of quantification[M]//Candea M. The Social After Gabriel Tarde: Debates and Assessments. London: Routledge, 2010: 145-163.

③Kitchin R. Big Data, new epistemologies and paradigm shifts[J]. Big Data & Society, 2014, 1(1): 1-12.

术体系，并成为下一个创新、竞争与生产力发展的前沿阵地[①]。因而，大数据将为高等教育评估的理论、方法与实践带来挑战与革新，大数据与教学评估的交叉研究可以激发创新点。

（一）外因驱动：数智技术进步

1755 年，尼古拉斯·马根斯在关于保险研究的论文中，首次提出评估是对商品或者项目进行价值的估算或者证据的陈述，估算包括依照物理量、数学公式等进行的计算，或者度量事件发生的概率[②]。因此，评估围绕着商品价值保值这个中心，通过价值估算（精确的或者模糊的）与证据陈述，以达成规避风险的评估目的。古贝与林肯认为事实与价值是客观与主观的加权，难以从事实判断推出价值判断，因此提出评估就是利益相关者共同建构的均衡解，然而基于多元利益相关者的协商迭代评估方法，在实践中根本无法付诸实施。

大数据驱动能够促进与领域专业知识有关的跨学科研究[③]。迈尔·舍恩伯格、肯尼思·库克耶提出大数据正在改变教育领域中教师的教学活动与学生的学习方式[④]，可以通过教育大数据挖掘来发现教育的本质[⑤]。王战军认为我国教育领域的大数据正在形成，这将改变我国教育研究和管理决策的方式，树立"用数据说话、用数据研究、用数据管理、用数据决策、用数据创新"的研究理念[⑥]。美国梅纳赫姆（Menachem）教育基金会提出了"数据驱动教学"（data driven instruction, DDI）模式，该模式通过采集学生的学习过程数据、频繁地测试数据和定期评估数据，并对这些数据进行深度分析，让教学者可以更加科学、准确地把握学生的学习状态，以便对症下药，持续改进教学[⑦]。刘邦奇和李鑫指出教育数据挖掘与应用正聚焦于课堂的教学和学习过程，关注课堂教育大数据和实证研究具有重要的

---

①Manyika J, Chui M, Brown B, et al. Big Data: The Next Frontier for Innovation, Competition, and Productivity[M]. Washington: McKinsey Global Institute, 2011.

②OED. Evaluation[EB/OL]. (2018-09-09)[2023-03-14]. http://www.oed.com/view/Entry/65182?redirectedFrom=evaluation#eid.

③Kelling S, Hochachka W M, Fink D, et al. Data-intensive science: a new paradigm for biodiversity studies[J]. BioScience, 2009, 59(7): 613-620.

④舍恩伯格 V M, 库克耶 K. 与大数据同行：学习和教育的未来[M]. 赵中建, 张燕南, 译. 上海：华东师范大学出版社, 2015.

⑤陈霜叶, 孟浏今, 张海燕. 大数据时代的教育政策证据：以证据为本理念对中国教育治理 现代化与决策科学化的启示[J]. 全球教育展望, 2014, 43(2): 121-128.

⑥搜狐. 北大教育论坛第 172 讲 大数据驱动教育研究新范式[EB/OL]. (2017-10-25)[2023-10-26]. http://www.sohu.com/a/200032005_503501.

⑦Wrike. Data-driven instruction: a key to enhancing educational outcomes[EB/OL].[2017-05-11]. https://www.wrike.com/blog/data-driven-instruction/.

意义。挖掘课堂中的教育数据成为目前研究的重要方向[1]，对课堂教学行为大数据的研究在全世界都还是个崭新的领域[2]。大数据可以帮助学校更好地了解教师和课程教学的实际情况，进而更好地理解、分析和预测教师教学的状态；大数据能够让教师获得即时、客观的反馈，对课程及教学过程的有效性进行评估，了解教学过程中的优点和不足，进而为教师改进课程与教学提供支持[3]。

（二）内因需求：教学质量提高

大数据驱动为理解世界提供了一种全新的认识论方法，新的数据分析方法不是通过计算变量的相关性推断结论，而是从数据中生成见解[4]，知识是数据驱动发现的最终产品[5]。大数据或将成为人们获得新的认知、创造新价值的源泉，是发现知识、创造知识和认识世界的一种新范式[6]，一种新经验主义知识生产模式[7]，可能改变知识的定义、结构、特征、界限与方式等。由此，本书提出以知识为中心的大数据驱动的教师教学监测评估，依靠大数据技术发现教学知识为教师赋能，从而促进教师获取教学认知，秉持理性教学。

教师教学评估本质是为评估教学质量，评估革新是提高教学质量的内在需求。教学作为一种特殊的劳动服务，教学质量具有丰富的内涵与鲜明的特征；持有不同的教学质量观，则将对教学改进有不同的理解和策略。由此，我们需要全面分析教学质量的构成，才能有效对其进行监测评估。

教师教学质量的需求性与供给性。菲利浦·克罗斯比指出质量是符合要求，约瑟夫·摩西·朱兰认为质量是满足顾客需要。教师教学质量自然需要满足其他利益相关者的需求，如满足政府规定的教学标准，学院提出的教学目标与质量标准的达成度，达到学生的期望等。虽然教师的教学要满足利益相关者的需求，但是本质在于教师的供给，教师的供给服从萨伊定律——供给自行产生需求，所以教学质量包括教师教学能力的可持续性。因此，教师的教学供给质量不仅在于满足需求，更在于创造需求。

①刘邦奇, 李鑫.基于智慧课堂的教育大数据分析与应用研究[J]. 远程教育杂志, 2018, (3): 84-93.

②王陆, 李瑶. 课堂教学行为大数据透视下的教学现象探析[J]. 电化教育研究, 2017, 38(4): 77-85.

③陆根书. 大数据在高等教育领域中的应用及面临的挑战[J]. 重庆高教研究, 2022,10(4): 31-38.

④Kitchin R. Big Data, new epistemologies and paradigm shifts[J]. Big Data & Society, 2014,1(1):1-12.

⑤Piatetsky-Shapiro G. Discovery, analysis, and presentation of strong rules[M]//Piatetsky-Shapiro G. Knowledge Discovery in Databases. Cambridge: AAAI/MIT Press, 1991: 229-248.

⑥刘红, 胡新和. 数据革命: 从数到大数据的历史考察[J]. 自然辩证法通讯, 2013, 35(6): 33-39, 125-126.

⑦Anderson C. The end of theory: the data deluge makes the scientific method obsolete[J]. Wired Magazine, 2008, 16(7): 16-17.

教师教学质量的过程性。服务型劳动与过程不可分割，类比保姆照顾儿童，服务的质量存在于看护的过程中，过程结束劳动也就结束，难以事后评估服务的质量，而过程中的服务质量对幼儿的影响自然是最重要的，因此对服务行为进行实时监测评估是评估教学质量的客观性需求。由于评估技术的瓶颈，经典的教师教学评估是一种不完备的评估，主要表现在：其一，教师教学是一种过程性服务，事后评估是对教学质量的不完全测度。其二，教学过程中教师传授的隐性知识不可忽视。例如，一位美术研究生，他可能在观察老师创作的过程中，领悟到绘画的技巧。教师教学供给的隐性知识有思维逻辑知识、技能行为知识与创新知识等。其三，教师教学的随机性不可忽视。同一位教师，教授两个平行班级的同一门课程，即使最后考试成绩的均值相同，你也将发现两个班级学生的学业收获存在差异，因此，教师教学过程的随机性规律需要去挖掘。其四，教学过程中及时改进的原则是保证过程质量的要求；由于教育的不可逆性，在教学过程中一旦发现不足或错误，就应该及时改进，这也是教育伦理的要求。

教师教学质量的生成性与发展性。在这个过程中，不仅仅是知识的传递，更是学生思维的引导和个性的塑造。怀特海认为"问什么是实际事物，就等于问实际事物是怎样生成的"①。事实上，每节课都不是预先设定的在课堂中有教师和学生真实的、情感的、智慧的、思维的、能力的投入以及互动的过程②。学生既是教学服务的客体也是质量生成的主体，不仅是产品或消费者，也是参与者不断变化的过程③，更是师生两者发挥和完善人的主体性过程④。戴明认为质量包括对产品或服务未来需求的度量，如应试教育近期看有很好的升学率，长期来看可能会损害学生的创新能力，因此需要对未来质量提出要求，质量的发展性要依靠教师的供给能力与教学的生成能力，以及对卓越与创新教学的追求。总之，教学质量提高的内因需求，呼唤教师教学评估回归教学本身。

第二节　数智时代研究生教师教学监测评估的理论意涵

研究生教师课堂教学作为研究生培养的重要环节，是研究生掌握坚实宽广的基础理论、深入系统的专门知识以及培养创新思维的主要途径，也是教师学习研究的主要内容。为保障和提升研究生培养质量，教师教学监测评估成为新时代的新方法。

①吴国盛. 自然哲学(第 2 辑)[M]. 北京: 中国社会科学出版社, 1996:18.

②叶澜. 好课, 有五项基本要求[J]. 教育导刊(上半月), 2014, (6): 56.

③Harvey L, Knight P T. Transforming Higher Education[M]. Buckingham: Open University Press and Society for Research into Higher Education, 1996.

④胡弼成. 高等教育质量观的演进[J]. 教育研究, 2006, (11): 24-28.

一、教师教学监测评估的概念

根据数智驱动的认识与实践论新模式，以及高校提高研究生人才培养质量的内在需求，研究生教师教学监测评估是同行专家、研究生、教学管理者与评估智能体相结合对教师教学进行评估的过程。教师教学监测评估旨在通过发现教学新知识，并进一步运用新知识来判断教师教学行为的优势与不足，循环往复持续迭代，为教师推送相关的教学知识、方法、技能、工具、措施与资源等，为教师教学赋能，从而帮助教师重构教学认知，采取理性教学行为持续性改进教学。研究生教师教学监测评估概念释义如图 8.2 所示。

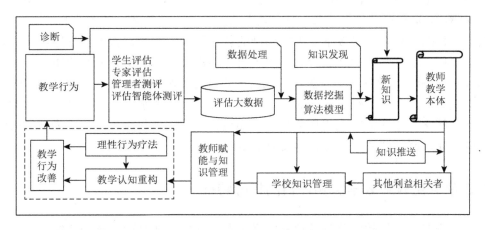

图 8.2　研究生教师教学监测评估概念释义

研究生教师教学监测评估的对象是线上线下混合式教学过程中的教学状态，教学状态是教师教学行为、学生学习行为与师生互动行为的稳定表征，教学过程分为教学设计与教学实施两个阶段。教学状态大数据主要包括课堂教学数据（视频数据）、教学档案袋、学生评价数据、管理者测评数据、校外同行专家评估数据与评估智能体测评数据等。

评估智能体即智能评估助理已成为教学监测评估社会系统的新成员，评估智能体实为评估机器人（上野晴树认为机器人是指它的电脑软件，所谓软件，相当于人的观念，如"会说话的机器人"即为"能理解语言的程序"[①]），或者说关于机器学习的一套算法体系。评估智能体的自主认知功能，能够兼容评估者、被评估者、评估专家、计算机专家、算法专家以及其他利益相关者关于监测评估理论、

---

①沟口文雄, 北泽克明. 知识工程学入门[M]. 张锡令, 祝维沙, 译. 北京: 科学普及出版社, 1986: 3.

技术与实践的"善方"与智慧。

教学监测评估的"立法者"，包括政府、学校教学管理者、校内外同行评估专家、研究生、教师、家长与校友等利益相关者以及评估智能体。立法指在评估历史数据的基础之上，一个评估周期内，任何利益相关者都可以遵照合法程序在监测评估系统的终端，输入对评估理念、评估原则、评估目标、评估标准、评估技术、评估算法、评估数据与评估流程等方面的新建议或新要求，然后由评估智能体的兼容性算法予以接受或者拒绝，同时，评估智能体也能够通过自我认知修改立法。教学监测评估的"执法者"包括教学管理者、校外同行评估专家、学生与评估智能体。

教师教学监测评估的目的不是评先进、评职称或评选教学能手，而是为了提升教学质量。由于监测评估的实时反馈及时阻止了非理性教学行为，教学质量得以保障，追责与管理作用式微。教师教学监测评估具有发展性和柔性的发展目标，其主要目的是获取改善教学效果的精准的教学知识。同时，教师教学监测评估是向优评估，能够促进教师教育教学水平整体逐步提高，又努力保障"不让一个老师掉队"。所以，教师教学监测评估的目的是通过监测评估的知识发现、知识管理与知识服务，为教师赋能，从而促进教师提高教学认知水平，持续性改进教学。由此，教学监测评估的主要任务是发现知识、管理知识与服务知识，为教师教学赋能，促进监测评估与教师教学实时对话。

二、研究生教师教学监测评估的核心特征

从研究生教师教学监测评估的定义出发，下面论述其四个核心特征，包括：以教学知识为中心，面向教学全过程；多元主体作判断，人机结合一体化；循证赋能提素质，重构认知新行为；实时反馈做调整，持续改进促教学。

（一）以教学知识为中心，面向教学全过程

教育评估理论经历了四个发展阶段：第一阶段，拉尔夫·泰勒以评估目标为中心，通过事实判断对目标达成情况做出因果解释。第二阶段，斯塔弗尔比姆等认为评估不能局限于目标的达成度，而是以信息为中心，评估是为决策提供信息的科学。第三阶段，斯克里文等则以价值为中心，认为评估是确定优点、价值与意义的过程，评估必须做出价值判断，价值判断是评估的本质。评估是比较某些标准所得到的可观察的价值，要对计划进行价值判断[①]。第四阶段，林肯、古贝指

---

①陶西平. 教育评价辞典[M]. 北京: 北京师范大学出版社, 1998: 85.

出评估是以均衡建构为中心，以利益相关者的诉求、焦虑与争议为依据来确定组织评价所需信息的①过程。

2018年，王战军系统提出的高等教育监测评估为第五阶段，即利用现代信息技术持续收集和深入分析有关数据，直观呈现高等教育状态，为多元主体价值判断和科学决策提供客观依据的过程，是一种数据驱动、支持持续改进和多元判断的评估新类型。在理论上，高等教育监测评估是从一元主体转向多元主体、从周期评估转向常态评估、从静态评估转向动态评估以及从提供判断转向提供知识，从而达到及时反馈，支持评估对象持续改进的评估目的。在方法上，高等教育监测评估以现代信息技术为基础，运用数据统计、数据挖掘与数据呈现等方法，用数据说话，以实现从管理到认识的连续谱，具有面向认知的监测、预警与预测的功能。在实践中，高等教育监测评估关注系统变化，支持科学决策；坚持用户导向，服务多元需要②。由此，研究生教师教学监测评估是以知识为中心，评估是教师实时获取教学知识并应用教学知识的过程，也是评估与教学实时对话的过程。

数智融合驱动下评估发现的教学知识主要是联结性规则。对于样本数据，或者说在有限案例的小数据空间中，由于研究变量并不复杂，因此人们可以基于心理习惯去寻找并认定因果关系，通过相关性这种比因果性更广泛的概念去辨识因果关系。虽然面对复杂的人类社会，或者说面对大数据，知识具有或然性，但是或然性不会动摇因果关系方寸。因为，伯特兰·罗素（Bertrand Russell）提出当一个变量引起另一个变量发生的概率超过百分之五十时，可将其广义地称为因果关系③。面对教学状态大数据，首先要挖掘高维教学行为变量间的关联规则或者相关关系，以此为基础，进一步去发现因果规律。

数智融合驱动发现的教学知识具有整体性、公共性与个体性。对于知识而言，"一个个别的判断绝不是真实的，唯有在诸多判断的联系、关系中，才能产生出一个保证"④。数智融合力图实现对领域知识的整体性与动态性认识，如全球大型民航客机A380的构成及其运行活动，会形成一个整体性的知识域，通过监测A380的具体运行状态，将发现新的见解，融入领域知识，并从中做出新的解释，从而实时指导飞机良好运行。同样，一所学校的研究生教师教学能够形成一个整体性的教学知识域，教学监测评估将发现的新知识融入这个知识域，并在这个知识域中解释、重组、优化与应用新知识。评估发现的知识具有公共性，教学领域知识由公共性知识组成。由于教师是在一个群体中进行教学，教师教学既具有个体属

①古贝 E G, 林肯 Y S. 第四代评估[M]. 秦霖, 蒋燕玲, 等译. 北京: 中国人民大学出版社, 2008: 133.
②王战军. 高等教育监测评估理论与方法[M]. 北京: 科学出版社, 2018: 8-50.
③罗素. 人类的知识[M]. 张金言, 译. 北京: 商务印书馆, 2017: 377.
④尼采. 权力意志（上卷）[M]. 孙周兴, 译. 北京: 商务印书馆, 2007: 305.

性又具有群体属性，而教师个人的知识是存在的[1]，如每一个人都对水有个体的感性知识，然而所有人对水的公共知识为 H_2O，因此，教学知识既具有个体性又具有公共性。教师教学评估需要正确处理教学知识的整体性、公共性与个体性三者之间的关系，从而精准地为教师提供知识服务。

学校与教师通过知识管理将获取的知识应用于教学实践中。任何一所学校或者院系的教学都会形成一个基于历史的动态的教学领域知识体系，不论其是否主动建构教学领域知识本体，领域知识正是教学监测评估之知识发现、知识解释、知识服务、知识共享与知识应用的中枢，因而学校与教师能够通过知识管理在教学实践中创新性改进教学。玛丽亚姆·阿拉维（Maryam Alavi）、多萝西·莱德纳（Dorothy Leidner）认为知识管理包括知识的储存、检索、传播、创新与实践五个基本过程[2]。石玉玲和陈万明将知识管理定义为通过对知识的创造、存取和共享等活动，提高个人或组织学习能力和创新能力进而实现目标的一种管理过程[3]，知识管理包括组织知识管理与个人知识管理两种情况。由于"知识是改变某物或某人的信息——要么成为行动的理由，要么使个人（或机构）能够采取不同或更有效的行动"[4]，因此，通过知识管理能够在教学实践中将知识转变为教学改进的行动。学校通过知识管理，一方面能够将公共知识一般化，即将获取的新知识发展为宏观的教学管理知识，以此改进教学的理念、措施、方针、政策与制度等，进而推动教学的改革与创新；另一方面能够根据教师群体教学状态的变化，及时循证将教学信息、教学要求与教学资源等推送给教师，从而提升全校教学的实时应变能力与教学效率。教师通过个人知识管理，一是将获取的公共知识更新为个人知识，因而积累与完善具有个人特色的知识体系，发展个性化教学；二是运用新知识与新见解，在实践中创新性改进教学。由此，教师教学监测评估通过知识管理促进了教师与学校教学改进的主动性、创新性与成效性。

（二）多元主体作判断，人机结合一体化

历史文献表明多元评估主体的测评信度与效度几乎都存在两种对立的研究结论，面对动态的教学大数据，人工无法直接完成监测评估，而教学评估又存在评测不准的问题，这怎么办？为此，我们将评估智能体纳入评估社会系统，成为多元主体的一员，即通过机器与人类之间的评估分工来解决这些问题。在评估教学

①罗素. 人类的知识[M]. 张金言, 译. 北京: 商务印书馆, 2017: 68.

②Alavi M, Leidner D E, 郑文全. 知识管理和知识管理系统: 概念基础和研究课题[J]. 管理世界, 2012, (5): 157-169.

③石玉玲, 陈万明. 我国知识管理研究现状、热点与趋势[J]. 新世纪图书馆, 2020, (4): 85-91.

④Malhotra Y. Toward a knowledge ecology for organizational white-waters[J]. Knowledge Management, 1999, 3: 18-21.

管理者、校内外评估专家、学生、同事以及教师这五个评估主体的测评信度与效度时，评估结果都同他们的利益有关，这些主体的身份和观点决定了他们分析结果的关键因素。尤其是教学评估一般由学校教学管理者组织实施，管理者就成为评估主体中的特权者。例如，美国各院校的教师参加的教师评价项目，都面临着官僚主义的烦恼[1]。由此，教师教学监测评估将对机器与人进行严格分工，"机器做机器的事情，人做人的事情；机器能做的，人不要去做"。例如，教学管理者重点评测非专业性、结构化的常规教学行为，如参与教务活动的次数、教学的进度与教学学术统计等；学生不去评价教师的教学能力，而对满意度与收获度做出（基于增值的）的评价；评估专家则专注于对教师教学能力与水平的评价；评估智能体主要负责测评教学数据流、挖掘与分析数据、判断教学状态与推送知识等人工无法完成的工作。总之，通过人机合理分工以及信息化技术，科学艺术地解决教学评估面临的疑难问题。

（三）循证赋能提素质，重构认知新行为

根据认知行为理论，教师的教学认知决定了其教学的行为，而教学认知体现为一组教学的信念，包括理性与非理性的信念。理性信念被定义为灵活、非极端和合乎逻辑的信念（即与现实一致），相反，非理性信念是僵化、极端和不合逻辑的信念（即与实际不一致）[2]。理性信念带来良好的教学行为，非理性信念带来不良的教学行为。教师教学监测评估就是要通过发现的新观点、新见解、新知识，循证判断教师教学行为的优势与不足，进而精准为教师赋能——推送教学领域的相关知识与资源，促进教师树立理性教学信念，重组教学认知，从而改善教学行为。例如，有量化研究教师认为"由于课件具有详细的例题解答过程，因此例题讲解不需要板书演示了"，这个理念让他减少了板书行为，然而评估发现优秀的量化教学模式的板书行为并没有减少，那么就要循证将这个见解以及教学板书的资源与案例等系列知识，精准推送给这位教师，从而为其赋能，帮助他改变减少板书的非理性信念。由此，通过评估赋能改变教师非理性教学信念，协助教师重组教学认知，采取理性教学行为的方法，本书将其定义为理性教学行为疗法（rational teaching behavior therapy，ATBT）。由此，理性教学行为疗法将评估赋能与教师教学认知重构紧密结合，融入教师教学监测评估。

---

① Kitsuse J I. Talk about teaching: reflections on the problem of teaching evaluation[J]. American Sociologist, 2009, 40 (1/2): 3-14.

② Turner M J. Rational emotive behavior therapy(REBT), irrational and rational beliefs, and the mental health of athletes[J]. Frontiers in Psychology, 2016, 7: 1423.

（四）实时反馈做调整，持续改进促教学

　　教师教学监测评估能够实时预警个体或者群体非理性的教学行为，进而及时反馈，纠正非理性教学行为的持续性。传统教学评估存在着反馈时滞性，而数智融合驱动的教学监测评估能够实时评估教师教学状态，并及时将发现的教学信息与知识精准反馈给教师，它是一个实时、历时与共时相统一的动态分析过程。实时是监测评估的根本要求、基本特征与突出的优点，是监测评估过程连续性、及时性、响应性与精准性的体现。实时数据一般是第一手数据，实时常常是客观性与真实性的体现；实时还意味着评估信息在利益相关者之间的同步性、知情性、共享性、认同性与透明性，既能促进评估主体之间、主体与客体之间的实时协作，又能满足利益相关者的心理需求。历时性指教师教学监测评估的全程闭环性以及迭代性。共时性表明同一时刻不同的监测评估对象在状态、性质与结构上的对比。教学过程形成数据流，监测评估的重点是对教学数据流的挖掘与分析，由于数据流的连续性、无限性、流动性和高速性等特征，数据流挖掘算法需要设计较快的计算速度，否则就要降低挖掘的精确度。新一代在线、离线数据与流式数据融合算法正在开发中，常见的数据流实时处理平台有 Twitter 支持的 Storm 流处理平台等，这样就确保了"实时"连接聚焦于教学改进中的高价值部分，唯有实时反馈评估信息，才能达成持续性改进教学的评估目的，保障教育教学的过程质量。

三、教师教学监测评估的基本功能

　　施托克曼（Shtokman）指出评估具有四个主要功能：获得认知；执行监督；促进发展与学习；证明实施措施、计划与项目的合法性[①]。我们认为研究生教师教学监测评估具有两对基本功能：诊断与参谋，反思与认知。

（一）诊断教学状态，参谋本体知识服务

　　教学新见解与有趣的知识是评估的数据产品，诊断功能指通过评估产品（如教师画像），循证判断教师（或者教师群体）教学行为的优势或不足，使教师（或者高校）清晰"教学自我"形象。参谋功能是在对教学行为确诊的基础上，根据教师教学本体，循证提供知识服务。"知识这个概念在一定程度上有它不可避免的

---

①施托克曼 R, 梅耶 W. 评估学[M]. 唐以志, 译. 北京: 人民出版社, 2012: 79-83

含糊不清和不够准确的性质，我认为不理解这一点会在认识论上发生重大错误"[①]。因此，参谋提供的知识服务方案，不仅是单纯的一个或数个知识点，而是一个或者数个知识链或者知识组合。知识推送需要形式多样：精准推送是根据监测评估中发现的问题，循证向教师推送相关的知识，如发现某位教师的信息技术水平不高，教学本体则为他提供加强信息技术的方法、技巧与措施等。追踪推送指教师在持续改进某一教学状态特征行为的过程中，递进性地推送同一类知识。专家推送指专家通过课堂观察评价，将提出的教学建议推送给教师。全面推送指面向全体教师的无差别推送，如将某种课程资源推送给所有教师。随机推送是为了避免知识推送的僵化，并满足人类的心理需求，策略性地随机推送教学知识。

（二）促进教学反思，重构认知改善行为

"评估适合反思，是进行自我批判的一种工具"[②]。教学反思指通过个人知识管理，发现教学行为存在的优势与不足以及面临的困惑与问题，进而重新审视和整理已有认知框架，树立科学、理性与准确的教学信念。教学反思与教学实在，既相互独立又相互作用。反思具有实践性、主体性与创新性的特征，实践性指为实践而反思，教学反思起源于教学实践，回归于教学过程，因此布鲁巴奇将教学反思划分为三个水平：对实践反思、在实践中反思、为实践反思。主体性意味着教学是通过教师主体认知加工而实现的。创新性则指教师重组教学认知，突破性改进教学。因此，教师教学监测评估是教师自我反思的学习型社区，在教学本体中寻找广义的因果线——一系列在性质上、结构上都类似的连续的因果事件。通过因果线，教师获取理性的教学信念，进而重组认知，依照理性教学行为疗法改善教学行为，提高教育教学质量。

第三节　研究生教师教学监测评估的一般方法

在数智时代，数智融合技术将颠覆经典评估的一般方法，只有采用新的评估方法，才能真正有效地开展研究生教师教学监测评估。一方面，数智驱动促使教育评估方法从统计模型转为算法模型。传统评估方法是在统计分析范式下，主要运用数字特征、统计推断、假设检验与回归分析等模型进行评估，而数智驱动的监测评估核心技术是算法模型，即将数学模型与算法相结合。由于算法模型具有认知功能，因此算法模型能够对教学状态大数据进行整体性、探索性与自主性的

①罗素. 人类的知识[M]. 张金言，译. 北京：商务印书馆，2017: 197.
②施托克曼 R，梅耶 W. 评估学[M]. 唐以志，译. 北京：人民出版社，2012.

挖掘与分析，以发现大量的教学知识。另一方面，教育评估数据从抽样数据转向全样本数据。数智驱动的监测评估面向全样本数据，由数字数组、混合数组以及流动性可变数组构成。相对于样本数据的有限维欧氏空间，数智驱动则必须思考高维的非欧空间，需要拓扑与流形分析等新的数据分析技术。由此，本节从计算、手段、场域与服务四个方面对教学评估的一般方法进行革新。

一、计算——从统计到算法模型

数智融合技术从部分样本小数据走向全样本大数据，数据不再是有限的样本，而是总体[①]。大小之别是局部与整体之别，样本数据是全样本数据（指能够获取的全部数据）的子集，大数据一定是全样本数据。统计样本数据一般由清晰的数字数组构成，数组的维度相同，来源相同，而大数据一般由异源性数组、混合数组与可变数组构成。混合数组指数组内的元素由结构化数据与非结构化数据混合组成；异源性数组指元素的来源不同，度量标准有差异；可变数组指元素随机增减或者维度的改变。统计数据一般是同在一个坐标系下，而大数据具有多坐标系的特征，坐标系转换是大数据整理的重要技术，或者采用整体性分析法（如流形分析）放弃坐标系——"在几何学研究中有了坐标这个工具之后，我们现在希望摆脱它的束缚，这引出了流形这一重要概念。一个流形在局部上可用坐标刻画，但这个坐标系是可以任意变换的"[②]。样本数据的几何意义一般是有限维的欧氏空间，而大数据的几何意义常常是高维非欧空间。因此，样本数据的指标曲率一般为零，而大数据的指标曲率可以大于或者小于零，即指标会发生弯曲，所以大数据下的指标体系与统计样本数据下的指标体系会产生诸多显著不同。虽然大数据意味着利用尽可能多的相关的既有数据[③]，力求详尽无遗，捕捉整个领域并提供完整的分辨率，但是它也会受到所使用的技术和平台、所使用的数据本体和监管环境的影响[④]。

大数据下的指标体系与样本数据下的指标体系会产生诸多的不同。对于数据分析，经典统计是评估的一般方法，主要包括四个功能：随机变量数字特征、统计推断、假设检验与回归分析，其中著名的回归方程一般式为 $Y = f(x_1, x_2, \cdots, x_l) + \varepsilon$，$Y$ 为因变量，$x_1, x_2, \cdots, x_l$ 为自变量，ε 为随机误差；常用的多元线性回归模型为 $Y = \beta_0 + \beta_1 x_1 + \beta_2 x_2 + \cdots + \beta_l x_l + \varepsilon$，其中 $\beta_0, \beta_1, \cdots, \beta_l$ 为回归系数。数据分析旨在从

①蒋成飞，朱德全. 大数据时代本科教学评估数据治理: 逻辑与路向[J]. 高等工程教育研究, 2019, (6): 99-105, 124.

②陈省身，尤承业. 从三角形到流形[J]. 自然杂志, 1979, (8): 11-16, 18.

③丁小浩. 大数据时代的教育研究[J]. 清华大学教育研究, 2017, 38(5): 8-14.

④Kitchin R. Bigdata and human geography: opportunities,challenges and risks[J]. Dialoguesin Human Geography, 2013, 3(3): 262-267.

稀缺的、静态的、干净的和关系不良的数据集中提取见解，取样需要遵守严格的假设（如独立性、平稳性和正态性），是在先验特定问题的情况下的验证分析。由于这些模型数据以及变量一般具有很强的条件性，数据分析出现困难：如多元自变量的自由性与因变量的正态性要求；现有数据是否可以由线性模型生成；通常高于四个变量，采用拟合优度检验和残差检验的数据模型可能会得出误导性结论；因果推断常伴有先验经验的影响；在结论解释上需要辨别统计悖论如Lord's Paradox（洛德悖论）等。虽然统计数据分析模型不会有过时之说，永远是数据分析的基础，但是面对大数据时，它的适用条件将约束它的应用，需要避免其犯错。因此，统计学模型一般用于发现描述性知识以及在局域内探索相关性知识。

　　数智融合下的评估技术主体是算法模型，即将数学模型与机器学习算法相结合，进行数据挖掘与分析的方法，具有以下特征：①从变量分析转向集合分析。King 等提出研究复杂社会问题时，永远不要选择因变量[①]，而统计分析本质是依据概率对变量之间的相关性进行分析，大数据关联分析则是基于数理逻辑的集合关系（如子集、超集、交集、并集、补集以及真值表等）分析，如日本的岛根医科大学津本周作将粗糙集用于临床诊断，开发了一个专家系统或然性规则获取系统，进行循环规则获取的实验研究，五年时间中获取了很多有趣的知识[②]。②面对庞大复杂的数据，需要运用整体性思维去构建数据模型，捕获整个领域并提供全解析度，如数据的一体化校准、大数据流形学习、领域知识本体建构、可视化分析与复杂因果分析等。比如流形学习，陈惠勇认为动态过程中的相空间可重构为流形[③]；拓扑分析可以不受数据参照系的约束，用来整合异源数据、调整数据指标以及结构上的差异性、容忍数据小范围的变形与失真等。③由于课堂教学大数据是连续流动的数据，因此，数智融合的算法模型需要具有实时性分析的功能，实时并不总是意味着立即发生，实时可以理解为相对较短的一段时间或者一个教学反馈周期。④算法模型属于软计算，是处理现实环境中一种或多种复杂信息的方法群，其核心部分包括模糊逻辑、神经网络、遗传算法、概率推理、粗糙集与学习理论等[④]。⑤算法模型的自主性。无须先验假设，大数据能够通过无指导的算法模型超越语境或特定领域的知识，在没有人类偏见或框架的情况下为自己说话，但需要在先验的领域知识中进行解释，发现其有趣性。⑥算法模型以发现的关联知识为基础，进一步寻求因果关系。也有专家提出，大家一般很难了解也未必在

　　①King G, Keohane R O, Verba S. The science in social science[M]//King G, Keohane R O, Verba S. Designing Social Inquiry. Princeton: Princeton University Press, 1994: 1-33.

　　②王国胤. Rough 集理论与知识获取[M]. 西安: 西安交通大学出版社, 2001: 175-185.

　　③陈惠勇. 流形概念的起源与发展[J]. 太原理工大学学报(社会科学版), 2007, (3):53-57.

　　④贺天平, 梁芸.软计算中的意义建构探析[J]. 自然辩证法研究, 2017, 33(6): 37-41.

意因果关系，因此，预测比解释更重要①，能给人提供建立在关联知识基础之上的复杂神经系统。

二、手段——从人工到人机结合

数智融合下的人机结合将对教学评估实践产生积极的意义与价值。当前国内外高校的教学评估实践，基本是使用人工的手段以及 Excel 的初级计算功能开展评估活动。大数据下的教学监测评估则非人工所能全为，必须使用以机器学习为核心的智能化技术来完成相当程度的评估工作。在教师教学监测评估中所有利益相关者以及教育专家等都可以成为评估主体，并通过设计评估智能体，逐步实现教育评估智能化。评估智能体本质是一套具有认知功能的评估算法体系，是评估主体善意与智慧的离身联合。评估智能体具有专业、聪敏、强记、人文、理性、公正、高效、无任何利益偏见与不知疲倦（可以夜以继日地工作）②等柏拉图提出的哲学王的天性。所以，一方面他具有实时教学状态整理、挖掘与分析大数据等功能。另一方面，他能够有力降低评估纠缠，避免评估主体对客体的干预，减少主观判断评估失误，努力保障评估的客观性与人文性，令组织内每个成员都不是质量的"监管者"，而是责任人③。由此，评估智能体不仅承担了监测评估的主要工作，同时还能够协调利益相关者之间的权力与利益冲突，为评估多元主体服务，促进教育教学质量持续提升。

机器学习是用数学模型与算法来模拟人的学习行为或者说人脑的认知功能，在有指导或无指导的情况下，完成规定的评估任务。一方面，面对规模大、流速快、结构复杂、来源多样与模糊粗糙的大数据，人工难以直接对大数据进行感知、收集、整理、挖掘与分析，难以对教师教学状态进行连续性、实时性以及全程性的监测评估。另外由于教师教学监测评估是对人的评估，如果评估者频繁进入课堂观察评价教师的教学，将会对教学产生干扰；加之评估纠缠与道德风险等现象的存在，以及人力资本的有限性，人对人高频次的现场教学监测评估实际上是不可行的，也是不可取的。评估智能体成为评估主体之一是教学监测评估的必然要求。另一方面，大数据技术的发展为智能化评估开辟了可行性。Colladon 等认为采取大数据驱动的方法，即使受试者知道被观察到，他们的行为也很少改变④，这

---

①Siegel E. Predictive Analytics: The Power to Predict Who Will Click, Buy, Lie, or Die[M]. New York: John Wiley & Sons, 2016.

②柏拉图. 理想国[M]. 郭斌和，张竹明，译. 北京：商务印书馆，1986: 233, 197.

③European University Association. Developing an internal quality culture in European universities: report on the quality culture project 2002-2003[J]. Brussels: European University Association, 2005: 17-25.

④Colladon A F, Gloor P, Iezzi D F. Editorial introduction: the power of words and networks[J]. International Journal of Information Management, 2020, 51: 102031.

有助于研究人员远离受试者，以自然状态进行研究。例如，以机器学习为核心的人机结合诊断系统已经在医学临床等领域上取得了富有成效的实践成果，课堂教学自动评价也具有全员、全程、全自动、高采样率、无扰、客观等优点，使规模化、常态化课堂教学过程评价成为可能①。因此，基于机器学习的智能化教学监测评估是可行的，机器学习至少可以代替人类从事大量的、机械与重复的脑力或体力劳动，并在工作的速度、精度、强度、耐性、连续性与客观性等方面超出人类。例如，应用机器学习处理繁杂、枯燥、连续的教学数据流，若将机器学习理解为无生机的机械运动，并不恰当，如本书提出的评估智能体实质上是基于算法体系的利益相关者的"脑合体"或者说"脑连通"，是群体人脑功能的延伸、联合与扩大，机器评估本质是利益相关者的"离身评估"。所以，人机交互既能够良好地解决教学监测评估面临的疑难问题与重点问题，同时能够极大地提高评估的效率。

三、场域——从现场到虚实交互

经典教学评估一般是现场评估，数智融合下的教师教学评估则通过监测平台系统（包括互联网、传感器、存储设备与算法体系等），将教师的整个教学过程以及其他教学资料实时映射为一个平行的大数据空间。由此，形成了现实的与数据的两个评估时空，教学监测评估将在这两个空间独立、交互与共时地进行。教学活动由教学行为构成，包括教师与学生在教学过程中的言语、表情、肢体动作、标识与空间位置等。其中，教师的课堂言语作为知识的载体，是最主要的教学行为；教学行为成为人与机器进行监测评估的客观基础。由于教学过程是一个同质变异的过程，因此构建随机过程模型②对其进行量化分析，从而实现虚实的交互。

由于教学评估摆脱了现实时空的局限性，通过虚拟数据将评估时空延伸、溯回、折叠、重复、停时与借时，评估具有了超越时空、可逆、实时与可迭代等特征。因此，虚实交互的教学评估既能够监测、判断与反馈现实中教师教学行为，也能够促进评估主体之间、主客体之间、利益相关者之间以及人机之间的对话、交流与进步。在虚实交互的教学评估时空场域中，可以从一次性的结果评估走向连续性的迭代评估，从评估延迟反馈转为实时反馈以至于跨时空的评估反馈，从而高效持续地协助教师与高校改进教学。

①骆祖莹，张丹慧. 课堂教学自动评价及其初步研究成果[J]. 现代教育技术, 2018, 28(8): 38-44.
②在统计学上，用随机变量来研究同质变异的随机现象，而随机过程是用一簇随机变量来研究随机现象。

四、服务——从报告到普适计算

目前，国内外的教育教学评估一般是以评估报告的方式呈现评估结果，并以此为利益相关者提供信息。在数智时代，基于教师与其他利益相关者实时、动态与个性化的反馈需求，教师教学监测评估需要设计面向用户的服务新模式。1991 年马克·韦泽（Mark Weiser）在"21 世纪的计算机"（The computer for the 21st century）中提出普适计算（pervasive computing）是为应迎合人的习性，在日常生活与工作场景中嵌入具有通信和感知能力的计算设备，并使得这个环境与用户融合在一起①。徐光祐等认为普适计算建立在分布式计算、通信网络、移动计算、嵌入式系统、传感器等技术飞速发展和日益成熟的基础上，体现数据空间与物理空间的融合，在这个场域中，人们可以随时随地、透明地获得计算能力与信息服务②。

由此，本书将评估嵌入普适计算，即通过课堂传感器、"互联网＋"、计算机终端与集成算法等一体化的系统平台，自适应、无所不在地为教师提供信息与知识服务。普适计算对教学监测评估将具有如下的作用。①突出体现教学监测评估人文化与个性化。普适计算强调以人为本的计算思想，主张计算应迎合人的习性，能够自主地与用户产生互动，并带来教学评估的日常性与宁静性，也就是通过"宁静技术"（技术不妨碍用户工作），使得评估成为教师日常工作中的一部分。②促进评估的公开透明性。在普适计算环境下，评估算法对于利益相关者是公开透明的，并且整个算法系统能够在迭代评估中不断地学习和进化。③强化评估的自适应性。能够基于运行条件按用户的需要，随时随地、灵活自主地提供计算和知识服务。④加强虚实两个评估空间的融合性。普适计算使教师教学评估的物理空间与数据空间之间的关系发生变革，从而最大限度地减少对教学的干扰，形成良好的评估场域。⑤增强服务界面简洁友好性，通过信息可视化面板，可以查阅评估结果的标准化报告、个体定制化报告、教师个体教学状态画像、教师群体教学状态画像、教学状态预警仪表盘、知识推送清单与状态追踪图等。⑥增强评估的安全性、伦理性。建立用户访问控制系统，尊重学术伦理，保护平台信息的安全性，尤其是涉及个人隐私的底层数据。

第四节　研究生教师教学监测评估建模与实证

根据上述研究生教师教学监测评估的理论与方法，本节对某高校的研究生教师教学进行实证监测评估。由于教学过程是一个同质变异的过程，因此我们用随

---

①Weiser M. The computer for the 21st century[J]. Scientific American, 1991, 265(3): 94-104.

②徐光祐, 史元春, 谢伟凯. 普适计算[J]. 计算机学报, 2003, (9): 1042-1050.

机过程（stochastic process）对教师的教学进行数理刻画。通过数智融合，运用随机过程建模获取描述性、相关性与可视化等状态空间知识；运用模糊粗糙集挖掘"IF-THEN"格式的教学关联规则；运用 fsQCA 进行特征提取，识别多重并发因果的优秀教学模式。

一、研究生教师教学本体

弗里德里希·弗雷格（Friedrich Frege）在著作《概念演算：一种按算术语言构成的思维符号语言》中提出，在哲学领域建构一个能够实现自动化运行的统一概念系统，这是最初的本体建模。目前，哲学本体的概念被引入计算机与人工智能领域，用于知识表示和领域知识组织，本体概念的内涵发生了改变。1991 年内切斯（Neches）等最早提出本体是组成主题领域词汇表的基本术语及其关系，以及结合这些术语和关系定义词汇表外延的规则。1998 年斯蒂德（Studer）等认为本体包含四层含义：描述某一领域的概念集；明确定义全部的概念、属性及公理；计算机能够识别处理；本体中的知识能够得到一致性认可[1]。例如，突发性公共卫生事件疫情监测本体 BioCaster[2]，能够支持 12 种语言的自动推理。吉祥等在工业产品设计本体模型的基础上，抽取和推送新知识给设计人员[3]。

教师教学本体指高校根据本单位教师的教学历史经验，运用共享概念之间的继承（is-a）关系、部分与整体（part-of）关系、概念实例（包括资源）与概念（instance-of）关系以及属性（attribute-of）关系等建构的具有语义表达能力的研究生教学领域知识体系。不同于一般的领域知识库，教学本体具有历史性、标准性、规范性、通用性、开放性、智能性与共识性等特点，能够促进人与人、人与机、机与机之间教学知识的无障碍交流。在教学监测评估中，其主要作用是知识管理与知识服务，即对新知识做出诠释以及循证推送教学知识与资源。我们从教学设计与教学实施两个方面，围绕教师、学生与课程三个要素及其关系，参考经典的本体建模方法，建构教师教学本体。教师教学监测流程如下：①规划教师教学本体的范畴；②根据大量的校内外教学文献与案例，并咨询校内教学名师，建立一个初级词汇库；③列出领域内重要的概念；④从底层概念开始，明确概念定义，分析概念之间的内在关系，并定义类、类的属性与类的层级关系；⑤概念具象化；⑥咨询专家对初始本体进行修改；⑦从第二步开始迭代建构，直至建立满意的教师教学本体。

①刘馨蕊. 矿山生产数据集成系统构建与应用研究[D]. 沈阳: 东北大学, 2013.

②Collier N, Goodwin R M, McCrae J, et al. An ontology-driven system for detecting globalhealth events[C]//Joshi A K. Proceedings of the 23rd International Conference on Computational Linguistics. Stroudsburg: Association for Computational Linguistics, 2010: 215-222.

③吉祥, 顾新建, 代风, 等. 基于本体和粗糙集的产品设计知识推送技术[J]. 计算机集成制造系统, 2013, 19(1): 7-20.

（一）教学设计本体模型

教学设计是为了充分做好课堂教学准备，我们按照课程设计、学生设计、资源设计与教研活动四个方面进行本体建构。

课程设计的核心是备课。第一，要求教师系统熟练地掌握本课程内容，并知晓本学科的前沿研究。罗素认为大学教书，教学技能是第二位的，第一位的是能熟谙学科专业知识，并且对该学科前沿有浓厚的兴趣，不能限于过去所学的知识。第二，教材内容及其形式要适合学生的学情，提供参考书目，最好能备有参考教材。第三，必须明确课程的人才培养方案、课程标准、课程指南、教学计划、教学大纲、课业量与考核方式等。学生设计的核心是学生学习背景和基础知识。主要体现在学情分析报告，内容包括学生的基本特征（性别、民族、家庭、健康、社会经济等）、学习的状态、所学课程已有的知识基础、学生的期望等，以及基于因材施教的个性化学习设计报告。资源设计的核心是教案与课件（教法、学法、内容选择与作业等）、在线课程（自建或他建）、教学软件、教具、社交平台、教学案例等。教研活动的核心是及时掌握学校教务活动的要求以及开展教学学术研究。教师通过院系的教研会议，了解教务信息的变化，如获取学期的课程表，参与教学经验交流、集体备课以及修订课程标准与教学计划等活动，促进教师加强教学合作。教师教学设计本体模型如图8.3所示。

（二）教学实施本体模型

教学实施集中体现教师的课堂教学，我们从教师行为、学生行为、师生互动行为、教育教学技术与教学进度五个方面建构教师教学实施本体。

教师行为。教师行为是教师根据教学与学习理论，以课程标准为基础，围绕教学目标与任务，在教师实施过程中所呈现的各种显性和隐性的行为总和。教师行为的选择与有效性直接决定着教学效果的成败，是直接影响教学质量的主要因素。言语行为是教师教学的主要行为，美国密歇根大学弗兰德斯（Flanders）认为教学活动主要是以语言的方式进行，言语行为是课堂中主要的教学行为，占所有教学行为 80%左右[1]，课堂言语行为在很大程度上代表和决定了整节课的教学行为。言语行为能够直接反映教学的内容、教学的逻辑、教学的结构、教学的节奏与教学的情绪等。言语行为还应该是一系列可具体测度与操作的活动方式，包括讲述、提问、应答、解释、分辨等，语言的具体特征包括普通话水平、语速、响

①Flanders N A. Analyzing Teaching Behavior[M]. Oxford: Addison-Wesley Educationl Publishers, 1970.

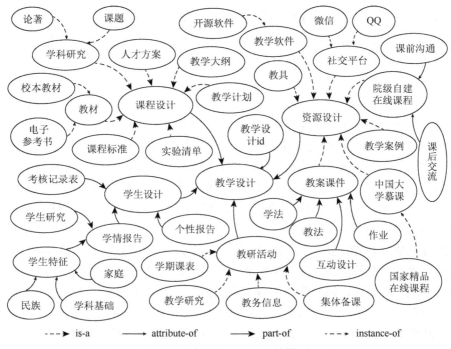

图 8.3　教师教学设计本体模型

度、历时长度等，而语言幽默、热情等特征就难以客观测度，本案例将采用人文评估的方法进行评测。然而，非言语教学行为同样不能忽视。例如，教师的课堂空间轨迹，能够体现教师对学生的指导状态以及师生互动状态等；课堂上教师的教学氛围，以及与学生沟通的行为，是对教学效果最好的自我检查方式；板书能够呈现课程知识的重点、难点与结构，体现教师的教学模式；教师是课堂学习共同体中的一员，课堂上要对学生进行必要的管理，调动学生的注意力，营造良好的课堂学习环境，等等。这些都是教师教学实施的行为。教学过程中，教师行为具有稳定性与随机性，既要促成教师行为的稳定性，也要鼓励因教学的情境性、创新性与个体性所带来的教学行为随机性。

学生行为。听、说、研讨是学生的主要学习行为。教师讲课时学生的抬头行为，是学生认真听，具身学习的体现。学生的声音，即说话的行为，包含着学生学习中的回答、提问与讨论等内容。学生在教室的落座分布、学生的出勤（迟到、旷课与早退）常常是体现学生学习态度的行为。学生的情绪行为则反映学习心理的波动，调节学生情绪是必要的，因为当出现消极情绪时，如挫折、愤怒、无聊和尴尬等，学生可能会放弃学习活动。在线课堂的签到、点击与讨论是学生课前与课后学习的具体行为，而像玩手机、睡觉、聊天、吃东西等课堂行为，将有损于课堂教学，教师要管理这些行为。

师生互动行为是教学过程中师生之间、生生之间的相互沟通、交流与合作的学习行为，研讨是互动的主要形式。师生之间通过互动化解疑难知识，促进知识的同化，激励学生学习，体现因材施教，提高学生学习感受度，营造良好的课堂氛围等。互动中教师具有角色的行为特征，教师是主导，学生是主体，需要充分发挥教师的主导与组织性，激发和培养学生学习的能动性、自主性和创新性。教师应该公平对待每一位学生，提高对话学生的覆盖率，协调全体与个体的关系，关注学生的差异性，利用走动来改变在课堂中的轨迹，缩小师生的空间距离，增加对话频次。师生互动也包括学生之间的合作学习行为，学生自发或者由教师设计形成的互助、合作与竞争的学习行为，强化了知识的理解与深化。总之，师生交互过程是一个深入学习和情感融洽的平衡过程，是学习行为与教学行为的交集，是教师感知教学情况的重要方式。

教育教学技术主要包括"互联网＋"、多媒体、教学软件与教学仪器等，恰当运用这些技术能够有效提高课堂教学的质量与效率，有助于形象直观、生动与富有感染力地呈现教学内容，增加学生的吸引力与兴趣；有利于帮助学生建构概念，掌握规律；有助于突出重点、突破难点；有助于知识在理论与实践上的结合，可以将实验或实践虚拟化，将实验室平行搬进教室；有助于有效地利用课堂时间资源；有助于线上与线下课堂的结合，向学生提供全方位的帮助等，是教学创新的重要体现。

监测教师教学的进度是保障课程教学内容与效率的内在要求。第一，教学的内容需要与计划基本保持同步；第二，教师必须按计划完成学期课程内容；第三，教师要追求教学的效率性，通过效率扩展课程知识的深度与容量，提高教学质量。教师教学实施本体模型如图8.4所示。

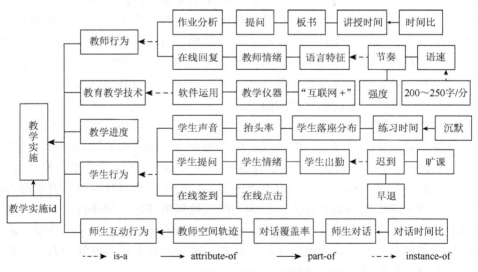

图8.4 教师教学实施本体模型

二、研究生教师教学监测评估指标体系

认知行为理论认为对人的研究应该专注于活动行为的观察与控制，以及影响行为的条件[①]。由于教学监测评估的直接对象是教师教学状态行为，因此本节将重点分析"Stallings 课堂教学观察系统"的教学行为结构。Stallings 课堂教学观察系统又称"斯坦福研究院课堂观察系统"（Stanford Research Institute classroom observation system），是观察教师和学生课堂行为的系统评估工具。系统记录教学行为的发生频次，不观察具体的教学内容，因而可以通用于不同学科课堂教学；该系统有 2 个独立的观察工具——课堂快照系统和 5 分钟互动系统。Stallings 教学行为分为主动教学活动、课堂管理、非教学活动三类。主动教学活动包括Stallings 课堂快照系统记录；朗读；课堂呈示（语言呈示、文字呈示、声像呈示、动作呈示等）；课堂对话（问答与讨论）；课堂演练（练习指导、阅读指导、活动指导）；课堂练习/测验/实验/阅读；抄写。课堂管理是教学活动不可分割的部分，包括整顿纪律、检查出勤、分发作业试卷、教学活动切换、擦黑板等。非教学活动包括学生聊天、看杂志、嬉戏等，以及教师的非教学活动或教师离开教室的行为。Stallings 课堂快照系统对教学使用的教学资源进行记录，包括有无教学资源；教材书或讲义；黑板或白板；教具如地图、照片、尺子、计算器、卡片或身体语言等；信息化设备如电子白板、投影机、录像、计算机等。

以 Stallings 课堂教学观察指标体系、肯普（Kemp）教学模式设计指标[②]与教学人文评估指标[③]为目标词集，对 12 份国外高校的研究生教学评估量表（高校教学评估中心网站下载）、16 份国内高校研究生课堂教学质量评估指标体系（源自大学教务处网站）、32 份研究生课堂教学听课评价指标体系（网络爬取）、35 份研究生评价指标体系（网络爬取）、国家高校教师任职资格文件、《普通高等学校本科教学工作合格评估指标体系》（2011）、《普通高等学校本科教学工作审核评估方案》（2013）、《中国教育监测与评价统计指标体系》（2015）以及 49 个其他研究生教学评估文献的指标体系进行共词聚类分析，结合教师教学本体并咨询 5 位教学评估专家，从而建成教师教学状态监测评估指标体系。相较于 Stallings 课堂教学观察指标体系，本书增加 2 个指标：一个是教学设计指标，以此评估教师的教学"势能"，另一个是教学状态人文评估指标，将有些教学行为（如教学的艺术性）交由专家鉴赏与批评，将教学状态监测指标体系分为教学设计与教学实施两个子指标体系，以教学设计指标评测教学之"势能"，以教学实施指标评测教学之"动

---

①叶浩生. 行为主义的演变与新的新行为主义[J]. 心理科学进展, 1992, (2): 19-24.

②Kemp J E. Designing Effective Instruction[M]. 3rd ed. Upper Saddle River: Prentice Hall, 2004.

③安超.艾斯纳质性评价理论述评[J].教育测量与评价(理论版), 2015, (8): 4-10.

能"，其中二级指标是反映教师教学状态的特征变量，变量间无须界定自由性，三级与四级指标为教学行为标签，同一组标签之间必须满足相互独立性。

（一）教学设计状态监测评估指标体系

教学设计状态监测评估指标分解为：课程规划完备度、学情分析详尽度、教学资源丰富度、教务活动参与度与教学研究深入度五个二级指标（指标编码分别为 Dx1、Dx2、Dx3、Dx4、Dx5），各指标释义与计算方法（采用三级三分制）如下。

课程规划完备度表示备课的特征变量，分解为课程标准研究报告（Dx101）、专业人才培养方案（Dx102）、教学计划（Dx103）、教学大纲（Dx104）、课程前沿文献（Dx105）、参考书目（Dx106）、实验清单（Dx107）等七个三级指标（可按不同学校、不同学院或者不同学科而改变）。计算方法：所列指标必须齐全并评估合格，合格记为 1，由院系教学管理者测评；在评估合格的基础上，课程标准研究报告良好，记为 2，课程标准研究报告优秀，记为 3。通过"互联网＋"技术，校外同行专家远程评估课程标准研究报告。

学情分析详尽度表示备学生的特征变量，分解为课程学习基础分析报告（Dx201）、学生基本特征与个性化学习设计报告（基于行为、情感与认知三个维度的投入）（Dx202）两个三级指标。计算方法：通过"互联网＋"技术，校外同行评估专家远程评估这两个报告，按合格、良好、优秀，分别记作 1、2、3；专家评估不合格者，必须重新完善这两个报告，直到合格为止，以两个指标均值测评学情分析详尽度。

教学资源丰富度表示备教学资源的特征变量，分解为教案（Dx301）、教学课件（Dx302）、在线课程（Dx303）、微课（Dx304）、教学软件（Dx305）、专业软件（Dx306）、师生公共社交平台（如班级 QQ、微信群）（Dx307）、个人共享工作平台（Dx308）、社会实践平台（Dx309）等九个三级指标（可增加）。计算方法：教案与教学课件必须经学校教学管理部门检查并合格，记为 1；除教案与教学课件外，另有合格资源三项，共计五项，记为 2；除教案与教学课件外，另有合格资源五项以上，共计八项以上，记为 3；以上均由院系教学管理部门统计核定。

教务活动参与度是衡量教师对学校教务信息掌握程度以及教学协作情况的特征变量。教师教学不仅具有个体性也具有群体性，需要教师及时了解学校教务信息的变化、加强教学的互助、合作与共享。三级指标为：院系与教研室（系）教研活动参与度（Dx401）。计算方法：出勤率（Dx40101）不得低于 70%，位于 70%～79%，记为 1；80%～94%，记为 2；95%～100%，记为 3；由院系教学管理部门统计。

　　教学研究深入度是衡量教师学科知识水平与教学学术水平的特征变量，目的是促进教学理论与实践创新。哈佛大学认为教师的研究心向和科研思维方式决定着教学的内容、方式与方法，直接影响着教学水平。舒尔曼（Shulman）认为依据大学教学学术和教学档案袋，再加上学生评教结果，就可以对教师的教学工作做出比较客观和准确的衡量和判断[①]。因此，需要评估教师在学生、教学与学科前沿三个方面的教学学术成果。三级指标为：教学学术业绩（Dx501）。计算方法：学年教学研究报告（不低于五千字）（Dx50101），由学校研究生院评估，合格记作1；作为第一作者公开发表的普通期刊论文、校市级课题立项、校市级教学竞赛活动获奖、软著发明、指导校市级学生学科、技能或学术研究竞赛活动获奖等（Dx50102），取其中一项，记作2；作为前二作者发表在北大核心、南大核心、科技核心、SCI（Science Citation Index，科学引文索引）、IE（The Engineering Index，工程索引）等级别期刊的论文，个人著作、教材、创造发明、省级以上课题立项、获得省级以上教科研成果奖或指导省级以上学生的学科、技能或学术研究竞赛获奖等（Dx50103），取其中一项，记作3；由学校科研处统计。

（二）教学实施状态监测评估指标体系

　　教师教学实施状态监测评估指标分解为，"教师讲课同化度、师生互动深化度、教师教学吸引度、学生认知顺应度、在线课堂交流度、因材施教关注度、课堂管理有序度、信息技术应用度"以及"教学语言适切性、课堂气氛融洽性、教学的育人性、创新性与艺术性"十三个二级指标（编码依次为Ix1、Ix2、Ix3、Ix4、Ix5、Ix6、Ix7、Ix8、Ix9、Ix10、Ix11、Ix12、Ix13），其中后五个指标归于人文评估，各指标释义与计算方法如下。

　　教师讲课同化度。同化指将新知识初步传递给学生现存的思维模式和情感结构中的过程，由此通过评估教师相对连续地讲授新课，学生同步听讲的状态行为，来监测教学知识的同化程度。三级指标为：教师持续授课声音的时间比（Ix101）。计算方法：通过音频识别软件，统计教师持续讲解的声音时间，然后除以90分钟。

　　师生互动深化度。师生互动对学生的学习效果存在显著影响，因此监测评估教师与学生之间的互动行为具有积极意义。本指标分解为教师提问频次（Ix201），学生提问频次（Ix202），师生空间定距（小于1米，且在学生课堂练习期间）的频次（Ix203）三个三级指标。计算方法：在一节课的教学音频，或者由声音转译的文本中，识别或检索"你"出现的频数以测度Ix201，识别或检索"老师"一词

　　①赵炬明. 领导改革: SC改革的组织与管理: 美国"以学生为中心"本科教学改革研究之九[J].高等工程教育研究, 2021, (4): 8-22.

出现的频数以测度 Ix202；以一节课 32 帧（每隔三分钟一帧）视频截图，识别师生空间定距（若教师持续在同一个空间位置记为一次）的频次以测度 Ix203。进而用师生分别提问的次数与师生空间定距的次数之和来测评师生互动的状态。

教师教学吸引度。监测这一状态特征是为了评估教师讲课的吸引力与学生听课的积极性与注意力，这两个方面相互影响不可分割。三级指标：学生抬头率（Ix301）。计算方法：抬头率是教师讲课时，抬头听讲的学生人数（Ix30101）占班级课堂总人数（Ix30102）的比例，教学吸引度为 90 分钟 32 帧视频截图（教师不讲课时的图片不计算在内）抬头率的均值。

学生认知顺应度。通过这一指标监测评估学生对新知识的顺应内化情况。皮亚杰指出顺应是学生内部认知结构受到外在因素影响而发生的适应性调整，通过练习环节，顺应自觉调节并改造其原有的认知结构，从"同化"到"顺应"体现了学生知识结构不断完善的形态。本指标分解为学生课堂练习时间（Ix401）、作业讲评时间（Ix402）两个三级指标。计算方法：将课堂沉默的时间（Ix40101）记作课堂练习时间；在授课声音中识别（或转译文本中检索）"作业"一词，只要出现一次"作业"（Ix40201），记作 3 分钟（一次课只按一次记）。用课堂沉默时间加 3 分钟或者 0 分钟之和除以 90 分钟的比值测评学生的认知顺应度。

在线课堂交流度。混合式教学反映了线上线下的混合式教育教学的新形态。目前，在线课堂成为跨时空指导学生课前预习、课后知识顺化以及为学生个体与群体解惑答疑的主要平台。在线课堂交流度分解为：资料学习（Ix501）与主题讨论（Ix502）两个三级指标。计算方法：资料学习总计 40 分，根据在线课堂的点击率（Ix50101）与签到率（Ix50102），若点击率（每节课的点击次数除以班级人数）大于 1，用 40 乘以签到率；若点击率小于 1，用 40 乘以点击率再乘以签到率。主题讨论共 60 分，师生每应答一个讨论主题（Ix50201），记 10 分，超过 6 个主题，按 6 个计算。最后，将两个指标的得分相加以监测在线课堂交流度。

因材施教关注度。学生在学习过程中都希望被关注，这既是学生积极学习的心理需求，也是教师因材施教在课堂上的最基本体现。本指标分解为：学生学习过程评价（Ix601）与学生关注度（Ix602）两个三级指标。计算方法：学习过程评价包括两项内容，作业是否全批全改并有记录，是否对每一个学生的学习过程做出记录与客观评价，由院系教学管理部门检查教师教学手册（Ix60101）且必须合格，记为 4 分。由于一次课（90 分钟）时间的局限，每提及一个学生姓名（Ix60201），加 1 分，超过 7 人，按 6 分记。学生姓名计算方法是：声音识别或者在音频数据转译的文本中抽取姓名，并统计频次。最后，将两个指标的得分直接相加以监测因材施教的状态。

课堂管理有序度。良好的课堂教学秩序是教学顺利进行的基本保证，需要教师引导学生保持良好的课堂教学秩序。课堂管理有序度分解为：学生缺勤率（包括迟到、旷课、早退）（Ix701）与课堂声音嘈杂度（Ix702）两个三级指标。计算方法：课堂管理有序度等于 $1-\text{Ix}701\times0.4-\text{Ix}702\times0.6$。学生缺勤计数从单节课（45分钟）的第1与第16帧视频图像中抽取，迟到人数（Ix70101）为班级应到人数减去第1帧图像中人数，早退人数（Ix70102）为班级应到人数减去第16帧图像中人数，旷课人数（Ix70103）等于应到人数减去实到人数与请假人数。迟到早退人数之和除以班级应到人数乘以权重0.25，再加上旷课人数除以班级应到人数乘以权重0.75的值为缺勤率。课堂声音嘈杂度等于课堂嘈杂声音时间（Ix70201）除以90分钟。

信息技术应用度。密歇根大学提出科技教学，合理应用信息技术能够优化教师的课堂教学能力。信息技术应用度分解为："互联网+"技术（如检索、资源、平台的使用等）（Ix801），教学器具（Ix802），教学软件（Ix803），其他信息技术（Ix804）四个三级指标。计算方法：必须使用教学课件，这1项不记分；从第1与第16帧视频图像中抽取，若使用"互联网+"技术，记作3分；使用教学器具，记作3分；使用教学软件，记作3分；使用其他信息技术，记作1分，共计10分。

教学实施状态人文评估是基于艾斯纳的教育鉴赏与教育批评，由同行专家依靠个人的修养、经验、直觉、认知与洞察力等，对课堂气氛、教学语言、教学艺术性、教学创新性、教学育人性以及总体教学水平做出价值判断，并提出教学改进建议。教学实施状态人文评估指标包括：教学语言适切性（Ix9）、课堂气氛融洽性（Ix10）、教学的育人性（Ix11）、创新性（Ix12）与艺术性（Ix13），其内涵与评价计分办法如下。教学语言适切性。由于言语是主要的教学行为，因此教师语言表达的适切性对教育教学有重要的影响，评价内容主要包含普通话水平，讲课语速、节奏与强度的适合性以及内容讲解的条理性。共计10分（1~10整数计分）。课堂气氛融洽性，此指标用来判断课堂气氛的积极性与师生关系的融洽性。课堂心理气氛是课堂教学中师生营造的软环境，对教学效果有着无形的影响。刘易斯认为我们需要赋予情感与认知同样的地位，认知可以导致情绪，情绪也可以导致认知，情绪和情感能够改变学习者的想法，如果课堂气氛不健康，可能会对学生学习、教师教学，师生的交流产生消极影响。因此，课堂需要保持积极与融洽的良好气氛。共计10分（1~10整数计分）。教师教学艺术性。俞子夷在《教学法的科学观和艺术观》中提出艺术可以应对千态万状、千变万化的学生[①]，教学既是一门科学也是一门艺术，艺术性的课堂教学能够有效提高学生的学习兴趣与认知效率，艺术性也是教师教学个性的彰显。共计5分（1~5整数计分）。教学的育人性。"把一个人的体力、智力、情绪、伦理各方面的因素综合起来，使她成

①李如密. 我国教学艺术思想的历史发展初探[J]. 天津市教科院学报, 1994, (3): 32-35.

为一个完善的人，这就是对教育基本目的一个广义的界说"[1]。教书育人是课堂教学两个不可分割的基本任务，教师要对学生怀有一片爱心，在缺少教师关怀的课堂上，学生的品性和智力都难以得到充分或自由的发展；教师要为人师表，以美好的品德熏陶学生，在课程教学中培养学生树立马克思主义的科学世界观、价值观与人生观。共计 5 分（1～5 整数计分）。教学的创新性。教学的魅力是创新的魅力，创新性是教师教学的灵魂，是教学质量提高的推动力。教师教学不仅在于传承知识，更在于知识的应用与创新。Costa 等认为教学即思维[2]，那么教学改进意味着思维的改进，教师教学的点滴创新行为，甚至能够给学生未来的学业与事业带来蝴蝶效应。共计 5 分（1～5 整数计分）。

三、基于随机过程的状态空间知识发现

"只要确定的系统稍微变得复杂一些，系统就会表现出随机行为"[3]，教学具有非线性、自组织性、不确定性和不可逆性等特征。"任何事物都具有内随机性，偶然性是自生的，而不是内在必然性受到外界的干扰产生的，虽然外在的干扰也能导致偶然性，但偶然性事件具有合法性，教学中的偶然性或不确定性构成了精彩的课堂"[4]。由此，我们认为教学是一个同质变异的随机过程，可以用随机过程对教学过程进行多元动态的量化建模。表示随机过程的随机变量组每一个取值对应的教学状态称之为教学相，教学相在教学过程中随时间的变化而发生变化，称之为相变，教学相的序列空间构成教学过程。由此，对教学相与相变进行建模，运用统计描述、统计相关、自相似、可视化、分类与聚类等方法监测评估教师的教学状态，以发现教学状态空间知识，例如对教师群体教学状态特征变量进行相关分析，特征变量之间的相关性可视化分析如图 8.5 所示。

运用主成分分析法对行与列进行了重新排序，按重要性特征变量依次排序为 {Ix1，Ix8，Ix5，Dx4，Dx5，Ix6，Dx1，Dx3，Dx2，Ix3，Ix2，Ix7，Ix12，Ix9，Ix10，Ix11，Ix13，Ix4}。其中"教师讲课同化度、信息技术应用度与在线课堂交流度"位于前三，"学生认知顺应度"位于最后。单元格直线右上倾斜表示两个特征变量正相关，单元格中直线右下倾斜表示的两个特征变量负相关；单元格的颜

---

①联合国教科文组织国际教育发展委员会. 学会生存：教育世界的今天和明天[M]. 华东师范大学比较教育研究所, 译. 北京：教育科学出版社, 1996: 195.

②Costa A L, Garmston R J, Lambert L. Evaluation of teaching: the cognitive development view[M]//Stanley S J, Popham W J. Teacher Evaluation: Six Prescriptions for Success. New York: Association for Supervision and Curriculum Development, 1988: 145-172.

③郝柏林. 分岔、混沌、奇怪吸引子、湍流及其它：关于确定论系统中的内在随机性[J]. 物理学进展, 1983, (3): 329-416.

④王俊. 试论教学的复杂性及实践策略[J]. 课程·教材·教法, 2011, 31(11): 36-41.

色越深，饱和度越强，或者圆中扇形的面积越大，表明两个特征变量之间的相关系数绝对值越大，相关程度越高。

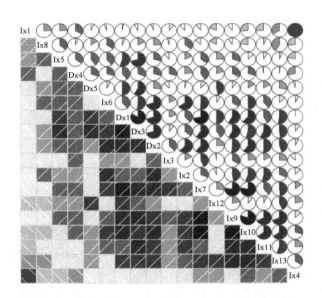

图 8.5　群体教学状态特征变量的"正方-饼形"相关图

经典统计学一般将变量之间的相关程度分为以下几种情况：$0.8 \leqslant |R| < 1$ 时，视为高度相关；$0.5 \leqslant |R| < 0.8$ 时，视为中度相关；$0.3 \leqslant |R| < 0.5$ 时，视为低度相关；$|R| < 0.3$ 时，变量之间的相关程度极弱，视为不相关；$|R| = \pm 1$ 时，两个变量之间完全相关（存在确定的函数关系）；$R = 0$ 时，两个变量之间不存在线性相关关系；$R > 0$ 两个变量之间正相关（即两者的变化趋势相同），$R < 0$ 表示两个变量之间负相关（即两者的变化趋势相反）[1]。由此，按照高度、中度正相关以及负相关的参数阈值，在 $(18 \times 18) \div 2 = 162$ 条规则中，获取如下相关规则。规则需要在教师教学本体、教学状态监测评估指标体系以及实践中去解释其有趣性。

例如，教学状态特征变量之间的高度相关规则 3 条。①{Ix9，Ix10}：教学语言适切性与课堂气氛融洽性正相关。②{Dx1，Dx3}：课程规划完备度与教学资源丰富度正相关。③{Ix1，Ix4}：教师讲课同化度与学生认知顺应度负相关。

规则 {Ix9，Ix10} 表明教师适切的教学语言，是课堂教学气氛融洽的关键因素。{Dx1，Dx3} 说明拥有丰富的教学资源是有效开展课程规划的重要条件。{Ix1，Ix4} 表达了课堂教学中教师讲课与学生练习之间此消彼长的时间比例关系。

①汪冬华, 马艳梅. 多元统计分析与 SPSS 应用[M]. 2 版. 上海: 华东理工大学出版社, 2018: 83-84.

四、基于粗糙集的关联规则发现

帕夫拉克（Pawlak）的粗糙集理论，能够从不确定性的数据中通过等价关系的分类，及其对目标的近似来发现知识并表示知识[1]，粗糙集理论成为一种数据挖掘与知识发现的有效方法。基于教学大数据建模具有模糊性和内生的不确定性，因此本节运用模糊粗糙集理论进行数学建模，从教学状态大数据中发现产生式教学知识，即 IF-THEN 格式的教学规则知识。粗糙集作为一种非常重要的数据挖掘方法，具有以下特点：①粗糙集发现的知识是一个不可分关系的族集，具有严格的 IF-THEN 格式数学表示，因而内涵清晰明确，有益于知识的解释、交流、共享与应用。②能够将质性与量化有效结合，成为新经验主义的知识生产模式。③粗糙集挖掘可以发现不同颗粒层次，成百上千的精确而又易于检查和证实的规则，在这些规则中，常常含有超出人们预期的具有新颖性和颠覆性的规则。④与统计方法不同，粗糙集理论是用集合分析取代变量分析。⑤粗糙集挖掘不需要事先的假设或先验的知识，数据不需要任何附加信息，也不受因变量的约束，能够直接挖掘教学大数据，做到让数据自己说话。

粗糙集软件 Rose2 的数据挖掘步骤：第一步，以教师学期相为行，以教学状态特征变量与评价变量为列，形成监测评估数据信息矩阵；第二步，采用局部离散法（local discretization）把数据离散化；第三步，数据模糊校准；第四步，状态属性约简，实证研究将采用启发式搜索（heuristic search）算法；第五步，通过真值表分析，发现案例集、状态特征集与评价集之间的有趣规则。由此，对教师教学状态大数据（包括教学设计与教学实施）以及专家与学生的综合评价数据进行挖掘，采用启发式搜索算法对决策真值表进行约简，从 2^{18}=262 144 条规则中，获取 IF-THEN 格式的满意教学规则 107 个，规则示例如下。

规则 1.(Ix2 = 5)≥(Dec = 1)；[2, 2, 50.00%, 100.00%] [2, 0, 0, 0] [{5, 12}, {}, {}, {}]

规则 1 解读示例：教学实施状态特征 Ix2 等于 5，推出评价变量等于 1；符合该规则共有 2 个案例，2 个符合，准确率 100%，覆盖率 50%，案例为 T5、T12。

规则 1 翻译示例：若师生互动深化度最高，则推出评价 1 类。

五、基于模糊定性比较的优秀教学模式识别

斯坦福大学提出通过评估识别优秀教学模式，可以发挥个体教学的方向性与示范性作用，推进和引领学校内部的教学发展[2]。教学是一个复杂的系统，组成教

①Pawlak Z. Rough sets[J]. International Journal of Computer and Information Sciences, 1982, 11(5): 341-356.

②吴振利. 斯坦福大学教师教学发展述评[J]. 外国教育研究, 2012, 39(9): 43-50.

师教学状态的诸多因素相互作用、相互交织，与教学质量之间构成了错综复杂的因果关系。多元原因成集，而不同的原因集却可能产生一致的结果，面对复杂现象的多重并发因果，查尔斯·C. 拉金（Charles C. Larkin）教授提出了一种定性与定量相结合的数据分析方法——fsQCA[①]，即通过案例数据，运用集合分析与数理逻辑进行复杂的因果匹配，从而识别系统运行的模式。同样，基于特征重组的模式识别在很多领域越来越受到人们的重视，特征重组认为构成社会实体的组成部分的意义源于整体，即组成因素之间的互动决定了它们的意义，因此不能孤立分析[②]。由此，运用 fsQCA 法将教学状态特征重组与教学复杂因果匹配两相结合，以识别优秀教学模式，教学模式识别模型如图 8.6 所示。

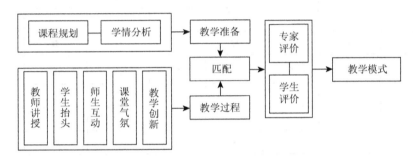

图 8.6　教学模式识别模型

教学模式识别建模对教师教学状态行为变量进行重组：前因要素分为教学准备与教学过程两类，其中课程规划（Fv1）与学情分析（Fv2）为教学准备因素；教师讲授（Fv3）、学生抬头（Fv4）、师生互动（Fv5）、课堂气氛（Fv6）与教学创新（Fv7）为教学过程因素；结果变量包括专家评价（Dv1）与学生评价（Dv2）。前因要素为教学状态特征变量的线性组合。

按软件 fsQCA3.0 进行模式识别：第一步，建立目标数据集，对前因要素与结果变量进行校准，将原始数据校准为模糊集数据。第二步，计算前因要素的一致性与覆盖率，若因素一致性高于阈值 0.9，一般认为是结果变量的必要条件。第三步，指定结果变量与前因要素，创建真值表，设定案例频数阈值。第四步，对真值表进行标准分析，生成复杂解、简约解与中间解，中间解是基于用户根据其实际知识输入的前因要素的信息。第五步，分析简约解与中间解，从而发现优秀教学模式组态。将前因要素组合一致性阈值设为大于 0.75，案例频数阈值设为 1，

①里豪克斯 B, 拉金 C C. QCA 设计原理与应用: 超越定性与定量研究的新方法[M]. 杜运周, 李永发, 等译. 北京: 机械工业出版社, 2017: 7.

②Miller D. Configurations of strategy and structure: towards a synthesis[J]. Strategic Management Journal, 1986, 7(3): 233-249.

分别从专家与学生视角，用 Quine-McCluskey（奎因-麦克拉斯基）算法对真值表进行标准分析，将得到的简约解与中间解进行组态，从而识别优秀教学模式，结果如表 8.1 所示。

表 8.1　优秀教学模式组态表

条件变量	优秀教学模式组态						
	专家视角				学生视角		
	Wt1	Wt2	Wt3	Wt4	Ws1	Ws2	Ws3
课程规划	•	⊙	⊙		●	⊙	●
学情分析	⊙	⊙	⊙	•	⊙	⊙	•
教师讲授	●	●	●	●	●	●	●
学生抬头	⊙	•			⊙	⊙	•
师生互动	⊙	⊙	⊙	•	⊙	⊙	
课堂气氛	⊙	⊙	⊙	•	⊙	⊙	•
教学创新	⊙	⊙	•	•	⊙	●	●
一致性	0.946 06	0.758 82	0.992 06	1	0.904 564	0.793 651	0.845 454
原始覆盖度	0.182 25	0.206 24	0.199 84	0.351 72	0.200 737	0.184 162	0.342 541
唯一覆盖度	0.017 59	0.065 55	0.053 56	0.254 20	0.048 803	0.027 624	0.248 619
总覆盖率	0.571 543				0.481 584		
总一致性	0.888 199				0.807 099		

注：本书此处的"存在"指要素水平高，"薄弱"指要素水平低，"空白"表示要素水平高低不影响组态
●和•表示前因要素存在，⊙和⊙表示前因要素薄弱，符号的大小表示主导与辅助

分析表 8.1，从专家视角出发，优秀教学模式有四种组态。其一，教师主导型（Wt1），即教师以娴熟的课程知识、完备的课程规划以及充实的教学资源为基础，通过讲练结合，促使学生系统性掌握课程专业知识与技能的教学模式，其他前因要素达到一般水平。其中优秀案例占比 18%，一致性水平为 95%。在课堂教学中，教师作为知识的传授者、教学的设计者及组织者，通过其主导地位以及良好的讲授能力开展教学活动，这与知识灌输式以及教师主宰式教学不同，能够积极引导学生自主构建知识体系。其二，学生主体型（Wt2）。该模式教师讲练结合，并通过提高学生学习注意力，加强教学的吸引力，因此学生抬头率较高，其他前因要素达到一般水平。优秀案例占比 20%，一致性水平为 76%。学生主体型需要在教师的引导下，加强学习的自觉性、积极性、主动性与独立

性，让学生集中精力参与到课堂教学的所有活动中，以成为学习的主人，教育活动的主体。其三，创新驱动型（Wt3）。这种模式是以教师讲练结合为基础，通过教学创新提高教育教学的成效，其中教学创新指数较高，其他前因要素达到一般水平。优秀案例占比 20%，一致性水平为 99%。教学过程不仅是一个传授知识的过程，还是一个"教与学"的创新过程，因此，要积极通过教学学术研究，对教学内容、教学方法、促学方法、教学设计、教学信息技术、教学资源与教学评价等方面进行创新，由此提高教师传授知识、学生获取与建构知识的效率。其四，全面发展型（Wt4）。该组态以教师讲练为核心，其他前因要素也需达到较高水平，要求教师各个方面的素质与能力全面均衡发展。其中优秀案例占比 35%，一致性水平为 100%。例如一个教学全面型优秀教学案例的前因要素指数向量为（0.625，1，1，1，0.915，0.662，0.342）。

从学生视角出发，有三种优秀教学模式组态。其一，课程中心型（Ws1）。与 Wt1 比较，该模式的课程规划与讲练结合同等重要，学生认为教师需要掌握广博而又前沿的学科知识，充分设计授课内容，拥有丰富的教学资源，授课采用讲练结合的教学方法，其他要素达到一般水平，不注重抬头率。优秀案例占比 20%，一致性水平为 90%。教师、学生与课程是教学过程的三个教学要素，罗素认为大学专业教师最重要的是掌握学科的前沿知识，不能局限于过去掌握的知识或者教材的内容，至于教学方法则在其次。因此，组态 Ws1，学生学习的主要期望是获取专业课程的前沿知识或者基础课程的核心知识。其二，创新驱动型（Ws2）。与 Wt3 比较，教师讲练结合与教学创新是该组态的主要因素，其他方面一般，不注重抬头率。优秀案例占比 18%，一致性水平为 79%。学生期望在课程学习中发展创新能力，而培养创新型人才必须创新人才培养模式，由此通过教学创新，培养学生的创新精神，激发学生的创新动机，并挖掘学生的创新源泉，使学生学习从知识的接收、存储与再现，转为探索、应用与创新，从而着力培养学生独立发现问题、提出问题、分析问题与解决问题的能力。其三，全面发展型（Ws3）。对比 Wt4，组态 Ws3 追求全面发展，即以课程规划、讲练结合与教学创新为核心要素，其他要素也需较高的水平。优秀案例占比 34%，一致性水平为 85%。例如一个全面发展型优秀教学案例的前因要素指数向量为（1，1，0.5，0.854，0.75，0.832，0.482）。

比较评估专家视角与学生视角的优秀教学模式，发现两者的观点基本类同，都重视教师三个方面的素质水平：学科知识丰富，掌握前沿的专业知识与技能，教学规划完备；授课讲练结合，避免满堂灌或者练多讲少这两个极端；教学需要创新性。由 7 种教学组态可以发现，优秀教学模式呈现出多样性与局限性：一是实证所获取的优秀教学模式只是对一所学校教学案例识别的结果，所以存在局限性。二是优秀教学模式呈现多样性，古德与布罗菲认为几乎没有哪个教师在教学的所有方面都很优秀[1]。苏珊娜·杨与戴尔·肖实证分析 246 位有效教学的教师，大致分为 6 个指标，分别是全面出色、与学生的交流沟通指标突出、课程内容的组织精细、善于激励学生与不善于营造良好的课堂学习气氛等。魏红和申继亮也得到了类似的研究结论[2]。因此，由于优秀教学模式的局限性与多样性，老师要根据个人的具体情况，在教学实践中开放性地借鉴这些教学特征组态。

[1]古德 T, 布罗菲 J E. 透视课堂[M]. 10 版. 陶志琼, 译. 北京: 中国轻工业出版社, 2013.

[2]魏红, 申继亮. 高校教师有效教学的特征分析[J]. 西南师范大学学报(人文社会科学版), 2002, (3): 33-36.

第九章　数智时代博士学位授权审核决策场景构建

博士学位授权审核是国家最高层次人才培养布局、质量监管的重要手段，是博士生教育治理领域的重要研究主题之一。自学位制度实施以来，我国博士学位授权审核经历了探索、建设、调整、完善等不同发展阶段。大数据、云计算、物联网、区块链、人工智能等技术的应用标志着数智时代的来临，在人类社会逐渐迈入数智时代的背景下，我国博士学位授权审核决策的运行机制和模式均面临着巨大挑战。探索数智时代博士学位授权审核决策场景构建，对于提升博士生教育治理效能，大规模培养高端人才具有重要的理论意义和实践价值。

第一节　我国博士学位授权审核的历史演进

聚焦利益分析是政策变迁研究的传统方法。[①]博士学位授权审核涉及多元主体的利益，纵向上有"国家—省级—学位授予单位"的固定利益链条，横向上有"学术—市场—社会—国家—高校—个体"的错综利益链条。"国家性"是我国博士学位授权审核的核心属性之一，在博士学位授权审核决策的纵横交错的利益链条之间，国家的权威始终存在。

一、博士学位授权审核摸索期（1981～1989 年）

20 世纪 80 年代，国务院遵循"坚持标准、严格要求、保证质量、公正合理"的指导思想，分别在 1981 年、1983 年和 1986 年开展了三次学位授权审核工作，共授权 237 个博士学位授予单位开展研究生培养工作，其中，高等学校 178 所，科学研究机构 59 个[②]，为我国博士生教育发展奠定了坚实的基础。

从权力主体角度看，这一时期，我国学位授权审核实行的是"两级授权审核"。其中，授权主体是国务院，审核主体是国务院学位委员会及其下设的学科评议组。1981 年和 1983 年学位授予单位及其授权学科专业由国务院各部委初审，再由国务院学位委员会学科评议组审核，最终由国务院批准授权。1985 年，经国务院批准，新增博士、硕士学位授予单位及其授权的学科专业继续由国务院学位委员会

①周光礼. 中国大学治理变革的制度逻辑[J]. 新文科教育研究, 2021, 1(1): 124-131, 144.

②王战军. 中国学位制度实施四十年[M]. 北京: 中国科学技术出版社, 2021: 60.

学科评议组审核，授权的权限则下放由国务院学位委员会实施。

从资源配置角度看，我国博士学位授权审核是建立在传统院校重点建设基础之上的再遴选审核。1981 年是我国学位制度实施元年，也是国家高等教育体系走向规范化的起始。1978 年，为了尽快恢复"文化大革命"对高等教育造成的创伤，国务院转发教育部《关于恢复和办好全国重点高等学校的报告》，确定了全国首批88 所重点高等学校。在此背景下，1981 年首次博士学位授权并未面向所有高等教育机构和科学研究机构开放，主要限于全国重点高校和国务院各部委主管科研机构，以及少数其他单位的个别重点学科。值得一提的是，前三次博士学位授权审核工作中未对博士学位授权点申报进行限额，只要申报学科专业点符合既定的条件和水平即可获准授权。总之，从资源配置的角度看，这一阶段未实施总体限额和区域布局考虑，属于典型的"定向审核"模式。

从博士学位授权点审定方式看，三次博士学位授权经历了"设置方向性条件—部分设置量化条件"的过程，从"认可性评估"到"简单量化评估"的过渡。在满足基本条件的基础上，分文科、理科、工科、农科、林科、医科进行复审，学科评议组成员综合评议后采取无记名投票进行决策，确立了我国博士学位授权审核的基本模式。1981 年，首次博士学位授权主要是针对学科专业点和博士生导师进行审定，并未区分新增博士授予单位审定和新增学科专业博士点审定。换言之，只要学科专业点和博士生导师审定获准通过，学科专业点和博士生导师所在单位自然成为博士学位授权单位。对于学科点的评价主要从指导教师、学习条件、科研项目和考核管理制度等方面进行。1983 年，针对首批博士学位授权中未审定申请单位整体条件的问题，此次博士学位授权审定进一步明确了对于整体条件的要求，具体包括健全的领导班子，适当的专业和规模，教学科研队伍的数量和质量，以及校舍、设备、图书等物质条件。1986 年，国务院学位委员会进一步对申请高校整体条件的某些方面采取了量化方式。第三批次博士学位授权申请单位需有一定基础的硕士学位授权点，综合大学和师范院校一般需要有十个以上的硕士学位授权点，理工、农林、医学及其他院校和科研机构一般需要有七个以上硕士学位授权点。

总体来看，前三批次博士学位授权在"坚持标准、严格要求、保证质量、公正合理"的原则下，遴选出了一批高水平院校、学科专业点和博士生指导教师，为我国博士生教育发展打下了坚实基础，但是这三次博士学位授权主要通过条件审核的方式审定，国家、社会、高校发展需求考虑得不够，也存在学科结构不尽合理的问题。

二、博士学位授权审核建设期（1990～1999 年）

进入 20 世纪 90 年代，为了更加主动适应国家和社会发展对于高层次人才的需求，国务院学位委员会更加关注学科、专业结构，以及地区布局，遵循"优化结构、合理调整"的指导思想，分别在 1990 年、1993 年、1995 年和 1997 年开展了学位授权审核工作，共新增 88 个博士学位授予单位，主要以高等学校为主。①

从权力主体的角度看，这一时期在国务院学位委员会和申请单位之间增加了申请单位主管部门或省级学位委员会推荐和相关部委初审的环节，被称为"有领导地组织申报办法"。换言之，申请新增博士学位授权单位首先需由其主管部门组织论证申请学位授权点的必要性、特殊性和可能性，后推荐申报。其次，由相关部委对主管部门推荐的学科专业进行初审。最后，由国务院学位委员会办公室在征求相关方面意见的基础上向学科评议组提出建议，由学科评议组进行最终评审和无记名投票。不难看出，这一阶段权力分配方面最大的变化就是由前一阶段单一的"专家评审"变成了"行政指导"和"专家评审"相结合。行政的宏观指导在引导高等学校分层次办学，调控学科结构，以及对接国家经济、科技、文化发展需求方面起到了积极作用，也在一定程度上保障了博士学位授予的质量。

从资源分配的角度看，由"定向授权"转向"按需授权"。在 20 世纪 80 年代三个批次博士学位授权的基础上，第四批次博士学位授权重点强调严格控制新增博士学位授权单位，严格控制新增博士学位授权点数量，未来补充博士点主要从地区布局、学科比例、博导年龄结构调整等方面考虑。1993 年，国务院学位委员会办公室在第五次学位授权申报中第一次提出在综合考虑申请新增博士学位授权单位基本条件的基础上，需要注意申请单位所处的不同地区实际情况，对于民族地区和经济不发达地区，基本条件可酌情放宽。1995 年，国务院学位委员会发布了《定向增列博士点学科、专业指南》，并根据经济、科技、社会和国防需求，以及已有博士学位授权点情况实施限额评审。1997 年，第七次学位授权申报中硕士学位授权开始考虑区域布局，但是博士学位授权仍然坚持全国整体需求和学科结构优化两个原则，主要考虑国家急需的高技术学科和新兴交叉学科。

从审定方式看，申请条件逐渐形成系统指标体系，走向科学化成为这一阶段博士学位授权审核的主要趋势。1990 年，考虑到前三批次博士学位授权初审过程中各部委标准不一，第四批次博士学位授权审核设置了指标体系，增加了通信评议环节，通过规定票数后进入国务院学位委员会学科评议组复审。1995 年，在重申申请新增学位授权基本条件的基础上，国务院学位委员会进一步制定了围绕整体条件审核的指标体系（表 9.1），使得我国博士学位授权审核方式一改

①王战军. 中国学位制度实施四十年[M]. 北京: 中国科学技术出版社, 2021: 60.

以往的"经验判断"，进一步迈向科学化。按一级学科进行博士学位授权点审核，同时，通过复查已有博士学位授权点破除"终身制"，优化学位授权点的科学布局和区域布局。

表 9.1　1995 年版新增博士学位授权审核基本条件指标体系

整体条件	学校现状	校园面积
		系所设置和实验室状况
		图书与固定资产
		发展规划及改革措施
	思想政治工作	机构设置及人员配备
		工作效果
	师资队伍	人数及构成
		主要学术带头人
		有博士学位老师所占比例
	科研基础	目前承担的科研项目
		科研成果
		人均科研经费
	研究生培养（新增硕士单位不计）	硕士点及其学科覆盖点
		培养质量与数量
		研究生课程开设
	本科教学	质量与效益
		专业设置
		教材建设和教学效果

资料来源：国务院学位委员会发布的《关于对个别申请新增学位授予单位进行整体条件审核的通知》

　　整体来看，这一时期我国博士学位授权审核严把宏观调控，较好地抑制了申请单位盲目追求高层次办学的倾向。在严格控制新增博士学位授权单位的同时，通过前四批博士学位授权点合格评估夯实了已有博士学位授权单位和学科专业点的建设工作。至此，在七个批次博士学位授权审核工作的基础上，我国初步建立了学科门类较为齐全、有质量底线的博士学位授权体系，有力地保证了我国博士学位授予质量和博士生教育的健康和可持续发展。

三、博士学位授权审核调整期（2000～2010 年）

进入二十一世纪，国务院学位委员会遵循"坚持标准，深化改革"的指导思想，加强省级学位委员会的统筹权和部分培养单位的自主权，分别在 2000 年、2003 年、2006 年、2011 年组织实施了四个批次的博士学位授权审核工作。其中，2011 年第十一批次博士学位授权审核未受理新增学位授权单位申请。因此，这一阶段共新增博士学位授权单位 57 个，全部是高等学校。[1]

从权力主体的角度看，这一时期省级学位委员会在博士学位授权审核中开始发挥较为重要的作用。国务院学位委员会在审核程序上明确规定，申请新增博士学位授权单位应首先由省一级学位委员会依据办学水平、实际需求和结构布局等因素立项并评估。2005 年，国务院学位委员会启动了第十批次博士学位授权审核工作，要求省级学位委员会依照新增博士学位授权单位整体条件进行评估，然后向国务院学位委员会提出建议。

从资源布局的角度看，从第十批次博士学位授权审核开始，国务院学位委员会要求省级学位委员会推荐通过评估的申请新增博士学位授予单位不超过两所，对于申请新增博士学位授权点数量则未予限制。不难看出，经过二十多年的发展，博士学位授权审核的思想理念已经在强调"条件和水平审核"的基础上，兼顾"按需授权"。整体来看，虽然区域需求得以体现，但是，国务院学位委员会仍然具有绝对的宏观调控能力。

从评价方式的角度看，2008 年，国务院学位委员会第 25 次会议上审议通过的《博士、硕士学位授权审核办法改革方案》中明确了"立项—建设—验收—批准"的新增授权单位审批模式，即先由省级学位委员会依据新增博士学位授权单位整体条件标准进行评估，评估合格后推荐至国务院学位委员会，由国务院学位委员会学科评议组审议后进行无记名投票。其中新增博士学位授权单位决策的主要方式是基本条件审核和专家经验判断相结合。新增博士学位授权点也是在省级学位委员会推荐的基础上，由国务院学位委员会学科评议组审议后进行无记名投票表决。

四、博士学位授权审核完善期（2011 年至今）

进入新时代，国务院学位委员会遵循"服务需求、提高质量、特色引导、分类发展，加强省级统筹，强化自律监管，依法依规开展"的指导思想，分别在

---

[1] 王战军. 中国学位制度实施四十年[M]. 北京: 中国科学技术出版社, 2021: 60.

2017 年、2020 年组织实施了第十二和第十三批次的博士学位授权审核工作。在新的历史时期，伴随着我国研究生教育的快速发展，博士生规模也稳步扩大。其中，2014 年，学位授权点动态调整开展试点，2016 年在全国范围内全面实施。2017 年，国务院学位委员会正式发布《博士硕士学位授权审核办法》。我国博士学位授权审核坚持守正创新，在延续原有学位授权审核体制的基础上，不断完善学位授权审核机制，逐渐形成了有中国特色的学位授权审核体系。

从权力主体的角度看，2016 年全面实施学位授权点动态调整，2017 年学位授权审核改革进一步扩大了省级学位委员会的统筹作用和高校的办学自主权，特别是 2020 年第十三批次学位授权审核总体要求中提出，申请高校须已列入省级学位委员会新增学位授予单位立项建设且建设期一般不少于 3 年。不过，国务院学位委员会和省级学位委员会之间的关系仍然是委托-代理的关系，后者不具备决策权，只有初审权和推荐权。在新增博士学位授予单位和新增博士学位授权点审核方面，省级学位委员会需要组织专家评审组进行评议，然后依据评议意见进行审议、表决和择优推荐；在自主审核单位确定方面，省级学位委员会仅负责核查申请自主审核单位的申请材料，将符合资格的申请单位名单报送国务院学位委员会。

从资源布局的角度看，2017 年《博士硕士学位授权审核办法》第七条中明确，"对服务国家重大需求、落实中央重大决策、保证国家安全具有特殊意义或属于填补全国学科领域空白的普通高等学校和学科，可适度放宽申请基本条件"。同年，第十二批次学位授权审核总体要求中进一步规定，"没有高等学校符合申请基本条件的省（自治区、直辖市），可按需择优推荐新增博士、硕士学位授予单位申请高校各一所"。虽然各类制度和工作通知中未明确申请限额，但是从 2017 年和 2020 年各省级学位委员会推荐结果公示名单看，大部分省、区、市推荐 1～2 所高校，特别是 2020 年实行降低标准按需择优推荐后，大部分省、区、市推荐 2 所高校，一定程度上平衡了博士学位授予单位的区域布局。

从评价方式的角度看，本阶段的博士学位授权点评价方式依然沿用传统的评价方式，即由省级学位委员会及其下设的学科评议组和专业学位研究生教育指导委员会初审，后推荐至国务院学位委员会，由国务院学位委员会组织其下设的学科评议组、专业学位研究生教育指导委员会，以及其他专家进行审核，决策仍然采用与会专家结合博士学位申请点的基本申请材料进行"背靠背投票"的方式。同时，博士学位授权点作为动态调整的主体，其评价手段和方式略显乏力，主要以国务院学位委员会发布的"博士学位点申请基本条件"作为评判学位授权点效能的主要方式，因此动态调整的机制运行和活力激发并未得到预期效果。

第二节　我国博士学位授权审核的决策逻辑

我国博士生教育区域布局现状是我国博士学位授权点配置过程中不同逻辑博弈的缩影。自我国学位制度实施以来，受博士生教育系统内外部因素的影响，我国博士学位授权点配置在不同阶段遵循着学术逻辑、行政逻辑、公平逻辑、市场逻辑。虽然不同逻辑在博士生教育发展的不同阶段各有侧重，但是总体来看，在我国历次新增博士学位授权点配置过程中，学术逻辑强调了底线保障，行政逻辑发挥了主导作用，公平逻辑凸显了调节功能，市场逻辑施加了影响作用（图9.1）。

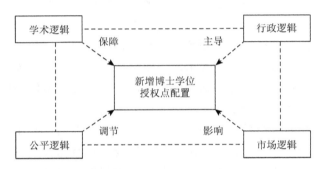

图9.1　我国博士学位授权审核决策的"四重逻辑"

一、学术逻辑：保障创新创造能力

学术逻辑是我国新增博士学位授权点优化配置的底线。众所周知，博士生教育区别于其他教育层次最为鲜明的特征就是其卓越的创新创造能力，而严守学术逻辑正是保障创新创造能力的必由之路。十九世纪初，现代博士生教育肇始于德国，洪堡等认为，以发现和分析"真理"为特征的科学研究活动是培养有理性和知识公民的主要途径。[①]基于洪堡的理念，教学与科研在博士生教育中实现联结统一，博士生教育承担了培养未来知识生产者与知识生产的双重职责[②]。因此，博士学位应该授予能驾驭原创性知识的人[③]。有鉴于此，博士学位授权点所具有的学术资源、学术地位、学术产出等要素被视为开展博士生教育的基本内涵，也成为开展博士生教育质量评价的重要维度。

---

①克拉克 B R. 研究生教育的科学研究基础[M]. 王承绪，译. 杭州：浙江教育出版社，2001: 4-5.

②洪茜，郭菲，郑湘，等. 博士生教育质量的内涵及其演变：基于评价实践的视角[J]. 现代教育管理，2022, (4): 119-128.

③何菲，朱志勇. 以学术为业还是以市场为业：博士生职业选择的变化、原因及启示[J]. 研究生教育研究，2019, (3): 3-8.

20 世纪 80 年代初，在"坚持标准、严格要求、保证质量、公正合理"思想的指导下，国务院学位委员会组织实施了三次（1981 年、1983 年、1986 年）博士学位授权审核。其中，1981 年新增博士学位授予单位和学位授权点主要面向《中华人民共和国学位条例》实施以前就具有研究生培养经验的高校。这些高校具有较好的科学研究积淀和学科领域的全国知名专家。1983 年新增博士学位授予单位和学位授权点主要面向"具备条件的全国重点高等学校和经国务院批准的科学研究机构"，不仅对高等学校和科研机构的层次进行了限定，而且首次对学术研究条件进行了明确要求。1986 年新增博士学位授予单位和学位授权点进一步提出对申请单位和学位授权点的学术水平和条件进行量化的要求。此后，历次新增博士学位授权审核均将学术水平作为基本的准入条件。2017 年，经过近三年的相关调研和准备，我国新时代首次学位授权审核改革取得阶段性成果，出台了《学位授权审核申请基本条件（试行）》，对新增单位和新增学位授权点的人员规模、人员结构、学科带头人与学术骨干、培养情况、培养质量、科学研究等学术水平和条件进行明确要求，特别是从严控制新增博士、硕士学位授予单位和自主审核单位，而围绕学术质量的评价无疑是"从严"之重中之重。

然而，伴随着博士生教育同国家、政府、社会、市场、产业等外部环境和因素之间的交互不断加强，上述外部因素作为重要的利益相关主体，在看待博士生教育与学术系统内部的利益相关主体时具有较大差异。同时，学术逻辑基础之上的博士生教育更多强调"学术资源的投入"，所以"学术成果的产出"自然成为聚焦点，而对于高层次人才培养的实际过程和效果缺乏关注。因此，单一的学术逻辑视角具有一定的局限性。

当然，在我国历次博士学位授权审核中，学术逻辑也不是唯一标准和依据。遵循学术逻辑实际上是坚持高层次人才培养质量导向。新增博士学位授权点优化配置中的学术逻辑就是保证高层次人才结构优化基础上的人才核心竞争力提升。但是，当高层次人才结构布局遭遇困境之时，学术逻辑还是需要做出适当妥协。进入新时代，区域协调发展成为国家现代化高质量发展的重要组成部分。鉴于我国博士生教育的"东强西弱"现实困境，以及针对民族地区实施差异化的支持政策，自 2020 年起，我国博士、硕士学位授权审核中，在新增博士、硕士学位授予单位和新增博士硕士学位授权点时，西部地区和民族高校的申请条件可降低 20%，这在很大程度上体现了公平的逻辑。

二、行政逻辑：突出国家战略优先

行政逻辑是我国博士学位授权点配置的主导力量。我国近代大学的产生呈现出鲜明的国家意愿，政府行政权力与大学发展因此一直相互交织。不论是宏观层面的大学外部治理，还是微观层面的大学内部治理，行政逻辑的主导地位从未消减。国家政府是现代化治理体系中最具权威引领功能的主体。从宏观层面看，遵循行政逻辑是在我国政治经济背景和治理环境中推进治理现代化的重要基础。从狭义的角度讲，遵循行政逻辑就是突出国家发展战略优先的基本原则。党的二十大报告首次将教育、科技、人才三大国家发展战略统筹规划，一体部署，而博士生教育又是教育、科技、人才的重要结合点。[1]因此，擘画未来博士生教育蓝图需要突出行政逻辑。

自我国学位制度实施之初，"行政逻辑"就是新增博士学位授权点配置的基本遵循。中华人民共和国成立之前，大学主要集中在东部经济发达地区。中华人民共和国成立后，国家利用行政手段将高等教育资源布局在华北、东北、西北、东南、中南和西南区域的中心城市。改革开放以后，不同区域经济发展呈现出极大的差异性。经济发达地区在高等教育上的高投入促进了本地区高等教育水平的迅速提升，经济欠发达地区在投入方面的劣势造成了高等教育水平的整体滞后，"马太效应"愈演愈烈。进入20世纪80年代，我国学位制度建立后，博士学位授权开展优先考虑办学水平高的重点建设院校，以及已经具备研究生培养经验的院校，主要是为了解决大批高等学校和科学研究机构面临的"师资荒"和"科研人员荒"的问题。

新增博士学位授权点配置直接关系着高层次创新人才储备，进而关系到创新驱动发展战略的实施，因此成为国家战略的重要组成部分，受到党和国家的高度关注。首先，进入二十一世纪，创新在国家发展中的地位进一步凸显，特别是党的十八届五中全会之后，创新成为引领发展的第一动力，并全面启动实施创新驱动发展战略，由此奠定了创新在现代化建设全局中的核心地位。统筹中华民族伟大复兴的战略全局和世界百年未有之大变局是谋划和推进未来党和国家事业发展的客观依据和决策基础。教育、科技、人才既是博士生教育系统的核心内容，也是国家这一超大系统的关键变量。全面建成社会主义现代化强国是第二个百年奋斗目标，对教育、科技、人才提出了新要求，必须坚持科技是第一生产力、人才是第一资源和创新是第一动力。博士生教育正是孕育第一生产力、第一资源和第一动力的母体。其次，世界百年未有之大变局下的国际力量面临重构，一方面是发达国家的垂危挣扎，另一方面是发展中国家的奋起直追，风险和机遇并存。众所周知，教育具有滞后性，要建设教育强国、科技强国和人才强国，需要提前布局博士生教育。随着全球化的深入推进，创新人才和科技自强将成为赢得国际竞争主动权的重要战略资源。有鉴于此，超前谋划和布局博士生教育对于服务国家重大战略需求、支撑高水平科技自强自立、服务世界重要人才中心和创新高地建设具有重要意义。

---

[1]洪大用. 加快推进研究生教育高质量发展　着力造就拔尖创新人才[N]. 中国教育报，2022-11-25(1)．

　　学位制度实施四十多年来，"行政逻辑"一直主导着我国新增博士学位授权点的配置，在"学术逻辑"保障的基础上，国家还采取"适度降低标准""扶持特色专业或学科"等措施适度调控博士生教育的结构布局，以满足不同时期国家高层次人才战略的需求。当前，博士学位授权点的布局结构在应对未来高层次人才国际竞争并获取比较优势方面，以及满足创新驱动经济社会发展方面仍然面临着巨大挑战，因此，面对新形势和新任务，新增博士学位授权点优化配置需要寻求其他逻辑，以适配博士生教育不断丰富的质量内涵。

三、公平逻辑：促进社会协调发展

　　公平逻辑是我国新增博士学位授权点优化配置的调节机制。"公平逻辑"首先表现在启动非正式机制调适刚性学位制度方面。我国博士学位授权审核的特色之一：新增博士学位授权点配置只面向获国务院学位委员会批准的博士学位授予单位。也就是说，获批博士学位授权点必须首先获批成为博士学位授予单位。当然，获批博士学位授予单位的同时，可以获批部分博士学位授权点。为了保持博士生教育的稳步发展，1995 年起，国务院学位委员会决定，新增博士学位授予单位审核工作每四年开展一次，新增博士学位授权点审核工作依照国家既定学位授权审核时间逐次开展。在后续历次博士学位授权审核中，总会出现申请博士学位授予单位因各种原因落选的情况，后续批次博士学位授权审核有时原则上只新增博士学位授权点，但是也会根据院校学科建设水平少量新增博士学位授予单位，一方面解决了历史遗留问题[①]，更重要的是满足了社会协调发展对于高层次人才的需求。

　　"公平逻辑"还体现在服务国家特殊需求人才培养项目的开展。这是我国博士学位授权审核制度的一项重大改革，突破了一直以来按照"单位授权"的传统，首次开展按照"项目授权"，客观上促进了社会协调发展。2008 年，国务院学位委员会第二十五次会议通过了《博士、硕士学位授权审核办法改革方案》，并随之启动了新一轮学位授权审核工作。新的审核办法对于各省、自治区、直辖市新增学位授予单位工作实行了分类和限额管理。同时，《关于开展"服务国家特殊需求人才培养项目"试点工作的意见》提出"对于服务国家特殊需求的少数单位，可以不受地区分类的限制，由国家统筹考虑"。为此，国务院学位委员会决定开展"服务国家特殊需求人才培养项目"试点工作，安排少数确属服务国家特殊需求，但尚无博士学位授予权和没有列入国家批准的新增博士学位授予单位立项建设规划的高等学校，在一定时期内招收培养博士研究生并授予博士学位，并根据国家特殊需求变化对人才项目实行动态管理，共有北方工业大学、西北政法大学等 35 所高

①王战军. 中国学位制度实施四十年[M]. 北京：中国科学技术出版社，2021：60

校在道路交通智能控制、区域稳定发展和国家安全法律等领域获准开展服务国家特殊需求博士层次人才培养项目。2009 年"西北政法大学'申博'事件"之后，全国高等教育领域对于博士学位授权审核决策各抒己见，争论不断，该项目的实施开创性地培养了一批高层次专门人才，很大程度上促进了社会协调发展，客观上化解了此前几次博士学位授权审核的历史遗留问题，体现了"公平逻辑"。

其次，"公平逻辑"还体现在促进区域高层次人才均衡发展方面。我国"东强西弱"的高等教育格局也体现在博士生教育层面。博士生教育的区域配置不均衡，造成不同区域之间人才和科技支撑力的巨大差异，加上 21 世纪以来，区域之间的人才流动失衡的情况尤为突出，造成欠发达区域经济社会发展面临着高端人才方面的严峻困难。党的二十大报告强调，要促进人才区域合理布局和协调发展，着力形成人才国际竞争的比较优势[1]。在迈向研究生教育强国的道路上，不仅需要大批高水平博士学位授权点，而且需要构建一个高质量的研究生教育结构，特别是一个高水平的博士生教育布局结构。青塔数据显示，我国省域之间两院院士、国家杰出青年科学基金获得者、优秀青年科学基金获得者等六类高端领军人才数量差距巨大，其中北京、上海、江苏、广东上述指标合计占据全国的 50%以上，而云南、江西、广西、内蒙古、青海、宁夏在 2013～2017 年没有两院院士入选，西藏、青海、宁夏没有优秀青年科学基金获得者。[2]由此可见，高层次人才的区域分布差异巨大，亟须博士生教育超前布局缓解差距。为了加强欠发达区域高层次人才培养的"造血"能力，我国博士学位授权审核一直针对民族高校有倾斜政策。自 2017 年起，我国博士学位授权审核进一步明确，在新增博士学位授予单位和新增博士学位授权点时，西部地区和民族高校的申请条件可降低 20%，以期通过区域自主培养高端人才化解由来已久的"人才荒"。基于"公平逻辑"的博士学位授权审核对于夯实我国整体博士生教育的内涵建设和高质量发展具有重要的价值意义。

四、市场逻辑：服务知识经济转型

市场逻辑是我国新增博士学位授权点优化配置的影响要素。从我国博士学位授权审核的历史进程看，学术逻辑、国家逻辑和公平逻辑一直是我国新增博士学位授权点优化配置的基本遵循。基于博士生教育"学术守门人"的传统角色定位，

---

①求是网. 习近平: 高举中国特色社会主义伟大旗帜 为全面建设社会主义现代化国家而团结奋斗——在中国共产党第二十次全国代表大会上的报告[EB/OL]. (2022-10-25) [2024-04-26]. http://www.qstheory.cn/yaowen/2022-10/25/c_1129079926.htm.

②高等教育与考试信息网. 高层次顶尖人才, 各省差距到底有多大[EB/OL]. (2017-09-19)[2022-02-20]. http://www.hee.cn/news/detail/1002241/3.html.

我国新增博士学位授权点优化配置受到市场逻辑的影响相对较小。

古典决策理论是基于"经济人"的假设提出来的，强调从经济的角度来看待决策的问题。博士学位授权审核决策是博士生教育治理之关键环节。考虑到教育领域所特有的规律和特点，虽然不能将教育决策全部置于经济的视角，但是其理应成为一个重要的视角。从全球范围看，市场逻辑已然成为博士生教育的主导力量。20世纪70年代以来，世界范围内的博士生教育面对的内部和外部环境均发生了重大变化。劳动力市场对于博士学位获得者的能力要求有了新的变化，除了知识生产模式变革引发对于博士学位获得者跨学科能力的要求之外[①]，博士学位获得者"外溢"非学术劳动力市场要求博士学位获得者具备沟通、合作、管理等可迁移能力[②]，因此，从对博士学位获得者能力要求角度看，博士生教育与市场之间的关系变得更加密切。那么，所培养的博士生是否能够成为劳动力市场的"合格产品"，进而服务于经济社会发展成为评价博士学位授权点质量的新内涵。对此，美国国家科学基金会开展了针对博士学位获得者的调查研究（Survey of Doctorate Recipients）、澳大利亚也针对博士毕业生开展了调查研究（Graduate Outcomes Survey-Longitudinal）[③]，以期改进博士生培养结构和能力。在此意义之上，博士生教育早已突破了作为"学科守门人"的传统角色定位，已经成为面向更加宽广行业需求的"高层次人才供给站"，博士学位授权点作为博士生教育的重要载体，因此也具有了促进经济社会高质量发展的光荣使命和重大责任。

新时代我国新增博士学位授权点优化配置需要更多考虑"市场逻辑"，这是由我国经济社会发展形态所决定的。历史唯物主义认为，一切重要历史事件的终极原因和动力是社会的经济发展。[④]当前，我国经济发展动力由要素驱动和投资驱动转向创新驱动。在此背景下，知识成为推动经济发展的核心要素，博士生教育及其载体博士学位授权点成为新时代经济社会发展的新动能、新引擎、新赛道和新优势。伴随着知识经济的步伐，博士生教育走出传统的学术领地，融入经济社会发展已经成为不可逆转的趋势。纵观人类发展史，国家的经济发展从未如此依赖于教育。[⑤]博士生教育作为教育体系的最高层级，是第一生产力、第一资源和第一动力的集成区块，在未来知识经济主导的社会进程中将扮演重要角色。对高层次人才的巨大市场需求是知识经济的鲜明特征，市场逻辑的本

---

①顾剑秀, 罗英姿. 学术抑或市场: 博士生培养模式变革的逻辑与路径[J]. 高等教育研究, 2016, 37(1): 49-56.

②谢冉, 肖建. 英国博士培养中心: 背景、成就及其启示[J]. 现代教育管理, 2017, (6): 124-128.

③Mumme B, Cameron R. The future of work in Australia: preparing graduates for changing work patterns that require new skill sets[M]//Dhakal S, Prikshat V, Nankervis A, et al. The Transition from Graduation to Work. Singapore: Springer, 2019: 65-84.

④罗建文. 论习近平新时代中国特色社会主义思想的"三大逻辑"[J]. 理论探讨, 2018, (2): 12-21.

⑤闵维方. 教育促进经济增长的作用机制研究[J]. 北京大学教育评论, 2017, 15(3): 123-136, 190-191.

质则是供需平衡。伴随着知识经济的步伐和创新驱动发展战略的推进，非常有必要将市场逻辑纳为博士生教育布局之主导因素，进而形成多重逻辑共生的未来博士生教育发展图景。

第三节　我国博士学位授权审核决策瓶颈和要素

我国博士生教育治理体系是一个巨系统，不仅层级多、规模大，而且区域发展迥异。治理体系内外部因素的复杂性势必带来更多的治理成本和治理负荷。

一、我国博士学位授权审核决策瓶颈分析

博士学位授权审核决策是博士生教育治理中的关键问题，在治理现代化进程中面临着决策机制固化、决策活力缺失、决策目标漂移等多维困境。

（一）决策机制固化

博士学位授权审核决策机制固化主要体现在"管"与"放"之间的张力。诚如前述，我国是单一制国家，博士学位授权审核决策是在中央、地方和学位授予单位三级主体之间进行的。自学位制度实施至今，博士、硕士学位授权审核办法几经改革，硕士学位授权审核权力逐渐下放，而博士学位授权审核的决策权力一直留在国务院学位委员会。细究其因，其中既有博士生教育被置于国家战略重要位置之缘由，也有担心陷入"一管就死，一放就乱"之窠臼的顾虑。

一直以来，中央通过"委托-代理"的方式将博士学位授权审核的"遴选建设权""资格初审权""推荐入围权"交由省级学位委员会。在"委托-代理"关系中，信息不对称是首要的挑战。中央立足宏观层面的考量无法高效率、高质量传递到地方，而地方基于经济建设和市场发展的实际反馈也未有效传递到中央。在此背景下，国务院学位委员会采取限额的方式进行资源配置，省级学位委员会作为"代理方"只能依规行事，从而形成了一个静态的博士学位授权审核决策权力结构。从学理的角度看，静态结构也是一种"结构僵化"，可以确保"达标"，但是无法实现"高效"。2015 年，国务院正式提出"放管服"的概念。虽然政府释放这一政策话语被誉为全面深化改革战略布局的"先手棋"和政府职能转变的"当头炮"。①但是，我国博士学位授权审核的决策机制并未发生实质性变革。

---

①朱永利. 高等教育"放管服"改革: 现状、困境与出路[J]. 重庆理工大学学报(社会科学版), 2019, 33(11): 93-101.

从历史的角度看，中央和地方关系是直接影响体系稳定的核心变量。"强集权"往往造成"地方活力"缺失，"弱集权"则又助长"地方主义"滋生。[①]从纯粹的治理技术角度看，"官僚制"的治理组织方式最为有效，但是极易导致异化，进而造成治理效率低下。在静态的"委托-代理"博士学位授权审核治理结构中，上下信息不对称和责权关系的不平衡使得委托方的政策统一性和代理方的执行灵活性无法保证。在此背景下，非正式机制往往是调和刚性政策的"润滑剂"。2012 年，国务院学位委员会启动实施"服务国家特殊需求博士人才培养项目"，旨在探索与人才需求密切结合的学位授权机制，促进博士生教育最大限度地满足国家需求。遗憾的是，2017 年第一批服务特殊需求项目期满后，此项非正式机制再无下文。博士学位授权审核决策工作再次回到静态的"委托-代理"结构之中。因此，机制固化进一步加剧了单一体制和有效治理之间的矛盾，造成中央主导作用突出，地方政府统筹权有限，培养单位自主性不足的现实困境，是提升当前博士学位授权审核决策能力的痛点和难点。如何在博士学位授权审核决策过程中达成一种"管"与"放"的平衡，调动"委托方和代理方两个积极性"，是实现博士学位授权审核决策体系高效运行的重要命题。

（二）决策活力缺失

博士学位授权审核决策活力缺失的本质是参与决策主体的主动性和积极性不足。决策体系是决策过程的重要载体，博士学位授权审核决策中的静态权力结构固化必然对其决策过程造成影响。当前学术界在聚焦治理过程的基础上更多关注了决策机制，形成了竞争性说服、理性决策、权力斗争、讨价还价等理论模型或分析框架。[②]结合我国博士学位授权审核决策的实践，决策效能与决策过程中的政策执行力之间也具有显著的正相关性，地方在政策执行活力方面的缺失往往会造成"政策梗阻问题"。

我国博士学位授权审核决策体系中，国务院学位委员会是委托方，省级学位委员会为一级代理方，高等学校和科研机构为二级代理方。"委托-代理"结构中的"代理方"是政策的具体执行者，虽然不具备正式权威，但是其具有"再决策权"。也就是说，代理方可以通过自由裁量权实施实际控制。[③]2009 年，西北政法大学就博士学位授权争议提出行政复议申请事件中，其列举的主要理由就是，根据国务院学位委员会文件，审核并确定博士学位立项建设单位是陕西

①周雪光. 权威体制与有效治理：当代中国国家治理的制度逻辑[J]. 开放时代, 2011, (10): 67-85.
②薛澜, 陈玲. 中国公共政策过程的研究：西方学者的视角及其启示[J]. 中国行政管理, 2005, (7): 99-103.
③周黎安. 行政发包制[J]. 社会, 2014, 34(6): 1-38.

省学位委员会的法定职权，而陕西省学位办将决策权擅自交予临时专家小组，由专家组通过票决的方式确定。[1]不难看出，本事件当中陕西省学位委员会作为一级代理方，其利用自由裁量权而具备了"再决策权"，从而引发了申请者对学位授权的争议。

同时，我国博士学位授权审核决策体系中的多层级"委托-代理"极易引发政策执行异化。国务院学位委员会与省级学位委员会之间存在"委托-代理"关系，而国务院学位委员会和省级学位委员会与其各自所属的学科评议组和专业学位研究生教育指导委员会之间也存在"委托-代理"关系。特别是学科评议组和教育指导委员会专家"投票表决"环节，不排除受人为干扰因素，在政策执行过程中出现偏离方向的情况。此外，市场机制在决策中的"失位"也是决策活力缺失的外在特征。按照《博士硕士学位授权审核办法》，省级学位委员会和学位授权申请单位都需要根据国家和区域经济社会发展对高层次人才的需求，规划本地区和本校的博士学位授权点立项建设和推荐工作。但是，在政策的实际执行过程中，省级学位委员会和学位授权点建设单位均以"学术准入条件达标"为主要建设和推荐的决策依据。一定程度上讲，"政策梗阻问题"不仅会挫伤博士学位授权点建设的积极性，而且在服务经济社会高质量发展等方面存在滞后性。

博士学位授权审核决策因为备受利益相关方的关注而引发社会的高度敏感性。在此背景下，负向激励机制成为影响政策执行的关键变量。同时，信息化建设的推进也减少了"代理方"对于信息的操纵。在实施信息透明和问责等负激励机制的背景下，省级学位委员会的"避责"倾向进一步凸显，一定程度上影响到我国博士学位授权审核体系整体决策效能的发挥。

（三）决策目标漂移

博士学位授权审核决策目标漂移主要表现为决策目标无法高效落实。通常来说，组织的宏观整体目标是由不同的微观目标构成的，同时组织目标也是随外界环境的变化而调整的。中心化和集权化是科层制的核心特征，强调顶层意志的贯彻，却无法替代下层机构的行动，因此容易产生政策目标与政策效果偏离。[2]

我国实施博士学位授权审核制度之初的目标是保障博士学位授予质量，也就是保障高层次人才培养质量。我国学位制度自实施以来，已经累计为国家培养了1000多万名高层次人才[3]，特别是进入新时代的十年，我国共培养了60多万名博

①王荣利. 西北政法大学提起学位授权争议行政复议第一案[J]. 法制与经济(中旬刊), 2009, (7): 3-4.
②江文路, 张小劲. 以数字政府突围科层制政府: 比较视野下的数字政府建设与演化图景[J]. 经济社会体制比较, 2021, (6): 102-112, 130.
③赵婀娜, 张烁, 吴月. 我国自主培养研究生突破1000万人[N]. 人民日报, 2020-07-29(1).

士和 650 多万名硕士[1]，为党和国家事业发展，经济社会建设提供了高质量人才支持。正如习近平总书记在 2017 年世界经济论坛演讲时所强调，"积力之所举，则无不胜也；众智之所为，则无不成也"。[2]但是，随着经济社会的不断发展，新时代博士生教育具有了更加多维的功能和作用，特别是在走向后工业化的进程中，博士生教育将成为经济社会发展的新动能。在此背景下，我国博士学位授权审核在维护博士学位授予质量的基础上，在服务国家战略、经济社会发展、公民个体多样化需求等方面将发挥更加重要的作用。资源依赖理论认为，组织生存与外部环境是一个资源交换的过程。[3]我国博士学位授权审核决策是一项在高等教育领域影响力巨大的公共政策，省级学位委员会作为一级组织，它所面对的外部环境复杂性很多时候都超出了其处理复杂性的能力。在此背景下，省级学位委员会首先考虑的是如何规避其"决策行为"与上一级组织要求产生差异带来的风险，而不是拿出最优的行动方案。因此，我们看到各省级学位委员会借鉴国务院学位委员会的决策机制，纷纷成立学科评议组和专业学位研究生教育指导委员会，以求得治理过程的"合法性"和"合理性"，为省级学位委员会的"决策"提供支撑和服务。在此基础之上，决策结构和决策过程看似无可挑剔，决策效能实则大打折扣。

诚如前述，权力结构僵化和政策执行活力不足是造成决策效能失衡的重要因素。但是，当决策实践中出现资源支持缺位的情况时，决策效能同样面临着严峻的挑战。在我国博士学位授权审核决策的实践中，国家层面一方面强调向基层"赋权"的必要性和重要性，另一方面又对博士学位授权申请单位和博士学位授权申请点的准入条件进行了高标准设置，并继续掌握终审权，由此造成了事实上的"赋责不赋权"情况。对于博士学位授权审核决策中"能力有限"的省级学位委员会来说，只能采取"以章行事""一刀切"等方式进行应对。在此背景下，省级学位委员会在执行政策的过程中陷入"心有余而力不足"的尴尬境地。总体来看，决策目标的迁移进一步凸显和加剧了结构僵化和政策执行困难，使得我国博士学位授权审核决策的微观目标无法达成，进而影响到整体宏观目标的实现，造成决策效能弱化。整体来看，我国博士学位授权现状与社会的旺盛需求之间的矛盾仍然较为突出，出现了"穷也喊，富也要"的局面。

二、我国博士学位授权审核决策要素分析

整体性治理理论强调借助信息技术手段，建立整合和协调机制，对治理结构、

---

①叶雨婷. 10 年来，我国共培养 60 多万博士 650 多万硕士[N]. 中国青年报, 2022-06-14(1).

②吴漫. 积力之所举，则无不胜[N]. 光明日报, 2017-09-03(2).

③Pfeffer J, Salancik G R. The External Control of Organizations: A Resource Dependence Perspective[M]. Stanford: Stanford University Press, 2003.

治理过程、治理效能等"碎片化"治理问题进行协同和整合。[①]整体性治理从"上""下""前""后""内""外"等六个维度回应社会的整体需求。[②]基于我国博士学位授权审核决策现状及瓶颈分析，本部分在整体性治理理论的指导下对博士学位授权审核决策的要素进行提取和分析。

（一）决策的"结构"要素

"结构"要素是治理体系的组织安排，是整体性治理得以开展实施的制度基础。决策结构通过联结决策主体及其相关要素形成旨在解决问题的决策过程，进而实现决策的效能。通过梳理和分析现有博士学位授权审核决策和博士生教育治理相关研究发现，围绕"结构"角度开展研究是博士生教育治理及相关研究中的恒常视角，沃克等基于"结构"的视角讨论了博士生教育共同治理的问题，包括教师、博士生、行政管理者和院系等内部治理主体的张力，以及学会、资助型组织、认证机构、社会舆论和政府等外部治理主体的作用，并讨论了治理分权的问题与举措。[③]杨斌认为，研究生教育调整涉及不同层面权力的分配协调，需要重新定义大学与政府、大学与社会、大学与院系之间的关系，研究生教育治理必将关注结构调整和改革。[④]系统自身结构优化是应对外在复杂性并达成有效治理的重要途径。[⑤]已有博士学位授权审核决策和博士生教育治理相关研究重点关注"结构"要素在决策中的关键作用，对于推动博士生教育治理体系现代化具有重要指导意义。但是，已有研究主要聚焦"结构"要素中不同权力主体的权责划分和明晰，决策手段略显单一。

我国博士学位授权审核决策机制固化的本质是"结构失活"，即"结构"要素中"管"与"放"的矛盾。信息技术应用只有在与其所处的政治文化、组织体制、制度环境相适应的情境下才能释放红利，引领变革。[⑥]因此，在数智背景下如何推动信息技术与我国博士学位授权审核决策"结构"要素的调适是本书的创新基础。历史经验证实，"中央-地方"二元结构面对我国研究生教育巨大规模的背景，在保障高层次人才培养和学位授予质量方面发挥了极其重要的作用。基于此，本

---

①Dunleavy P, Margetts H, Bastow S, et al. New public management is dead: long live digital-era governance[J]. Journal of Public Administration Research and Theory, 2006, 16 (3): 467-494.

②Leat D, Seltzer K, Stocker G. Towards Holistic Governance: The New Reform Agenda[M]. New York: Palgrave, 2002:2.

③沃克 G E, 戈尔德 C M, 琼斯 L, 等. 学者养成: 重思21世纪博士生教育[M]. 黄欢, 译. 北京: 北京理工大学出版社, 2018.

④杨斌. 治理视角下的研究生教育: 权力重构与制度调整[J]. 学位与研究生教育, 2015, (6): 1-3.

⑤Espejo R, Reyes A. Reyes, Organizational Systems: Managing Complexity with the Viable System Model[M]. Heidelberg: Springer, 2011: 76.

⑥刘祺. 从数智赋能到跨界创新: 数字政府的治理逻辑与路径[J]. 新视野, 2022, (3): 73-80.

书借助信息技术及其相关的数据要素、算法分析等，通过优化博士学位授权审核的不同决策主体，实现重构决策的"结构"要素，进而推动博士学位授权审核决策体系的提升。

（二）决策的"过程"要素

"过程"要素是治理体系和治理能力的实现路径，是开展和实施整体性治理的重要载体。决策过程通过协调和落实决策结构中不同主体之间的关系，释放决策效能。本书通过梳理和分析现有博士学位授权审核决策、博士生教育治理相关研究发现，专门围绕"过程"角度开展的研究在博士生教育治理及相关研究中并不常见，"过程"常与"结构"要素捆绑一起进行研究。有研究者针对社会组织在参与研究生教育治理过程中的角色缺失进行研究，并就如何回归开展讨论，以期夯实治理过程，实现治理目标。[1]已有博士学位授权审核决策，以及博士生教育治理相关研究对于"过程"要素的"忽视"很大程度上抑制了"结构"要素作用的发挥，对于整体性决策能力提升亦产生较大的影响。

我国博士学位授权审核决策活力缺失的本质是"过程失真"，即缺少决策"过程"中的主体之间，以及主体与客体之间互动的积极性和主动性。伴随着信息技术迭代引发的治理变革，从"重审批"向"强监管"转变[2]，更加注重集成化和精准化治理[3]，将成为夯实博士学位授权审核决策过程的发展趋势。在数智背景下如何推动信息技术强化决策"过程"要素是实现我国博士学位授权审核决策模式优化和决策能力提升的关键。因此，本书借助信息技术及相关的动态监测、计算能力等，通过加强对博士学位授权审核不同决策主体之间，以及决策主体与决策客体之间互动的监测，进一步夯实决策的"过程"要素，从而推动博士学位授权审核决策能力的提升。

（三）决策的"效能"要素

"效能"要素是治理能力的重要表征，是开展和实施整体性治理的价值旨归。决策效能借助决策结构推动旨在解决问题的决策过程优化，进而实现治理目标。本书通过梳理和分析现有博士学位授权审核决策，以及博士生教育治理相关研究发现，围绕"效能"视角开展研究在博士学位授权审核决策，以及博士生教育治理及相关研究中通常以"治理能力"研究的方式实施。有研究者借助"价值-支持-

①乔刚, 王战军. 社会组织在研究生教育治理中的角色缺失与回归[J]. 研究生教育研究, 2017, (2): 1-8.

②李军鹏. 十九大后深化放管服改革的目标、任务与对策[J]. 行政论坛, 2018, (2): 11-16.

③翟云. 重塑政府治理模式：以"互联网+政务服务"为中心[J]. 国家行政学院学报, 2018, (6): 128-132, 191.

运作-创新"的"矩形"战略模型对研究生教育治理能力进行研究，认为创新能力是研究生教育治理能力的主要体现，需要因势而新。[1]但是，"治理能力"与"决策效能"具有较大区别，学界针对治理能力的研究大都聚焦治理结构所发挥的作用，而"决策效能"更加强调决策结构和决策过程自身的提升和改进，对整体决策生态的影响，以及决策目标的改善，显然，目前的"治理能力"还不足以完美诠释"决策效能"的内涵。

我国博士学位授权审核决策目标漂移的本质是"效能失衡"，即"效能"要素中的决策目标无法有效落实。数智背景下的现代信息技术突破了传统的"物理空间"，形成了"虚拟空间"。"虚拟空间"不仅优化了传统"物理空间"中的博士学位授权审核决策结构，而且调整了传统"物理空间"中的博士学位授权审核决策过程。因此，"虚拟空间"的出现也必然可以推动博士学位授权审核决策效能的提升。因此，本书借助信息技术及其相关的虚实互动、仿真分析等，通过加强博士学位授权审核决策整体目标的实现和改善，进一步夯实决策的"效能"要素，从而反哺博士学位授权审核决策结构优化和决策过程的调适，最终推动博士生教育体系和治理能力现代化。

第四节　数智背景下博士学位授权审核决策场景构建

基于我国博士学位授权决策现状和瓶颈分析，在借鉴整体性治理理论要义的基础上，本书提取了我国博士学位授权审核决策的三大要素：结构、过程、效能，构建了"结构-过程-效能"（SPE）的模型，并结合我国博士学位授权审核决策中的实践问题进行了决策场景设计。

一、基于 SPE 模型的决策系统框架

整体性治理理论强调借助信息技术手段，建立整合和协调机制，对治理结构、治理过程、治理效能等"碎片化"治理问题进行协同和整合。总体来说，整体性治理的理念可以溯源至结构功能主义理论流派。[2]国内许多研究都使用结构功能主义，对研究生教育的现象和问题进行分析并提出政策建议，如对研究生教育的研究[3]，对专业学位制度的研究等[4]。结构维度主要聚焦权力及其附带的资源在不同

①姚志友, 仇苗苗, 董维春. 战略管理视角下研究生教育治理体系和治理能力研究[J]. 学位与研究生教育, 2020, (5): 13-20.

②Parsons T. The System of Modern Societies[M]. New Jersey: Prentice-Hall, 1971: 45.

③王东芳, 沈文钦. 研究生院在欧洲的制度扩散与结构功能分析[J]. 高等教育研究, 2010, 31(4): 64-70.

④王海莹, 顾海良. 专业学位制度: 结构功能主义的分析框架[J]. 江苏高教, 2011, (2): 45-47.

层面组织的分配①，过程维度则主要围绕政策执行中各部分互动的影响②，而治理之关键在于实现效能的释放③。但是，当前使用整体性治理理论对博士生教育现象和问题进行探讨的并不多见。有鉴于此，本书在结构功能主义的影响下，结合整体性治理理论，构建了 SPE 决策系统框架（图 9.2）。

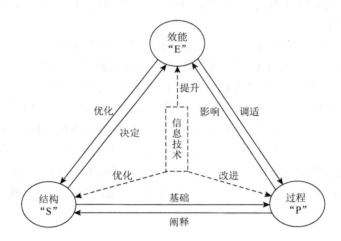

图 9.2　数智背景下 SPE 决策系统框架

决策结构是决策过程之基础，直接决定着决策的效能；决策过程是对决策结构的过程阐释，并且对于决策效能具有直接影响作用；决策效能是决策结构和决策过程共同作用的结果，同时，决策效能又可以反哺优化决策结构和反哺调适决策过程。需要特别指出的是，治理形态的变迁与人类社会的重大技术变革之间存在密切的关联。④数智背景下的信息技术是 SPE 决策系统框架的重要变量，分别对决策结构、决策过程和决策效能形成干预，推动结构优化、过程改进和效能提升，最终实现整体性治理目标的达成。

二、基于 SPE 模型的博士学位授权审核决策系统设计

博士学位授权点区域结构优化和博士学位授权点动态调整是我国博士学位授权审核决策中的两个关键问题。其中，博士学位授权点区域结构优化决策直接关

---

①郑永年. 中国的"行为联邦制"：中央-地方关系的变革与动力[M]. 邱道隆, 译. 北京: 东方出版社, 2013: 8.

②Lieberthal K, Lampton D M. Lampton, Bureaucracy, Politics, and Decision Making in Post-Mao China[M]. Berkeley: University of California Press, 1992: 12.

③Fukuyama F. What is governance?[J]. Governance, 2013, 26(3): 347-368.

④陈鹏. 国家治理的智能化转向及其实施进路[J]. 探索, 2021, (3): 152-165.

系着博士学位授权审核工作中的新增博士学位授权点配置的问题。因此,基于 SPE 模型设计我国博士学位授权审核决策系统具有重要实践价值。

　　基于 SPE 模型的博士学位授权审核决策系统由结构模块、过程模块和效能模块组成。其中,结构模块(图 9.3)基于数智背景下的信息技术,在传统国务院学位委员会、省级学位委员会和学位授予单位三级决策主体的基础上添加了"博士学位授权审核决策数据平台"这一决策主体,从而形成了以"博士学位授权审核决策数据平台"为核心的新的博士学位授权审核决策结构。新的结构模块分为战略决策层、决策枢纽层和分布决策层,共同实施博士学位授权审核决策工作。战略决策层是国务院学位委员会,主要借助"博士学位授权审核决策数据平台"实施战略决策和授权决策,如博士学位授权点的布局规划、结构优化、动态调整等战略性决策,并授权省级学位委员会和学位授予单位开展相应工作,同时通过"博士学位授权审核决策数据平台"实时接收决策回应,以便及时调整战略决策。决策枢纽层是"博士学位授权审核决策数据平台",通过大数据集成,借助算法模型为战略决策层提供决策支撑,同时通过对分布决策层的动态监测,集成分布决策层数据和社会面数据,形成新的决策依据。分布决策层由省级学位委员会和学位授予单位组成,其中,省级学位委员会在国务院学位委员会的战略决策基础上,对新增博士学位授予单位进行统筹决策,学位授予单位对博士学位授权点动态调整进行统筹决策,并通过"博士学位授权审核决策数据平台"的数据集成实时对国务院学位委员会进行决策回应。基于 SPE 模型的博士学位授权审核决策系统结构可以有效分解国务院学位委员会在博士学位授权审核"权力-资源-评价"全方位的统领功能,进一步强化省级学位委员会的统筹权能,也激活了学位授予单位的自主活力。

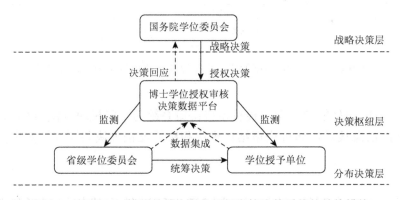

图 9.3　基于 SPE 模型的博士学位授权审核决策系统的结构模块

　　基于 SPE 模型的博士学位授权审核决策系统的**过程模块**(图 9.4)是借助数

智背景下的算法模型实现的。数据要素成为数智背景下全新的生产要素，不仅需要推动数据自身作为资源的优化配置，而且要推动数据要素参与资源优化配置过程。诚如前述，博士生教育是高层次人才供给的重要主体，属于知识经济时代的稀缺资源。博士学位授权审核因此可以被视为高层次人才资源配置的重要方式。从资源配置的角度看，基于 SPE 模型的博士学位授权审核决策系统的过程模块分为"数据面""标准面""模型面""决策面"四个单元。其中，"数据面"主要借助信息技术采集博士生教育"供给侧"和经济社会"需求侧"的各类数据，并整合多源异构数据；"标准面"是基于"数据面"的数据集成，通过构建指标标准，实现"供给侧"和"需求侧"的指标关联；"模型面"是结合"标准面"的指标生成，构建数理模型以期实现"供给侧"和"需求侧"的响应。"决策面"是基于"模型面"的数理模型，通过算法分析支持博士学位授权审核的具体决策问题：博士学位授权点区域结构优化问题和博士学位授权点动态调整问题。

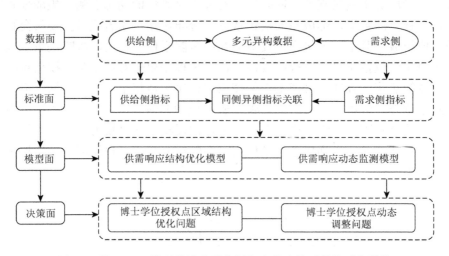

图 9.4　基于 SPE 模型的博士学位授权审核决策系统的过程模块

　　基于 SPE 模型的博士学位授权审核决策系统的效能模块（图 9.5）是借助数智背景下的信息技术，通过决策结构模块和决策过程模块共同作用实现决策效能的提升。

三、基于 SPE 模型的"博士学位授权点区域结构优化场景模型"构建

　　如何优化博士学位授权点区域结构是我国博士学位授权审核决策中的关键问

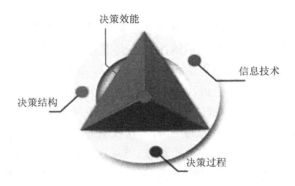

图 9.5　基于 SPE 模型的博士学位授权审核决策系统的效能模块

题，直接关系着如何配置新增博士学位授权点的问题。一直以来，我国区域高等教育的非均衡发展造成我国博士学位授权点区域分布的巨大差异。作为博士生教育规模和结构的"调节器"，现行博士学位授权审核决策在设置高标准学术条件的基础上，通过专家判断的方式实施新增博士学位授权点的结构布局，市场有效参与度不足。现行决策模式在一定程度上加剧了人才的非正常流动，造成高层次人才供给服务经济社会发展不力等突出问题，不利于形成良好的博士生教育生态，必然影响到高层次人才供给质量，进而累及经济社会的高质量发展。

　　有鉴于此，本书借助数智背景下的数据要素优化决策结构，以算法模型改进决策过程和用数字技术赋能决策效能。基于 SPE 模型构建了博士学位授权点区域结构优化场景模型（图 9.6），以期推动市场有效参与博士学位授权审核决策，服务新时代我国博士生教育的高质量发展。

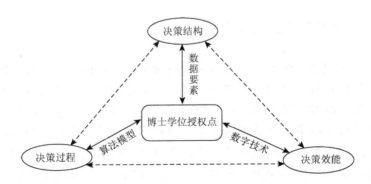

图 9.6　基于 SPE 模型的博士学位授权点区域结构优化场景模型

（一）"数据要素"优化决策结构

　　决策主体是决策结构之核心要素，数据要素的出现不仅扩大了博士学位授权审核决策主体的范围，而且极大地推动了不同主体之间的互动，整体上优化了决策结构。我国现行博士学位授权审核决策主体是由国家学位管理部门、地方学位管理部门和学位授予单位等不同层级的组织构成。不同层级之间的"委托-代理"关系造成信息高度不对称，导致决策目标漂移。当然，"委托-代理"也可以通过明晰不同层级的权力来消除责任的真空。①但是，不同层级部门及其运行所维系的制度之根本还是以"人"的要素为主导。"现代管理理论之父"的巴纳德认为，组织是人们有意识协调的活动和效力的系统。②从这一角度看，我国现行博士学位授权审核决策本质上还是存在较多的"人的因素"。此外，博士学位授权审核直接关系着高层次人才供给。众所周知，高层次人力资源又是知识经济发展的新动能，而现行博士学位授权审核决策结构中的市场有效参与缺位，导致博士学位授权审核决策在对接经济社会发展方面存在较大不足。

　　数据是新型生产要素。数据要素优化决策结构是推动博士学位授权审核决策体系和决策能力现代化的重要内容。在决策结构中纳入数据要素后，博士学位授权审核决策中"人"的主动性和主体性得到最大程度的中和，价值理性主导的博士学位授权审核决策在纳入技术理性后朝向更加科学、合理和高效。数智背景下的大样本甚至是全样本数据取代传统科层式决策中的小样本数据。传统科层式博士学位授权审核决策中虽然也涉及诸多数据，但是均为小样本数据。小样本数据通常是人们有意、主动测量与采集的数据，是针对选择性对象的追踪、记录和分析数据，数量有限且带有较强的主观性。③大样本甚至全样本数据体量大、生成快、客观性强，再借以合适的算法和算力，可以精准识别社会和市场对于高层次人才的需求，以及博士学位授权审核决策的难点和堵点，进而为决策提供科学设计和可靠依据。

（二）"算法模型"改进决策过程

　　决策过程是决策结构要素运行机制的直观呈现。我国学位授权审核制度建立伊始，博士学位授权审核决策主要以"是否重点建设院校""是否具有研究生培养经验"等作为标准。经过多轮次学位授权改革之后，博士学位授权审核逐渐对于新增博士学位授权单位和新增博士学位授权点进行了师资、经费等量化条件设定，虽然不同类别数据之间没有密切的内在联系，但是也可以佐证博士学位授权审核主体做出更加理性的决策。但是，进入新时代以后，从博士生教育和经济社会两个高质量发展的角度看，现行科层式博士学位授权审核决策结构导致的决策

①Teisman G, van Buuren A, Gerrits L. Managing Complex Governance Systems[M]. New York: Routledge, 2009:

②方珂, 张翔, 蒋卓余, 等. 从"自保式执行"到有效治理: 地方自主性实践的制度路径转换[J]. 社会学研究, 2023, 38(2): 158-181, 229.

③赵丽涛. 大数据时代的关系赋权与社会公正[J]. 探索与争鸣, 2018, (10): 101-105, 143.

过程周期长、主观经验介入多、对接经济社会发展精准性不足等"副作用"仍然是不争的事实。

算法模型属于数据的特殊运行逻辑，也是数据要素形成决策能力的关键路径。当数据要素优化博士学位授权审核决策结构之后，决策过程也随之发生变革。数智背景下"算法模型"被纳入博士学位授权审核决策过程，将会推动博士学位授权审核的"价值生成"，更加强调实验验证的原理形态，从而实现博士学位授权审核决策的客观性、科学性、精准性，最终重构由学位授予单位、省级学位委员会的逐级审核、推荐，再到国务院学位委员会终极审核和授权的决策过程，构建出新的以"算法模型"为中心的博士学位授权审核决策流程，极大地提升决策的应变性、高效性、合理性、科学性、精准性。

（三）"信息技术"赋能决策效能

决策效能是决策结构和决策过程共同作用的结果。数据要素、算法模型与决策结构、决策过程之间的"化学反应"离不开信息技术的赋能。因此，数智背景下的信息技术必将赋能决策效能的提升。囿于传统型决策结构和决策过程，我国当前博士学位授权审核决策效能并未得到有效释放。一直以来，我国博士学位授权审核决策之根本遵循就是保障学位授予质量。从这个角度看，毋庸置疑，我国博士学位授权审核决策在高层次人才培养质量保障方面取得了不俗成就。但是，面对"新赛道""新领域""新动能""新优势"的强国战略，我国博士学位授权审核决策在服务知识经济转型和推动经济社会高质量发展方面还有较大的提升空间。

信息技术既是数智背景下的关键技术变量，也是一种决策标准和价值取向，现代信息技术对于提升治理敏捷性具有重要意义。[1]科学决策所体现出的技术导向正逐渐成为博士生教育实践领域决策的主要取向。博士学位授权审核科层式决策强调的是严格的纵向分层和严密的横向分工，信息技术的参与使得跨层级和跨部门沟通更为高效和平等，博士学位授权审核决策民主化和效率化程度显著提升，不同层级和不同部门通过共建数据库和数据共享交换平台集成大数据，再将数据投向跨层级和跨部门的一体化数据应用系统，实现决策模式的转变：从"主观主义""经验主义"到"精准主义""预测主义"。[2]在应对经济社会的诸多复杂性和不确定性方面具有显而易见的先导性和前瞻性，可以更好地对接经济社会各领域的实际需求，助推新时代高质量发展。

---

①Mergel I, Gong Y W, Bertot J. Agile government: systematic literature review and future research[J]. Government Information Quarterly, 2018, 35(2): 291-298.

②于瑶. 大数据推动政府治理创新的目标与路径[J]. 吉首大学学报(社会科学版), 2018, 39(3): 66-72.

四、基于 SPE 模型的"博士学位授权点监测评价场景模型"构建

博士学位授权点监测评价是我国博士学位授权审核中动态调整决策的核心问题，是新时代我国博士生教育由"外延式发展"转向"内涵式提升"的价值转向，是推动博士生教育高质量发展和建设研究生教育强国的重要命题。进入新时代，《关于深化研究生教育改革的意见》指出，基本稳定学术学位授予单位和学位授权学科总体规模，建立学科动态调整机制。2015 年，国务院学位委员会发布《博士、硕士学位授权学科和专业学位授权类别动态调整办法（试行）》并启动实施博士、硕士学位授权学科和专业学位授权类别动态调整。作为政策工具，建立动态调整机制是为了进一步加强省级统筹，推动学位授予单位根据经济社会发展需求，建设高质量研究生教育体系和自身办学特色与学科专业水平，主动调整优化学位授权点结构，提升研究生教育质量。从政策工具实施情况看，动态调整在推动学位授予单位进行学科发展规划，引导学位授权点对接区域（行业）经济社会发展方面发挥了一定的作用。但是，在多元利益相关主体的交织中，该政策工具远未释放其应有的潜能，亟须构建更加科学有效的动态调整机制。

有鉴于此，本书借助数智背景下的监测评价理念和技术，通过夯实自组织化决策结构，强化动态监测决策过程，以适时调整推动决策效能的提升。基于 SPE模型构建了博士学位授权点监测评价场景模型（图 9.7），以期实现对于博士学位授权点进行科学评价，并进一步强化动态调整的政策工具功能，激活博士学位授权点可持续发展能力，最终提升高层次人才培养质量。

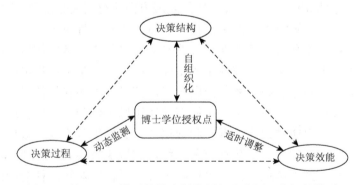

图 9.7　基于 SPE 模型的博士学位授权点监测评价场景模型

（一）决策结构："自组织化"

监测评价是落实自组织化动态调整的重要基础。自组织结构和他组织结构是我国博士学位授权点动态调整决策结构的两种表征方式。我国当前博士学位授权

点动态调整主要分为三种情况：强制调整、统筹调整和自主调整。动态调整政策设计的初衷就是以"已有博士学位授权点"为对象，以博士学位授予单位为中心。从这个角度看，"强制调整"和"统筹调整"模式是基于他组织结构的调整方式，而"自主调整"模式则是基于自组织结构的调整方式。从政策实施的实际情况看，近年来，三类调整在博士学位授权点层次呈现逐年递减的态势，其中，2017年全国撤销18个博士学位授权点，同时增列了18个博士学位授权点，到2021年，全国共撤销2个博士学位授权点，同时增列了4个博士学位授权点。可以说，他组织结构和自组织结构均发挥了有限的作用，似乎难以实现满足经济社会发展需求的变化，凸显自身办学特色，提升学科专业水平之政策初衷。

自组织相关理论认为，一个系统的自组织属性愈强，其创新能力也愈强。[①]系统结构的"韧性"有赖于"多中心"的制度安排。[②]因此，我国博士学位授权点动态调整需要进一步强化和夯实决策结构的自组织化。伴随着我国博士生教育规模的不断扩大，博士学位授予单位数量逐渐增加。他组织决策结构主要发挥监管和问责的作用，而真正引导博士学位授权点积极对接经济社会发展需求、凝练办学特色、提升学科专业水平还需要强化和夯实自组织决策结构，以期推动决策过程改进，提升决策效能，真正落实动态调整政策工具的目标。总体来看，自组织决策结构极具灵活性，试错成本低，同时在数智背景下，自组织决策过程又始终被置于监督之中，极易促成边缘性创新突破，此种"分布式""多中心"创新模式可以最大限度地整合博士生教育系统内外部的优势资源并加以利用，从而使得博士学位授权审核体系具备开放、流动和弹性的特征。

（二）决策过程："动态监测"

动态监测是利用数智背景下信息技术夯实决策过程的重要工具，也是呈现决策过程，形成最终决策的重要依据。当前博士学位授权点的高度组织化使得动态调整决策过程牵涉到多方利益相关主体。"多重利益裹挟"中的博士学位授权点动态调整往往需要科学、充分的评价依据，而我国学位授予单位现行博士学位授权点评价机制受到"五唯"环境的长期影响，科学性、专业性、客观性均存在不足，面临着"评价乏力"之困，加之博士学位授权点作为博士学位授予单位的核心"软资源"，"只撤不增"的情况也鲜有发生。显然，动态调整的政策目标已经出现了漂移。

动态监测是在整体性评价设计理念指导下，针对评价目标的过程状态监测，

---

①吴彤. 自组织方法论研究[M]. 北京: 清华大学出版社, 2001: 16

②Ostrom E. Polycentricity, complexity, and the commons[J]. The Good Society, 1999, 9(2):25-32.

属于兼顾过程和目标的双向度评价工具。通过持续采集的数据呈现博士学位授权点的实时状态，利用监测状态指标分析状态数据、描述状态结果，从而实现对博士学位授权点过程状态的认知，在此基础上，分别对博士学位授权点的质量进行预警，对博士学位授权点的发展进行预测。实施博士学位授权点动态监测也是落实"四个评价"的应势之举。"四个评价"是立足问题导向，利用现代信息技术，提高评价的专业性、科学性和客观性的新时代评价理念。针对博士学位授权点的动态监测是践行"四个评价"理念的重要探索，具有针对性、彰显集成性、强调诊断性、突出动态性。借助动态监测夯实动态调整决策过程，有力地推动了决策过程公开化、公平化和公正化，可以有效破解"多重利益裹挟"博士学位授权点动态调整之困境，最终形成动态调整决策的重要支撑。

（三）决策效能："适时调整"

在自组织化决策结构和动态监测决策过程的基础上，适时调整成为动态调整决策效能进一步释放的重要标志。我国现行博士学位授权点动态调整中的学位授予单位"自主调整"以专项合格评估和周期性合格评估作为调整周期，省级学位委员会的"强制调整"和"统筹调整"主要以周期性合格评估为依据，因此其调整周期大抵与专项和周期性合格评估相同。众所周知，不同学科专业的建设和发展规律具有特殊性和较大的差异性，不管依据哪种周期对所有学科专业进行统一评价并实施动态调整都显得不科学，也不尽合理。

适时调整是在数智背景下借助动态监测评价工具的前提下，在充分尊重不同学科专业建设和发展规律的基础上实施的博士学位授权点调整策略。动态监测是一种评价工具，属于工具理性的哲学范畴，动态调整本质上是一种政策工具，二者都是为博士学位授权点建设和发展服务，但是二者又都不是博士学位授权点建设和发展的价值指向，实施动态调整需要来自动态监测的支持。因此，如何在博士学位授权点建设发展过程中形成良性竞争和激励机制，最终实现"优胜"的目标，以及如何在博士学位授权点建设发展过程中形成监督和调控机制，最终达成"劣汰"的目标，是提升博士学位授权点动态调整决策效能的目的所在。在自组织决策结构基础上，以动态监测驱动决策过程，最终达成博士学位授权点的适时调整优化无疑是一条科学且合理的路径。

后　记

数智时代，加速了研究生教育领域的大数据生产，塑造了以人际互动、资源共享、知识跨界为特征的研究生教育管理新形态，推动了研究生教育管理与决策从经验驱动向数据驱动的科学范式转型。2018 年，我作为负责人获批国家自然科学基金重点项目"'互联网+'时代研究生教育管理变革与创新研究"（项目编号：71834001），这是国家自然科学基金设立 20 多年以来的教育学第四个项目。项目组凝聚了来自教育部学位与研究生教育发展中心、清华大学、英国巴斯大学、加拿大西安大略大学、北京理工大学等单位多位专家学者、参与人员的智慧和心血。

《变革与创新：数智时代研究生教育管理》聚焦数智时代背景，以管理科学、教育科学、信息科学为指导，以"研究生教育管理"为研究对象，突出"时代性、引领性、学术性、研究性、规范性"，进行了深入研究。我拟定了本书的总体框架，并指导各部分负责人完成写作工作。写作过程中，与我合作的各位老师、博士后以及博士生做了大量的资料搜集、整理和创作。各章的主要分工如下：张微（第一、六章），翟亚军（第二章），王战军、常琅（第三、九章），张微、王劲（第四章），王战军、刘静（第五章），王战军、李旖旎（第七章），王战军、葛明星（第八章）。其中，常琅还翻译了系列专著总序、前言、内容简介、目录等内容。复旦大学樊智强老师对翻译内容进行了校对和修改。研究生教育研究中心赵敏、王劲担任写作组秘书，承担了大量文字性工作，最后由我对全书进行了修改和定稿。

本书在策划、写作过程中得到了赵沁平院士、瞿振元教授、秦惠民教授、周海涛教授、冉伦教授等老师的支持和帮助，深表感谢！书中引用了大量的文献与资料，已进行标识，同时感谢这些带给我们参考和启示的所有参考文献的作者！本书的出版还得到了科学出版社马跃分社长、徐倩责任编辑等同志的指导与支持，在此一并表示衷心的感谢！

数智时代研究生教育管理的变革与创新是一个有待持续研究的领域，由于视野、水平以及撰写时间的限制，本书的理论与方法还有继续深入研究的空间，部分观点和结论尚需要进一步的验证。谨以此书的面世作为共同研究、共同探讨的起点，不足之处恳请各位专家、学者、读者给予批评指正，我们将在今后的研究工作中继续完善。

2023 年 8 月